NTOA 29

Hans-Josef Klauck
Alte Welt und neuer Glaube

.

NOVUM TESTAMENTUM ET ORBIS ANTIQUUS (NTOA)

Im Auftrag des Biblischen Instituts
der Universität Freiburg Schweiz
herausgegeben von Max Küchler
in Zusammenarbeit mit Gerd Theissen

Zum Autor:

Hans-Josef Klauck, geboren 1946, seit 1966 Mitglied des Franziskanerordens, studierte Philosophie, Theologie und Bibelwissenschaften in Münster, Bonn und München (dort 1977 Promotion und 1980 Habilitation). 1981 Professor in Bonn, seit 1982 Professor für Neues Testament an der Universität in Würzburg.

Buchveröffentlichungen: Allegorie und Allegorese in synoptischen Gleichnistexten 1978; Hausgemeinde und Hauskirche im frühen Christentum 1981; Herrenmahl und hellenistischer Kult 1982; 1. Korintherbrief 1984; Brot vom Himmel 1985; 2. Korintherbrief 1986; Judas – ein Jünger des Herrn 1987; Gemeinde – Amt – Sakrament 1989; 4. Makkabäerbuch 1989; Die Johannesbriefe 1991; Der erste Johannesbrief 1991; Im Kraftfeld der Liebe 1992; Gemeinde zwischen Haus und Stadt 1992; Der zweite und dritte Johannesbrief 1992.

NOVUM TESTAMENTUM ET ORBIS ANTIQUUS 29

Hans-Josef Klauck

Alte Welt und neuer Glaube

Beiträge zur Religionsgeschichte,
Forschungsgeschichte und
Theologie des Neuen Testaments

UNIVERSITÄTSVERLAG FREIBURG SCHWEIZ
VANDENHOECK & RUPRECHT GÖTTINGEN
1994

Die Deutsche Bibliothek – CIP-Einheitsaufnahme

Klauck, Hans-Josef:
Alte Welt und neuer Glaube: Beiträge zur Religionsgeschichte, Forschungsgeschichte
und Theologie des Neuen Testaments / Hans-Josef Klauck. – Freiburg (Schweiz):
Univ.-Verl.; Göttingen: Vandenhoeck u. Ruprecht, 1994
(Novum testamentum et orbis antiquus; 29)
ISBN 3-525-53931-2 (Vandenhoeck u. Ruprecht)
ISBN 3-7278-0946-9 (Univ.-Verl.)
NE: GT

Veröffentlicht mit Unterstützung des Hochschulrates
der Universität Freiburg Schweiz

Die Druckvorlagen wurden vom Verfasser
als reprofertige Dokumente zur Verfügung gestellt

Für
Joachim Gnilka
zum 65. Geburtstag

Inhalt

III. Zur Forschungsgeschichte und zur Methodik

IV. Zur Philologie

V. Zur Theologie

Vorwort

Der Titel der Reihe, in der dieser Band mit gesammelten Studien erscheint, enthält ein Programm: das Neue Testament und der antike Erdkreis. Der neue Glaube trat in eine schon vorhandene, alte Welt, so könnte man sagen, um von da aus weiterzufragen: Was erbrachte diese Begegnung? Wo kam es zu Interaktionen, wo zu Konflikten? Aber dieses Modell ist in sich noch viel zu einfach. Es kann die komplexen Abläufe nicht einmal umrißhaft erfassen, denn längst nicht alles am neuen Glauben war so umstürzend originell, und die alte Welt stellt sich keineswegs als prinzipiell veraltet dar, sondern hat durchaus vorwärtsweisende Potentiale zu bieten, auch außerhalb der biblisch-jüdischen Traditionen, erst recht bei ihrem Einbezug.

Die folgenden Beiträge orientieren sich mehrheitlich an dieser Problemlage. Sie versuchen, die neutestamentliche Exegese zu verbinden und anzureichern mit Materialien aus der griechisch-römischen und der hellenistisch-jüdischen Welt der Antike, unter Einschluß der Gnosis und der – unentbehrlichen – Philologie. Etwas in den Hintergrund tritt diese Ausrichtung lediglich in den mitaufgenommenen Ausblicken zur Forschungsgeschichte und zur Methodik, während sie in den mehr theologischen Überlegungen unterschwellig präsent bleibt. Zwei Aufsätze sind hier zum ersten Mal veröffentlicht, andere z.T. an nur schwer zugänglichen Orten erschienen. Alle wurden für den Neusatz durchgesehen und gegebenenfalls überarbeitet bzw. ergänzt.

Die Herrn Kollegen Max Küchler und Gerd Theißen haben den Band ohne zu zögern in die von ihnen betreute Reihe aufgenommen. Die zuständigen Verlage erteilten bereitwillig die Erlaubnis zur Wiederverwendung der einzelnen Titel. Manche meiner Thesen konnte ich zuvor in Vortragsform im Kreis von Kollegen oder von Studierenden zur Diskussion stellen. Frau Hannelore Ferner und Herr Dr. Bernhard Heininger investierten viel Zeit und Mühe in die Erstellung der Druckvorlage. Mannigfache Verdienste haben sich auch durch zuverlässige Mitarbeit die studentischen Hilfskräfte am Lehrstuhl erworben: Beate Heubner, Dietlinde Huber, Claudio Ettl und Norbert Zips. Für all diese Hilfe weiß ich mich zu vielfachem Dank verpflichtet.

Meine erste Aufsatzsammlung konnte ich vor einigen Jahren Joachim Gnilka, dem Lehrer und Freund, zum 60. Geburtstag widmen. Es freut mich, ihn mit dem Nachfolgeband zur Vollendung seines 65. Lebensjahres grüßen zu können. *Ad multos annos!*

Würzburg, im Dezember 1993 Hans-Josef Klauck

1. "Der Gott in dir" (Ep 41,1)

Autonomie des Gewissens bei Seneca und Paulus

I. Streiflichter

"'Wieviel hatte ehemals das Gewissen zu beissen? welche guten Zähne hatte es? – Und heute? woran fehlt es?' Frage eines Zahnarztes", ein Bonmot von Friedrich Nietzsche, dem unerbittlichen Kritiker überlieferter christlicher Moralvorstellungen[1]. Sehr geschickt erweckt er zunächst fast den Eindruck, als würde er das Erschlaffen des Gewissens beim neuzeitlichen Menschen bedauern, um dann aber mit der sarkastischen Schlußbemerkung die Metapher von den Gewissensbissen ad absurdum zu führen. Möglicherweise wußte er als ehemaliger Professor der klassischen Philologie in Basel, daß die Gewissensbisse älter sind als das Christentum. Schon Cicero kennt sie in seinen Tusculanischen Gesprächen: *morderi est melius conscientia*, "Besser ist, von seinem Gewissen gebissen zu werden" (Tusc 4,45). Die Konstanz der Bildersprache darf man schon als erstaunlich bezeichnen. Ein anderes Beispiel: "Gewiß ist es richtig zu sagen: Das Gewissen ist die Stimme Gottes", notiert Ludwig Wittgenstein 1916 in sein Tagebuch[2]. Wer hätte das dem Verfasser des *Tractatus logico-philosophicus* ohne weiteres zugetraut? Als *vox Dei* im Menschen hat die christliche Tradition, auf die sich Wittgenstein sicher bezieht, das Gewissen gedeutet. Mit dem neutestamentlichen Befund stimmt diese Sicht gerade nicht überein, sie findet sich wohl, wenn die im folgenden zu entwickelnde These zutrifft, bei Seneca, der zur gleichen Zeit wie Paulus schreibt. Es fällt auf, daß der Brückenschlag beide Male von vor- und außerchristlichen Philosophen (Cicero, Seneca) zu nach- und außerchristlichen (Nietzsche, Wittgenstein) erfolgte. Trotz einer ehrwürdigen innerchristlichen Geschichte kann man vom Gewissen nicht behaupten, es sei eine spezifisch christliche Erscheinung. Das bestätigt der Blick in die Anfänge, dem wir uns als nächstes widmen wollen.

---

[1] F. NIETZSCHE, Götzen-Dämmerung. Sprüche und Pfeile 29, in: G. Colli / M. Montinari (Hrsg.), Kritische Studienausgabe. Bd. 6, Berlin ²1988, 63.

[2] L. WITTGENSTEIN, Schriften. Bd. 1: Tractatus logico-philosophicus. Tagebücher 1914-1916. Philosophische Untersuchungen, Frankfurt a.M. 1969, 167 (Eintrag vom 8.7.1916).

II. Die Anfänge: ein Panorama

Die Autoren, die im ersten Jahrhundert vor und nach Christi Geburt am häufigsten vom Gewissen reden, sind im lateinischen Sprachraum Cicero[3] und Seneca[4], im griechischen Philo von Alexandrien[5] und der Apostel Paulus (später noch, aber weniger markant, Plutarch von Chaironeia). Diese bemerkenswerte Verteilung hängt zum Teil mit der Quellenlage zusammen: Vieles an einschlägigem Material ist uns nicht erhalten geblieben. Sie gibt aber auch zu weiterreichenden Überlegungen Anlaß und fordert Vergleiche geradezu heraus.

Cicero benutzt an der eingangs zitierten Stelle das Wort *conscientia*, das etymologisch gesehen ein Äquivalent darstellt zum Verbalsubstantiv ἡ συνείδησις und zum substantivierten Partizip τὸ συνειδός im Griechischen. Jeweils werden die Wurzel "wissen" (*scire*, εἰδέναι bzw. οἶδα) und die Präposition "mit" (*con*, σύν) kombiniert[6]. Das Substantiv ist als

---

3   Überblick bei G. RUDBERG, Cicero und das Gewissen, in: SO 31 (1955) 96-104; Stellensammlung bei O. SEEL, Vox humana. Ein Lesebuch aus Cicero, Stuttgart 1949, 280-285; hauptsächlich zu Cicero auch J. HEBING, Ueber conscientia und conservatio im philosophischen Sinne bei den Römern von Cicero bis Hieronymus, in: PhJ 35 (1922) 136-152.215-231.298-326.

4   Zu seiner Bedeutung in unserem Zusammenhang vgl. neben der einschlägigen älteren Studie von H. BÖHLIG, Das Gewissen bei Seneca und Paulus. Religionsgeschichtliche Untersuchung, in: ThStKr 87 (1914) 1-24, die Voten von J. DUPONT, Syneidèsis. Aux origines de la notion chrétienne de conscience morale, in: StHell 5 (1948) 119-153, hier 124: "la notion de conscience joue un rôle capital dans la morale de Sénèque"; C.A. PIERCE, Conscience in the New Testament (SBT 15), London 1955, 118: die römischen Stoiker benutzten *conscientia* sehr häufig (?), "perhaps above all Seneca"; M. POHLENZ, Die Stoa. Geschichte einer geistigen Bewegung. Bd. 1-2, Göttingen [6]1984, hier I, 317 (zu Seneca): "Es ist für uns das erste Mal in der griechisch-römischen Philosophie, daß das Gewissen in dieser Weise als lebendige Macht gewürdigt wird."

5   Vgl. (übertreibend) E. BREHIER, Les idées philosophiques et religieuses de Philon d'Alexandrie (EPhM 8), Paris [3]1950, 295-310; zuverlässiger W. VÖLKER, Fortschritt und Vollendung bei Philo von Alexandrien. Eine Studie zur Geschichte der Frömmigkeit (TU 49,1), Berlin 1938, 95-105; V. NIKIPROWETZKY, La doctrine de l'élenchos chez Philon, ses résonances philosophiques et sa portée religieuse, in: Philon d'Alexandrie. Lyon 11-15 Septembre 1966 (Colloques Nationaux du CNRS), Paris 1967, 255-275; R.T. WALLIS, The Idea of Conscience in Philo of Alexandria, in: StPhilo 3 (1974/75) 27-40; s.u. den Beitrag Nr. 2.

6   Daneben kann auch noch σύνεσις (von συνιέναι) einen ähnlichen Sinn annehmen, vgl. H. OSBORNE, Σύνεσις and συνείδησις, in: ClR 45 (1931) 8-10; zurückhaltender H.R. SCHWYZER, "Bewusst" und "unbewusst" bei Plotin, in: Les sources de Plotin (EnAC 5), Vandoeuvres/Genève 1960, 341-390, hier 349-352, und erst recht V.A. RODGERS, Σύνεσις and the Expression of Conscience, in: GRBS 10 (1969) 241-254

Sprachschöpfung in beiden Bereichen relativ jungen Datums. Über die Herleitung des Gewissensbegriffs hat sich die Forschung nicht restlos einigen können, auch wenn einiges inzwischen konsensfähig scheint. Bleibende Schwierigkeiten resultieren daraus, daß das Phänomen selbst älter sein kann als die Termini[7] und daß *conscientia* ebenso wie συνείδησις/συνειδός weiterhin nichttechnisch und nichtreflexiv gebraucht werden für das Mitwissen mit einem anderen (statt mit sich selbst) und für das Selbstbewußtsein in ethisch neutraler Hinsicht.

Bis in unsere Tage konnte man in Monographien und Kommentaren zu Paulus lesen, den Gewissensbegriff habe der Apostel aus der stoischen Philosophie übernommen, wobei oft Seneca als Kronzeuge für die Stoa herhalten muß[8]. Aber von Seneca abgesehen ist die Ausbeute an Belegen bei den echten Stoikern, zu denen Cicero nicht zählt, äußerst mager. Epiktet und Marc Aurel fallen fast völlig aus[9]. Bereits 1878 wurde die stoische Ableitung denn auch zwingend widerlegt, und zwar von Martin Kähler in einer Untersuchung[10], auf die sich noch Hans-Joachim Eckstein in seiner zuverlässigen neueren Arbeit zustimmend bezieht[11]. Bei Kähler findet sich

---

(der für eine vielzitierte Euripidesstelle die Gleichsetzung von σύνεσις und Gewissen rundweg bestreitet).

[7] Auf dieser Tatsache beruhen Arbeiten wie die von O. SEEL, Zur Vorgeschichte des Gewissens-Begriffes im altgriechischen Denken, in: Festschrift Franz Dornseiff zum 65. Geburtstag, Leipzig 1953, 291-319, oder M. CLASS, Gewissensregungen in der griechischen Tragödie (Spudasmata 3), Hildesheim 1964; s. auch u. Anm. 23; ferner A. CANCRINI, Syneidesis. Il tema semantico della "cons-cientia" nella Graecia antica (Lessico intellettuale europeo 6), Rom 1970, eine Arbeit, die sich zur Hauptsache auf die verbale Umschreibung in der klassischen Literatur des 5. und 4. Jahrhunderts v.Chr. konzentriert.

[8] Vgl. nur die Forschungsberichte, darunter bes. C.A. PIERCE, Conscience (s. Anm. 4) 13-20: "The Fallacy of Stoic Origin"; eine Überbetonung der Stoa auch noch bei G. JUNG, Συνείδησις, Conscientia, Bewußtsein, in: AGPs 89 (1933) 525-540, hier 530f; ein vorsichtiger Rettungsversuch bei D.E. MARIETTA, Conscience in Greek Stoicism, in: Numen 17 (1970) 176-187.

[9] Vgl. die Fehlanzeige bei A. BONHÖFFER, Epiktet und das Neue Testament (RVV 10), Gießen 1911, 156f; ablehnend zur stoischen Herleitung etwa auch H.R. SCHWYZER, "Bewusst" (s. Anm. 6) 354.

[10] M. KÄHLER, Das Gewissen. Ethische Untersuchung. Erster, geschichtlicher Theil: Die Entwickelung seiner Namen und seines Begriffes. Geschichtliche Untersuchung zur Lehre von der Begründung der sittlichen Erkenntniß. Erste Hälfte: Alterthum und neues Testament, Halle 1878, Repr. Darmstadt 1967.

[11] H.J. ECKSTEIN, Der Begriff Syneidesis bei Paulus. Eine neutestamentlich-exegetische Untersuchung zum 'Gewissensbegriff' (WUNT II/10), Tübingen 1983, bes. 16-19; die Bedeutung Kählers stellt auch heraus P. HILSBERG, Das Gewissen im Neuen Testament. Über die Anwendung und Nichtanwendung des Wortes Gewissen im

auch schon im Ansatz jene Ortsbestimmung, die sich inzwischen als Mehrheitsmeinung durchgesetzt haben dürfte. Demnach stehen am Anfang volkstümliche psychologische Einsichten, die aus der Lebensbeobachtung erwachsen sind und sich einen umgangssprachlichen Ausdruck verschaffen. Das dringt in die Dichtung ein, in Tragödien und Komödien, und erst zu einem späteren Zeitpunkt in begrifflich schärferer Fassung allmählich auch in die Geschichtsschreibung und in die Popularphilosophie[12].

Alternativ dazu werden noch die Pythagoreer oder die Epikureer als Erfinder des Gewissens ins Spiel gebracht. Darauf kommen wir aus gegebenem Anlaß noch zurück. Aber die Philosophie, das bleibt festzuhalten, dürfte nicht der Ursprungsort der Gewissensthematik gewesen sein. Mehr im gegenwärtigen exegetischen Trend liegt eigentlich ein anderer, bislang nur wenig beachteter Vorschlag, der die forensische Rhetorik der Antike für die Einführung des Gewissensbegriffs verantwortlich macht. Die These wurde für den lateinischen Sprachgebrauch entwickelt, unter der nicht unplausiblen Voraussetzung, daß *conscientia* keine Übersetzung, sondern eine eigenständige Neubildung der Römer darstellt, die dem technischen Gebrauch von συνείδησις im Griechischen vorausliegt und möglicherweise sogar auf ihn eingewirkt hat[13]. Den frühesten Fundort für *conscientia* bietet gegen 90 v.Chr. eine rhetorische Schrift, der *Auctor ad Herennium* II 5,8: "Der Ankläger wird, wenn er kann, sagen, daß sein Gegner, wenn man sich ihm zuwendet, errötet, erbleicht, stammelt, unsicher spricht, zusammenbricht, Konzessionen macht, was Zeichen eines schlechten Gewissens (*conscientiae*) sind"; der Verteidiger wird dem entgegenhalten, nicht die *conscientia peccati* habe seinen Mandanten bewegt, sondern die Größe der Gefahr, in der er schwebt. Auch Cicero, der *conscientia* so oft gebraucht,

---

Neuen Testament, in: ThV 9 (1977) 145-160, hier 145: "noch heute grundlegend", aber sehr "mühevoll" zu lesen.

12 M. KÄHLER, a.a.O. 21.29f.191; zustimmend neben Eckstein z.B. J. BLÜHDORN, TRE XIII, 199; ähnlich auch H. OSBORNE, Συνείδησις, in: JThS 32 (1931) 167-179, hier 173: "the language of the soil and the market-place"; C. SPICQ, La conscience dans le Nouveau Testament, in: RB 47 (1938) 50-80, hier 54; aber auch, nicht zu vergessen, große Vertreter der Altphilologie, nämlich E. NORDEN, Agnostos Theos. Untersuchungen zur Formengeschichte religiöser Rede [1913], Darmstadt ⁶1974, 136 Anm. 1: "durch die Volkspsyche gebotene[s] Material"; U. VON WILAMOWITZ-MOELLENDORFF, Der Glaube der Hellenen. Bd. 2 [1932], Darmstadt ⁵1976, 386: "von dem Volke oft im Munde geführt".

13 Vgl., auch zum folgenden, P.W. SCHÖNLEIN, Zur Entstehung eines Gewissensbegriffes bei Griechen und Römern, in: RMP NF 112 (1969) 289-305, m.E. einer der scharfsinnigsten Beiträge zum Thema überhaupt; es fällt auf, daß sein Aufsatz bei Eckstein zwar zitiert, aber kaum wirklich ausgewertet wird.

war vor allen Dingen ein Redner. In seinem Lehrbuch hält Quintilian später fest: *conscientia mille testes*, "Das Gewissen steht für tausend Zeugen" (Inst Orat V 11,41), nach ihm einer von den Sätzen, *quae vulgo recepta sunt*. Vor Gericht erst habe man, so die Schlußfolgerung, anders als in der Dichtung das Bedürfnis verspürt, die bekannten seelischen Regungen samt ihren äußeren Begleiterscheinungen mit einem präzisen Abstraktbegriff zu belegen. Ergänzend kann man, was das Griechische angeht, darauf hinweisen, daß bei Philo das Gewissen oft in regelrechten Gerichtsszenen in Erscheinung tritt, mit Kreuzverhör (durch den ἔλεγχος), Anklage, Urteil des Richters und Strafvollzug[14].

Aber nicht diese Aufnahme des Gesamtpanoramas mit dem extremen Weitwinkelobjektiv ist das eigentliche Ziel unserer Ausführungen, auch nicht der unmittelbare Vergleich mit dem Neuen Testament. Beides, das Panorama und der Vergleich, setzen intensive Einzelarbeit an den Mosaiksteinchen voraus, die verglichen und zu einem Gesamtbild zusammengesetzt werden sollen. Wir nehmen deshalb jetzt die Lupe zur Hand und richten sie auf einen einzelnen Autor, der bei der Statistik schon aufgefallen war: auf Seneca[15]. Ehe wir das tun, sei aber noch ein letzter Ausblick auf unser Jahrhundert gestattet. Schon aufgrund der Daten, die wir bisher zusammengetragen haben, muß es als eine bittere Ironie der Geistesgeschichte anmuten, wenn Adolf Hitler das Gewissen ausgerechnet als eine *jüdische* Erfindung bezeichnet, wie die Beschneidung eine Verstümmelung menschlichen Lebens, zu deren Überwindung die Vorsehung ihn auserkoren habe[16].

---

14 Das ergibt sich aus einer Kombination verschiedener Stellen, die über das Leitwort ἔλεγχος miteinander verbunden sind, vgl. z.B. Post 59 mit Det 23; Spec Leg 1, 235 und Decal 87, ferner Virt 206; Flacc 7 etc.; vgl. die Lit. in Anm. 5, bes. V. NIKIPROWETZKY, L'élenchos; ferner H.J. ECKSTEIN, Syneidesis (s. Anm. 11) 125f; G. DAUTZENBERG, Das Gewissen im Rahmen einer neutestamentlichen Ethik, in: J. Gründel (Hrsg.), Das Gewissen. Subjektive Willkür oder oberste Norm? (SKAB 135), Düsseldorf 1990, 10-33, hier 20, und u. den Beitrag Nr. 2.

15 Vgl. zu Seneca allgemein nur die vorzüglichen Einleitungen von K. ABEL, Seneca. Leben und Leistung, in: ANRW II/32.2 (1985) 653-775; P. GRIMAL, Seneca. Macht und Ohnmacht des Geistes (Impulse der Forschung 24), Darmstadt 1978; G. MAURACH, Seneca. Leben und Werk, Darmstadt 1991. Zur Gewissensthematik bei Seneca J.N. SEVENSTER, Paul and Seneca (NT.S 4), Leiden 1961, 84-102; H. CANCIK, Untersuchungen zu Senecas epistulae morales (Spudasmata 18), Hildesheim 1967, 118f.127-129; M. KÄHLER, Das Gewissen (s. Anm. 10) 67-71.160-171; J. HEBING, Conscientia (s. Anm. 3) 308-317; H. BÖHLIG, Das Gewissen (s. Anm. 4) 3-14; J. DUPONT, Syneidèsis (s. Anm. 4) 126-144; A. CANCRINI, Syneidesis (s. Anm. 7) 145-150; H.J. ECKSTEIN, Syneidesis (s. Anm. 11) 72-104.

16 Zit. nach R. MOKROSCH, Von der Stimme Gottes zur Stimme des Über-Ichs – Wandlungen im Gewissensverständnis der Neuzeit, in: J. Horstmann (Hrsg.), Gewissen.

Mangelnde humanistische Bildung führt zu einer abstrusen Geschichtsklitterung, über die man nicht einmal lachen kann, weil sie so entsetzliche Folgen hatte.

III. Seneca: eine Großaufnahme

1. Zum Verständnis von Ep 41,1f

Wir wählen als Einstieg in Senecas Werk und zugleich als Basistext für unsere Überlegungen die berühmten Anfangsverse der Nr. 41 der moralischen Briefe an Lucilius, wo allerdings, das müssen wir festhalten und das wird uns noch beschäftigen, der Begriff *conscientia* selbst nicht fällt[17]. Seneca schreibt in Ep 41,1f[18]:

> "Man braucht die Hände nicht zum Himmel zu erheben noch anzuflehen den Tempelwächter, daß er uns zum Ohr des Götterbildes vorlasse, als ob wir dann besser erhört werden könnten: Nahe ist dir der Gott, mit dir ist er, in dir ist er (*prope est a te deus, tecum est, intus est*). So sage ich, Lucilius: Ein heiliger Geist wohnt in uns (*sacer intra nos spiritus sedet*), unserer schlechten und guten Taten Beobachter und Wächter (*observator et custos*). Wie er von uns behandelt wird, so behandelt er selber uns."

a) Der Gott im Menschen

Daß Gott im Menschen wohnt, steht für den stoischen Philosophen, der Seneca trotz seiner Neigung zum Eklektizismus und seiner Anleihen bei anderen Systemen im Grunde seines Herzens blieb, in einer Linie mit jener Zeile aus dem Zeushymnus des Kleanthes, die sinngemäß auch Lukas auf dem Umweg über die *Phainomena* des Aratos in der Areopagrede des Pau-

---

Aspekte eines vieldiskutierten Sachverhaltes (Dokumentationen 7), Schwerte 1983, 1-33, hier 1; wie falsch der Stellenwert des Gewissens in jüdischer Tradition hier eingeschätzt wird, mag man der problembewußten Darstellung eines Betroffenen entnehmen: R.I. Zwi WERBLOWSKY, Das Gewissen aus jüdischer Sicht, in: J. Blühdorn (Hrsg.), Das Gewissen in der Diskussion (WdF 37), Darmstadt 1976, 21-49, bes. 21: "Es gibt kein hebräisches Äquivalent - ja nicht einmal eine Approximation - zum okzidentalen Gewissen"; richtig auch G. DAUTZENBERG, Das Gewissen (s. Anm. 14) 11 mit Anm. 3; 14 mit Anm. 11.

[17] Sehr zuversichtlich aber H. BÖHLIG, Das Gewissen (s. Anm. 4) 6: "Daß hier Seneca an die Anlage des Gewissens denkt, ergibt der Zusammenhang ganz klar"; vgl. zur Stelle auch G. DAUTZENBERG, Das Gewissen (s. Anm. 14) 20f.

[18] Text und Übers. im folgenden durchgehend im Anschluß an M. ROSENBACH (Hrsg.), L. Annaeus Seneca: Philosophische Schriften. Bd. 1-5, Darmstadt 1980-1989.

lus rezipiert hat: Wir Menschen sind von Gottes Geschlecht[19]. Die Wesensverwandtschaft von Gottheit und Mensch kraft gemeinsamer Partizipation am materiell gedachten Substrat der Allnatur ermöglicht die weiterführende Aussage von der anthropologischen Immanenz Gottes. Die Omnipräsens dieses Themas bei Seneca sei nur mit zwei Stellen aus den moralischen Briefen näher belegt: "Der Geist (*animus*), doch dieser aufrecht, gut, groß – was anders kannst du ihn nennen als Gott, im menschlichen Körper zu Gast weilend", so Seneca in Ep 31,11, oder in Ep 73,16: "Der Gott kommt zu den Menschen, vielmehr, was näher ist, in die Menschen ... Die Samen im menschlichen Körper, vom Gott sind sie ausgestreut (*semina in corporibus humanis divina dispersa sunt*)."[20] Letzteres ist zugleich ein lateinischer Beleg für die stoische Lehre vom λόγος σπερματικός, was einen wesentlichen Verstehensraster für solche Aussagen zum Vorschein kommen läßt: Das Göttliche im Menschen ist jenes Stück Logos, jenes Teilchen Pneuma, das ihn an der Göttlichkeit der Allnatur teilhaben läßt. Monismus, Immanenzdenken und Pantheismus der Stoa werden durch diese kühnen theologischen Metaphern keineswegs überwunden, sondern bilden überhaupt erst deren Ermöglichungsgrund. Daß sich Seneca damit im Rahmen stoischer Orthodoxie bewegt, sieht man an Epiktet, der um keinen Deut anders argumentiert (z.B. Diss II 8,11f: "Du aber bist ein bevorzugtes Wesen, du bist ein Stück von Gott, du hast ein Teilchen von ihm in dir selbst ... Einen Gott trägst du mit dir herum, du Armer, und weißt es nicht").

b) Der Schutzgeist

Der Gott in uns, so erfahren wir in Ep 41,2 weiter, ist ein heiliger Geist, und er fungiert als unser Beobachter und Wächter. Wenn es dazu einer noch anschaulicheren Beschreibung bedarf, so liefert Ep 94,55 diese nach: "Es muß also einen Aufpasser (*custos*) geben, und er soll uns immer wieder am Ohr zupfen, fernhalten das Gerede und widersprechen dem trügnerisch lebenden Volk." Seneca bedient sich hier einer anderen Tradition, die älter ist als die Stoa, und stellt sie in den Dienst des stoischen Denkens. Es han-

---

[19] Vgl. Kleanthes SVF I 537,4: ἐκ σοῦ γὰρ γένος εἴσ᾽ ἤχου μίμημα λαχόντες, mit Aratos, Phainomena 5, und Apg 17,28fin: τοῦ γὰρ καὶ γένος ἐσμέν.

[20] Vgl. außerdem noch mit einem anderen Bild De Otio 5,5: "...ob das wahr sei, wodurch am ehesten einsichtig wird, daß der Mensch göttlichen Geistes ist: Ein Teil und gleichsam eine Art von Funken der Sterne seien auf die Erde herabgesprungen und an fremdem Ort haftengeblieben"; s. allgemein J. HAUSSLEITER, RAC III, 803-808 (im Art. *Deus internus*).

delt sich um die Lehre vom δαίμων oder vom *genius,* das heißt vom persönlichen Schutzgeist eines Menschen. Sokrates spricht nach Platon in seiner Apologie selbst von "etwas Göttlichem und Dämonischem" und interpretiert das als "eine Stimme, die mir immer nur abrät, das, was ich gerade
will, zu tun, niemals aber zurät" (Apol 31D). Monographische Traktate
über das Daimonion des Sokrates haben u.a. die Mittelplatoniker Plutarch[21] und Apuleius[22] verfaßt. Das Gewissensphänomen ist im übrigen
damit noch nicht erreicht, sowieso nicht, was die Terminologie angeht, aber
auch nicht in der Sache, weil diese eigenartige Stimme nur von falschen
Entscheidungen abhält, aber nicht zurät und vor allem nicht beurteilt[23].

Bei Seneca wird diese Lehre vom Schutzgeist durch den Kontext bereits
ihres mythologischen Restgehalts entkleidet und verallgemeinert. Der Aufpasser und Wächter ist nicht als eigenständiges Wesen gedacht, sondern
umschreibt das göttliche Prinzip im Menschen. Zwischen dem "Gott in dir",
dem heiligen Geist und dem *observator et custos* in den Eingangssätzen des
41. Briefs wird man deshalb keine scharfen Trennungsstriche ziehen dürfen, auch wenn ihre Identifizierung nicht direkt, sondern nur kontextuell erfolgt. Ähnliches gilt wohl auch für Epiktet, dessen Ausführungen zum Thema vielleicht noch frappierender klingen: Gott "hat einem jeden einen Aufseher (ἐπίτροπον) zur Seite gestellt, nämlich den Schutzgeist (δαίμονα)
eines jeden, und hat ihm aufgetragen, über ihn zu wachen, ohne zu schlum-

---

21 Περὶ τοῦ Σωκράτους δαιμονίου (Moralia 575A-598F): Das Daimonion habe, so
    die Meinung der Diskussionsteilnehmer in § 11f, in einem Niesen bestanden, das
    sich in bestimmten Momenten einstellte; gegen eine mehr skeptische Sicht verteidigt
    der Wortführer, der vermutlich Plutarchs eigene Meinung zum Ausdruck bringt, seine
    Deutung als himmlisches Zeichen.

22 *De genio Socratis,* bes. § 157-167; vgl. J. BEAUJEU (Hrsg.), Apulée: Opuscules phi-
    losophiques (Du dieu de Socrate; Platon et sa doctrine; Du monde) et fragments
    (CUFr), Paris 1973, 37-41; Apuleius stellt – nachträglich – auch die Verbindung zum
    Gewissen her in § 156: *omnia invisitat, omnia intellegat, in ipsis penitissimis menti-
    bus vice conscientiae diversetur.* Die Bedeutung dieses "guardian daemon" für die
    Gewissensfrage diskutieren u.a. auch im Vergleich mit dem ἔλεγχος bei Philo V.
    NIKIPROWETZKY, L'élenchos (s. Anm. 5) 263-266; R.T. WALLIS, Idea (s. Anm. 5) 7f.

23 Außerdem sind die Anlässe für ihr Aktivwerden oft eher banal, und sie ist nur dem
    Sokrates gegeben, nicht den Menschen allgemein, vgl. M. CLASS, Gewissensregun-
    gen (s. Anm. 7) 5f; Class erblickt ebd. 43-65 in den Erinnyen, die als Rachegöttinnen
    den Frevler jagen und mit wilden Bissen (!) treiben, einen mythologischen Vor-
    entwurf des schlechten Gewissens; zu beidem auch H. CHADWICK, RAC X, 1038-
    1043, und, jeweils kritisch, F. ZUCKER, Syneidesis – Conscientia. Ein Versuch zur
    Geschichte des sittlichen Bewußtseins im griechischen und im griechisch-römischen
    Altertum (Jenaer Akademische Reden 6), Jena 1928, 1-26; auch in: Ders., Semantica,
    Rhetorica, Ethica (SSA 38), Berlin 1963, 96-117, hier 99f.107f.

mern und ohne sich hintergehen zu lassen ... Wenn ihr also auch die Türen verschlossen und drinnen verdunkelt habt, denkt niemals daran zu sagen, daß ihr allein seid. Denn ihr seid nicht allein, sondern Gott ist innen drin [im Zimmer oder im Menschen?], und auch euer Schutzgeist ist es" (Diss I 14,12–14). Rein sprachlich und formal kann man zwischen dem "Gott innen drin" und dem Daimon unterscheiden. Ob es in der Sache sehr weit führt, ist eine andere Frage.

c) Gotteserkenntnis aus der Natur

Wir wollen die traditionsgeschichtliche Fragestellung zu Senecas 41. Brief zunächst noch einen Schritt weiter vorantreiben. An die bisher besprochenen beiden ersten Paragraphen schließt sich in Ep 41,3 noch folgende längere Betrachtung an:

"Wenn du einen von alten und über die übliche Größe hinausgewachsenen Bäumen bestandenen Hain findest... – die Erhabenheit des Waldes, das Geheimnisvolle des Ortes und die Verwunderung über den in einer offenen Landschaft so dichten und ununterbrochenen Schatten wird in dir den Glauben an göttliches Walten wecken. Wenn eine Höhle, tief aus den Felsen ausgewaschen, den Berg über sich trägt..., wird sie deine Seele durch eine Ahnung von Gottesfurcht erbeben lassen. Bedeutender Flüsse Quellen verehren wir; das unvermittelte Hervorbrechen eines starken Stromes aus dem Verborgenen besitzt Altäre; verehrt werden die Quellen heißer Gewässer, und manche Seen hat entweder schattiges Dunkel oder unergründliche Tiefe geheiligt."

Was ist hier geschehen? Entpuppt sich unser aufgeklärter Stoiker als Anhänger einer animistischen Naturreligion, der bereit ist, Steinen und Quellen und Blumen göttliche Verehrung zu zollen? Wir stehen vor dem gleichen Sachverhalt wie schon beim Genius. Wiederum hat der Stoiker ältere volkstümliche Religiosität aufgegriffen und verarbeitet. Daß Relikte römischer Naturreligion zugrundeliegen, zeigt ein rascher Blick in ein älteres Standardwerk. Ich zitiere aus Georg Wissowas römischer Religionsgeschichte von 1912: "Der Begriff der Sacertät haftet zunächst am Boden; die Gestaltung der auf diesem Boden befindlichen Kultstätte ist erst von sekundärer Bedeutung, es kann ein Hain, eine Quelle, eine Grube (*mundus*), eine Höhle (Lupercal), ein Tor (Janus), eine bedeckte Feuerstelle (Vesta) sein..."[24] In der Sicht des Stoikers wird man das zwar nicht mehr wörtlich nehmen. Man kann aber weiterhin solche Vorstellungen verwenden, gleichsam in pädagogischer Absicht, wenn man sie versteht als Hinweis auf das

---

[24] G. Wissowa, Religion und Kultus der Römer (HAW IV/5), München ²1912, Repr. 1971, 468.

abgestufte Walten des einen göttlichen Prinzips in der gesamten belebten und unbelebten Natur. Die Natur ist Gott, und Gott ist in der Natur, und der Mensch mit seiner besonderen Vernunftbegabung ist in der Lage, die Natur zu durchschauen auf ihre göttliche Gesetzmäßigkeit hin. In unmittelbarem Anschluß an das Gesagte führt Seneca in Ep 41,4f denn auch aus, wie man die *vis divina* deutlicher noch ausmachen kann in einem Menschen, der mit seinem *animus* stürmischen Zeiten gelassen standhält. Muß uns nicht bei seinem Anblick, fragt Seneca, erst recht Ehrfurcht (*veneratio*) übermannen?

2. Die Selbstprüfung

Wir schieben, ehe wir uns endgültig am Begriff der *conscientia* selbst orientieren, noch einen Seitenblick auf eine weitere Stelle aus den Briefen, verbunden mit einem biographischen Detail aus Senecas Leben, ein. Ihre Relevanz für unser Thema wird sich rasch zeigen, aber es ergibt sich auch ein Problem, das nicht immer scharf genug gesehen wird. Seneca zitiert in Ep 28,9 zunächst Epikur: *Initium est salutis notitia peccati* (Fr. 522 Usener) und fährt in 28,10 fort: "Soweit du kannst, mach dir Vorwürfe, verhöre dich; nimm zuerst des Anklägers Aufgabe wahr, dann die des Richters, zuletzt die des Fürsprechers." Der Mensch als *accusator*, als *iudex* und als *deprecator* seiner selbst, das sind, nebenbei gesagt, Funktionen, die in biblisch-christlicher Tradition auf den Satan als Ankläger, auf Gott als Richter und auf Jesus Christus oder den Geist als Fürsprecher übertragen werden, während Philo von Alexandrien sie, wie erinnerlich, deutlicher als Seneca z.T. direkt mit dem Gewissen zusammenbringt. Es sind auch Aufgaben, die man in rein anthropologischer Sicht dem Gewissen zuweisen möchte. Die mit dieser Briefstelle zu verknüpfende biographische Reminiszenz betrifft eine tägliche Praxis, die Seneca in jungen Jahren einem seiner philosophischen Lehrer abgeschaut hat (De ira III 36,1-3):

> "Es pflegte dies zu tun Sextius: am Ende eines Tages, wenn er sich zur Nachtruhe zurückgezogen hatte, fragte er sich: 'Welche deine Schwäche hast du heute geheilt? Welchem Fehler hast du Widerstand geleistet? In welchem Punkte bist du besser geworden?' Aufhören wird der Zorn, und maßvoller wird der sein, der weiß, daß er täglich vor den Richter treten muß. Was also ist schöner als diese Gewohnheit, durchzuprüfen den ganzen Tag? Was für ein Schlaf folgt auf die Selbstprüfung: wie ruhig, wie tief und frei, wenn gelobt worden ist die Seele oder ermahnt und als Beobachter ihrer selbst und Richter im geheimen Erkenntnis gewonnen hat über den eigenen Charakter. Ich gebrauche diese Fähigkeit, und täglich verantworte ich mich vor mir. Wenn entfernt ist aus dem Gesichtskreis das Licht und verstummt meine Gattin, die

mit meiner Sitte schon vertraut, untersuche ich meinen ganzen Tag und ermesse meine Handlungen und Worte; nichts verberge ich vor mir selber, nichts übergehe ich."

Zum guten Schluß erteilt Seneca sich noch selbst die Lossprechung, indem er zu sich sagt: Tu das nicht mehr, "für jetzt verzeihe ich dir" (De ira III 36,4). Der Text spricht in seiner Anschaulichkeit für sich selbst, und wir möchten ihn am liebsten sofort unter die Kategorie "Gewissenserforschung" verbuchen, was Ilsetraut Hadot in ihrem instruktiven Buch über Senecas Stellung in der Praxis der Seelenleitung auch ohne Zögern tut[25]. Es bleibt immerhin zu beachten, daß Seneca *conscientia* im Umkreis dieser Thematik nicht gebraucht. Die Übung der täglichen Selbstprüfung wird fast allgemein den Pythagoreern zugeschrieben, und pythagoreische Neigungen sagt man Senecas Lehrer Sextius[26] und Seneca selbst in frühen Jahren auch sonst nach. Aber deswegen darf unsere Stelle noch nicht dafür hergenommen werden, die Entstehung des Gewissensbegriffs im Pythagoreismus anzusiedeln[27]. Alternativ dazu leitet man ihn von Epikur her[28] und beruft sich auch dafür auf Seneca, der in den ersten dreißig Briefen[29] ständig Merksätze Epikurs anführt, auch bei der Analyse psychologischer Gegebenheiten, die an das Gewissen erinnern, wie in Ep 28,9f. Zu den Merkmalen des Binnenlebens in den epikureischen Gruppen zählen Askesis und Therapeia, Askesis verstanden als Einübung in die philosophisch begründete Lebensweise, während Therapeia die heilende und helfende Seelenführung meint, die durch Einzelgespräche mit Rechenschaftsablage und intensiver Beratung geleistet wurde (moderne Autoren sprechen gera-

---

[25] I. HADOT, Seneca und die griechisch-römische Tradition der Seelenleitung (QSPG 13), Berlin 1969, 66-71; s. zuletzt (1993) auch H. CANCIK-LINDEMAIER, HRWG III, 20 Anm. 16: "das Wort *conscientia* wird in diesem Zusammenhang nicht gebraucht, der Sachverhalt aber ist eindeutig".

[26] S. zu den Sextiern generell G. MAURACH, Geschichte der römischen Philosophie. Eine Einführung (Die Altertumswissenschaft), Darmstadt 1989, 79-83; DERS., Seneca (s. Anm. 15) 20-26.

[27] So etwa M. POHLENZ, Paulus und die Stoa, in: ZNW 42 (1949) 69-104, hier 77f. Religionsgeschichtliches Material, u.a. zu den Pythagoreern, bei H. JAEGER, L'examen de conscience dans les religions non-chrétiennes et avant le christianisme, in: Numen 6 (1959) 175-233 (hier 191-199).

[28] Vgl. z.B. P. GRIMAL, Seneca (s. Anm. 15) 136; F. ZUCKER, Syneidesis (s. Anm. 23) 112f; W. SCHMID, RAC V, 742.

[29] Programmatisch dazu Ep 2,5: "Ich pflege nämlich auch in ein fremdes Lager [d.h. zu Epikur] überzugehen, nicht als Überläufer, sondern als Kundschafter", im Verein mit Ep 33,2f: "Du sollst nicht denken, sie seien geistiges Eigentum Epikurs: Gemeingut sind sie und vor allem unser [d.h. stoisches] Gut ... zusammenhängend ist bei den unsrigen, was bei anderen herausgegriffen wird."

dezu von einer Beichtpraxis[30]). Gewissenserforschung hätte hier zweifellos ihren Platz, dennoch rät das Fehlen der expliziten Begrifflichkeit in epikureischen Texten (trotz einer zweifelhaften Stelle bei Philodem) zu einer gewissen Vorsicht[31].

3. Conscientia

Wenden wir uns damit in Auswahl einigen Passagen zu, wo Seneca *conscientia* im uns interessierenden Sinn des sittlichen Selbstbewußtseins unmittelbar gebraucht[32], und bleiben wir wieder bevorzugt im Bereich der moralischen Briefe[33]. Als Beispiel für Senecas scharfsichtige Wahrnehmung des schlechten Gewissens diene Ep 97,15f und Ep 105,8:

"Schlimme Verbrechen werden durch das Schuldbewußtsein (*conscientia*) gegeißelt, und die meisten Qualen für ihn [den Verbrecher] bestehen darin, daß ständige Beunruhigung es [d.h. die *conscientia*] bedrängt und peinigt ... Deswegen gibt es niemals Verlaß darauf, verborgen zu bleiben, auch wenn sie [d.h. die Verbrecher und ihre Taten] verborgen sind, weil das Gewissen (*conscientia*) sie überführt und vor sich selbst enthüllt."

"Äußere Sicherheit mag wohl irgendein Umstand auch bei schlechtem Gewissen (*mala conscientia*) verschaffen, keiner aber innere Ruhe: Man meint nämlich, auch wenn man nicht ertappt wird, man könnte ertappt werden, und im Schlafe ist man unruhig."

Das ließe sich aus anderen Passagen noch beliebig auffüllen: Unser schlechtes Gewissen trägt Schuld daran, daß wir hinter verschlossenen, streng bewachten Türen leben (Ep 43,4f). Tageslicht wirkt auf das schlechte Gewissen eher bedrohlich (Ep 122,14). Das schlechte Gewissen des grausamen Tyrannen fürchtet den Tod und wünscht ihn sich zugleich herbei und ist sich selbst am meisten verhaßt (Clem I 13,3).

---

[30] S. beispielhalber S. SUDHAUS, Epikur als Beichtvater, in: ARW 14 (1911) 647f.

[31] Was die Möglichkeit einer späteren Aneignung des Begriffs durch die epikureische Schule nicht ausschließt; das wiederum hätte zur Folge gehabt, daß er für die Stoiker im gleichen Moment diskreditiert war; vgl. das Votum von H. Dörrie bei H.R. SCHWYZER, "Bewusst" (s. Anm. 6) 383.

[32] Vom allgemeineren Sprachgebrauch – Mitwissen mit jemand anderem, gemeinsames Wissen teils intimer Sachverhalte u.ä. – können wir absehen, vgl. dazu mit Belegen (Ep 3,4; Tranq An 7,3 etc.) H.J. ECKSTEIN, Syneidesis (s. Anm. 11) 76f; zum Adjektiv u.a. Ep 71,36: *huius rei conscius mihi sum.*

[33] Vgl. außerdem u.a. noch Clem I 1,1; 9,10; 15,5; Ben II 33,3; III 1,4; 17,3; IV 12,4; 21,1; VI 42,1; VII 1,7; Tranq An 3,4; Vit Beat 19,1; zu Frag. 14 und Frag. 24 (bei Eckstein nicht berücksichtigt) s.u. Anm. 36 und 38.

Seneca kennt daneben aber auch mit der lateinischen Tradition im Unterschied zur Hauptlinie der griechischen das gute Gewissen, das auf dem "Bewußtsein der erfüllten Pflicht" aufruht und vielleicht hinsichtlich seines Hervortretens bei den Lateinern mit der "ethisch-robusten Struktur des röm(ischen) Offiziers u(nd) Rechtsgelehrten, der es mit klar umrissenen u(nd) erfüllbaren Aufgaben zu tun hat", zusammenhängt[34]. Aus dem guten Gewissen kommt der lebhafte Wunsch nach dem wahren Guten (Ep 23,6f). Es schenkt Zuversicht vor Gericht selbst dann, wenn ein ungerechtes Urteil zu befürchten steht (Ep 24,12). Es kann getrost die Menge zum Zeugen anrufen (Ep 43,5), vor die Öffentlichkeit treten und sich sehen lassen (Ep 97,12). Die ruhige Heiterkeit des Wesens entsteht aus dem Bewußtsein (*conscientia*) sittlicher Vollkommenheit (Ep 59,16). Konsequenterweise empfiehlt Seneca in einem frühen Brief (Ep 8,1) seinem – vermutlich fiktiven – Adressaten Lucilius, die Menge zu meiden, sich zurückzuziehen und mit seinem Gewissen zufrieden zu sein, wie er, Seneca, selbst es tut.

Nach Ep 81,20 muß man sogar bereit sein, um des eigenen Gewissens willen notfalls auch seinen guten Ruf bei den Menschen aufs Spiel zu setzen. Dem entspricht ein programmatischer Satz in dem Traktat *De vita beata* 20,4: "Nichts werde ich um des guten Rufes willen, alles aber um des guten Gewissens willen tun. Auch wenn ich nur mein eigener Mitwisser bin (*me conscio*), werde ich mir doch vorstellen, als schaue das ganze Volk bei dem, was ich tue, zu."

Die letzten Stellen sind auch aufschlußreich, weil sie teils gegenläufige Linien auf den Punkt bringen, die auf eine soziale Konstituierung des Gewissensphänomens hinauslaufen. In ihm ist bereits die Dialektik von Öffentlichkeit und Intimsphäre angelegt. Das Gewissen reagiert wie ein Seismograph auf soziale Bewertungen, es steuert das Verhalten in der Öffentlichkeit, es befähigt aber auch dazu, dem Druck der öffentlichen Meinung standzuhalten und notfalls gegen sie den eigenen Weg zu gehen.

4. Problematisierung

Nach diesem Überblick müssen wir uns noch etwas eingehender mit der strukturellen Position des Gewissens in Senecas Gesamtentwurf beschäftigen, denn einige der diesbezüglichen Fragen sind nach wie vor kontrovers. Gibt es zum Beispiel noch eine höhere Autorität, vor der auch das Gewis-

---

[34] So jedenfalls C. MAURER, ThWNT VII, 906; direkt nebeneinander stehen *mala* und *bona conscientia* in Ep 12,9; vgl. noch Ep 117,1.

sen Rechenschaft ablegen muß? Dieser Meinung ist Max Pohlenz, wenn er in seinem Standardwerk zur Stoa über Senecas Gewissenslehre schreibt: "In seinem Gewissen hat er [der Mensch] den untrüglichen Wegweiser für sein Handeln. Aber über diesem Gewissen steht als letzte Autorität noch die Gottheit, die es uns als Wächter beigegeben hat, die Gottheit, der wir unser Leben verdanken, der wir verantwortlich sind, der nichts von allem, was geschieht, entgeht."[35] Pohlenz dissoziiert in Ep 41,1f stillschweigend den *observator et custos* aus dem zweiten Vers vom nahen Gott im ersten Vers und interpretiert letzteren in Richtung auf ein transzendentes, personales Gottesbild, das bei Seneca trotz erstaunlicher Annäherung in manchen sprachlichen Formulierungen letztlich nicht vorliegt[36].

Pohlenz hat sich erkennbar von einem entwickelten christlichen Gewissensverständnis leiten lassen. Was er zu Seneca sagt, ist mißverständlich, wenn nicht falsch. Es gibt bei Seneca kein Forum für die Verantwortung des Menschen mehr, das jenseits des Gewissens läge. Mein Richter steht mir nach Seneca nicht gegenüber, sondern ich trage ihn als Teil meiner selbst in mir. Daß dieser Richter nicht selbst das Gesetz verkörpert, sondern sich seinerseits an der universalen Gesetzmäßigkeit der Natur orientiert, steht auf einem anderen Blatt und ändert nichts an seiner Urteilskompetenz. Es ergibt sich daraus aber auch, daß Seneca unter Gewissen primär – in klassischer Terminologie – die *conscientia consequens* versteht, die das Verhalten im Nachhinein beurteilt, nicht die *consequentia antecedens*. Verhaltenssteuernd und -motivierend wirkt das Gewissen bei ihm nur auf dem Umweg über seine Richterfunktion, insofern man etwa ein Urteil über ein geplantes Vorhaben in die Zukunft projizieren und von da aus wieder Rückschlüsse ziehen kann. Dennoch besteht kein Zweifel daran, daß bei Seneca das Gewissen die sittliche Autonomie des Menschen repräsentiert. Deshalb konnte er es auch in seinen stoischen Denkrahmen einbauen.

---

[35] M. POHLENZ, Die Stoa (s. Anm. 4) I, 320.

[36] Im Anmerkungsteil verweist M. POHLENZ, ebd. II, 159, für seine Sicht u.a. auf Frag. 24 = Lactant., Div Inst VI 24,12 (Zählung der Fragmente nach ed. F. HAASE, Leipzig 1853), das aus Senecas nicht erhaltenen *Exhortationes* stammt. Den Schlußsatz *nihil prodest inclusam esse conscientiam: paternus deo* interpretiert auch M. LAUSBERG, Untersuchungen zu Senecas Fragmenten (UaLG 7), Berlin 1970, 74f, dahingehend, daß hier zwischen Gewissen und Gott, zwischen Zeus und δαίμων in mythologischer Sicht, unterschieden werde. Sprachlich trifft das zu, aber wie bei Epiktet, Diss I 14,14 (s.o.), sollte man die Relevanz für die Sachfrage nicht überschätzen. Zustimmung verdient ihre Feststellung ebd. 75: "Auch eine letzte begriffliche Klärung des Verhältnisses von Gott und Gewissen, welche die moderne Forschung über den Gewissensbegriff bei Seneca beschäftigt hat, ist nicht zu erwarten." S. auch u. Anm. 38.

In anderer Weise problematisiert G. Molenaar unseren bisherigen Befund[37]. Man dürfe, so die These, die Selbstprüfung aus De ira ebensowenig mit dem Gewissen zusammensehen wie den Eingang des 41. Briefs, weil überall dort der Begriff fehle. Das wäre sehr folgenreich, denn dann müßten wir darauf verzichten, das Gewissen bei Seneca als *observator et custos*, als Kläger, Richter und Anwalt oder als Stimme Gottes in uns anzusehen bzw. wir müßten zwischen Gott und dem menschlichen Gewissen mehr im Sinne von Pohlenz unterscheiden[38].

Die wortstatistischen Beobachtungen treffen zu, man wird die damit aufgeworfene Problematik aber besser traditionsgeschichtlich lösen und nicht auf sachlich-inhaltliche Gründe zurückführen[39]. Traditionsgeschichtlich heißt: Seneca greift verschiedene Überlieferungsstränge auf, die er kontextuell zusammenbringt, so daß sie sich gegenseitig erläutern, ohne sie jedoch in einen völlig ausgereiften systematischen Entwurf zu integrieren. Der "Gott in dir" und der "heilige Geist" fügen sich gut in stoisches Philosophieren ein, das solche quasi-mythologischen Einkleidungen für abstrakte Sachverhalte liebte. Die Selbstprüfung entstammt dem Pythagoreismus und mit Abstrichen der epikureischen Schule. Diese philosophischen Richtungen kamen alle, soviel wir wissen, zunächst ohne den Gewissensbegriff aus. Wir haben oben aus Anlaß von Ep 41,2-6 am Beispiel des Schutzgeistes und der Gotteserkenntnis aus der Natur gesehen, wie Seneca aber auch

---

[37] G. MOLENAAR, Seneca's Use of the Term *conscientia*, in: Mn. IV/22 (1969) 170-180, hier bes. 179f mit der Kritik an J. SEVENSTER, Seneca (s. Anm. 15) 90f.

[38] Als zusätzliche Begründung zieht M. ebd. 180 noch Seneca d.Ä., Controversiae I 2,3, heran: *Aliter deorum numini subiecta uniuscuiusque conscientia est, aliter nostra aestimationi* (etwa: "Das Gewissen eines jeden ist der Macht der Götter in anderer Weise unterworfen als unserem Urteil"), aber es fragt sich, was die im mythologischen Sprachspiel verbleibende Redeübung des Vaters für die Philosophie des Sohnes beweist. Philo (s. Anm. 14) und Apuleius (s. Anm. 22) stellen die Querverbindungen her, die M. bei Seneca vermißt. Nicht berücksichtigt hat M. außerdem das Frag. 14 = Lactant., Div Inst VI 24,16f, wo *custos te tuus sequitur* und *quid tibi prodest non habere conscium habenti conscientiam* nebeneinander stehen, zumindest also eine Annäherung von *custos* und Gewissen vorgenommen wird, die in Richtung auf Ep 41 verläuft (man beachte in Frag. 14 auch das Wortspiel mit *conscius* und *conscientiam*); Kritik an M. in diesem Punkt bei B.L. HIJMANS JR., *Conscientia* in Seneca. Three Footnotes, in: Mn. IV/23 (1970) 189-192, hier 191, und bei M. LAUSBERG, Senecae operum fragmenta: Überblick und Forschungsbericht, in: ANRW II/36.3 (1989) 1879-1961, hier 1887, wo sie in Anm. 19 – in leichter Spannung zu ihrer früheren Äußerung (s. Anm. 36)? – fordert, "die Implikationen des immanenten Gottesbildes Senecas für frg. 14" (und für Frag. 24!) zu beachten; zu Frag. 14 allgemein auch DIES., Untersuchungen (s. Anm. 36) 64-74.

[39] Mit H.J. ECKSTEIN, Syneidesis (s. Anm. 11) 102-104.

volkstümliche Vorstellungen adoptiert und mit ihrer Hilfe seine philosophischen Anschauungen geschickt illustriert. Das Wort *conscientia* war Seneca aus der Literatur vertraut, namentlich aus Cicero, möglicherweise daneben auch aus dem Gerichtswesen. Außerdem sind die damit verbundenen Konzepte nach derzeitiger Mehrheitsmeinung in der Alltagsethik und im Allgemeinwissen um psychische Befindlichkeiten des Menschen zu suchen. Seneca setzt *conscientia*, so die Gegenthese zu Molenaar, ähnlich ein wie die Tradition von *genius* und wie die mythologische Rede vom "Gott in dir" und vom heiligen Geist, der im Innern des Menschen wohnt. Mit ihrer gemeinsamen Hilfe untermauert er, was ihm als Stoiker am Herzen liegt: die sittliche Eigenverantwortung der Einzelperson. Daß ihm die anderen kaiserzeitlichen Stoiker Epiktet und Marc Aurel bei gleichen Grundanliegen in der Übernahme des Gewissensbegriffs nicht gefolgt sind, kann nicht als Gegenargument gelten, sondern demonstriert nur eine auch sonst – etwa in der Eschatologie – vorhandene Eigenständigkeit Senecas gegenüber der stoischen Orthodoxie.

Beachtung verdient am Rande auch noch eine entwicklungsgeschichtliche Überlegung[40]: Die Krise von 59 n.Chr. (Ermordung von Neros Mutter) und das anschließende Verhalten des Kaisers könnten Senecas Reflexionen über das schlechte und das gute Gewissen intensiviert haben. In der Tat finden sich die wichtigsten Belege in den später zu datierenden Schriften, namentlich in den moralischen Briefen, die er erst nach seinem endgültigen Abschied aus der Politik verfaßt hat[41].

IV. Paulus: Momentaufnahmen

1. Autonomie?

Wir haben inzwischen den Löwenanteil unserer Zeit Seneca gewidmet, was sich vertreten läßt, da er unter Neutestamentlern doch etwas weniger bekannt sein dürfte als die oft schon im Übermaß vertrauten Paulustexte. Was Paulus betrifft, würden wir vor der Hand schon vermuten, daß bei ihm von einer Autonomie des Gewissens schwerlich die Rede sein kann, sieht er doch den Menschen ganz hingeordnet auf Gott und auf Christus. Aber schon Martin Kähler hält fest, Paulus wolle in Röm 2,14f keinesfalls den

---

[40] Bei P. GRIMAL, Seneca (s. Anm. 15) 136f.
[41] Vgl. zu Senecas Lebenslauf bes. M.T. GRIFFITHS, Seneca. A Philosopher in Politics, Oxford 1976.

Heiden zu verstehen geben, "daß ihnen das Gewissen zum Zeugnis dafür werde, ihre Autonomie sei im Grunde Theonomie"[42], und Robert Jewett bezeichnet in seiner paulinischen Anthropologie das Gewissen bei Paulus als "an autonomous agent"[43].

Was kann damit gemeint sein? Zunächst einmal dies, daß Paulus das Gewissen nicht als ein spezifisch christliches Phänomen ansieht. Er billigt es auch Heiden zu (Röm 2,14f; auch "jegliches Gewissen von Menschen" in 2 Kor 4,2 schließt mehr ein als nur Christen). Es bleibt bei ihm eine anthropologische Konstante, auch noch in einem anderen Sinn: Nicht schon das Gewissen selbst enthält in sich die moralisch-sittliche Weisung. Für seine Maßstäbe muß es sich anderweitig orientieren, in Röm 2,14f z.B. an dem ins Herz geschriebenen Gesetz. Auch im erneuerten Sinn (νοῦς, vgl. Röm 12,2) vernimmt der Mensch die Weisung Gottes. Die widerstreitenden Gedanken in Röm 2,15, die einander vor dem Forum des Gewissens anklagen oder auch verteidigen, verraten im übrigen noch den forensischen Hintergrund der Gewissenskonzeption. Die wichtigste Begrenzung der Autonomie des Gewissens bei Paulus hält schon die frühe verbale Umschreibung in 1 Kor 4,4f fest: "Ich bin mir keiner Sache bewußt (οὐδὲν γὰρ ἐμαυτῷ σύνοιδα), aber deswegen bin ich noch nicht gerechtfertigt. Der mich rechtfertigt, ist der Herr. Also richtet nicht vor der Zeit, bis der Herr kommt, der auch das im Dunkeln Verborgene durchleuchtet und die Pläne der Herzen offenlegt. Und dann wird einem jeden das Lob zuteil von Gott." Paulus hat, mit anderen Worten, ein gutes Gewissen (auch in 2 Kor 1,12), ein robustes sogar, wenn Krister Stendahl Recht hätte[44], auch wenn

---

[42] M. KÄHLER, Das Gewissen (s. Anm. 10) 306.

[43] R. JEWETT, Paul's Anthropological Terms. A Study of Their Use in Conflict Settings (AGJU 10), Leiden 1971, 425; auch 444f.459f; vgl. den ganzen Abschnitt 402-446; zum Gewissen bei Paulus vgl. neben ECKSTEIN (s. Anm. 11) u.a. C. SPICQ, Conscience (s. Anm. 12) 57-67; G. DAUTZENBERG, Das Gewissen (s. Anm. 14) 12-22; M. WOLTER, TRE XIII, 214-217; M.E. THRALL, The Pauline Use of Συνείδησις, in: NTS 14 (1967/ 68) 118-125; J. STEPIEN, "Syneidesis". La conscience dans l'anthropologie de Saint Paul, in: RHPhR 60 (1980) 1-20; P.W. GOOCH, 'Conscience' in 1 Corinthians 8 and 10, in: NTS 33 (1987) 244-254; R. SCHNACKENBURG, Die sittliche Botschaft des Neuen Testaments. Bd. 2: Die urchristlichen Verkündiger (HThK.S 2), Freiburg i.Br. 1988, 48-58; E. LOHSE, Die Berufung auf das Gewissen in der paulinischen Ethik, in: Neues Testament und Ethik (FS R. Schnackenburg), Freiburg i.Br. 1989, 207-219.

[44] K. STENDAHL, The Apostle Paul and the Introspective Conscience of the West, in: HThR 56 (1963) 199-215; auch in: Ders., Paul among Jews and Gentiles and Other Essays, Philadelphia 1976, 78-96, hier 80; man muß aber kritisch hinzufügen, daß das, was er in seinem kontroversen Artikel behandelt, mit der συνείδησις bei Paulus im Grunde sehr wenig zu tun hat, was die Anm. 2 ebd. auch verschämt zugesteht.

er im Unterschied zu den Pastoralbriefen συνείδησις immer absolut verwendet und nie vom reinen und guten Gewissen spricht[45]. Unterstrichen wird die Selbstsicherheit, die Paulus zumindest im Umgang mit seinen korinthischen Kritikern an den Tag legt, durch den Ausblick nur auf das Lob am Schluß in 4,5. Aber das Gewissensurteil untersteht eindeutig einem eschatologischen Vorbehalt. Das Endgericht Gottes kann es ratifizieren oder auch aufheben. Bestenfalls besteht die Aussicht auf ein Transparenz- oder Analogieverhältnis zwischen dem gegenwärtigen Gewissensurteil und Gottes Richterspruch am Ende der Zeit. Daß es sich so verhält, hängt anthropologisch gesehen mit den Abgründen des menschlichen Herzens zusammen, das auch hier wie in Röm 2,14f vom Gewissen unterschieden wird.

2. Stellenwert

Statt vieler weiterer Worte sei versucht, hauptsächlich aufgrund dieser beiden Stellen Röm 2,14f und 1 Kor 4,1-5, die strukturelle Position des Gewissensbegriffs bei Paulus in einer Skizze festzuhalten:

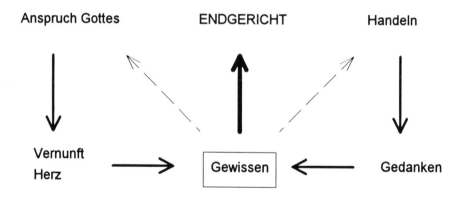

Anspruch Gottes   ENDGERICHT   Handeln

Vernunft
Herz   Gewissen   Gedanken

[45] Anders 1 Tim 1,5.19; 3,9 etc.; vgl. zur nachpaulinischen Briefliteratur mit ihren deutlichen Akzentverschiebungen H. VON LIPS, Glaube - Gemeinde - Amt. Zum Verständnis der Ordination in den Pastoralbriefen (FRLANT 122), Göttingen 1979, 57-69; G. DAUTZENBERG, Das Gewissen (s. Anm. 14) 22-25; M. WOLTER, TRE XIII, 217f.

Im Personzentrum (Vernunft, Herz) fallen die sittlichen Entscheidungen; dort wird auch der Anspruch Gottes vernommen. Die Gedanken holen die Reflexe des Handelns ein und vermitteln sie an das Gewissen weiter. Das Gewissen als objektivierende Instanz vergleicht das Handeln mit dem Anspruch, stellt Übereinstimmung und Abweichung fest und fällt ein Urteil, das aber nicht das Endgericht vorwegnehmen kann. So wenig wie die Korinther in 1 Kor 4,1-5 über Paulus, so wenig kann das Gewissen im Menschen über den Menschen selbst Jüngsten Tag spielen.

Das sind idealtypische Positionsbestimmungen und Unterscheidungen, die keinesfalls schon alle Nuancen von συνείδησις bei Paulus erfassen. Ihnen liegt kein völlig einheitlicher Gewissensbegriff zugrunde[46]. So begegnet in 2 Kor 4,2 und 5,11 (Paulus empfiehlt sich jeglichem Gewissen von Menschen und hofft, in den Gewissen der Korinther offenbar zu werden) der eher seltene, aber von der Grundbedeutung abzuleitende Fall, daß συνείδησις das Mitwissen mit den Taten eines anderen, hier denen des Paulus, und deren moralische Bewertung impliziert (so wohl auch 1 Kor 10,29b). Die Debatte um das Götzenopferfleisch in 1 Kor 8-10 weist die Besonderheit auf, daß die Starken in ihrer Handlungsfreiheit eingeschränkt werden durch das verletzliche Gewissen der Schwachen, was Paulus spezifisch christlich motiviert, nämlich mit der Liebe zum Bruder, für den Christus starb (1 Kor 8,11). Allerdings spricht er hier möglicherweise gar nicht einmal vom Gewissen der Starken, was von der Deutung der schwierigen Verse 10,25-29 abhängt. Fragen kann man auch, ob συνείδησις einerseits und νοῦς/καρδία andererseits so scharf zu trennen sind. Im Alten Testament deckt καρδία manchmal auch Funktionen des Gewissens mit ab, und bei Philo läßt sich beobachten, wie auf seine Rede vom reinen Gewissen die alttestamentlichen Stellen über das reine Herz eingewirkt haben[47]. Wir stoßen dabei rasch auf eine uns gesetzte schmerzliche Grenze, die relativ schmale Textbasis, die uns dafür bei Paulus zur Verfügung steht.

---

[46] Was aber noch nicht dazu berechtigt, wie J. STELZENBERGER, Syneidesis im Neuen Testament (AMT 1), Paderborn 1961, eine Reihe von gänzlich disparaten Bedeutungen (6 bei Paulus, 9 im Neuen Testament) zu postulieren.

[47] Praem Poen 84 u.ö.; vgl. H.J. ECKSTEIN, Syneidesis (s. Anm. 11) 124.

3. Herkunft

Es fragt sich, woher Paulus den Gewissensbegriff überhaupt hat und warum er ihn, wenn er ihn schon nicht ins Zentrum seiner anthropologisch-ethischen Reflexion rückt, eigentlich verwendet. Auch wenn die apokryphe Tradition Paulus einen Briefwechsel mit Seneca andichtet[48], wird niemand ernsthaft eine Bekanntschaft des Apostels mit den Werken des römischen Philosophen und Staatsmanns postulieren wollen. Auch eine direkte Verbindungslinie zu Philo scheint aus mancherlei Gründen nicht möglich. Natürlich kann Paulus den Begriff unmittelbar oder eher auf dem Umweg über die Diasporasynagoge dem hellenistisch-römischen Umfeld verdanken. Aber näher liegt eine andere Hypothese, die hier noch ein kleines Stück weiter fortgeführt sei. Die Häufung der συνείδησις-Belege in der korinthischen Korrespondenz des Apostels ist schon immer aufgefallen und hat zu der Vermutung Anlaß gegeben, daß der Terminus ihm von den Korinthern zugespielt wurde[49]. Andererseits sind wir mehrfach auf Philo von Alexandrien gestoßen, und wir dürfen auch nicht vergessen, daß die einzige echte συνείδησις-Stelle der Septuaginta im Weisheitsbuch steht (Weish 17,11). Für die Einführung hellenistisch-jüdischer Weisheitsspekulation in Korinth und die daraus resultierenden Parteienstreitigkeiten machen neuere Arbeiten wieder zunehmend Apollos, den alexandrinischen Judenchristen, verantwortlich[50]. Was hindert daran, noch einen Schritt weiterzugehen und ihm den Import des Begriffs der συνείδησις zuzuschreiben, den die Korinther begeistert rezipierten, weil er ihnen nicht unvertraut war und sie seine neuen Möglichkeiten innerhalb eines weisheitlich-christlichen Denkrahmens verspürten. Aber diese Hypothese versteht sich nur als Zugabe. Besonderes Gewicht kommt ihr nicht zu.

V. Der Blick nach vorn und zurück

Wir haben uns mit zwei Brennpunkten der Gewissensthematik in ihrer Ursprungssituation befaßt und sind auf sehr komplexe Zusammenhänge ge-

---

[48] NTApo⁵ II, 44-50, mit Lit.

[49] Vgl. nur C.A. PIERCE, Conscience (s. Anm. 4) 60-65.

[50] Vgl. bes. G. SELLIN, Das 'Geheimnis' der Weisheit und das Rätsel der 'Christuspartei' (zu 1 Kor 1-4), in: ZNW 73 (1982) 69-96; DERS., Hauptprobleme des Ersten Korintherbriefes, in: ANRW II/25.4 (1987) 2940-3044, hier 3014f.3021f; H. MERKLEIN, Der erste Brief an die Korinther. Kapitel 1-4 (ÖTBK 7,1), Gütersloh/Würzburg 1992, 119-139.

stoßen. Von hier aus müßten wir nun die weitere Entwicklung der Gewissenslehre in der christlichen Tradition verfolgen. Wenn wir auf der einen Seite bei Paulus συνείδησις und νοῦς/καρδία zusammen nehmen, auf der anderen Seite den "Gott in dir" bei Seneca von seinen pantheistischen Implikationen befreien und dann beides addieren, gelangen wir, grob gesagt, zu der klassischen Konzeption vom Gewissen als *vox Dei* im Innern des Menschen. Sie wird in der Gegenwart zunehmend problematisiert, aber nicht aufgrund exegetischer Einsichten, sondern unter dem Druck der Humanwissenschaften, die es unternehmen, das Gewissen psychoanalytisch, soziobiologisch oder systemtheoretisch zu erklären[51]. Man wird Weiterentwicklungen über die biblischen Vorgaben hinaus nicht ohne weiteres als illegitim beurteilen wollen, aber doch zumindest davor warnen, solche späteren Sichtweisen ins Neue Testament hineinzuprojizieren. Eine nüchterne Bestandsaufnahme führt zu eher bescheidenen Ergebnissen: "Die ntl. Belege für *syneidêsis* verweisen nicht auf eine besondere ntl. oder paulinische Lehre vom Gewissen, sondern bezeugen auf ihre Weise die Teilnahme des Frühjudentums und des Urchristentums am ethischen Diskurs der Zeit."[52]

---

[51] Vgl. beispielhalber W. SCHILLAK, Gewissen und Identität. Versuch eines theologisch-psychoanalytischen Dialogs über Relationen und Strukturen individueller Gewissenstätigkeit (EHS.T 297), Frankfurt a.M. 1986, dort etwa 21: "Gewissen ist die handlungsorientierende Vergewisserung der Qualität bio-sozialer Konditionierung", oder 416 mit der Qualifizierung eigener Ergebnisse als "Denkversuche zu epigenetisch-deskriptiver Schematisierung einer identitätsorientierten Gewissenstätigkeit als der phasenspezifischen Differenzierung bewegenden Glaubens". An neueren moraltheologischen und -philosophischen Studien s. E. SCHOCKENHOFF, Das umstrittene Gewissen. Eine theologische Grundlegung, Mainz 1990; H. SCHLÖGEL, Nicht moralisch, sondern theologisch. Zum Gewissensverständnis von Gerhard Ebeling (WSAMA.T 15), Mainz 1992; G. HÖVER / L. HONNEFELDER (Hrsg.), Der Streit um das Gewissen, Paderborn 1993.

[52] G. DAUTZENBERG, Das Gewissen (s. Anm. 14) 32.

2. Ein Richter im eigenen Innern

Das Gewissen bei Philo von Alexandrien

I. Annäherung: Warum Philo?

"Von einem philosophischen griechischen Gewissensbegriff kann frühestens bei Philon von Alexandria die Rede sein" schreibt Peter W. Schönlein in einem Aufsatz, der sich zum Ziel setzt, die Selbständigkeit und, mehr noch, die zeitliche und sachliche Priorität von *conscientia* im Lateinischen gegenüber den griechischen Termini für das Gewissen zu erweisen[1]. Den frühesten Beleg für *conscientia* findet er in einem Lehrbuch der Rhetorik, entstanden zwischen 88 und 85 v.Chr., beim sogenannten *Auctor ad Herennium* II 5,8: Der Ankläger wird vor Gericht Zeichen eines schlechten Gewissens *(signa conscientiae)* wie Erröten, Erbleichen und Stammeln bei seinem Gegner ansprechen, der Verteidiger wird das zu entkräften suchen. Schönlein folgert daraus, auch auf weitere Indizien gestützt, die Gerichtsverhandlung sei der Ort gewesen, der die Römer dazu bewog, zum Zwecke der leichteren Handhabung bei Anklage und Verteidigung schwer faßbare psychosomatische Erscheinungen möglichst präzise auf den Begriff zu bringen. *Conscientia mille testes,* das Gewissen ist beim Prozeß tausend Zeugen wert, wird Quintilian später sagen (Inst Orat V 11,41).

Daß die Erfahrung mit dem, was wir im Gefolge einer lateinischen und griechischen Neuprägung "Gewissen" nennen, älter ist als der Begriff selbst, bestreitet auch Schönlein nicht: "Was die Menschen folglich schon

---

[1] P.W. SCHÖNLEIN, Zur Entstehung eines Gewissensbegriffes bei Griechen und Römern, in: RMP NF 112 (1969) 289-305, hier 300; dennoch überzogen E. BREHIER, Les idées philosophiques et religieuses de Philon d'Alexandrie (EPhM 8), Paris ³1950, 296: "Nous sommes à un moment solennel de l'histoire des idées en Europe. Un monde intérieur va s'édifier qui s'opposera au monde sensible comme l'esprit à la chair, la conscience source unique de la morale à la nature sans moralité"; vgl. im übrigen schon M. KÄHLER, Das Gewissen. Ethische Untersuchung. Erster, geschichtlicher Theil: Die Entwickelung seiner Namen und seines Begriffes. Geschichtliche Untersuchung zur Lehre von der Begründung der sittlichen Erkenntniß. Erste Hälfte: Alterthum und neues Testament, Halle 1878, Repr. Darmstadt 1967, 33: "Da er [Philo] unter den griechischen Schriftstellern weitaus den reichlichsten Gebrauch von diesem Worte macht..."; ferner ebd. 171-191; J.G. BLÜHDORN, TRE XIII, 201.

immer an sich entdeckt und erlitten haben, ist Qual, Unruhe, Angst, Unsicherheit, Jammer, Kläglichkeit und Verzweiflung"[2]. Aber die frühe Darstellung solcher Seelenzustände in der Tragödie[3] und in der Komödie[4] ist noch nicht dasselbe wie ihre Reflexion und ihre analytische Deskription. Letzteres beginnt nach allem, was wir wissen, erst mit dem 1. Jh.v.Chr., was zugleich bedeutet, daß Philo schon zeitlich gesehen in eine Schlüsselstellung einrückt. Hinzu kommt, daß unter allen Autoren, die griechisch schreiben, bis 100 n.Chr. und darüber hinaus niemand so häufig vom Gewissen redet wie Philo und mit Abstrichen Paulus.

Das mag genügen als erste Antwort auf die Frage: warum ausgerechnet Philo, wenn es um das Gewissen geht? Was macht gerade ihn so wichtig? Den weiteren Zugang zu seinen Ausführungen wollen wir uns zunächst über die Terminologie bahnen[5].

II. Philo und Stobäus: Zur Terminologie

1. Das Verb als Ausgangspunkt

Die umfangreichste Sammlung von Exzerpten aus der Antike, die Anthologie des Johannes Stobäus aus dem frühen 5. Jh.n.Chr., enthält auch ein Kapitel mit Äußerungen über das Gewissen[6]. Mehrfach kommt darin

---

2 A.a.O. 302.
3 Vgl. M. CLASS, Gewissensregungen in der griechischen Tragödie (Spudasmata 3), Hildesheim 1964.
4 Vgl. O. SEEL, Zur Vorgeschichte des Gewissens–Begriffes im altgriechischen Denken, in: Festschrift Franz Dornseiff zum 65. Geburtstag, Leipzig 1953, 291-319, hier 299-302, zu Aristophanes; F. ZUCKER, Syneidesis – Conscientia. Ein Versuch zur Geschichte des sittlichen Bewußtseins im griechischen und im griechisch-römischen Altertum (Jenaer Akademische Reden 6), Jena 1928, 1-26; auch in: DERS., Semantica, Rhetorica, Ethica (SSA 38), Berlin 1963, 96-117, hier 109f zu Menander.
5 Das vernachlässigt J.S. BOUGHTON, Conscience and the Logos in Philo, in: LCQ 4 (1931) 121-133, der für Philo mit einem viel zu weiten Gewissensbegriff arbeitet, vgl. die Kritik bei W. VÖLKER, Fortschritt und Vollendung bei Philo von Alexandrien. Ein Studie zur Geschichte der Frömmigkeit (TU 49,1), Berlin 1938, 103.
6 III 24,1-16; Text bei O. HENSE, Ioannis Stobaei Anthologii libri duo posteriores I, Berlin 1894, 601-605. Auf die teils falschen, weil anachronistischen Zuschreibungen mancher Sinnsprüche (an die sieben Weisen z.B.) gehen wir nicht näher ein. Erwähnt sei lediglich das Demokritfragment FVS 68 B 297 aus Stobäus IV 52,40 mit einem sehr frühen, singulären Beleg für συνείδησις, das aber aufgrund der prekären Überlieferungslage nicht überbewertet werden darf und, falls echt, nur den allgemeinen Sinn von "Wissen", "Bewußtsein" frei gibt, vgl. P.W. SCHÖNLEIN, Entstehung (s.

die verbale Umschreibung vor, die am Ausgangspunkt der sprachlichen
Entwicklung steht: σύνοιδα ἐμαυτῷ (τι), ich bin mir (einer Sache bzw.
oft: einer Schuld) bewußt (vgl. § 1.6f.9.13f.16). Sie findet im reflexiv-
moralischen Sinn seit klassischer Zeit Verwendung[7], und auch Paulus
kennt sie nach Ausweis von 1 Kor 4,4: οὐδὲν γὰρ ἐμαυτῷ σύνοιδα. Bei
Philo begegnet sie vergleichsweise selten, lediglich dreimal[8], in Omn Prob
Lib 124: Jemand, dem der Kyniker Diogenes eine seiner schlagfertigen Antworten gab, "sei aufgrund dessen, wessen er sich bewußt war (ἐφ' οἷς
ἑαυτῷ συνῄδει), vor Scham vergangen", in Leg Gai 341: Opfer der Willkür Caligulas rechnen mit dem Todesurteil, nicht "weil sie sich bewußt waren (συνῄδεσαν αὐτοῖς)"[9], etwas Todeswürdiges getan zu haben, sondern wegen seines tyrannischen Charakters, und in Her 6[10], dort gefolgt
von τὸ συνειδός (s.u.) in § 7.

2. Das "ungeliebte" Substantiv

Von σύνοιδα sind – evtl. auf dem Umweg über den substantivierten In-
finitiv τὸ συνειδέναι[11] – das Verbalsubstantiv ἡ συνείδησις und das
substantivierte Partizip τὸ συνειδός abgeleitet. Zwei der sechzehn Zitate
bei Stobäus verwenden ὀρθή bzw. ἀγαθὴ συνείδησις (§ 11f). Aus dem
Neuen Testament kennen wir überhaupt nur συνείδησις (30 mal[12]). Philo
setzt das Wort sehr zurückhaltend nur dreimal ein und immer in Verbindung mit einem Genitiv. In Spec Leg 2,49 kommen wir noch mit der Übersetzung aus: "weil ein Schlechter durch das *Bewußtsein* seiner Sünden gequält wird"[13]. Ähnliches gilt für Virt 124: Ein Sklave flüchtet "aus Furcht

---

Anm. 1) 292-294; V.E. RODGERS, Σύνεσις and the Expression of Conscience, in: GRBS 10 (1969) 241-254, hier 251.

7   Vgl. H.J. ECKSTEIN, Der Begriff Syneidesis bei Paulus. Eine neutestamentlich-exegetische Untersuchung zum 'Gewissensbegriff' (WUNT II/10), Tübingen 1983, 41-50.

8   σύνοιδα in Flacc 99 fällt aus, da nicht-reflexiv gebraucht. Zu den im folgenden
vorausgesetzten Werkausgaben und Übersetzungen vgl. The Studia Philonica Annual
1 (1989) 172.

9   F.H. COLSON, LCL X, 171, übersetzt: "not because their conscience told them".

10 Ein Sklave spricht freimütig zu seinem Herrn, "wenn er sich *dessen bewußt ist,* daß er
kein Unrecht beging"; F.H. COLSON, LCL IV, 287, hat hier "when his heart tells him";
M. HARL, Les œuvres XV, 109, hingegen: "il a conscience".

11 Vgl. Epiktet, Ench 34.

12 Ohne die Textvariante zu der apokryphen Stelle Joh 8,9, die auffälligerweise "philo-
nisches" Vokabular (s.u.) bietet: ὑπὸ τῆς συνειδήσεως ἐλεγχόμενοι.

13 Vgl. I. HEINEMANN, Werke II, 122.

vor den Drohungen seines Herrn oder wegen des Bewußtseins von bestimmten Vergehen (συνειδήσει τινῶν ἁμαρτημάτων) oder auch ohne
selbst etwas verbrochen zu haben"[14]. An der dritten Stelle Det 146 (συνειδήσει τῶν οἰκείων ἀδικημάτων) wird die Beziehung zur Gewissensthematik nicht so sehr durch συνείδησις, sondern mehr noch durch ἐλεγχόμενοι und ἔλεγχον im gleichen Paragraphen hergestellt. Darauf kommen
wir zurück.

3. Das Vorzugswort

Überschrieben ist das einschlägige Kapitel bei Stobäus nicht mit περὶ
συνειδήσεως, sondern mit περὶ συνειδότος, und τὸ συνειδός steht auch
in zwei von seinen Zitaten (§ 8.15). Der früheste Fundort für τὸ συνειδός
scheint die Kranzrede des Demosthenes zu sein (Or 18,110), wo aber im
Kontext die Gewissensthematik noch fern liegt[15]. Bei Philo tritt der Terminus mit über 30 Vorkommen[16] erstmalig und gleich sehr massiv in den
Vordergrund. Die Bevorzugung von συνειδός gegenüber συνείδησις
dürfte u.a. darin begründet sein, daß συνειδός, da attisch, das elegantere

---

[14] L. COHN, Werke II, 349, übersetzt im Mittelteil zwar: "als Mitwisser von bestimmten
Vergehen", was sich auf Vergehen des Sklavenbesitzers beziehen dürfte (so auch H.J.
ECKSTEIN, Syneidesis [s. Anm. 7] 123), aber dem widerspricht die Fortsetzung mit
"ohne selbst etwas verbrochen zu haben"; mit dem Bewußtsein eigener Verfehlungen
seitens des Sklaven rechnen offenbar – m.E. zutreffend – F.H. COLSON, LCL VIII,
239: "through consciousness of some misdeed", und P. DELOBRE, Les œuvres XXVI,
97: "parce qu'il a conscience d'avoir commis certaines fautes".

[15] Es geht vielmehr um ein gemeinsames Wissen, das Redner und Hörer teilen, vgl. C.
MAURER, ThWNT VII, 901. In seinem instruktiven Artikel nennt A. PELLETIER, Deux
expressions de la notion de conscience dans le judaïsme hellénistique et le christianisme naissant, in: REG 80 (1967) 363-371, hier 365, noch OGIS 484,37; POxy
532,23; LSCS 86,3 (= F. SOKOLOWSKI, Lois sacrées des cités grecques. Supplement
[École Française d'Athènes. Travaux et mémoires des anciens membres étrangers de
l'école et de divers savants 11], Paris 1962, 149), ohne zu verschweigen, daß dieses
Material später als Philo zu datieren ist.

[16] 31 in den griechisch erhaltenen Schriften, genau gesagt. Hinzunehmen wäre aber
von den Werken in armenischer Übersetzung z.B. Quaest in Gen 4,202, wo durch
Prokop von Gaza τὸ συνειδός (die altlateinische Übersetzung hat *conscientia*) gesichert ist, vgl. R. MARCUS, LCL XI, 496; F. PETIT, Les œuvres XXXIII, 205; J.R.
ROYSE, The Spurious Texts of Philo of Alexandria. A Study of Textual Transmission
and Corruption with Indexes to the Major Collections of Greek Fragments (ALGHJ
22), Leiden 1991, 20.23-25.

und bessere Griechisch darstellt[17]. Auch Plutarch verzichtet auf συνείδησις und wählt an den wenigen Stellen, wo er überhaupt darauf zu sprechen
kommt, συνειδός[18].

4. Ein Außenseiter

Es bleibt bei Stobäus noch σύνεσις (abgeleitet von συνίημι), das in
zweien seiner Merksätze das Gewissen vertreten muß (§ 3.5). Das ist nach
Liddell-Scott 1712 lexikalisch möglich[19]. Häufig zitiert wird in dem Zusammenhang Polybius, der um σύνεσις herum eine ganz ähnliche Gesamtkonstellation entwickelt, wie wir sie bei Philo antreffen werden: "Denn niemand ist ein so furchtbarer Zeuge (μάρτυς) oder ein so schrecklicher Ankläger (κατήγορος) wie das Gewissen (ἡ σύνεσις), das in unserem Inneren (ψυχαῖς) wohnt (κατοικοῦσα)"[20]. Doch wurde diese Passage, die sowieso wie eine Randglosse wirkt, mit guten Gründen als sekundärer Zusatz
aus unbestimmter Zeit gewertet[21], womit sie für den Vergleich ausfällt.

---

[17] Vgl. M. KÄHLER, Das Gewissen (s. Anm. 1) 31: "Nur dies läßt sich vielleicht bestimmen, daß das Neutrum des Particip dem griechischen Sprachsinne mehr zusagte";
vgl. 173.

[18] Publicola 4,4; Virt Prof 14 (84D); Ser Num Vind 11 (556B); so auch Epiktet, Diss III
22,94; Pausanias, Graec Descr VII 10,11; Alciphron, Ep I 10,5, und später verstärkt
Dio Cassius. Eine Überprüfung von συνειδο- mit Hilfe des TLG brachte keine wesentlichen neuen Erkenntnisse; interessant war vor allem wohl, daß im ältesten griechischen Roman (Entstehungszeit Mitte des 1. Jh.s n.Chr.) ein Beleg enthalten ist,
vgl. Chariton, Kallirhoe III 4,13: "Ein für jeden Menschen bedeutsamer Faktor ist das
Gewissen (συνειδός), und die Wahrheit ist allmächtig", und daß der in Alexandrien
geborene Historiker Appian (95-165 n.Chr.) das Wort mehrfach gebraucht, z.B. in
Bell Civil I 3,25; II 16,115; V 2,16; aus späterer Zeit noch Heliodor VI 7,7; VIII 5,1;
8,4. Andere anfangs so verheißungsvoll scheinende Stellen wie Anaximenes, Ars
Rhetorica (bzw. Ps.-Aristoteles, Rhetorica ad Alexandrum) 15,1; 16,1, oder auch
Lykurg, In Leocratem 29 (mit ἔλεγχον), u.a. gaben bei näherem Hinsehen nichts her,
insofern oft nur die Bedeutung "Mitwisser" oder bestenfalls "Bewußtsein" vorliegt.

[19] Doch hat V.A. RODGERS, Σύνεσις (s. Anm. 6), für den bei Liddell-Scott und auch
sonst oft angeführten Vers aus Euripides, Orest 396, die Deutung auf das Gewissen
energisch bestritten; zu unkritisch H. OSBORNE, Σύνεσις and συνείδησις, in: ClR 45
(1991) 8-10. Ausgehend von σύνεσις im Euripideszitat beschreibt das Gewissensphänomen Plutarch, Tranq An 19 (476E-477B); Stobäus IV 24,15 läßt das Exzerpt aus
Plutarch mit τὸ γὰρ συνειδός beginnen.

[20] Polybius XVIII 43,13; synoptisch mit Philotexten konfrontiert z.B. bei E. BREHIER,
Idées (s. Anm. 1) 300f.

[21] Vgl. C. MAURER, ThWNT VII, 901 Anm. 16; P.W. SCHÖNLEIN, Entstehung (s. Anm.
1) 295 Anm. 28.

Keine der ca. 24 Stellen, an denen Philo von der σύνεσις spricht, tangiert das Gewissensphänomen auch nur von weitem. Es dominiert die gängige Bedeutung von Verstand, Einsicht, Urteil[22].

Getreu dem Ratschlag: "The enormous diversity of Philo's learning and the intricate problems involved in the comprehension of his thought cannot properly be appreciated except by ... close work on at least a segment of his text"[23], werden wir unsere weiteren Überlegungen von der eingehenderen Betrachtung eines Textstücks aus entwickeln. Wir wählen als Ausgangspunkt Decal 82-91.

III. Ein Basistext: Decal 82-91

1. Beschreibung des Phänomens:

In Decal 82 beginnt Philo mit der Auslegung des dritten Gebots aus Ex 20,7: "Du sollst den Namen des Herrn, deines Gottes, nicht mißbrauchen." Am besten wäre es, so Philo, überhaupt nicht im Namen Gottes zu schwören. Erweist sich ein Schwur aber als unumgänglich, so muß er wenigstens wahr sein, denn es wäre ein großer Frevel, wollte man Gott als Zeugen für eine Lüge anrufen. In einer rhetorischen Apostrophe wendet sich Philo dem Leser zu und fordert ihn auf (86f):

"Wirf doch, wenn du willst, mittels deiner Verstandeskraft einen Blick in die Seele (διάνοιαν) dessen, der sich anschickt, falsch zu schwören. Du wirst nämlich sehen, daß sie nicht ruhig ist, sondern voller Unruhe und Verwirrung, im Zustand der Anklage und allen Beleidigungen und Schmähungen ausgesetzt. Denn der 'Überführer' (ἔλεγχος)[24], der jeder Seele angeboren ist und in ihr wohnt, der es nicht gewohnt ist,

---

22 Vgl. σύνεσις neben anderen Kardinaltugenden in Spec Leg 4,57 (als Eigenschaften eines δικαστής, der weiß, daß er nicht nur richten, sondern auch gerichtet werden wird); vielsagend auch Agr 135: "Solche (wissenschaftlichen Zergliederungsversuche) erweisen deutlich eine übertriebene Gewissenhaftigkeit (συνέσεως ἀκριβείας), deren Scharfsinn bis zur Haarspalterei reicht, gewähren aber keinerlei Nutzen für die sittlich-moralische Lebensführung"; Vit Mos 1,154; Gig 27. Anders zwar V. Guazzoni Foà, La funzione della coscienza in Filone Alessandrino, in: Ders., Ricerche sull'etica delle scuole ellenistiche (Pubblicazioni dell'Istituto di Filologia Classica e Medievale 44), Genua 1976, 67-83, hier 69, aber auch sein Hauptbeleg Sobr 3 gibt die Bedeutung "Gewissen" nicht her.

23 D. Winston / J. Dillon, Two Treatises of Philo of Alexandria. A Commentary on De Gigantibus and Quod Deus Sit Immutabilis (BJSt 25), Chico, Ca. 1983, VII.

24 L. Treitel, Werke I, 390, übersetzt hier mit "Gewissen", später in § 91 συνειδός hingegen mit "Herz"; F.H. Colson, LCL VII, 51, wählt "monitor" (und "conscience"

schuldhaftes Tun hinzunehmen, sondern seiner Natur nach immer das Böse haßt und die Tugend liebt, der selbst zugleich als Ankläger (κατήγορος) und als Richter (δι-καστής) fungiert, der, einmal in Bewegung gesetzt, als Ankläger beschuldigt, anklagt, beschämt, als Richter wiederum lehrt, zurechtweist, zur Änderung (des Lebenswandels) ermahnt. Und wenn er zu überzeugen vermochte, gibt er sich hocherfreut und versöhnt. Vermochte er es nicht, kämpft er unversöhnlich. Er gibt Tag und Nacht keine Ruhe, sondern versetzt Stiche und schlägt unheilbare Wunden, bis er das jämmerliche und fluchbeladene Leben vernichtet hat."

Nach dieser eindrücklichen Skizze eines innerseelischen Dramas[25] läßt Philo den Meineidigen selbst zu Wort kommen, der in einem fiktiven Dialog einen Freund zu überreden versucht, für ihn falsches Zeugnis abzulegen[26]; der Freund wird das entrüstet von sich weisen; wie aber kann der Meineidige es dann wagen, Gott zu eben dieser Tat überreden zu wollen? In direkter Anrede wirft Philo dem Meineidigen vor (91):

"...Was Gottlosigkeit angeht, gibt es für dich keine Steigerungsmöglichkeit mehr, wenn du zu Gott sagst, zwar nicht mit Mund und Zunge, aber doch im Gewissen (συνειδότι): 'Bezeuge für mich die Lüge, tue mit mir Böses, handle mit mir leichtfertig. Meine einzige Hoffnung, bei den Menschen meinen guten Ruf zu bewahren, beruht darauf, daß du die Wahrheit verschleiern wirst'."

In diesem längeren Textstück wird συνειδός von Philo gegen Ende hin mehr beiläufig eingesetzt. Es ist der Ort, wo der Meineidige mit seinem unerhörten Ansinnen an Gott herantritt. Die Konturen des Gewissensphänomens zeichnen sich viel deutlicher an der früheren Stelle in § 86f ab, wo ἔλεγχος der Leitbegriff war, dem wir uns gesondert zuwenden müssen.

2. Das Gewissen als "Überführer"

Von Hause aus ist ἔλεγχος ein Abstraktbegriff und bedeutet u.a. "Beweis, Beweisführung, Widerlegung, Untersuchung, Prüfung", auch

---

in § 91); V. NIKIPROWETZKY, Les œuvres XXIII, 87, entscheidet sich für "témoin à charge" (und "conscience" in § 91).

25 W. VÖLKER, Fortschritt (s. Anm. 5) 95, hält zwar Flacc 166-180 für das "ausführlichste ... und in seiner Art auch großartigste Gemälde" der Gewissensqualen, doch trifft das nur sehr bedingt zu. Das Problem ist nicht, daß der Gewissensbegriff dort fehlt, sondern daß Flaccus in erster Linie durch seinen plötzlichen Sturz in der Gunst des Kaisers und die damit verbundene soziale Schande zutiefst gedrückt wird und erst in zweiter Linie durch die Erinnerung an früher begangene Schandtaten. Als psychologische Studie sind diese Paragraphen dennoch lesenswert.

26 Es liegt das rhetorische Stilmittel einer Ethopoiie oder *sermocinatio* vor, vgl. H. LAUSBERG, Handbuch der literarischen Rhetorik. Eine Grundlegung der Literaturwissenschaft, München ³1990, § 820-823.1131f, bes. § 823,2.

"Zurechtweisung, Tadel". Zugrunde liegt als Verbform ἐλέγχειν, das neben tadeln, bezeugen, überführen, beweisen, prüfen auch in forensischem Sinn die Durchführung eines Kreuzverhörs bezeichnen kann. Philo legt eine ausgesprochene Vorliebe für Verb und Substantiv an den Tag, bewegt sich dabei aber meist im normalen, an sich schon recht breiten Bedeutungsspektrum[27]. Aufschlußreich sind bereits jene Stellen, wo ἔλεγχος mit anderen forensischen Beweismitteln wie πίστις und ἀπόδειξις (Vit Mos 2,177) oder mit ἀπόδειξις und μαρτυρία (Decal 140) zusammengestellt wird. Das fluchbringende Wasser, das die des Ehebruchs verdächtigte Frau nach Num 15,18f trinken muß, heißt bei Philo ποτὸν ἐλέγχου[28]. Aufgrund der Antworten, die sie auf gezielte Fragen Gottes gibt, "wird die Seele durch sich selbst überführt (ἐλέγχηται) jener Dinge, betreffs derer sie sich als gut oder als böse zeigt, ohne einen anderen Ankläger oder Verteidiger (συναγωνιστῇ) zu brauchen" (Det 58). Ein andermal fragt Philo: "Wird nicht oft der Verstand (νοῦς) in zahllosen Punkten des Wahnwitzes überführt (ἠλέγχθη), und werden nicht alle sinnlichen Wahrnehmungen als Falschzeugen ertappt, nicht vor unvernünftigen Richtern (δικασταῖς), die sich freilich irren können, sondern vor dem Gerichtshof (δικαστηρίῳ) der Natur selbst..." (Conf 126)[29]. Auch Theatermetaphorik kommt zum Einsatz: überführen ist gleichbedeutend mit entlarven, die Maske vom Gesicht reißen[30].

In dem Abschnitt Decal 82-91, von dem wir ausgegangen sind, war zu beobachten, wie ἔλεγχος und συνειδός einander angenähert werden. Während das dort über den Abstand von mehreren Paragraphen hin geschah, können die beiden Begriffe auch zu einem einzigen, schwer zu übersetzenden Syntagma zusammengezogen werden, wie z.B. in Omn Prob Lib 149: ὁ τοῦ συνειδότος ἔλεγχος (die "Gewissensprüfung" kann aus dem

---

[27]   Vgl. für das Verb z.B. All 3,77; Cher 88; Congr 18; Ebr 43; Aet 99; Flacc 142; für das Substantiv All 3,49f; Ebr 185; Congr 157; Mut 65.154; Jos 127; Aet 89; Vit Cont 64; Praem 4 usw.; Verb und Substantiv nebeneinander in Abr 135. Zum ganzen vgl. die materialreiche Studie von V. NIKIPROWETZKY, La doctrine de l'élenchos chez Philon, ses résonances philosophiques et sa portée religieuse, in: Philon d'Alexandrie. Lyon 11-15 Septembre 1966 (Colloques Nationaux du CNRS), Paris 1967, 255-275.

[28]   Spec Leg 3,61. Num 5,18f LXX hat das bedeutungsgleiche ὕδωρ τοῦ ἐλεγμοῦ. Vgl. auch Virt 75: ἔλεγχοι παλαιῶν ἁμαρτημάτων.

[29]   Vgl. noch Abr 104: Gott als Aufseher (ἔφορος) überführt und straft (ἤλεγξεν) den verlogenen Charakter.

[30]   Mut 198: Durch unehrliche Lobreden auf die Tugend bringen manche es fertig, "Gerichtshöfe, Ratsversammlungen, Theater, jede Versammlung und Vereinigung von Menschen zu täuschen wie solche, die schöne Masken auf abscheuliche Gesichter legen, in der Absicht, von den Zuschauern nicht überführt zu werden".

Sklavenbesitzer einen Sklaven machen)[31]. Mehrfach regiert συνειδός auch als grammatisches Subjekt[32] oder als logisches Subjekt das Verb, letzteres vor allem in der Verbindung ὑπὸ τοῦ συνειδότος ἐλεγχόμενος o.ä., "vom Gewissen überführt" oder "bestraft"[33]. Daneben greift Philo weiterhin getrennt auf ἔλεγχος und συνειδός zurück und verwendet sie in Kontexten, die sich zum Verwechseln ähnlich sehen. In Verlängerung des zu Decal 82-91 schon Gesagten wollen wir dem nachgehen anhand von weiteren Texten aus dem Gesamtwerk, die auch zur Abklärung einiger Sachfragen beitragen.

IV. Erkundungen im Gesamtwerk

1. Immanenz oder Transzendenz?

Wie Philo Aussagen über das Gewissen aus der Exegese von Schriftstellen heraus entwickelt, läßt sich gut am Beispiel von Det 22-24 erfassen. Den Rahmen bildet Gen 4,8: Kain erschlägt seinen Bruder Abel auf dem Feld. Daß das Feld den Kampfplatz der Seele darstellt, illustriert Philo u.a. mit Gen 37,15: Josef irrt auf der Suche nach seinen Brüdern auf dem Feld umher. Ihn trifft ein Mann, der ihn fragt: "Was suchst du?" Einige Schriftausleger, die Philo konsultiert hat, behaupten, der wahre Name dieses Mannes werde nicht mitgeteilt, aber sie sind blind auf den Augen ihrer Seele und vermögen deshalb die tiefere, allegorische Bedeutung nicht zu erkennen. "Mensch" dient hier vielmehr als treffende Bezeichnung für die vernünftige Denkkraft (Det 23f):

"Dieser 'Mensch', der in der Seele eines jeden wohnt (κατοικῶν), wird bald als Herrscher und König, bald als Richter (δικαστής) und Preisverteiler in den Lebenswettkämpfen erfunden. Manchmal übernimmt er auch die Rolle eines Zeugen (μάρτυς) oder Anklägers (κατήγορος), überführt (ἐλέγχει) unsichtbar im Innern und läßt

---

31 Auch noch in Ebr 125; Op 128; prädikativ in Post 59: "...daß einem jeden der Verstand (νοῦς) Zeuge ist für das, was er im Verborgenen plant, und das Gewissen (συνειδός) ein unbestechlicher und gänzlich untrüglicher Überführer (ἔλεγχος)"; bei H. BÖHLIG, Das Gewissen bei Seneca und Paulus. Religionsgeschichtliche Untersuchung, in: ThStKr 87 (1914) 1-24, hier 20, wird Post 59 nach der alten Ausgabe von Mangey (1742) als Fragment aus einer verloren geglaubten Schrift Philos angeführt; schon ein Blick in J.R. HARRIS, Fragments of Philo Judaeus, Cambridge 1886, 78.1, hätte die Identifizierung ermöglicht; vgl. jetzt J.R. ROYSE, Texts (s. Anm. 16) 152.170.199.

32 Conf 121: τὸ συνειδὸς ἔνδοθεν ἐλέγχει.

33 Jos 48.262; Spec Leg 1,235; 3,54; 4,6.40; Virt 206.

nicht zu, daß wir den Mund auftun, sondern hält den unbedachten und kecken Lauf der Zunge an, indem er sie einfängt und ihr mit den Zügeln des Gewissens (συν- ειδότος) einen Zaum anlegt. Dieser Überführer (ἔλεγχος) fragt die Seele, als er sie umherirren sah: 'Was suchst du?'"

Mögliche Objekte ihres Suchens wären, wie der weitere Verlauf zeigt, die Kardinaltugenden, aber so weit ist die von Josef dargestellte Seele noch nicht, weil sie nach Gen 37,16 nicht fragte: "Wo *hüten* sie (d.h. meine Brü- der)?", sondern: "Wo *weiden* sie?", was auf die Befriedigung leiblicher Ge- lüste durch Speise und Trank abzielt. Halten wir fest, daß dieser "Mensch", der im Bibeltext dem Josef von außen entgegentritt, in der allegorischen Gleichung sich in der Seele selbst aufhält, daß er als ἔλεγχος bezeichnet wird, daß ihm die Ehrentitel Herrscher und König und die Aufgaben des Richters, Zeugen und Anklägers zukommen und daß er sich in diesem Text des Gewissens als seines Instruments bedient. Die Zuordnungen schwan- ken. In anderen Zusammenhängen können συνειδός und ἔλεγχος auch unterschiedslos verwendet werden. Auch die Abgrenzung gegenüber der Denkkraft, der Vernunft und dem Verstand (διάνοια, λόγος, νοῦς, λογισμός) fällt nicht immer eindeutig aus. Als wahren Menschen im Inne- ren kann Philo sonst auch den Nous oder den Logos im Menschen bezeich- nen[34].

Gegen Ende des gleichen Traktats fordert Philo dazu auf, wir sollten als solche, die "durch das Bewußtsein (συνειδήσει) der eigenen Sünden über- führt sind (ἐλεγχόμενοι)", Gott darum bitten, uns lieber zu strafen als al- lein zu lassen. Der strafende Gott nämlich korrigiert nachsichtig und milde unsere Fehler, indem er "in die Denkkraft (διάνοιαν) den überaus weisen Überführer (ἔλεγχον), sein eigenes Wort (λόγον), sendet, durch welchen er die Seele zunächst schmähen und wegen ihrer Übertretungen beschämen, aber dann doch heilen wird" (Det 146).

Es muß auffallen, daß in ein und derselben Schrift das überführende Ge- wissen einmal der Seele einwohnt, ein andermal von Gott in sie hineinge- sandt wird, so wie er sein Wort sendet. In Decal 87 war der ἔλεγχος der Seele angeboren (συμπεφυκώς) und wohnte in ihr (συνοικῶν). Die Span- nung verstärkt sich noch, wenn wir das Gesamtwerk hinzunehmen; weitere Beispiele für beide Aussagereihen werden uns im folgenden noch begeg- nen. Aber man sollte das dennoch nicht zu einem unüberbrückbaren Gegen- satz emporstilisieren und das Verhältnis von Transzendenz und Immanenz

---

[34] Cher 57; Det 84; Agr 9.108; Plant 42; Fug 71; Her 118; Omn Prob Lib 111.

in der Gewissensbegründung zum Hauptproblem bei Philo erklären[35]. Auch ohne daß man stoische oder neuplatonische Philosophie bemühen muß, in deren Denkrahmen sich die vermeintlichen Alternativen von selbst aufheben[36], sind Zwischenlösungen denkbar. Als Geschöpf Gottes trägt der Mensch auch nach dem Sündenfall genügend Potentialitäten in sich, die je nachdem noch eines äußeren Anstoßes bedürfen, den die göttliche Gnade beisteuert. Ähnlich verschwommene Konturen stellen sich auch ein, wenn man die Herkunft von Logos, Nous und Pneuma im Menschen genauer zu beleuchten versucht. Naturgegebene Anlagen und gesonderte göttliche Eingebung greifen ineinander. Manchmal gibt auch der Bibeltext, dem Philo gerade folgt, den Ausschlag dafür, wo das Gewissen hinsichtlich seines Ursprungs verortet wird.

2. Priester und Engel

Wir wechseln zu einer neuen zusammenhängenden Schrift über. In Imm 50 werden Gewissensfunktionen zunächst auch dem λογισμός im Zusammenspiel mit dem ὀρθὸς λόγος zugewiesen: Die Menschen "haben in sich die Urteilskraft als einen untrüglichen Richter, der alles akzeptieren wird, was der rechte Verstand ihm vorschlägt". Das Gewissen selbst (συνειδός) verwundet und verfolgt (Imm 100, mit einer Auslegung von Dtn 1,44). Durch kühne Exegese und einen wechselseitigen Gebrauch von ἔλεγχος und συνειδός zeichnet sich der Umgang mit den verschiedenen Aussatzformen von Lev 13 in Imm 123ff[37] aus: Die gesunde Farbe, die an der kranken Seele erscheint, ist ihr Überführer (ἔλεγχος); wenn er an die Oberfläche tritt, stellt er einen Katalog ihrer Sünden zusammen, so daß sie als endlich überführte (ἐλεγχομένη) alles erkennt, was sie an Unbedachtem und Törichtem gegen den rechten Verstand unternommen hat (Imm

---

[35] Wie es mehr oder minder geschieht bei R.T. WALLIS, The Idea of Conscience in Philo of Alexandria (The Center for Hermeneutical Studies in Hellenistic and Modern Culture. Protocol of the Thirteenth Colloquy), Berkeley 1975, mit mehreren Stellungnahmen und ausführlicher Diskussion, ohne letztere abgedruckt in: StPhilo 3 (1974/75) 27-40, und zuletzt in: D. WINSTON / J. DILLON, Treatises (s. Anm. 23) 207-216.

[36] Vgl. D. WINSTON, Philo's Ethical Theory, in: ANRW II/21.1 (1984) 372-416, hier 389-391, der, auf Beispiele aus der Philosophie gestützt, von "bifocal perspective" und "relative transcendence" spricht. Den transzendenten Aspekt betont A. DIHLE, Die Vorstellung vom Willen in der Antike (Sammlung Vandenhoeck), Göttingen 1985, 108.

[37] Hauptsächlich dazu J. PIGEAUD, Le problème de la conscience chez Philon d'Alexandrie, in: StPatr 15 = TU 128 (1984) 486-488.

125f). Doch haben die unfreiwilligen Vergehen "im Gewissen (συνειδός) keinen strengen Ankläger", während die freiwilligen "vom Richter in der Seele aufgedeckt (ἐλεγχόμενα) werden" (Imm 128). Diese dem Alten Testament entnommene Unterscheidung von nicht vorsätzlichen und vorsätzlichen Sünden, die mehrfach wiederkehrt[38], ist Philo sehr wichtig, und den Stichentscheid darüber weist er dem Gewissen zu.

Einen Höhepunkt der transzendenten Herleitung des Gewissens bildet sodann Imm 134f:

> "Solange die göttliche Vernunft (λόγος) nicht in unsere Seele gekommen ist wie in eine Wohnung, sind alle ihre Taten schuldlos. Denn der Aufseher oder Vater oder Lehrer oder wie immer man den (Logos als) Priester nennen mag, der allein sie zurechtweisen und zur Vernunft bringen kann, ist weit weg ... Wenn aber der wahre Priester als Überführer (ἔλεγχος) in uns eingeht wie ein reiner Lichtstrahl, erkennen wir sofort, was an finstern Plänen alles in unserer Seele schlummert ... Das alles nun erklärt der Überführer in Ausübung seiner priesterlichen Aufgabe für unrein und befiehlt, es hinwegzuschaffen, damit das Haus der Seele rein sei und sie, falls irgendwelche Krankheiten in ihr stecken, geheilt werde."

Das versteht sich wohlgemerkt immer noch als Auslegung der Aussatztora aus Lev 13-14, näherhin hier der Vorschrift über den Aussatz beim Haus in 14,36: Der Priester soll, ehe er hineingeht, um es zu inspizieren, die Gegenstände aus dem Haus herausschaffen lassen, damit nicht alles unrein werde. Philo macht daraus: Erst wenn der überführende Logos als Priester in das Haus der Seele eintritt, werden die Dinge in ihr als schuldhaft entlarvt. Im Anschluß daran läßt Philo diesen Vorgang erneut Revue passieren in anderer Terminologie unter Auswertung von 1 Kön 17,18, wo die Witwe von Sarepta zum Propheten Elija sagt: "Mann Gottes, du kommst zu mir, um mich zu erinnern an meine Sünde." Gemeint ist der Interpret Gottes, der Logos und Prophet, der gottbegeistert und von himmlischer Sehnsucht ergriffen die Seele aufsucht, die Erinnerungen an alte Freveltaten wach ruft, sie zur Klage darüber bewegt und in der rechten Lebensführung unterweist (Imm 138). Auch die beiden Schlußparagraphen Imm 182f schildern den ἔλεγχος noch einmal als göttlichen Logos und als Engel, der uns nach Ps 91,11f behütet auf all unseren Wegen. Wie der Engel, der in Num 22,31 Bileam den Weg versperren will, schreitet er den

---

[38] Vgl. Ebr 125: "...denn die unfreiwilligen Übel sind nur halbe und leichter, da sie durch eine ehrliche Prüfung des Gewissens nicht belastet werden"; Flacc 7: "Tut einer jedoch wissentlich Unrecht, gibt es keine Verteidigung (ἀπολογίαν) für ihn, da er von vornherein überführt ist vor dem Gerichtshof (δικαστηρίῳ) des Gewissens"; s.u. zu Spec Leg 1,235-237; dazu W. Völker, Fortschritt (s. Anm. 5) 89f.

Menschen entgegen und ist zugleich der Richter in ihrem Innern (ἔνδον δικαστήν), den sie gnädig stimmen sollten.

3. Das Gewissen als "Gott"?

Exegetisch geht es weiter in Fug 5f. Der Engel, der in Gen 16,7-13 Hagar auf der Flucht trifft und mit ihr redet, ist nicht nur ein Repräsentant des göttlichen Wortes, sondern für Hagar auch ein ἔλεγχος, der sie in diesem Fall wohlwollend als Freund und Ratgeber belehrt. In Fug 118 bekommt der ἔλεγχος auch das Attribut "unbefleckter Hoherpriester" beigelegt. Er soll in unserer Seele leben als Richter und den ganzen Gerichtshof unserer Denkkraft einnehmen. In Fug 131 bezeichnet ihn Philo wiederum als "wahren Menschen", der über die Seele gesetzt ist zum Zweck ihrer Überführung[39]. In Fug 203-211 redet dieser durchgehend beschämend und tadelnd zu Hagar. Die Seele gibt ihm mit den Worten der Hagar aus Gen 16,13 sogar zur Antwort: "Du bist Gott, der auf mich schaut" (Fug 211: σὺ θεὸς ὁ ἐπιδών με), was Philo sogleich erläutert: "Gott" heißt hier so viel wie "Schöpfer meiner Wünsche und Entschlüsse", ist also analog zu verstehen. Die Seele hat nach dem Vorbild der Hagar den Namen "Gott" ein wenig kühn auf den Boten Gottes übertragen (Fug 212).

4. Josef und das Gewissen

Philo läßt sich auch die Chancen nicht entgehen, die die Josefsgeschichte aus Gen 37-50 für die Entwicklung der Gewissensthematik bietet. Josef gibt der Frau des Potifar zu verstehen, auf ihre Forderungen einzugehen sei Unrecht gegenüber seinem Herrn, der so gut zu ihm war. Selbst wenn sich die Tat verheimlichen ließe, "mein Gewissen (συνειδός) wird sich regen und dafür sorgen, daß ich ihm nicht mehr gerade ins Auge blicken kann" (Jos 47). Josef würde sich selbst überführen "durch die Gesichtsfarbe, den Blick, die Stimme", und sowieso bliebe immer "die strafende Gerechtigkeit (δίκην), die Beisitzerin Gottes und Aufseherin über unser Tun" (Jos 48) zu fürchten. Was aber ist die tiefere Bedeutung dieser Begebenheit (Jos 58)? Der wahre Staatsmann wird sich nicht von der despotischen Macht des Pöbels verführen lassen, nicht schmeicheln und nicht intrigieren, sondern spre-

---

[39] Vgl. noch συνειδός mit μετάνοια verbunden in Fug 159.

chen: "Ich werde wie im Sonnenlicht mein Gewissen (συνειδός) leuchten lassen, denn die Wahrheit ist Licht" (Jos 68).

Gegen Ende der Erzählung meldet sich auch das Gewissen der Brüder Josefs. Seinem Verwalter gegenüber verteidigen sie sich (ἀπελογοῦντο), noch ohne angeklagt zu sein (κατηγορεῖν), um ihr Gewissen (συνειδός) zu beruhigen (Jos 197). Nach der Anklage wegen Diebstahls verstummen sie zunächst vor Schreck, wollen aber doch nicht schweigen, um nicht den Anschein zu erwecken, sie fühlten sich in ihrem Gewissen schuldig, und wenden sich an ihren Bruder als Ankläger, Richter und Anwalt (Jos 215). Josef spielt auf das Bewußtsein früherer Schuld seitens seiner Brüder an, die dafür bisher durch nichts anderes als durch ihr Gewissen gestraft worden seien (τοῦ συνειδότος ἐλεγχομένοις), und ruft als Beweis dafür, daß er ihnen wirklich nichts nachträgt, Gott zum Zeugen seines eigenen Gewissens an (Jos 265: μάρτυρα καλῶ τοῦ συνειδότος).

5. Conscientia antecedens?

In *De confusione linguarum* beschäftigt sich Philo mit der Erzählung vom Turmbau zu Babel. Wie die Septuaginta versteht er Gen 11,4 dahingehend, daß die Erbauer des Turmes beim Schmieden ihrer Pläne zueinander sagten: Laßt es uns tun, "*bevor* wir zerstreut werden" (Conf 118; die Masora hat: "damit wir nicht zerstreut werden"). Das "bevor (πρίν)" gibt Rätsel auf. Philo erklärt es so: Die Erbauer des Turmes wissen, daß ihre Freveltat vor Gottes Augen nicht auf Dauer verborgen bleiben kann und seine gerechte Strafe, die in der Zerstreuung besteht, sie treffen wird. Er fährt fort (Conf 121):

> "Allein das Gewissen innen drin überführt (τὸ συνειδὸς ἔνδοθεν ἐλέγχει) und quält sie, mögen sie sich auch noch so sehr der Gottlosigkeit hingeben. Es zwingt sie zu dem unfreiwilligen Zugeständnis, daß alle menschlichen Angelegenheiten von einer höheren Wesenart beaufsichtigt werden und die unbestechliche, strafende Gerechtigkeit (δίκην) sie erwartet..."

Die Frage, ob Philo nur das nachfolgende Gewissen kennt, das über vollbrachte Taten urteilt, oder auch das vorauseilende, das abwägt, bestimmte Handlungen empfiehlt und von anderen abrät, ist in der Forschung umstritten. Vom Phänomen her wird man sicher auch mit fließenden Übergängen rechnen müssen, da die ständige Beurteilung vergangener Handlungen Grundeinstellungen heranbilden hilft, die auf Dauer handlungsnormierend wirken. Dennoch liegt ein klarer Beweis für das vorauseilende Gewissen in unserer Stelle nicht vor. Die Verbindung zwischen der Deutung des

Schriftverses mit dem Erkennen der Strafe im voraus und der Heranziehung des Gewissens als Beweis für das Bewußtsein der Existenz einer höheren Macht, die hier ausdrücklich nicht Gott genannt wird, sondern φύσις, bleibt doch eher locker, um nicht zu sagen inkongruent.

Ein vorauseilendes Gewissen wurde auch aus Fug 131 (s.o.) herzuleiten versucht, wo das Gewissen Ratschläge für die künftige Lebensführung gab[40]. Doch hat das auch Widerspruch erfahren. Man müsse, so das Gegenargument, bei Philo trotz mancher Überlagerungen letztlich doch differenzieren zwischen dem überführenden Gewissen im engeren Sinn und Begriffen mit viel größerer Reichweite wie Logos, Vernunft, Denkkraft u.ä., denen von Philo in der Tat die vorausblickende und lenkende Tätigkeit zugeordnet wird[41]. Da "wahrer, innerer Mensch" sowohl vom νοῦς wie vom ἔλεγχος ausgesagt werden kann, ergeben sich Schwierigkeiten bei der Grenzziehung. Aber die Tatsache, daß unstrittige Belege für eine vorauseilende Gewissenstätigkeit fehlen, mahnt zur Vorsicht, und die dominierende Gerichtsmetaphorik paßt besser zum nachfolgenden Gewissen, das auch bei den Zeitgenossen Philos allein die Bühne beherrscht.

6. Das Gewissen als Beistand

Mit den bisher eruierten Rollen des Anklägers, Zeugen und Richters sind die Gewissensfunktionen bei Philo noch nicht hinreichend beschrieben. Noch einen Schritt weiter führt uns Spec Leg 1,235-237. Die Schriftvorlage in Lev 5,21-26 sollte an sich nach wie vor, wie durchgehend seit 4,1, von nicht vorsätzlich begangenen, daher durch ein Sühnopfer tilgbaren Sünden sprechen, aber vom Inhalt dieser Verse und ihrer traditionsgeschichtlichen Vorstufe her[42] ist Philo nicht ganz im Unrecht, wenn er hier den Übergang zu den absichtlichen Sünden entdeckt. Zu deren Nachlaß reicht die Kraft des Sühnopfers nicht mehr aus, was wiederum dem Abschluß in 5,26 ("der Priester bewirkt für ihn Sühne...") zu widersprechen scheint. Philo findet eine Lösung: Wer die widerrechtliche Aneignung fremden Besitzes durch einen Meineid vor Gericht wissentlich geleugnet hat und

---

[40] So W. VÖLKER, Fortschritt (s. Anm. 5) 100f; vgl. auch H. REINER, HWP III, 578; zusätzlich bringt C. MAURER, ThWNT VII, 911, Det 23f ins Spiel, entscheidet sich selbst aber anders.

[41] Vgl. H.J. ECKSTEIN, Syneidesis (s. Anm. 7) 128f, im Anschluß an M. KÄHLER, Das Gewissen (s. Anm. 1) 37.

[42] Vgl. E.S. GERSTENBERGER, Das dritte Buch Mose: Leviticus (ATD 6), Göttingen [6/1]1993, 58-61.

damit der Überführung durch tatsächliche Kläger (τὸν ἀπὸ τῶν κατηγό-
ρων ἐλεγχθείς) entging, dann aber sein eigener Ankläger (κατήγορος)
wird, weil sein Gewissen im Innern ihn überführt (ἔνδον ὑπὸ τοῦ συνειδότος ἐλεγχθείς), von ihm gezwungen sich Vorwürfe macht, sein Unrecht nun doch offen eingesteht und um Verzeihung bittet, dem kann gehol-
fen werden. Nach Rückerstattung des entwendeten Gutes an den Geschä-
digten mit 20 % Aufschlag kann er im Heiligtum durch den Opfervollzug
um Vergebung nachsuchen. Er bringt dazu als gewichtigen Fürsprecher
(παράκλητον) den Überführer seiner selbst (τὸν κατὰ ψυχήν ἔλεγχον)
mit, sein Gewissen.

Ob wir in diesem Text wirklich auf die philologische Basis für die Herausbildung von Philos Gewissenskonzeption treffen[43], scheint zwar sehr
fraglich. Aber hohes Interesse besitzt er dennoch zweifellos. Wir können
hier zum einen den Weg mitverfolgen, den der Ankläger von außen nach innen zurücklegt: Wo die Anklage vor einem weltlichen Gericht keinen Erfolg
hat, übernimmt der Ankläger in der Seele ihre Aufgabe und führt sie erfolg-
reich durch. Der Gerechtigkeit wird damit Genüge getan, die Weltordnung
bleibt aufrechterhalten, auch angesichts von nicht mehr justitiablen Vergehen[44]. Zum anderen gewinnt das Gewissen ein weiteres Rollensegment hinzu. Es ist, wie sich an früheren Stellen verschiedentlich andeutete, auch
Fürsprecher und Anwalt. Philo wählt dafür den Ausdruck παράκλητος[45],
uns aus 1 Joh 2,1 und den johanneischen Abschiedsreden gut bekannt. Er
entstammt der Gerichtssituation. Alle sind dort παράκλητοι, die durch
ihre bloße Anwesenheit das Verfahren zugunsten des Angeklagten beein-
flussen können: seine Frau und seine Kinder mit Mitleid erregendem Jam-
mern, kräftige Zwischenrufer oder ein einflußreicher Patron[46]. Nach Praem
166 stehen drei παράκλητοι bereit, um die Menschen mit Gott zu versöhnen: Gottes Güte, die Verdienste der Patriarchen und die eigene Bereit-
schaft zur Umkehr, die kurz zuvor Praem 163 an das Gewissen gebunden
hatte: Ein Sündenbekenntnis soll zunächst abgelegt werden vor dem lügen-

---

[43] Das vertritt J. MILGROM, On the Origins of Philo's Doctrine of Conscience, in: StPhilo
     3 (1974/75) 41-45, der אשם ohne Objekt im Grundtext mit "be conscience-smitten,
     feel guilty" übersetzt und ἡμέρᾳ ἐλεγχθῇ in der LXX zu Gen 5,24 auswertet.

[44] Vgl. auch Spec Leg 4,6: Der Dieb, der seine Tat heimlich begeht, klagt sich dadurch
     selbst an, "von seinem Gewissen überführt", denn die Heimlichkeit beweist, daß ihn
     Scham und Furcht erfüllt; ferner Spec Leg 4,40.

[45] Vgl. noch Jos 239: Josef selbst ist παράκλητος für seine Brüder, deren Gewissen
     bereits schlägt.

[46] Vgl. K. GRAYSTON, The Meaning of PARAKLĒTOS, in: JSNT 13 (1981) 67-82, zu
     Philo bes. 72-74.

freien und aufrichtigen Gewissen mit reinem Sinn, dann aber auch laut mit der Zunge zur Besserung der Zuhörenden.

Das Gewissen ist also nicht nur der "aufsichtführende Rächer" (Som 1,91: κολαστήν), sondern auch Fürsprecher und Anwalt des Menschen. Dazu paßt es, daß der Gewissensengel der von Hagar allegorisch verkörperten Seele als Freund und Ratgeber begegnet (Fug 6). Man versteht besser, warum man um die Gabe eines solchen Gewissens zu Gott beten soll, dient es doch im letzten der seelischen Heilung (Det 146; s. auch den Vergleich mit einem Arzt in Mut 170). Das Gewissen hat Gott dem Menschen als Hilfe zugedacht, eben darin erweist er seine Güte und Menschenfreundlichkeit[47].

Die Wahl der eher seltenen Bezeichnung "Paraklet" verrät auch, daß Philo sich im Gerichtswesen seiner Zeit aus Erfahrung gut auskannte und deshalb zu seiner anschaulichen metaphorischen Sprache fand. Das kann nicht weiter verwundern, wenn man die gehobene soziale Stellung Philos bedenkt. Sein Bruder war Alabarch, d.h. offizieller Sprecher und Vertreter der jüdischen Gemeinschaft in Alexandrien. Auch für Philo brachte das sicher mehr Verwicklungen in öffentliche Angelegenheiten mit sich[48], als ihm nach eigenem Bekunden lieb war. Das verleiht aber auch dem abwertenden Urteil Profil, das in der Bemerkung von Virt 206 steckt: Das Gewissen "ist der einzige Gerichtshof, der nicht durch Redekünste in die Irre geführt werden kann".

7. Das gute und das schlechte Gewissen

Manche andere Passage wäre noch anzuführen[49]. Wir müssen uns beschränken und gehen deshalb nur noch auf das gute und das schlechte Ge-

---

[47] Insoweit richtig J.S. Boughton, Conscience (s. Anm. 5) 129: "But the most important rôle of conscience is neither its sovereign nor its judicial rôle. Its greatest blessing is an avenue of friendship with God ... among friends 'freedom of speech' involves no loss of dignity nor respect."

[48] Auch wenn man dabei nicht so weit gehen will wie E.R. Goodenough, The Politics of Philo Judaeus. Practice and Theory, New Haven 1938, Repr. Hildesheim 1967; Ders., The Jurisprudence of the Jewish Courts in Egypt. Legal Administration by the Jews under the Early Roman Empire as Described by Philo Judaeus, New Haven 1929, Repr. Amsterdam 1968, 22f u.ö., der Philo in jüdischen Gerichtshöfen tätig sieht.

[49] Etwa Op 128: Den Sabbat hat der Gesetzgeber Mose auch deshalb eingeführt, damit die Menschen an diesem Tag an der Verbesserung ihres Charakters arbeiten und achten lernen auf die "überführende Macht ihres Gewissens, das der Seele eingepflanzt

wissen bei Philo ein. Um das schlechte Gewissen zu charakterisieren, benötigt Philo keine Attribute. Die Bedeutung "schlecht" ergibt sich kontextuell aus dem absoluten Gebrauch von συνειδός: Isidorus entzieht sich nach Flacc 145 der Verhaftung durch Flucht, "weil er ein schlechtes Gewissen hatte (ἕνεκα τοῦ συνειδότος)". Die Frau des Gardepräfekten Macro stachelt diesen an, Caligula Hilfestellung zu leisten, "durch ihr schlechtes Gewissen (ἕνεκα γὰρ τοῦ συνειδότος)" wegen ihres Verhältnisses mit Caligula nur "um so schmeichlerischer gestimmt"; sie schauspielert mit anderen Worten ihrem Mann nur etwas vor[50]. Schmeichelei und Schauspielerei bilden z.T. das Gegenüber zum guten Gewissen[51], daß bei Philo mit der feststehenden Wendung ἀπό bzw. ἐκ καθαροῦ τοῦ συνειδότος "reines Gewissen" heißt: Caligula hält die Vorgehensweise der Alexandriner für eine Tat, die einem reinen Gewissen entspringt (Leg Gai 165); echte Freiheit der Rede geht nur aus einem reinen Gewissen hervor (Omn Prob Lib 99); Gott ist dem Volk nahe, das ihn aus reinem Gewissen anruft (Praem 84); wer opfert, sollte mit reinem Gewissen seine Sündenfreiheit bekunden können (Spec Leg 1,203)[52].

Bei den beiden letztgenannten Stellen ist mit Händen zu greifen, daß hier das "reine Herz" (Ps 51,12) und das Herz allgemein aus dem Alten Testament Pate stand[53]. Über einen echten Gewissensbegriff verfügt das Alte Testament bekanntlich nicht. Die gemeinte Sache wird an einigen Stellen umschrieben unter Zuhilfenahme des Herzens oder auch der Nieren als

---

ist wie ein Richter, zu strafen teils durch heftige Drohungen, teils durch sanftere Warnungen"; vgl. noch Spec Leg 2,49 (mit Schauspielmetaphorik); Quaest in Gen 4,202 (s. Anm. 16); Quaest in Ex 2,13.

50   Leg Gai 39. Bei Flavius Josephus verhält es sich so, daß ἐκ bzw. ὑπό oder ἀπὸ τοῦ συνειδότος ohne Zusatz sowohl das schlechte (Ant 13,316; 16,102) wie das gute Gewissen (Ant 2,52) anzeigen kann, vgl. C. MAURER, ThWNT VII, 909.

51   H. VON LIPS, Glaube – Gemeinde – Amt. Zum Verständnis der Ordination in den Pastoralbriefen (FRLANT 122), Göttingen 1979, 59f, arbeitet aus Anlaß von 1 Tim 4,2 ("durch Heuchelei von Lügenrednern, die im eigenen Gewissen gebrandmarkt sind") diesen festen Zusammenhang heraus; etwas irreführend allerdings ebd. 60 die Zitation von συνείδησις (richtiger: συνειδήσεως) καθαρά bei Dionysius Hal., Ant Rom VIII 48,5, weil dort καθαρά nicht etwa Adjektiv zu συνείδησις ist, sondern sich auf ταῦτα am Satzanfang bezieht. Andernfalls wäre diese Stelle ein Gegenargument gegen die auch hier vertretene atl Herleitung des "reinen Gewissens" bei Philo. Auch zur "Befleckung des Gewissens" bei Dionysius Hal., De Thucydide 8fin, zitiert bei von Lips 62, ist zu bemerken, daß der ganze Schlußsatz textkritisch angezweifelt wird und in den Ausgaben z.T. in eckigen Klammern steht.

52   Vgl. das συνειδὸς ἄριστον als Vorbedingung für das Opfer in LSCS 86,3 (s. Anm. 15).

53   Vgl. H.J. ECKSTEIN, Syneidesis (s. Anm. 7) 123f; zum folgenden ebd. 105-112.

Zentrum des menschlichen Fühlens, Erlebens und Wollens[54]. Philo bringt καρδία öfter in alttestamentlichen Zitaten[55] und sieht das Herz auch sonst nicht nur in physiologischen, sondern auch in anthropologischen Kategorien als möglichen Sitz der Verstandeskraft (Som 1,32; Det 90), aber auch der Sünde (Spec Leg 1,213-215). Nie jedoch nähert er – bei ca. 35 Belegen insgesamt – Herz und Gewissen einander an. Im Unterschied zum Alten Testament hat er für das Gewissen eine eigene Begrifflichkeit entdeckt. Unwillkürlich stellt sich die Frage: woher hat er sie? Denn es ist doch etwas "hard to believe that he invented this term"[56].

V. Verortung

1. Die lateinischen Autoren

Blickt man auf die griechische Literatur seiner Zeit, steht Philo, wie eingangs angedeutet, mit seiner Betonung der Gewissensfrage und seiner Wahl der Termini συνειδός / συνείδησις verhältnismäßig isoliert da. Anders sieht es bei den Lateinern aus, und zwar schon vor Philo im 1. Jh.v.Chr.[57], wo sich der Bogen von der *Rhetorica ad Herennium* über Cicero bis zu Sallust spannt. Ihnen genügt wie Philo *conscientia*, absolut gebraucht, bereits zur Kennzeichnung des schlechten Gewissens. *Quae signa conscientiae sint* in Rhet ad Her II 5,8 heißt so viel wie "was Zeichen für ein schlechtes Gewissen sind" und wird im gleichen Abschnitt durch *conscientia peccati* aufgelöst. *Ex conscientia*, "aus bösem Gewissen heraus", notiert auch Sallust[58] und nennt als Merkmal Schlaflosigkeit, blasse Gesichtsfarbe, verstörten Blick, Wahnsinn in Betragen und Gesichtsausdruck (Cat 15,4f). Ganz ähnlich in seinen Reden Cicero[59], von dem ein Autor feststellt: "Tatsächlich kommt Ciceros *conscientia* dem, was wir unter Gewissen verstehen, sehr viel näher als alles, was sich bis zu seiner Zeit im Grie-

---

[54] Genannt werden immer wieder 1 Sam 24,6, wo die Zürcher Bibel z.B. auch prompt übersetzt: "Aber hernach schlug dem David das Gewissen"; 1 Sam 25,31; 2 Sam 24,10, alle aus dem deuteronomistischen Geschichtswerk; vgl. H.J. FABRY, ThWAT IV, 439.

[55] Im Anschluß an Dtn 30,11-14 z.B. in Virt 183; Praem 80; Onm Prob Lib 68.

[56] D. WINSTON / J. DILLON, Treatises (s. Anm. 23) 328, mit der Fortsetzung: "but evidence to the contrary is lacking".

[57] Wie schon M. KÄHLER, Das Gewissen (s. Anm. 1) 72, richtig festgestellt hat.

[58] Bell Iug 32,5; vgl. 85,26.

[59] Vgl. Pro Cluentio 25; Pro Milo 61.

chischen mit der Komposition von σύν und εἰδέναι ausspricht"[60]. Er verwendet *conscientia*, teils in unterschiedlicher Bedeutung, über 70mal. Schon 80 v.Chr. führt er im Alter von 26 Jahren bei seinem ersten Auftreten vor Gericht aus[61]:

> "Denn glaubt nicht, daß es sich so verhält, wie ihr es oft in Theaterstücken seht: daß die, die irgendeine gottlose oder verbrecherische Tat begangen haben, durch die brennenden Fackeln der Furien umhergehetzt und in Schrecken gestürzt werden. Die eigene Hinterhältigkeit und die eigene Angst quält einen jeden am meisten; das eigene Verbrechen hetzt ihn umher und schlägt ihn mit Wahnsinn; die eigenen schlechten Gedanken und Gewissensbisse (*conscientiaeque animi*) schrecken ihn: das sind die Furien, die den Gottlosen unermüdlich zusetzen und in ihrem Inneren wohnen und die Tag und Nacht von den Söhnen, Auswüchsen von Verruchtheit, Sühne für die Eltern fordern."

In seinen theoretischen Schriften greift Cicero das wieder auf, bis hin zu den gleichen Metaphern[62] und den gleichen mythologischen Ableitungen[63], denn daß Cicero hier die Erinnyen oder Furien aus dem tragischen Mythos psychologisiert, steht außer Frage[64]. Wir brauchen also nicht einmal Seneca zu bemühen, der fast gleichzeitig mit Philo tätig wird. Bei ihm läßt sich neben anderem auch die forensische Verankerung der Gewissensthematik aufzeigen, wenn er u.a. das Gewissen als *testis* bezeichnet (Ep 43,5) und den Menschen als *accusator*, als *iudex* und als *deprecator* seiner selbst[65]. Das entspricht genau den Rollen, die Philo dem ἔλεγχος überträgt.

Es sollen damit keine direkten Abhängigkeitsverhältnisse konstruiert werden. Philo hat kaum die römischen Autoren des 1. Jh.v.Chr. direkt gelesen, und Seneca wiederum hat – obwohl auch das schon vermutet wurde[66]

---

[60] O. SEEL, Vorgeschichte (s. Anm. 4) 292; vgl. auch die Stellensammlung bei O. SEEL, Vox humana. Ein Lesebuch aus Cicero, Stuttgart 1949, 280-285; ferner G. RUDBERG, Cicero und das Gewissen, in: SO 31 (1955) 96-104.

[61] Pro Sex. Roscio Amerino 67 (Übers. G. Krüger).

[62] Vgl. die Gewissensbisse in Tusc 4,45.

[63] Die Verfolgung durch die Rachegeister als inneres Geschehen auch in De Legibus 1,40.

[64] Zu den Erinnyen als Vorstufe für den Gewissensbegriff vgl. M. CLASS, Gewissensregungen (s. Anm. 3) 43-65; kritisch allerdings F. ZUCKER, Syneidesis (s. Anm. 4) 99: "...sie verkörpern die Folgen der Blutrache für den Mörder, aber nicht Gewissensqualen des Mörders".

[65] In Ep 28,10; s. ausführlich o. im Beitrag Nr. 1.

[66] Daß Seneca Philo gekannt habe, vertritt G. SCARPAT, Cultura ebreo-ellenistica e Seneca, in: RivBib 13 (1965) 3-30; DERS., Il pensiero religioso di Seneca e l'ambiente ebraico e cristiano (ACICr 14), Brescia ²1983, bes. 66-76; immerhin hielt sich Seneca ca. 26-31 n.Chr. einige Jahre lang in Ägypten und Alexandrien auf, und Philo war

– Philos Schriften nicht benutzt. Es genügt die Einsicht, daß vom 1. Jh.v. Chr. an eine verstärkte Reflexion auf das Gewissensphänomen einsetzt, die für uns nur hier und da, in fast zufälliger Auswahl, durch literarische Texte an der Oberfläche faßbar wird.

2. Die griechische Bibel

Vereinzelt begann der Rezeptionsprozeß schon vor und neben Philo im hellenistischen Judentum. Die Septuagintakonkordanz hat unter συνείδη-σις immerhin drei Einträge[67]. Zwei davon, nämlich eine nicht unproblematische Übersetzung von Koh 10,20 und eine Textvariante zu Sir 42,18[68], geben für unsere Zwecke nicht mehr her als die bloße Tatsache, daß die Vokabel inzwischen bekannt war. Anders steht es mit Weish 17,11 (nach anderer Zählung 17,10). Leider sind die Datierungsfragen für diese Schrift notorisch schwierig[69], aber eine Entstehung in Alexandrien zwischen 50 und 20 v.Chr., jedenfalls nicht unter dem Einfluß von Philo, liegt im Bereich des Möglichen. Die ägyptische Finsternis aus der Plagenerzählung in Ex 10 dient in Weish 17 als Folie für die Ausmalung von Folgen eines bösen Gewissens: Die Ägypter wollen mit ihren heimlichen Sünden verborgen bleiben (V. 3), aber auch ihre Schlupfwinkel bewahren sie nicht vor Furcht (V. 4). Die geringsten Geräusche ängstigen sie (V. 9.18), ihr Schlaf ist

---

40/41 n.Chr. in Rom; Kontakte hält deshalb auch für möglich P. GRIMAL, Seneca. Macht und Ohnmacht des Geistes (Impulse der Forschung 24), Darmstadt 1978, 47-52; ablehnend äußert sich G. MAURACH, Seneca. Leben und Werk, Darmstadt 1991, 27f.

[67] Hatch-Redpath 1313b. Hinzu käme noch TestRub 4,3: "Bis jetzt quält mich mein Gewissen (συνείδησις) wegen meiner Sünde", doch können wir hier nicht auf die strittigen Herkunfts- und Deutungsprobleme dieses Textes eingehen. Zu Josephus, der συνειδός (für Gewissen) und συνείδησις (mehr für Bewußtsein, Wissen um etwas) nebeneinander her benutzt, vgl. C. MAURER, ThWNT VII, 909.

[68] συνείδησιν statt εἴδησιν. Interessant für die Variabilität der anthropologisch-ethischen Begrifflichkeit sind Sir 14,2: "Selig der Mann, den seine Seele (ψυχή) nicht verurteilt", und 37,13: "Achte auf den Rat des Herzens (καρδία), denn einen treueren Berater hast du nicht", wo die Übersetzungen teils auf "Gewissen" ausweichen, so Martin Luther zu 14,2, die Zürcher Bibel und die Einheitsübersetzung zu 37,13.

[69] Vgl. nur die Behandlung der Einleitungsfragen (mit Datierungen zwischen 120 v.Chr. und 41 n.Chr., was die ganze Spannbreite der Vorschläge nicht einmal abdeckt) in den neueren Kommentaren von D. WINSTON, The Wisdom of Solomon (AncB 43), Garden City, N.Y. ²1981; C. LARCHER, Le livre de la Sagesse ou la Sagesse de Salomon. Bd. 1-3 (EtB 1.3.5), Paris 1983-1985; A. SCHMITT, Das Buch der Weisheit. Ein Kommentar, Würzburg 1986; DERS., Weisheit (NEB.AT), Würzburg 1989.

gestört (V. 14). Mitten hinein fällt in V. 11 der Satz: "Denn ihrem Wesen nach ist die Bosheit feige. Das bezeugt sie auch, sich damit verurteilend (ἰδίῳ μάρτυρι), selbst. Immer übertreibt sie, vom Gewissen bedrängt (συνεχομένη τῇ συνειδήσει), die vorhandene Gefahr." Nicht nur, daß hier auch μάρτυς, Zeuge, wieder begegnet, in V. 7 ist auch vom ἔλεγχος die Rede: "Die Prüfung ihres Prahlens mit Klugheit fiel beschämend aus."

Den "Überführer" hatten wir inzwischen etwas aus den Augen verloren, weil er so wie bei Philo in den anderen Quellen nicht aufzutauchen scheint. Aber auf einen Grund für die Bevorzugung dieses Wortes bei Philo sind wir soeben gestoßen: In der Septuagintakonkordanz füllt die Wortgruppe um ἐλέγχειν zwei Spalten (Hatch-Redpath 449). Übersetzt werden damit vorwiegend Formen von hebr. יכח "feststellen, was recht ist", dann auch "ein Urteil fällen, zurechtweisen", in forensischem und pädagogischem Sinn[70]. Philo zitiert einmal, was er sonst sehr selten tut, neben der Tora auch einen "der Jünger des Mose", Salomo nämlich, mit einem Satz aus Spr 3,11f: "Mein Sohn, schätze nicht gering die Zucht (παιδεία) des Herrn, und entziehe dich nicht seiner Strafe (ὑπ' αὐτοῦ ἐλεγχόμενος)..." (Congr 177). Im Buch der Sprüche gehen παιδεία und ἔλεγχος eine feste Verbindung ein[71], und zwar werden Züchtigung und Tadel z.T. der Weisheit als Tätigkeit zugeschrieben. Überhaupt enthält die Weisheitsliteratur die meisten Fundorte für ἔλεγχος[72], und sie ist es auch, die dem Wort eine Wendung ins Moralische gibt, wie sonst in nennenswertem Umfang nur noch Epiktet[73].

3. Personifikation und Mythos

Was wir an all diesen Stellen nicht haben, ist das selbständige Agieren des überführenden Tadels, seine Personifikation. Damit aber ist das entscheidende Stichwort bereits gefallen. Die Personifikation von Abstraktbegriffen wie Krieg und Tumult, Reichtum und Armut wurde als literarisches Stilmittel bereits in der Alten Komödie von Aristophanes virtuos in Szene

---

[70] Vgl. G. LIEDKE, THAT I, 730-732; G. MAYER, ThWAT III, 620-628.

[71] Spr 5,12; 6,23; 12,1; 13,18; 15,10; vgl. noch 1,23.25.30; 27,5; 29,1.15; s. bei Philo Her 77: ἔλεγχον καὶ παιδείαν ἀποδιδράσκει.

[72] Vgl. noch Weish 1,9; 2,14; 11,6; 18,5; Sir 16,12; 19,31; 21,6.

[73] Vgl. F. BÜCHSEL, ThWNT II, 473,4f: "ἐλέγχειν, ἔλεγχος usw sind hier term techn der philosophischen Seelsorge"; vgl. Diss I 26,17; II 14,20; 26,4; III 21,19 etc.

gesetzt[74]. Speziell zu ἔλεγχος führt sogar eine Spur über die Neue Komödie, wenn auch die Querverbindungen zur Gewissensthematik eher fragil sind oder fehlen. Sofern wir Lukian Glauben schenken dürfen, hat Menander im Prolog zu einem seiner Stücke den Ἔλεγχος in Person auftreten lassen:

> "Doch wird es wohl besser sein, ich rufe einen von Menanders Prologen zu Hilfe (παρακλητέος), den Elenchus nämlich, einen Gott, der ein besonders vertrauter Freund der Wahrheit und Freimütigkeit ist..., weil ihm nichts verborgen ist und weil er alles, was er von euch weiß, ungescheut heraussagt ... Wohlan denn, bester aller Vorredner und Dämonen (δαιμόνων), Elenchus, komm und belehre unsere Zuhörer ..."[75]

Als *fictio personae* wird die Personifikation auch in der antiken Rhetorik gelehrt, vermag sie es doch, in eine Rede "nicht nur Abwechslung, sondern auch erregende Spannung" hineinzutragen; wir bringen durch sie "die Gedanken unserer Gegner so zum Vorschein, als ob sie mit sich selbst sprächen", und können mit ihrer Hilfe sogar "Götter vom Himmel herab- und aus der Unterwelt heraufrufen"[76]. Letztlich stellt die Personifikation eine Spielart der literarischen Allegorie dar, was in der antiken Literaturtheorie dazu führte, daß auf dem Umweg über das Auftreten der personifizierten reuigen Bitten bei Homer[77] auch die allegorische Lektüre von Texten jeder Art hermeneutisch abgesichert wurde, indem man Textfiguren als Personifikationen von etwas anderem verstand[78] – angesichts von Philos Vorliebe für die Allegorese kein ganz beiläufiger Gesichtspunkt.

---

[74] Vgl. H.J. NEWIGER, Metapher und Allegorie. Studien zu Aristophanes (Zet. 16), München 1957.

[75] Lukian, Pseudolog 4 (Übers. C.M. Wieland); vgl. Menander Frag. 545 Kock bzw. 717 Koerte; dazu (im Art. Personifikation) L. DEUBNER, ALGM III, 2107; F. STÖSSEL, PRE XIX, 1050. Als Redner kommt der Elenchus neben der Wahrheit, dem Freimut, der Philosophie, dem Beweis und weiteren Größen zu Wort bei Lukian, Piscator 17. Vgl. A. PELLETIER, Expressions (s. Anm. 15) 368, der den Einfluß der Komödie als entscheidend für Philos Gewissensterminologie ansieht, vgl. DERS., Les œuvres XXXI, 50 Anm. 1. Mit Recht kann er darauf verweisen, daß der Personbegriff nach M. NÉDONCELLE, *Prosopon* et *persona* dans l'Antiquité Classique, in: RSR 12 (1948) 277-299, aus der Welt des Theaters stammt, als "métaphore scénique".

[76] Quintilian, Inst Orat IX 2,29-31; vgl. H. LAUSBERG, Handbuch (s. Anm. 26) § 826-829.

[77] Il 9,502-504: "Denn die reuigen Bitten sind Töchter des großen Zeus. Hinkenden Fußes, runzelig, mit seitwärts schielenden Blicken, schreiten sie hinter der Schuld einher" (Übers. nach H. Rupé).

[78] Näheres bei H.J. KLAUCK, Allegorie und Allegorese in synoptischen Gleichnistexten (NTA NF 13), Münster [2]1986, 46-50.

Für die Personifikation des anklagenden, richtenden und verteidigenden Gewissens bei Philo gibt es schließlich noch ein mythisches Vorbild. Das ist der Schutzgeist, der als δαίμων oder *genius* die Menschen begleitet und in ihnen wohnt. Das mag in den Anfängen, bei Sokrates vor allem, noch vom Gewissen selbst zu unterscheiden sein[79], spätestens in der frühen Kaiserzeit werden die Dinge aber doch zusammengeführt. Nach Epiktet hat jeder von uns als Aufseher (ἐπίτροπον) seinen eigenen Daimon bei sich, der nicht schlummert, nicht zu hintergehen ist und auch in einem dunklen Zimmer nicht aufhört, uns zu bewachen[80]. Apuleius schreibt dem Schutzgeist des Sokrates ausdrücklich Gewissensfunktion zu (Gen Socr 156: *vice conscientiae diversetur*). Ein solcher Geist wohnt in uns, so Seneca, "als unserer schlechten und guten Taten Beobachter und Wächter"[81]. Die mythische Sprache dient zur Schilderung innerseelischer Gegebenheiten, wie die analoge Personifikation bei Philo[82]. Eine willkommene Bestätigung gibt uns Philo selbst, wenn er an anderer Stelle von dem eigenen Daimon spricht und ihn mit dem Nous identifiziert[83].

VI. Ausblick

Philo bringt, kurz gesagt, die strafenden Rachegeister (s. Cicero) und den wohlwollenden Schutzgeist (s. Seneca) mit dem personifizierten erzieherischen Tadel aus der jüdischen Weisheitsliteratur zusammen und erhält so eine Größe, mit deren Hilfe er die strenge und doch gütige Führung, die Gott den Menschen angedeihen läßt, plastisch darstellen kann. Dadurch, daß er das Instrumentarium göttlichen Handelns ins Innere des Menschen verlegt, unterstreicht er zugleich die Verantwortung des Individuums für sein sittliches Verhalten, und er schafft ein soziales Regulativ, das für die Aufrechterhaltung einer gerechten Weltordnung auch bei juristisch schwer faßbaren Vergehen sorgt[84].

---

[79] Das betonen M. CLASS, Gewissensregungen (s. Anm. 3) 5f, und F. ZUCKER, Syneidesis (s. Anm. 4) 107f.

[80] Diss I 14,12f; ebenso Marc Aurel I 17,4; III 6,2; 16,3; V 27,1.

[81] Ep 41,2; ausführlicher zum Daimon o. in Beitrag Nr. 1 unter III.1b.

[82] Diese Parallelen hat vor allem herausgearbeitet V. NIKIPROWETZKY, L'élenchos (s. Anm. 27) 263-266; vgl. auch R.T. WALLIS, Idea (s. Anm. 35) 7f.

[83] Prov 2,8: τὸν γοῦν ἴδιον δαίμονα, λέγω δὲ τὸν ἑαυτοῦ νοῦν.

[84] Dieser Gedanke auch bei G. DAUTZENBERG, Das Gewissen im Rahmen einer neutestamentlichen Ethik, in: J. Gründel (Hrsg.), Das Gewissen. Subjektive Willkür oder oberste Norm? (SKAB 135), Düsseldorf 1990, 10-33, hier 20.

Das komplexe Geflecht von griechisch-römischen und alttestamentlich-jüdischen Traditionslinien ist nur schwer zu entwirren, und man mag die Frage, was bei Philo jeweils die Führung übernimmt, als müßig abtun. Aber die exponierte Stellung, die Philo in der Herausbildung eines Gewissensbegriffs im Griechischen einnimmt, bedarf doch einer Erklärung. Sie wird als Resultat seiner Einbindung in zwei Kulturen zu werten sein. Man kann sich des Eindrucks kaum erwehren, "als käme das Wort auf den heimischen Boden zurück, wenn der jüdische Philosoph es in Gebrauch nimmt"[85]. Es bedurfte offenbar eines Katalysators, und den gab für Philo die Tora mit ihrem unbedingten Sollensanspruch ab. Das Gewissen wacht über die Erfüllung der jüdischen Gebote. Die Gerichtsmetaphorik erweist sich, von hier aus betrachtet, auch als Adaptation der alttestamentlichen Vorstellungen über Gottes Wirken als Richter[86].

Mit dieser Konzeption geht Philo über Paulus hinaus[87], der zwar gelegentlich noch die forensischen Vorgaben aufscheinen läßt (Röm 2,15; 1 Kor 4,3-5), aber das Gewissen als anthropologische Größe längst nicht so nahe an Gottes Handeln heranbringt, keine Mittlerfigur wie den "Überführer" kennt und keine Personifikation vornimmt. Statt dessen baut er, um die Vorläufigkeit des Gewissensurteils zu unterstreichen, einen eschatologischen Vorbehalt ein, der bei Philo fehlt. Mit aller Vorsicht kann man doch festhalten, daß Paulus in dieser Hinsicht weniger hellenisiert erscheint als Philo[88].

Dennoch ist Philo auch christlich gesehen nicht ohne Nachwirkung geblieben. Man erkennt seinen Einfluß bei den Vätern, wenn sie wie Origenes gegen den Schriftbefund von συνείδησις zu συνειδός überwechseln[89]. Die griechisch-römischen Erbstücke können zu einem nicht unbeträchtlichen Teil auch durch ihn vermittelt worden sein. Christlichem Durchschnittsbewußtsein dürften seine Gewissensschilderungen näher liegen als die doch recht blaßen Andeutungen bei Paulus. Nicht ganz von der Hand weisen läßt sich daher die Frage, ob in der Kirche nicht oft in einer Weise

---

85 M. KÄHLER, Das Gewissen (s. Anm. 1) 200; vgl. 190: "...so blieb ihm der anklagende Zeuge nicht drohender Scherge des Verdammungsurtheiles, sondern ordnete sich als zuverlässiger hilfreicher Erzieher dem hoffnungsvollen Zuge sittlicher Selbstbildung ein".
86 Vgl. C. MAURER, ThWNT VII, 912.
87 Vgl. zu Paulus o. im Beitrag Nr. 1 den Punkt IV; s. hier nur H.J. ECKSTEIN, Syneidesis (s. Anm. 7) 131.317.
88 Vgl. auch G. DAUTZENBERG, Das Gewissen (s. Anm. 84) 22: Paulus befindet sich noch vor der bei Philo schon vollzogenen spätantiken Wende zur Introspektion.
89 Vgl. mit Nachweisen A. PELLETIER, Expressions (s. Anm. 15) 369-371.

vom Gewissen geredet wurde, die "mehr an Philo als an Paulus erinnert"[90], wobei immer noch offen bleibt, ob das, wenn es denn zutrifft, eher als Nachteil oder als Vorteil zu werten ist. Das zu beurteilen aber sprengt den Rahmen der streng exegetisch-religionsgeschichtlichen Arbeit, die mit der Verortung von Philos Gewissensbegriff ihr selbstgestecktes Ziel erreicht hat.

---

[90] P. HILSBERG, Das Gewissen im Neuen Testament. Über die Anwendung und Nichtanwendung des Wortes Gewissen im Neuen Testament, in: ThV 9 (1977) 145-160, hier 145.

3. Mittelplatonismus und Neues Testament

Plutarch von Chaironeia über Aberglaube, Dämonenfurcht und göttliche Vergeltung

I. Der philosophiegeschichtliche Kontext

Im 1. Jh.v.Chr. gelangt die wechselvolle Geschichte der platonischen Akademie mit ihren verschiedenen Phasen und ihrer zeitweiligen Hinwendung zum Skeptizismus an einen gewissen Endpunkt. Die Erneuerung des Platonismus setzt außerhalb des Überlieferungszusammenhangs der engeren Platonschule ein, und die Anhänger von Platons Philosophie nennen sich fortan nicht mehr Akademiker, sondern Platoniker. Es beginnt die Zeit des Mittelplatonismus, die von ca. 80 oder 50 v.Chr. bis 220 n.Chr. reicht[1]. Als minimale Gemeinsamkeiten, die eine Identifizierung ermöglichen, sind anzusetzen: Transzendenz Gottes, Existenz der Ideen, Unsterblichkeit der Seele. Im übrigen öffnet sich der Mittelplatonismus stärker auf die anderen Schulen – mit Ausnahme der Epikureer – hin. Man übernimmt die peripatetische Logik, z.T. den Logosbegriff und weitere Philosopheme aus der Stoa, die mystische Stimmung und die Zahlenlehre des Neupythagoreismus. Religiöse und theologische Interessen schieben sich in den Vordergrund. Besonderes Gewicht wird auch der exegetischen Arbeit an Platons Werken beigelegt. Bedeutung kommt dem Mittelplatonismus nicht nur als Wegbereiter für den Neuplatonismus zu. Er tritt in der neueren Forschung auch als scharf profilierte eigenständige Größe hervor. Was ihn für die neutestamentliche Exegese als besonders aktuell erscheinen läßt, ist die Tatsache, daß er wesentliche Denkvoraussetzungen für den jüdischen Religionsphilo-

---

[1] Vgl. dazu H.J. KRÄMER, Der Ursprung der Geistmetaphysik. Untersuchungen zur Geschichte des Platonismus zwischen Platon und Plotin, Amsterdam 1964; J. DILLON, The Middle Platonists: A Study of Platonism 80 B.C. to A.D. 220, London 1977; C. ZINTZEN (Hrsg.), Der Mittelplatonismus (WdF 70), Darmstadt 1981; R.M. BERCHMAN, From Philo to Origen: Middle Platonism in Transition (BJSt 69), Chico, Ca. 1984; L. DEITZ, Bibliographie du platonism impérial antérieur à Plotin: 1926-1986, in: ANRW II/36.1 (1987) 124-182 (Lit.); H. DÖRRIE, Der hellenistische Rahmen des kaiserzeitlichen Platonismus (Der Platonismus in der Antike 2), Stuttgart-Bad Cannstatt 1990.

sophen Philo von Alexandrien[2] und für die frühchristlichen Apologeten Justin, Tatian und Athenagoras bereitstellte.

Als früher Vertreter des Mittelplatonismus sei Eudoros aus Alexandrien (um 35 v.Chr.) genannt. Ihm wird die neue, aus Platon entlehnte Telos-Formel zugeschrieben: Ziel sei die ὁμοίωσις θεῷ κατὰ τό δυνατόν, ein Ähnlich-Werden mit Gott soweit irgend möglich (vgl. Theaet 176B). Zu den Mittelplatonikern im 2. Jh.n.Chr. zählt Apuleius von Madaura, uns in der Regel sehr viel vertrauter als Verfasser des Romans *Metamorphosen* mit dem abschließenden Isisbuch[3]. Der aufgrund seines umfangreichen erhaltenen Werks mit Abstand am besten bekannte Mittelplatoniker jedoch ist Plutarch von Chaironeia. An seiner philosophischen Grundorientierung kann kein Zweifel bestehen[4]. Sie ergibt sich aus seinem Ausbildungsgang, sie dokumentiert sich in seinen Schriften. So hat er Beiträge zur Erläuterung platonischer Werke verfaßt, von denen die *Platonicae quaestiones* (999C-1011E: "Platonische Fragen") und *De animae procreatione in Timaeo* (1012A-1030C: "Über die Schöpfung der Seele im Timaeus") erhalten blieben. Er hat sich kritisch mit den Stoikern auseinandergesetzt: *De Stoicorum repugnantiis* (1033A-1057C: "Über die Selbstwidersprüche der Stoiker"); *De communibus notitiis adversus Stoicos* (1057C-1086B: "Gegen die stoische Lehre von den Allgemeinbegriffen")[5], und er hat den Epikureern einige Streitschriften gewidmet: *Non posse suaviter vivi secundum Epicurum* (1086C-1107C: "Daß man, wenn man Epikur folgt, nicht glücklich leben kann"); *Adversus Colotem* (1107D-1127E: "Gegen den [Epikurschüler] Kolotes"); *An recte dictum sit latenter esse vivendum* (1128A-1130E: "Ob das ein guter Rat sei, [den Epikur gibt, wenn er sagt:] führe dein Leben im Verborgenen")[6]. Dem widerspricht nicht, daß Plutarch sich auch eine Reihe von stoischen Lehren zu eigen gemacht hat. Damit folgt er nur einem sich im Mittelplatonismus allgemein abzeichnenden Trend. In frühen Reden über den – zu vermeidenden – Fleischverzehr *(De*

---

2   Dazu bes. D.T. RUNIA, Philo of Alexandria and the *Timaeus* of Plato (PhAnt 54), Leiden 1986.

3   Zu seinen philosophischen Schriften vgl. J. BEAUJEAU, Apulée: Opuscules philosophiques (Du dieu de Socrate, Platon et sa doctrine, Du monde) et fragments (CUFr), Paris 1973.

4   Vgl. R.M. JONES, The Platonism of Plutarch [1916] and Selected Papers, New York 1980; C. FROIDEFOND, Plutarque et le platonisme, in: ANRW II/36.1 (1987) 184-233.

5   Vgl. D. BABUT, Plutarque et le stoïcisme (Publications de l'Université de Lyon), Paris 1969; J.P. HERSHBELL, Plutarch and Stoicism, in: ANRW II/36.5 (1992) 3336-3352.

6   I. GALLO (Hrsg.), Aspetti dello stoicismo et dell'epicureismo in Plutarco (Quaderni del Giornale Filologico Ferrarese 9), Ferrara 1988; J.P. HERSHBELL, Plutarch and Epicureanism, in: ANRW II/36.5 (1992) 3353-3383.

esu carnium orationes II [993A-999B]) zollt er auch dem Neupythagoreismus Tribut.

Auch über die philosophische Verortung hinaus muß man festhalten: Für die Bestimmung des religionsgeschichtlichen Horizonts der frühen Kaiserzeit und für den Vergleich mit dem Urchristentum ist Plutarch vielleicht der wichtigste antike Autor überhaupt, nicht zuletzt wegen seiner zeitlichen Nähe zum Neuen Testament, wegen seiner eigenen religiösen Interessenlage und wegen der außerordentlichen Breite seines Werks, das man immer schon als unerschöpflichen Steinbruch benutzt hat[7]. Wir greifen einige theologisch sensible Themen heraus, um sie mit Hilfe von ausgewählten Texten aus Plutarchs umfangreichem Schriftenkorpus[8] etwas eingehender zu entwickeln: den Aberglauben, die Vergeltungslehre, die Jenseitsvorstellungen und die Dämonologie.

II. Über den Aberglauben

1. Der Leitbegriff

Eine Abhandlung in Plutarchs Moralia (165E–171F) trägt im Original den Titel Περὶ δεισιδαιμονίας, im Lateinischen wiedergegeben mit *De superstitione*[9]. Unser Wort Aberglauben, an dem wir der Einfachheit hal-

---

7   Bei K. BERGER / C. COLPE, Religionsgeschichtliches Textbuch zum Neuen Testament (TNT 1), Göttingen 1987, dürfte Plutarch der am häufigsten vertretene Einzelautor sein. Vgl. im übrigen H. ALMQVIST, Plutarch und das Neue Testament (ASNU 15), Uppsala 1946; H.D. BETZ (Hrsg.), Plutarch's Theological Writings and Early Christian Literature (SCHNT 3), Leiden 1975; DERS. (Hrsg.), Plutarch's Ethical Writings and Early Christian Literature (SCHNT 4), Leiden 1978.

8   Als erste Orientierung zu Leben und Werk verweise ich nur auf K. ZIEGLER, PRE XXI, 636-962. Für unsere Zwecke sind besonders wertvoll die Beiträge von F.E. BRENK, In Mist Apparelled. Religious Themes in Plutarch's Moralia and Lives (Mn.S 48), Leiden 1977; DERS., An Imperial Heritage: The Religious Spirit of Plutarch of Chaironeia, in: ANRW II/36.1 (1987) 248-349. Die Textgrundlage bildet in der Regel LCL, aber auch BiTeu und CUFr wurden von Fall zu Fall verglichen.

9   Vgl. P.J. KOETS, Δεισιδαιμονία. A Contribution to the Knowledge of the Religious Terminology in Greek (Diss. phil., Utrecht 1929), Purmerend 1929, 68-83; R. STRÖMBERG, Om Plutarchos' Skrift Περὶ δεισιδαιμονίας. Ett bidrag till skildringen av senantikens religiositet, in: Festskrift tillägnad Axel Boethius, Göteborg 1949, 141-149; H. MOELLERING, Plutarch on Superstition. Plutarch's *De Superstitione*, Its Place in the Changing Meaning of *Deisidaimonia* and in the Context of His Theological Writings, Boston ²1963; H. ERBSE, Plutarchs Schrift *Peri Deisidaimonias*, in: Hermes 70 (1952) 296-314; H. BRAUN, Plutarchs Kritik am Aberglauben im Lichte des Neuen Testaments, in: Ders., Gesammelte Studien zum Neuen Testament und seiner

ber festhalten müssen, deckt nicht genau das ab, was der Leitbegriff im
Griechischen meint. In δεισιδαιμονία (vgl. Apg 17,22; 25,19) steckt
δείδω, "ich fürchte (mich)", und δαίμων, nicht nur Dämon, sondern allgemeiner eine transhumane Macht. Aber auch "Dämonenfurcht" würde das
Gemeinte nicht treffen. Der eine Terminus schließt im Griechischen ein,
was im Lateinischen als *religio* (Gottesfurcht, Frömmigkeit) und *supersti-
tio* (Aberglauben) unterschieden wird[10]. In den negativen Sektor des Be-
deutungsspektrums gerät δεισιδαιμονία in den Charakterbildern des
Theophrast, wo der Abergläubische u.a. so beschrieben wird[11]:

> "Wenn eine Maus einen Mehlsack angefressen hat, geht er zum Zeichendeuter
> (ἐξηγητήν) und fragt, was zu tun sei, und antwortet dieser, er solle ihn beim Sattler
> flicken lassen, so achtet er nicht darauf, sondern kehrt heim und bringt ein Opfer dar
> ... Hat er geträumt, geht er zu den Traumdeutern, den Wahrsagern, den Vogelschau-
> ern, um sie zu fragen, zu welchem Gott oder welcher Göttin zu beten sei ... Auch
> scheint er zu denen zu gehören, die sich fleißig am Meer besprengen."

Nicht von der Grundbedeutung, aber vom Kontext bei Plutarch her würde man δεισιδαιμονία am besten wiedergeben mit: Glaube aus Angst vor
Gott, frommer Angstwahn in all seinen Formen, Religion als aus der Angst
entsprungene Zwangsneurose und als Zwangsritual. Plutarch beginnt denn
auch in Superst 1 mit einer Definition, die zunächst Atheismus und Aberglaube miteinander konfrontiert, um in einem weiteren Schritt sodann das
Moment der Angst einzuführen. Der Anfang (in 164E) lautet:

> "Unwissenheit und Unverstand in Bezug auf die Götter teilen sich gleich am Anfang
> in zwei Ströme, von denen der eine in robusten Charakteren wie in einem felsigen
> Boden die Gottlosigkeit (ἀθεότητα) produziert, der andere aber in zarteren Gemü-
> tern wie in lockerer Erde den Aberglauben (δεισιδαιμονίαν)."

Plutarch stellt aber keine Äquivalenz zwischen ἀθεότης und δεισιδαιμονία her, sondern beharrt auf einer klaren Asymmetrie: Der Atheismus,
den er mit der epikureischen Atomtheorie illustriert, ist zwar falsch, der

---

Umwelt, Tübingen 1962, 120-135; G. Lozza, Plutarco: De Superstitione. Introdu-
zione, testo, traduzione, commento (TDSA 68), Mailand ²1989; M. Theobald,
Angstfreie Religiosität. Röm 8,15 und 1 Joh 4,17f im Licht der Schrift Plutarchs über
den Aberglauben, in: Lebendige Überlieferung. Prozesse der Annäherung und Auslegung (FS H.J. Vogt), Beirut/Ostfildern 1992, 321-343; M. Smith, in: H.D. Betz
(Hrsg.), Theological Writings (s. Anm. 7) 1-35.

[10] Eine Schrift mit dem Originaltitel *De Superstitione* hat Seneca verfaßt; es sind nur
noch Fragmente davon bei Augustinus erhalten, vgl. M. Lausberg, Senecae operum
fragmenta: Überblick und Forschungsbericht, in: ANRW II/36.1 (1989) 1879-1961,
hier 1888-1898.

[11] Char 16,6f.11f; Übers. D. Klose; vgl. H. Bolkestein, Theophrastos' Charakter der
Deisidaimonia als religionsgeschichtliche Urkunde (RVV 21,2), Gießen 1929.

Aberglaube aber ist noch gefährlicher, weil zu dem falschen Urteil πάθος, Leidenschaft, hinzutritt, und das provoziert treffend geschilderte Angst: Es "zernagt die Seele, raubt die Besinnung, läßt nicht mehr schlafen, sorgt für beengendes Würgen" (165A).

2. Die Durchführung

Die folgenden Paragraphen sind nichts anderes als eine beeindruckende, fesselnde und auch erschreckende Beschreibung religiös motivierter Angst, die durch abergläubische Praktiken im Zaum gehalten werden soll. Nebenbei erfahren wir auch manches über Formen der Volksfrömmigkeit und über das Eindringen orientalischer Kulte: Abergläubische Menschen, die selbst im Schlaf noch von schrecklichen Götterbildern geplagt werden, fallen tagsüber Gauklern und Betrügern in die Hände, lassen eine alte Frau magische Reinigungsriten vollziehen, wälzen sich im Schlamm, verwenden fremde Götternamen und bedienen sich "barbarischer", d.h. z.B. ägyptischer, syrischer oder aramäischer Beschwörungsformeln (166A/B). Das mündet in den Appell: "Die Götter haben uns den Schlaf gegeben, damit wir unser Unglück vergessen und ausruhen. Warum machst du ihn zu einer ständigen und qualvollen Folterkammer für deine arme Seele, die nicht in einen anderen Schlaf entfliehen kann?" (166C).

Auch die Schreckensbilder, die der Aberglaube von den Höllenstrafen entwirft (167A: "Die tiefen Pforten der Unterwelt öffnen sich, Ströme von Feuer mischen sich mit den Nebenarmen des Styx, Finsternis wird angefüllt mit vielgestaltigen, bizarren Gespenstern, die scheußliche Gesichter zur Schau stellen und erbärmlich heulen, dazu Richter und Folterknechte und Abgründe und Schlünde, angefüllt mit Abertausenden von Seufzern") finden Plutarchs Beifall nicht. Er nennt im Gegenzug die Götter unsere Retter (166D: σωτῆρας). Von ihnen "erbitten wir Reichtum, Wohlergehen, Frieden, Eintracht und Erfolg in unseren besten Worten und Werken" (166E). Sie sind mit anderen Worten Stabilisatoren der persönlichen und gesellschaftlichen Harmonie. Das zu leugnen ist der Fehler des Atheismus, der Gleichgültigkeit (ἀπάθεια) gegenüber dem Göttlichen an den Tag legt und das Gute, das es gewährt, nicht wahrnimmt (167E). Der Aberglaube führt durch seinen Pathos-Anteil zu einer noch schlimmeren Gefühlsverwirrung (πολυπάθεια), deren Ambivalenz deutlich hervortritt: Abergläubische "fürchten die Götter und suchen ihre Zuflucht bei den Göttern, schmeicheln ihnen und schmähen sie, beten zu ihnen und klagen sie an" (167F).

In § 7f geht Plutarch auf die unterschiedlichen Reaktionen des Atheisten und des Abergläubischen auf Schicksalsschläge ein. Seine Kernaussage, die er mit Beispielen immer neu instrumentiert, läuft darauf hinaus, daß der Aberglaube die von der Situation geforderte Aktivität verhindert. Abergläubische legen die Hände in den Schoß und nehmen alles fatalistisch hin, oder sie reagieren mit immer neuen Zwangsritualen, anstatt energisch gegen das Unheil anzukämpfen und wenigstens das zu retten, was bei Anspannung aller Kräfte noch zu retten ist. Eines der Exempla handelt vom Judentum und berührt sich auffällig mit 1 Makk 2,32-38: "Die Juden aber blieben, weil Sabbat war, unbeweglich sitzen, während die Feinde Leitern anlegten und die Befestigungsmauern einnahmen. Sie standen nicht auf, sondern verharrten an ihrem Platz, durch ihren Aberglauben miteinander gefangen wie in einem großen Netz" (169C)[12].

Auf das Verhalten im Unglück folgt das Verhalten in glücklicheren Stunden, näherhin bei den freudigen Götterfesten, denn: "Nichts ist angenehmer für die Menschen als Feste und Opfermähler in den Tempeln und Einweihungen und mystische Riten und Gebete und Verehrung der Götter" (169D). Darüber lacht der Atheist, sträflicherweise, aber auch der Abergläubische kann nicht fröhlich mitfeiern. Er "betet mit stammelnder Stimme und streut den Weihrauch mit zitternden Händen"; er naht "sich den Hallen und Heiligtümern der Götter, als wären es Bärenhöhlen oder Schlangenlöcher oder Verstecke von Seeungeheuern" (169E). Auf diese Weise liefert der Aberglaube, und das ist eines seiner schlimmsten Vergehen, Munition für den Atheismus, denn wer ihn in voller Aktion erlebt hat, muß sich notgedrungen fragen, ob es nicht "besser keine Götter geben solle als solche, die sich über diese Formen der Verehrung freuen, die so tyrannisch, so kleinlich und so reizbar sind" (171B).

Für den Schlußabschnitt hat sich Plutarch noch ein besonders schweres Geschütz aufgespart, die Kinderopfer der Karthager, deren Schilderung er bewußt farbig und grausig ausgestaltet (in 171C/D). Ein wenig wundern mag man sich darüber, daß trotz der im Traktat vorherrschenden Asymmetrie im Schlußsatz wahre Frömmigkeit (εὐσέβεια) gut peripatetisch als rechter Mittelweg zwischen den Extremen von Aberglauben und Atheismus definiert wird (171F). Vermutlich spiegelt dies die Meinung Plutarchs wider, der auf diese Mitte zusteuert, während das Quellenmaterial kynischer

---

[12] Vgl. M. STERN, Greek and Latin Authors on Jews and Judaism. Bd. 1: From Herodotus to Plutarch (Publications of the Israel Academy of Sciences and Humanities), Jerusalem ²1976, 549f; zu vergleichen wären damit vor allem die langen Ausführungen aus Quaest Conv IV 4,4-6,2 (669C-672B), dazu ebd. 550-562.

oder epikureischer Herkunft, mit dem er arbeitete, den Aberglauben als repräsentativ für Götterglauben überhaupt ansah und den Atheismus als einzig sinnvolle Option empfahl[13].

3. Authentizitätsprobleme

Damit aber werden wir unversehens auf die Frage nach der Authentizität von *De superstitione* gestoßen. Manche Forscher sprechen die Schrift Plutarch ab, trotz seines Selbstzeugnisses in 169F-170A, wo er einen Sachverhalt an seiner eigenen Person erläutert (das wäre bei Nichtauthentizität schon übersubtil als Kennzeichen bewußter Pseudepigraphie zu erklären). Die Zweifel sind vor allem durch Widersprüche begründet, die man zu anderen Aussagen Plutarchs über Dämonologie, Götterverehrung, Fremdreligionen und Jenseitserwartung, auf die wir z.T. noch zurückkommen, entdecken kann. Macht er sich nicht andernorts die Dinge zueigen, die er in *De superstitione* ablehnt?

Die Einwände sind ernstzunehmen, doch läßt sich manches auch entkräften. Neben Quellentheorien, die auf die Fülle divergierenden Materials, das Plutarch verarbeitet hat, ohne alles bis ins letzte zu glätten, aufmerksam machen, tritt für *De superstitione* die biographische Einordnung. Auch aus stilistischen Gründen läßt sich die Schrift einer frühen Schaffensperiode zuweisen. In ihrer krassesten Form geht die Entwicklungsthese so weit, zu sagen: *De superstitione* sei ein Produkt von Plutarchs Sturm- und Drangzeit. Stillschweigend oder ausdrücklich sei er in späteren Jahren von den radikalen Positionen seiner Jugendschrift abgerückt, spätestens als er Oberpriester am Orakelheiligtum in Delphi wurde. Er habe sich selbst zunehmend dem geöffnet, was er anfangs in jugendlichem Überschwang als Aberglauben verurteilt hatte. Aber Bedenken stellen sich ein, wenn man sieht, daß die späte Abhandlung *De Iside et Osiride*[14] ähnlich argumentiert wie der Schlußsatz von *De superstitione* und damit doch eine beachtliche Klammer um das Gesamtwerk legt (Is et Os 67 [378A]):

---

13 Vgl. in diesem Sinn H. ERBSE, Schrift (s. Anm. 9) 299f; zum Thema insgesamt E. BERARDI, Plutarco e la Religione: L'εὐσέβεια come guisto mezzo fra δεισιδαιμονία e ἀθεότης, in: CClCr 11 (1990) 141-170.

14 Zu diesem religionsgeschichtlich sehr wichtigen Traktat, den wir wegen seiner Länge hier aussparen müssen, vgl. T. HOPFNER, Plutarch: Über Isis und Osiris. Bd. 1-2 (NOU 9,1.2), Prag 1940/41; J. GWYN GRIFFITHS, Plutarch's De Iside et Osiride, Cardiff 1970; J. HANI, La religion égyptienne dans la pensée de Plutarque (CEMy), Paris 1976.

"So verwenden die Menschen geheiligte Symbole, die einen solche, die dunkel sind, andere solche, die klarer sind, gemeinsam aber das Denken auf das Göttliche hinführen, was jedoch seine Gefahren hat. Denn einige wichen gänzlich vom Weg ab und verfielen dem Aberglauben (δεισιδαιμονία), während andere, die vor dem Aberglauben flohen wie vor einem Sumpf, wieder unvermerkt wie in einen Abgrund in den Unglauben (ἀθεότης) stürzten."

Frederik E. Brenk rechnet deshalb, ohne Entwicklungsphasen in Plutarchs Denken gänzlich leugnen zu wollen, doch mit einer größeren Kontinuität zwischen der Frühschrift und dem Spätwerk[15]. Er arbeitet heraus, daß auch das Frühwerk weniger rationalistisch und skeptisch ausgerichtet ist, als man oft meinte, sondern z.B. auch zu einem pythagoreisch gefärbten Mystizismus neigt. Bei den späteren Schriften sei nicht immer sicher, ob die Erklärer die Position Plutarchs richtig getroffen haben. Sie nehmen manches für bare Münze, was Plutarch mehr mit einem Augenzwinkern erzählt. Außerdem muß der literarische Charakter der Dialoge berücksichtigt werden, in denen verschiedene Sprecher mit unterschiedlichen Thesen auftreten. Welche Meinung sich nun Plutarch selbst zu eigen macht, wer ihm anders gesagt innertextlich als Sprachrohr dient, ist von Fall zu Fall neu zu prüfen. Wenn man das gebührend berücksichtigt, stellt sich auch der späte Plutarch weniger abergläubisch und dämonengläubig dar als vielfach vermutet. Beispiele werden wir in den folgenden Paragraphen noch kennenlernen.

III. Die Vergeltunglehre

Als das ausgereifteste und durchdachteste Werk Plutarchs darf der Dialog *De sera numinis vindicta* (548A-568A: "Über den Vollzug der göttlichen Strafen" oder "Über die späte Vergeltung durch die Gottheit") gelten[16]. Thema ist die Frage nach der Sühne für verbrecherische Taten, die auch in den Parallelbiographien eine herausragende Rolle spielt, und nach dem inneren Grund für Schicksalsschläge. Das weitet sich unter der Hand aus zum Theodizeeproblem schlechthin: Wie steht es mit der Realisierung göttlicher Gerechtigkeit in einer oft heillos scheinenden Welt?

---

15 Zum folgenden F.E. BRENK, Religious Themes (s. Anm. 8) 9-84.

16 Vgl. G. MÉAUTIS, De délais de la justice divine par Plutarque (Visages de la Grèce), Lausanne 1935; H.D. BETZ, Theological Writings (s. Anm. 7) 181-235; F.E. BRENK, Religious Themes (s. Anm. 8) 265-275; eine Übers. ins Deutsche bei K. ZIEGLER, Plutarch: Über Gott und Vorsehung, Dämonen und Weissagung. Religionsphilosophische Schriften (BAW), Zürich/München 1952, 170-213.

1. Ausgangspunkt

In einem ersten Durchgang in § 1-21 versucht Plutarch, die Vergeltungslehre rational und argumentativ zu entwickeln. Auslöser für das Gespräch, an dem Plutarch selbst und sein Bruder Timon teilnehmen, sind An-
griffe auf den Glauben an eine göttliche Vorsehung, die ein Epikureer vor-
bringt. Den tiefsten Eindruck hinterläßt seine spöttische Frage, warum denn
die angebliche Gottheit oft so lange zögere, ehe sie die Bösen bestrafe
(548D). Eine Strafe mit großer zeitlicher Verspätung werde nicht mehr als
solche erkannt, sondern unter den Unglücksfällen des Lebens abgebucht.
Der Zusammenhang von Tat und Folge gehe dem Bewußtsein verloren. Die
erzieherische Wirkung der Strafe entfalle[17]. Der Redner beendet seine Ausführungen mit der Bemerkung, er könne keinen Nutzen entdecken in dem
Sprichwort, das besagt, daß Gottes Mühlen langsam mahlen (549D/E).
Plutarch setzt selbst zu einer ersten Antwort an. Er definiert in § 4 zunächst seinen platonischen Ausgangspunkt in erkenntnistheoretischer Hinsicht: Wir wollen "von der behutsamen Haltung (εὐλάβεια) der Philosophen der Akademie gegenüber dem Göttlichen den Ausgang nehmen und
uns davor hüten, über diese Dinge zu sprechen, als ob wir etwas darüber
wüßten" (549E). Er bringt dann das Beispiel vom Arzt, dessen Entscheidungen wir Laien nicht immer durchschauen, und gewinnt daraus die Forderung, daß es bei allem doch um die Heilung der Seele gehen muß. Strafe
ist nicht Selbstzweck, sondern sollte in therapeutischer Absicht eingesetzt
werden, um den Menschen zu bessern.

2. Konvergenzen

Es geht mit verschiedenen konvergierenden Überlegungen weiter, die
erst durch ihre kumulative Wirkung Überzeugungskraft gewinnen: Gott
gibt uns durch sein verzögertes Strafen ein Beispiel, daß auch wir nicht im
ersten Zorn handeln, sondern den mildernden Effekt der Zeit einkalkulieren
und Gottes Langmut nachahmen sollen (§ 5). Gott durchschaut den Menschen und entdeckt in seiner Seele evtl. verborgene gute Anteile. Wo das
der Fall ist, läßt er auch dem Übeltäter Zeit, sich zu wandeln (§ 6). Manche

---

[17] Lesenswert ist dazu das gut beobachtete Beispiel aus der Verhaltensforschung in § 3
(549C): Wenn bei einem Pferd auf einen Fehler unmittelbar der Schlag mit der Gerte
folgt, wirkt das korrigierend. Läßt man aber erst einige Zeit verstreichen, ehe man
die Peitsche gebraucht, dient das nicht mehr dem Training, sondern sieht aus wie
bloßes Wehetun ohne erzieherische Wirkung.

Menschen, die Böses getan haben, sind dazu bestimmt, in ihrem späteren Leben noch eine große Leistung für die Allgemeinheit zu vollbringen, oder sie sind ihrerseits Instrument der Strafen, die Gott an anderen vollzieht (§ 7). Außerdem wirkt eine Bestrafung stärker, wenn sie eindrucksvoll inszeniert ist, was seine Zeit braucht (§ 8). Im Zusammenhang gewinnt das alles noch durch die Beispiele aus der Geschichte, aus der Mythologie und aus der alltäglichen Lebenswelt.

In den §§ 9-11 schwenkt Plutarch auf einen Gedankengang ein, der, kurz gefaßt, besagt: Die böse Tat trägt ihre Strafe in sich selbst. Das Laster "fügt mit unheimlicher Kunst dem Leben Jammer zu und produziert allerhand mit Scham untermischte Ängste und Reueanwandlungen und störende Gefühle und nicht enden wollende Erschütterungen" (554B). Die meisten Verbrecher "büßen nicht *nach* langer Zeit, sondern eine lange Zeit *hindurch*" (554C). Sie werden "nicht erst im Alter bestraft, sondern sie sind unter ständiger Bestrafung alt geworden" (554D). Die Zerstreuungen des Lebens genießen sie "nur so, wie Gefangene Würfel- und Brettspiele treiben, während die Schlinge über ihrem Haupte schwebt" (554D).

3. Bestrafung der Nachkommen?

An der Stelle meldet sich in § 12 Plutarchs Bruder Timon zu Wort und bringt einen bisher nicht beachteten Gesichtspunkt ein. Nach einem Wort des Euripides (Frag. 980 Nauck) laden die Götter "der Eltern Sünden auf der Kinder Haupt" (556E). Ist das nicht ein Unrecht, die Bestrafung der Täter fahrlässig zu versäumen, die Schuld verspätet aber bei Unschuldigen einzutreiben?

Die erste Reaktion Plutarchs in § 13 ist nur ein hastiges *argumentum ad hominem*: Die beigebrachten Beispiele seien unzuverlässige Erfindungen von Dichtern. Außerdem gebe es doch auch den Fall, daß Nachkommen als Erben Ehrungen und Belohnungen in Empfang nehmen, die sich ihre Vorfahren verdient hatten, warum solle das bei bösen Taten prinzipiell anders sein (557F-558C)? Dann aber strebt er einer grundsätzlicheren Antwort zu, die wir charakterisieren können als Solidarität zwischen den Generationen in Segen und Fluch. Auch in der Polis müssen oft genug alle die Folgen eines Fehlers tragen, den einer begangen hat (§ 15). In den Kindern von Verbrechern können Wesensanteile ihrer Vorfahren von Geburt an vorhanden sein und sich auf ihr Verhalten auswirken (§ 16).

4. Unsterblichkeit der Seele?

Etwas unmotiviert, aber für den weiteren Gedankengang von zentraler Bedeutung erfolgt in § 17 ein kritischer Einwurf, auf den Plutarch sofort eingeht (560A-D):

> "Während ich noch redete, fiel mir Olympichos ins Wort und sagte: 'Es scheint, daß du deiner Beweisführung eine Hypothese von erheblichem Ausmaß zugrundelegst: den Fortbestand der Seele.' – 'In der Tat', erwiderte ich, 'und ihr werdet dem zustimmen oder habt ihm schon zugestimmt ... Sollte Gott so kleinlich sein, ... daß er kurzlebige Seelen in vergängliches, keine dauerhafte Lebenswurzel aufnehmendes Fleisch sät, die aufsprießen und beim ersten besten Anlaß vergehen? ... Glaubst du wohl, daß er [Apollo, der Gott in Delphi, wo das Gespräch lokalisiert ist], wenn er wüßte, daß die Seelen der Sterbenden sogleich zugrundegehen, wenn sie wie Nebel oder Rauch den Körpern entschweben, so viele Sühnopfer für die Dahingegangenen anordnen und so große Gaben und Ehren für die Toten gebieten würde, womit er doch die, die ihm vertrauen, betröge und beschwindelte? Ich für meinen Teil möchte die Unsterblichkeit der Seele nicht aufgeben'." |1Kor 15,29

Was das an dieser Stelle soll, erläutert § 18: Die Bestrafung lebender Nachkommen beinhaltet gleichzeitig auch eine Bestrafung des frevelnden Vorfahren, der schon unter den Toten weilt, denn seine Seele sieht vom Jenseits aus das von ihm verursachte Leid seiner Familie und wird dadurch selbst gequält.

Wir stehen damit aber in Gefahr, die Diskussionsebene völlig zu wechseln. Was bislang innerweltlich ablief und zum Ausgleich gebracht werden sollte, wird plötzlich durch eine transzendente Komponente bereichert. Doch fängt Plutarch das zunächst noch einmal mit einer Zwischenbemerkung auf, die eine Verhältnisbestimmung von Logos und Mythos versucht: "Laßt mich erst die Darlegung des Vernünftig–Wahrscheinlichen ($\tau\tilde{\varphi}$ $\lambda\acute{o}\gamma\varphi$ $\tau\grave{o}$ $\varepsilon\grave{\iota}\kappa\acute{o}\varsigma$) zu Ende bringen, dann wollen wir uns, wenn es euch gefällt, dem Mythos ($\mu\tilde{\upsilon}\theta o\varsigma$) zuwenden, wenn es denn ein Mythos ist" (561B). Der Logos umfaßt die rationale Beweisführung. Er bewegt sich im Bereich der empirischen Kausalitäten. Der Mythos erzählt Geschichten, er gehört in den Bereich der Dichtung, kann auch der Lüge verdächtigt werden. Beides muß man trennen. Und dennoch kommt der Logos nicht ohne den Mythos aus. Er gelangt an eine Grenze, wo unlösbare Reste bleiben. Soll überhaupt eine Chance bestehen, hier weiter zu kommen, gibt es nur eine Möglichkeit: den Sachverhalt in einen Mythos kleiden.

5. Prophylaxe

Plutarch führt aber erst in den §§ 19-21 den unterbrochenen Logos zu
Ende. Er greift dazu ein Wort des Bion von Borysthenes, eines kynischen
Wanderphilosophen aus dem 3. Jh.v.Chr., auf, der gesagt haben soll, "der
Gott, der die Kinder der Bösen bestraft, handele noch lächerlicher als ein
Arzt, der wegen einer Krankheit des Großvaters oder Vaters den Enkel oder
Sohn behandelt" (561C). Das stimmt, und es stimmt auch wieder nicht. Es
stimmt im Bereich der Medizin insofern, als zunächst der Kranke selbst der
Behandlung bedarf. Aber Bion hat gar nicht gemerkt, daß sein Vergleich
viel weiter trägt. Es kann ja sein, daß eine bestimmte Krankheit vererbt
wird, daß also auch die Nachkommen schon den Keim der gleichen Krankheit in sich tragen und daß deswegen der Arzt mit vorbeugenden Behandlungen auch bei den Kindern anfängt. So verhält es sich auch mit den Anlagen zu künftigen Verbrechen. Auch wenn eine solche familiär bedingte Be-
lastung Generationen überspringt, bleibt sie latent vorhanden und kann in
der dritten' oder vierten Generation wieder zum Ausbruch kommen. Die
Gottheit allein durchschaut die Zusammenhänge und greift prophylaktisch
ein. Wir sehen nicht so weit und haben deshalb oft den Eindruck, ihr erzie-
herisches Handeln geschehe völlig grundlos.

6. Aporien

Plutarch sieht aber auch eine Ausnahme vor: Wenn von einem lasterhaf-
ten Vater ein rechtschaffener Sohn abstammt, wird dieser aus der Familien-
buße entlassen (562F). Damit wird einem minimalen Gerechtigkeitsempfin-
den Genüge getan. Es muß auch eine Verbundenheit in der bösen Veranla-
gung und in der bösen Tat hinzutreten, um die nachfolgende oder vorbeu-
gende Bestrafung der Sünden der Väter an den Kindern zu rechtfertigen.
Durch sittliche Bewährung kann man diesem Unheilszusammenhang entfliehen. Als Problem bleibt, und das macht den Kern der Theodizeefrage
aus: Was geschieht, wenn einen Rechtschaffenen, bei dem der Zusammenhang im Tun des Bösen nicht mehr gegeben ist, dennoch schwere Schicksalsschläge treffen? Dann zwanghaft nach verborgener Schuld zu suchen,
wird dem Ernst der Lage nicht gerecht. Aber ein anderer Ausweg ist kaum
in Sicht. Der Logos, die rationale Beweisführung, gerät in die Aporie. Er
vermag es nicht, eine kohärente und widerspruchsfreie, vor allem auch exi-
stentiell befriedigende Erklärung für die Frage von Leid und Strafe zu lie-
fern. Diese Aporie aber ist ein Ursprungsort der Eschatologie. Genau an

dieser Stelle bricht der Gedanke auf: Wenn innerweltlich kein Ausgleich gelingen will, muß es mehr als dieses Leben geben.

Bei Plutarch hatte sich bereits der Mythos zu Wort gemeldet, der von
der Unsterblichkeit der Seele und vom Jenseits handelt. Ihm ist das letzte
Drittel von Ser Num Vind gewidmet (§ 22-33). Was man nicht mehr weiter
rational abhandeln kann, darüber muß man nicht unbedingt schweigen.
Man kann auch versuchen, es in Geschichten einzukleiden. Das aber ist unser nächstes Thema.

IV. Eschatologische Mythen

1. Platon als Vorbild

Bei Platon gibt es drei eschatologische Mythen. Der kürzeste beschließt
den *Gorgias* in 79-80 (523A-525A; vgl. die Einleitung: "So vernimm denn
– so beginnt man ja den Vortrag eines Märchens – eine sehr schöne Geschichte, die du vermutlich für eine Sage halten wirst"). Ein wenig länger
fällt das Gegenstück im *Phaidon* aus. Hier steht der Mythos in 61-63
(112F-115A) nicht ganz am Ende, weil in 63-67 noch die Erzählung vom
Sterben des Sokrates folgt. Die mit Abstand ausführlichste Fassung findet
sich in den Schlußkapiteln der *Politeia*, in 10,13-16 (614A-621D). Sie
wird dargeboten als Wiedergabe der visionären Erfahrungen eines Mannes,
der als Toter auf dem Schlachtfeld zurückgelassen wurde, zwölf Tage später auf dem Scheiterhaufen wieder zum Leben erwacht und von seinen
Wanderungen im Jenseits erzählt.

Das Vorbild Platons wurde hinsichtlich der Zahl, der literarischen
Form, der Stellung und des Inhalts für Plutarch derart maßgebend, daß wir
seine Texte eigentlich synoptisch mit den platonischen vergleichen müßten[18]. Begnügen wir uns hier nur mit der Zahl: Auch Plutarch hat drei eschatologische Mythen. Der kürzeste steht in *De Genio Socratis* 21-24
(590B-594A), eingebaut in eine umfassendere Erzählung. Das vorangestell-
te hermeneutische Programm, das wir auch auf die anderen Versionen
übertragen dürfen, lautet: "Denn wenn auch nicht sehr genau, so rührt doch
auch das Mythische in seiner Weise an die Wahrheit an" (589F). Mittlere

---

18 Darüber vor allem handelt ausführlich Y. VERNIÈRE, Symboles et mythes dans la
    pensée de Plutarque. Essai d'interpretation philosophique et religieuse des Moralia
    (CEMy), Paris 1977; vgl. auch P.R. HARDIE, Plutarch and the Interpretation of Myth,
    in: ANRW II/33.6 (1992) 4743-4787.

Länge hat der Schlußmythos in der an sich naturwissenschaftlich ausgerichteten Abhandlung über das Gesicht im Mond (Fac Orb Lun 26-30 [941B-945D]). Der umfangreichste eschatologische Mythos in Ser Num Vind 22-33 (563B-568A) muß uns, wie gesagt, noch einige Antworten geben auf Fragen hinsichtlich der Vergeltungslehre, die der Logos schuldig geblieben ist.

2. Die Rahmenerzählung

Nehmen wir an dieser Stelle also den Faden aus dem vorigen Paragraphen wieder auf. Die Gesprächsrunde läßt nicht locker. Sie fordert von Plutarch den in Aussicht gestellten Mythos. Mit dem genauen Gegenteil einer Authentizitätsfiktion gibt Plutarch zu verstehen, daß er die Geschichte selbst nur aus dritter oder vierter Hand kennt. Sie handelt von einem Mann aus Soli namens Thespesius, der ein besonders liederliches Leben führte. Nach einem schweren Sturz galt er drei Tage als tot, erwachte aber wieder, änderte grundlegend sein Verhalten und erwies sich fortan als ein Ausbund an Frömmigkeit und Ehrlichkeit. Nach der Ursache für diese charakterliche Transformation befragt, gab er widerstrebend seine Erlebnisse während einer Himmelsreise preis, auf die sich seine Seele aufgemacht hatte, während sein Leib auf der Erde lag. Genau genommen dürfen wir nicht einmal sagen "seine Seele", denn auf die Jenseitswanderung begibt sich nur der höchste Teil von ihr, die Denkkraft, der Intellekt (νοῦς), während die anderen Teile als Anker im Körper zurückbleiben. Als Thespesius sich später umschaut, erblickt er hinter sich eine dunkle Schattenlinie, die wie ein Verbindungskabel seinen Intellekt mit dem Leib verbindet (24 [564D]). Sie verhindert seinen Aufstieg bis zu den höchsten Himmelsregionen, ermöglicht aber auch seine Rückkehr und Wiederbelebung.

3. Der Läuterungsort

Im Himmel trifft Thespesius einen Verwandten, der ihn als Fremdenführer (oder Deuteengel) auf eine Rundreise mitnimmt. Aufschlußreiches gibt es über das Schicksal der Seelen oder Seelenteile von Verstorbenen zu berichten. Thespesius sieht, wie ihre Seelen,

"von unten emporsteigend, in der Luft, die sie verdrängten, feurige Blasen bildeten. Wenn diese platzten, traten sie in menschenähnlicher Gestalt hervor, aber zarter und leichter. Ihre Bewegungen waren nicht identisch. Einige sprangen mit wunderbarer

Behendigkeit hervor und schossen geradewegs nach oben. Andere drehten sich wie Spindeln im Kreise umher, strebten bald nach unten, bald nach oben und bewegten sich in einer ungleichmäßigen, ungeordneten Spirale, die auch nach längerer Zeit nur mit Mühe zur Ruhe kam" (23 [563F-564A]).

Wir ahnen schon, was es mit dieser unterschiedlichen Bewegung auf sich hat. Die Guten steigen sofort nach oben, die andern sind zunächst orientierungslos. Zusätzlich strahlen einige Seelen wie der Vollmond ein klares Licht aus, während es daneben solche gibt, die mit Striemen und Narben bedeckt sind (24 [564D/E]). Das ist eine Folge ihrer Läuterung. Dike, die personifizierte Gerechtigkeit, reißt jedes Laster unter Schmerzen und Qualen aus ihrer Seele heraus; Spuren bleiben zurück (26 [565B]). Das sind aber noch keine "Höllenstrafen", wir befinden uns erst im "Fegfeuer".

4. Der Strafort

Nach einigen Zwischenetappen, die an einem gefährlichen dionysischen Schlaraffenland, an dem Ort, wo die Träume gemischt werden, und an einer aus der Ferne wahrsagenden Sibylle vorbeiführen, gelangen wir zum eigentlichen Strafort, der nicht in der Unterwelt, sondern in Himmelsregionen liegt. Hier kommt es in § 30 zu einer erschütternden Begegnung und zu Schilderungen, die des weiteren Kommentars nicht bedürfen:

"Endlich sah er [Thespesius] gar seinen eigenen Vater aus einer Grube emporsteigen, mit Narben und Wunden bedeckt. Der streckte seine Arme nach ihm aus und durfte nicht schweigen, sondern wurde von den Vollstreckern der Strafe gezwungen, zu bekennen, daß er einst in seiner Verkommenheit Gastfreunde, die Gold bei sich hatten, vergiftet habe, daß er dort zwar unentdeckt geblieben war, hier aber überführt worden sei und einen Teil der Strafe schon abgebüßt habe, nun aber zu weiteren Strafen geführt werde. Da wagte er [Thespesius] vor Entsetzen und Furcht nicht, zu flehen und für den Vater um Gnade zu bitten, sondern wandte sich um und wollte fliehen, sah aber nicht mehr jenen freundlichen, ihm verwandten Führer, sondern wurde von anderen, furchtbar anzusehenden Dämonen vorwärts gestoßen, die ihm zu verstehen gaben, daß er diesen Weg zu Ende gehen müsse" (566E-567A).

"Da waren auch nahe beieinander einige Seen, der eine aus siedendem Gold, der andere eiskalt aus Blei, ein dritter aus sprödem Eisen. Dabei standen einige Dämonen, die wie Schmiede mit ihren Werkzeugen die Seelen derer, welche aus Unersättlichkeit und Habsucht Verbrechen begangen hatten, abwechselnd herauszogen und wieder hineinsteckten. Denn wenn sie in dem geschmolzenen Golde infolge der Hitze glühend und durchsichtig geworden waren, warfen die Dämonen sie in den Bleisee und löschten sie ab. Waren sie dort erstarrt und hart geworden wie Hagelkörner, so brachten sie sie wiederum in den Eisensee. Dort wurden sie ganz schwarz und wegen ihrer Härte zermahlen und zerrieben" (567C).

5. Rückkehr zum Thema

Wir nähern uns damit wieder dem übergeordneten Thema. Am schlimmsten von allen sind nach § 31 diejenigen dran, die anscheinend ihre Schuld
schon abgebüßt haben und frei gelassen wurden. Aber dann treffen Nachkommen ein, die gemäß dem schon erörterten Prinzip, daß die Götter der
Eltern Sünden auf der Kinder Haupt laden, wegen ihrer Vorfahren auf Erden Schlimmes erdulden mußten. Die stürzen sich sofort auf die Verursa-
cher und schleppen sie erneut vor Gericht. "An einige von ihnen hatten sich
ganze Schwärme ihrer Nachkommen sogleich angehängt, indem sie sich
wie Bienen oder Fledermäuse an sie klammerten, mit schrillem Geschrei in
zorniger Erinnerung an die Leiden, die sie ihretwegen erduldet hatten"
(567E). Das ist die letzte Auskunft, die wir zu dieser Problematik erhalten:
Die Behaftung von Kindern und Kindeskindern mit den Verfehlungen ihrer
Vorfahren geschieht im Blick auf die jenseitige Bestrafung der eigentlich
Schuldigen. Für sie bedeutet es jedes Mal eine Strafverschärfung, wenn ein
neuer Schub ihrer leidgeprüften Nachkommen eintrifft.

Ob Plutarch das selbst sonderlich überzeugend fand, können wir mit
einigem Recht fragen. Anlaß zu dieser Vermutung gibt der humorvolle
Ton, mit dem das Schreckensgemälde schließt. Thespesius sieht in § 32,
wie Seelen für die Wiedergeburt in Tiergestalt vorbereitet werden. Darunter
befindet sich auch die übel zugerichtete, mit glühenden Nägeln durchbohrte
Seele Neros. Da er aber ein Wohltäter der Griechen war, wird er (als Mut-
termörder) nicht in eine Schlange verwandelt (die angeblich bei der Geburt
die Mutter tötet), sondern "in ein anderes, zahmeres Wesen, in ein singen-
des Tier, das an Sümpfen und Seen lebt" (567F), d.h. in einen Schwan (so
Ziegler) oder, wahrscheinlicher, in einen Frosch (so LCL). Der Kaiser, ein
singender Frosch – das läßt im Rückblick doch den Verdacht aufkommen,
daß dem Mythos auch etwas Spielerisches, rein Ästhetisches anhaftet, daß
er auch dem Vergnügen an der literarischen Gestaltung auf bewährten Bahnen entspringt.

Aus der Mythenvariante in Fac Orb Lun sei noch festgehalten, daß dort
beim Tod die drei Bestandteile des Menschen an ihren Ursprungsort zurückkehren: Der Körper bleibt auf der Erde, die Seele auf dem Mond und
nur der Nous, der Intellekt, strebt der Sonne entgegen, um mit ihr zu ver-
schmelzen (28 [943A]; 30 [944E])[19]. Man erkennt daran auch, wie die es-

---

[19] Dieses anthropologische Modell ist zwar aus dem platonischen entwickelt, sprengt
aber dessen Rahmen und hat eine verblüffende Parallele in der valentinianischen
Gnosis; beachtenswert ist in dem Zusammenhang auch, daß Plutarch eine böse Welt-

chatologischen Mythen mit dem Hauptthema der jeweiligen Schrift, in der sie stehen, verflochten sind. Es gelingt in dem Zusammenhang eine mythische Erklärung für das Gesicht im Mond: Seine Konturen werden gebildet von Vertiefungen und Höhlen des Mondes, in denen die Seelen ihre Strafen entgegennehmen (29 [944C]).

6. Reflexion

Die Diskrepanz zwischen diesen farbenfrohen Mythen und der Kritik daran in *De Superstitione* erklärt Yvonne Vernière[20] mit Hilfe der Entwicklungsthese: Es sei der alte Mann, der die Mythen verfaßt. Dafür kann sie recht geschickt Platon zitieren, der in Pol 1,5 (330D/E) ausführt:

"Wenn jemand den Tod nahen fühlt, dann kommt ihn Furcht an und Sorge um Dinge, die ihn zuvor nicht bekümmerten. Denn die Erzählungen von der Unterwelt, daß, wer hier ungerecht gewesen ist, dort Strafe leiden muß, die hat er oft gehört, aber bis jetzt verlacht. Sie gehen ihm nun im Sinn herum, ob sie vielleicht doch wahr seien."

Man wird den Realitätsgehalt des Mythischen im Sinne Plutarchs aber doch stärker relativieren müssen, auch wenn man nicht so weit gehen will, den Seelen die Leidensfähigkeit prinzipiell abzusprechen (so F.E. Brenk), womit alle "Höllenstrafen" hinfällig würden. Reflektierter behandelt Plutarch die eschatologischen Themen in seinen anti-epikureischen Traktaten, wo er sich mit der These vom Tod als absolutem Endpunkt auseinanderzusetzen hat. Gegen Epikur verteidigt Plutarch (in Suav Viv Epic 25-28) energisch die Unsterblichkeit der Seele. Epikur beraube als Vertreter der Lustlehre paradoxerweise die Menschen einer ihrer größten Freuden: der Gewißheit eines besseren Lebens nach dem Tode, der Hoffnung, daß verstorbene Freunde und Angehörige jetzt besser aufgehoben sind und daß wir sie nach unserem Tode wiedersehen. Um überhaupt am Gedanken eines Weiterlebens festhalten zu können, nehme der Mensch auch die Möglichkeit jenseitiger Strafen in Kauf. Ganz anders, als Epikur meint, denke er sich: besser zeitweilige Qualen als völlige Nichtexistenz. Außerdem sollten wir, so Plutarch, den pädagogischen Effekt solcher Darstellungen keinesfalls zu gering veranschlagen. Es gibt Menschen, die anders nicht zu einem anständigen Leben zu motivieren sind. Ein Textbeispiel aus Suav Viv Epic 25f (1104A-C):

---

seele kennt; vgl. H. DÖRRIE, Gnostische Spuren bei Plutarch, in: Studies in Gnosticism and Hellenistic Religions (FS G. Quispel) (EPRO 91), Leiden 1981, 92-117.

[20] Symboles (s. Anm. 18) 214f.

"Die Ungerechten und die Schurken nun, die sich vor Strafe und Qual in der Unterwelt fürchten und aus dieser Furcht heraus sich vor Greueltaten hüten, werden [,wenn
sie Epikurs Lehre folgen,] auch hier schon ein angenehmeres und ruhigeres Leben
führen. Epikur selbst kennt doch kein anderes Abschreckungsmittel von Freveltaten
als die Furcht vor Strafen. Daraus folgt doch, daß wir solchen Menschen den Aberglauben direkt einflößen sollten, daß wir den ganzen Terror des Himmels und der
Erde, ihre Abgründe, ihre Angstmittel und ihre Schrecknisse auf sie einstürzen lassen
sollten, um sie durch den Schock zu mehr Friedlichkeit und Sittsamkeit zu bewegen
... Die größere Mehrheit indessen hat sowieso eine Jenseitserwartung, die ungestört
ist von mythisch verursachten Ängsten vor der Unterwelt. Denn die Liebe zum Dasein, der älteste und mächtigste all unserer Triebe, übertrifft mit schmeichelnder
Freude jede kindische Furcht. Wenn Menschen Kinder, Frauen oder Freunde verlieren, dann ist es ihnen lieber, daß jene irgendwo überhaupt noch existieren, wenn
auch unter Qualen, als daß sie gänzlich dahin, zugrundegegangen und vernichtet
sind."

Manche Widersprüche bleiben bestehen, eine Systematisierung des ganzen Befundes ist nur in Grenzen möglich. Plutarch bewegt sich in verschiedenen Sprachspielen, einem theologischen (in Ser Num Vind), einem natur-
wissenschaftlichen (in Fac Orb Lun), einem politischen (in Gen Socr),
einem philosophischen (in der Auseinandersetzung mit den Epikureern) und
einem mythologischen, das in die anderen Diskurse zu unterschiedlichen
Teilen eingeht. Das verarbeitete Material und die jeweilige Situation entwickeln ein Eigengewicht, woraus auch spannungsreiche Aussagen resultieren. Als gemeinsamer Grundbestand hebt sich die platonischer Philosophie
verdankte Unsterblichkeit der Seele heraus. Plutarch vertritt eher ein opti-
mistisches Gottes- und Menschenbild. Er empfindet die Unsterblichkeits-
lehre als eine hoffnungsvolle Botschaft und sagt das auch deutlich genug.
Deswegen kann ihm an den Schreckensbildern aus dem Jenseits in der Sache nicht so viel liegen, auch wenn die erfreulicheren Zukunftserwartungen
nicht deren Intensität und Dichte erreichen (auch bei Dante liest sich das
Inferno spannender als die Paradiesesschilderung).

V. Die Dämonologie

1. Sprachliches

Im eschatologischen Mythos von Fac Orb Lun erfahren wir in § 29f u.a.
auch, daß Seelen nach ihrem Tod auf dem Mond zu Dämonen werden und
"von dort hierher auf die Erde herabsteigen, um die Orakel zu besorgen"
(944C). Dämonen sind uns aus den Exorzismen der synoptischen Jesusüberlieferung bestens bekannt, deswegen werden wir sehr hellhörig reagie-

ren, wenn wir außerhalb des Neuen Testaments im gleichen Zeitraum zu-
sammenhängende Ausführungen über Dämonen antreffen.

Unterschiede ergeben sich aber sofort schon in der Terminologie. Das
Neue Testament verwendet mit einer Ausnahme (Mt 8,31) das Neutrum
δαιμόνιον, dem auf dem Hintergrund der LXX, wo es heidnische Götzen
und Schadensgeister bezeichnet, eine entpersonalisierende Tendenz inne-
wohnt. Plutarch kennt auch das Neutrum, z.B. in Superst 7 (168D): Der
Abergläubische bekennt, "daß er dies gegessen oder getrunken habe oder
einen Weg gegangen sei, den sein Daimonion [fast so etwas wie sein Ge-
wissen] nicht gestattet habe". Normalerweise bevorzugt er aber wie das
klassische Griechisch überhaupt die personale Form δαίμων bzw. im
Plural δαίμονες.

Bei Plutarch begegnet uns eine relativ entfaltete Dämonologie. Leider ist
das zugleich auch ein Problemfeld, das sich einer Klärung am stärksten wi-
dersetzt. Kaum irgendwo ist die Bestimmung von Plutarchs eigener Meinung in der Forschung so umstritten wie hier[21]. Für uns relativiert sich allerdings dieses Problem, da auch Standpunkte, die Plutarch nur referiert,
ohne sie selbst zu teilen, Aufschluß geben über dämonologische Konzepte
in seinem Umkreis und in seiner Zeit.

2. Platonisches

Daß Plutarch Dämonen nicht einfach aussparen kann, liegt nicht zuletzt
an seiner Treue gegenüber seinem großen Vorbild Platon, der aus Anlaß
der Diskussion um den Status des Liebesgottes Eros im *Symposion* auf die
Dämonen eingeht. Die betreffende Passage enthält im Grunde schon die
meisten Motive der mittelplatonischen Dämonologie (Symp 23 [202D/E]):

> "Denn alles Dämonische ist ein Mittleres zwischen Gott und Mensch ... Es wirkt als
> Dolmetsch und Bote von den Menschen bei den Göttern und von den Göttern bei den
> Menschen: Von diesen übermittelt es Gebete und Opfer, von jenen Befehle und Be-
> lohnungen der Opfer, zwischen beiden ist es das den Zusammenhang wahrende Ver-
> bindungsglied, so daß das All ein festgefügtes Ganzes ist. Durch diese Dämonenkraft
> wird auch die gesamte Seherkunst in Gang gehalten wie auch die Kunst der Priester,

---

[21] Vgl. einerseits G. SOURY, La démonologie de Plutarque. Essai sur les idées religieuses et les mythes d'un platonicien éclectique (CEA), Paris 1942; D. BABUT, Plutarque
(s. Anm. 5) 388-440; andererseits H. DÖRRIE, Der "Weise vom Roten Meer". Eine
okkulte Offenbarung durch Plutarch als Plagiat entlarvt, in: P. Händel / W. Meid
(Hrsg.), Festschrift für Robert Muth (IBKW 22), Innsbruck 1983, 95-110; F.E.
BRENK, In the Light of the Moon: Demonology in the Early Imperial Period, in:
ANRW II/16.3 (1986) 2068-2145.

derer sowohl, die es mit Opfern und Mysterienweihen zu tun haben, wie derer, die sich auf Besprechungen und Zauberkünste aller Art verstehen."

3. Reiseberichte

Die Seherkunst und das Orakelwesen waren nach Ser Num Vind 30 und Symp 23 Orte des Wirkens von Dämonen. Am ausführlichsten wendet sich Plutarch diesem Thema denn auch in *De defectu oraculorum* (409E-438E: "Über den Untergang der Orakel")[22] zu. Es ist der längste seiner pythischen Dialoge, in denen er *ex professo* als delphischer Priester Fragen des Orakelwesens bespricht. Am Gespräch nehmen teil: sein Bruder Lamprias, sein Lehrer Ammonius und neben anderen der Spartaner Kleombrotus, der als Weltreisender unterwegs war, um religiöse Wissensstoffe vor allem aus dem Osten zusammenzutragen. In die Debatte, ob denn im Orakel ein Gott direkt wirke oder auf Umwegen oder überhaupt nicht, führt er in Def Orac 10 die Dämonen ein und erstellt eine Klassifizierung (415A-C):

> "Mir scheint, jene Denker haben eine große Aporie gelöst, die das Geschlecht der Dämonen zwischen Götter und Menschen gesetzt und damit eine Kraft entdeckt haben, welche gewissermaßen Gemeinschaft (κοινωνία) zwischen ihnen und uns knüpft und zusammenhält ... Hesiod hat als erster klar und bestimmt vier Klassen von vernunftbegabten Wesen aufgestellt: Götter, dann Dämonen, dann Heroen und zum Schluß Menschen. Weiter rechnet er offenbar mit einer Verwandlung ... Wie man aus Erde Wasser entstehen sieht, aus Wasser Luft, aus Luft Feuer, wenn die Substanz sich nach oben bewegt, so vollziehen die besseren Seelen eine Verwandlung aus Menschen in Heroen, aus Heroen in Dämonen. Von den Dämonen haben sich einige wenige in langer Zeit aufgrund ihrer Tätigkeit gereinigt und sind gänzlich der Göttlichkeit teilhaftig geworden."

In Einzelfällen kann ein Mensch also, über die Zwischenstufen Heros und Dämon aufsteigend, zu einem Gott werden – für das griechische Denken kein unvorstellbarer Vorgang. Aber Dämonen können andererseits auch wieder in sterbliche Leiber absinken und, wenn auch erst nach Jahrtausenden, vom Tod ereilt werden[23]. Für seine Behauptungen, die teils Widerspruch provozieren, beruft Kleombrotus sich auf den Platonnachfolger Xenokrates, von dem die Überlieferung sagt, er habe als erster auch böse Dämonen in die traditionelle Dämonologie eingeführt, aus einem in sich

---

22 Übers. bei K. ZIEGLER, Plutarch: Über Gott und Vorsehung ... (s. Anm. 16) 106-169.
23 Dafür dient in Def Orac 17 (419A-E) als zusätzlicher Beweis die singuläre Erzählung vom Tod des großen Pan, vgl. dazu G.A. GERHARD, Der Tod des großen Pan (SHAW 1915, 5), Heidelberg 1915; P. BORGEAUD, La mort du grand Pan. Problèmes d'interpretation, in: RHR 200 (1983) 3-39.

sehr plausiblen apologetischen Anliegen heraus: Für alles Rohe und Grausame in den Mythen und Riten, für Ehebruch, Menschenopfer und das Zerreißen lebender Tiere, braucht man nicht länger die Götter verantwortlich zu machen, sondern kann es charakterlich minderwertigen Dämonen zuschreiben, wie es Kleombrotus in Def Orac 13-15 tut:

> "Wie bei den Menschen so gibt es auch bei den Dämonen Unterschiede der Vollkommenheit. Bei einigen wohnt nur noch ein schwacher und unbedeutender Rest an Leidenschaft und Unvernunft, wie ein Bodensatz, während bei anderen noch Stärke und schwer austilgbare Spuren davon übrig sind. Die Opfer, die Mysterien und die Mythen bewahren, in ihrem Ablauf und in die Erzählung eingestreut, zahlreiche Bilder und Symbole dafür auf" (417B).

> "Was immer man in Mythen und Hymnen erzählt und singt, bald von Entführungen, bald von Irrfahrten der Götter, von ihrem Sich-Verbergen, ihrer Flucht und ihrer Knechtschaft, all das sind nicht Erlebnisse und Schicksale von Göttern, sondern solche von Dämonen, die im Gedächtnis bewahrt werden um der Tüchtigkeit und Macht jener Wesen willen" (417E).

Auf die Ausgangsfrage angewandt, warum in der Gegenwart das Orakelwesen daniederliegt, ergibt sich daraus: Die Dämonen, die den Orakeldienst versehen, haben die Orakelorte unbemerkt verlassen. Erst wenn sie wiederkommen, "erklingen auch die Orakel wieder, wie Musikinstrumente, wenn die Künstler hinzutreten und sie spielen" (418D). Kleombrotus zitiert in Def Orac 21 noch einen exotischen Gewährsmann für seine Dämonologie, einen Weisen, den er persönlich am Roten Meer getroffen habe, einen "Guru" aus dem Osten also, dessen unergründlicher Weisheit sich die von des Gedankens Blässe angekränkelten Griechen nicht werden verschließen können.

4. Alternative Modelle

Dann aber ergreift Plutarchs Bruder Lamprias das Wort. Er stellt lapidar fest, daß es sich bei allem, was Kleombrotus vorgetragen hat, um griechisches Gedankengut handelt, entlehnt aus Platon und aus Pythagoras. Was als exotische Weisheitslehre daherkommt, entlarvt er als Platonplagiat. Ihm tritt Ammonius zur Seite, der in Def Orac 38 im Anschluß an Hesiod, Op 125, als Dämonen nur gelten läßt "Seelen [von Verstorbenen], die in Nebel gehüllt einhergehen" (431B). Das wiederum greift Lamprias auf und entwickelt in § 39-44 eine alternative Erklärung für das Schweigen der Orakel, verbunden mit einer Inspirationstheorie: Wenn Dämonen nichts anderes sind als körperlose Seelen, fragt sich, warum die Seele im Körper noch der Dämonen bedarf, ob sie nicht schon von selbst Anteil hat an der prophetischen Kraft, die angeblich erst den Dämonen zuwächst. Sicher bestehen graduelle Unterschiede. Im Körper sitzt die Seele gefangen. Ihre Wahrnehmungsfähigkeiten sind getrübt. Aber im Einzelfall kann eine Menschenseele durchaus die in ihr angelegte Prophetengabe entwickeln, vor allem, wenn günstige äußere Bedingungen hinzutreten. Solche Bedingungen stellt das Pneuma bereit, das Lamprias als Luft, Feuchtigkeit und Wärme ansieht. Ein Luft- und Wärmestrom durchflutet die Seele und bewirkt, daß sich in ihr Öffnungen auftun, in die Vorstellungsbilder des Zukünftigen eindringen können. Solch ein Hauch steigt in Delphi aus einer Erdspalte empor und inspiriert die Seele der Pythia zu ihrem Tun. Derartige günstige Gegebenheiten können aber zerstört werden, durch Erdbeben, durch Verstopfungen in der Tiefe der Erde, durch einschlagende Blitze, durch starke Regengüsse, und das führt zum Erlöschen der Orakel.

Was Lamprias vorträgt, wirkt sehr materialistisch und rationalistisch. Auch Ammonius beklagt sich in § 46 darüber, daß die Götter jetzt gar nichts mehr mit dem Orakelwesen zu tun hätten und selbst die Dämonen, die immerhin noch eine Verbindung zum Göttlichen aufrechterhalten, völlig eliminiert würden. Lamprias stellt das als Mißverständnis hin und unterbreitet zum Schluß einen Kompromißvorschlag (§ 47-52): Die inspirierenden Dünste werden erzeugt von Erde und Sonne. Beide gelten nach dem Glauben der Väter als Gottheiten. Die Dämonen können wir ruhig wirken lassen. Sie steuern diese inspirierenden Dünste und sorgen für die richtige Mischung von Wärme, Trockenheit und Feuchtigkeit. Primärursache und Sekundärursachen wirken zusammen. Natürliche Anlagen, innerweltliche Gegebenheiten und ihre dämonische Steuerung produzieren die zu Recht als göttliche Äußerung verstandenen Orakel.

5. Positionsbestimmung

Die ältere Forschung[24] hat ganz unbefangen die langen Ausführungen des Kleombrotus als normative Lehre aufgefaßt, sie Plutarch selbst zugeschrieben und von da aus andere Passagen in seinem umfangreichen Werk (z.B. die dämonologische Interpretation des Isismythos in der Spätschrift Is et Os) eingeordnet. Es entsteht so ein breites Panorama volkstümlichen Dämonenglaubens, unterfangen mit Denkansätzen aus platonischer Tradition unter Einbezug der Neuentdeckung des Xenokrates. Ein überzeugenderer

---

[24] Vgl. z.B. aus Anm. 21 Soury und Babut.

neuerer Interpretationsvorschlag[25] setzt hingegen bei der literarischen Form und bei der Personenführung des Dialogs an. Sollten nicht eher Plutarchs Bruder Lamprias und sein Lehrer Ammonius seine eigene Meinung vertreten? Wo aber bleibt dann Kleombrotus? Was Plutarch mit der Zeichnung seiner Person unternimmt, ist wahrscheinlich nichts weniger als eine Parodie und Karikatur, damit zugleich Kritik an zweit- und drittklassiger Offenbarungsliteratur seiner Zeit. Was als Weisheitslehre aus dem fernen Osten daherkommt, ist nichts anderes als Platonismus in sensationellem Aufputz, anzusiedeln auf der Ebene der Trivialliteratur. Bei Kleombrotus handelt es sich um einen "Scharlatan am Rand des Pythagoreismus"[26].

Für Plutarch selbst bleibt als Zentrum der Dämonenlehre wiederum der Glaube an die Unsterblichkeit der Seele, die in ein dämonisches Wesen – im neutralen oder positiven Sinn – verwandelt werden und schließlich sogar ins Göttliche hinein transformiert werden kann. Der Versuch eines Ausgleichs zwischen reinem Rationalismus und ausschließlicher Transzendenz am Schluß von Def Orac erweist Plutarch als einen "Vermittlungstheologen", mit allen Stärken und mit allen Schwächen, die dieser Position zu eigen sind.

---

[25] Vgl. aus Anm. 21 Dörrie und Brenk.
[26] H. DÖRRIE, a.a.O. 105.

4. Die Bruderliebe bei Plutarch und im vierten Makkabäerbuch

"The subject of brotherly love, widely discussed in popular morality, is most systematically treated by Plutarch in his tractate *On Brotherly Love*."[1] Diese Bemerkung von Abraham J. Malherbe soll uns als Ausgangspunkt für die folgenden Überlegungen dienen. Bei Plutarch sind, wenn er von der Bruderliebe spricht, leibliche Brüder oder Schwestern[2] in ihrem gegenseitigen Verhältnis gemeint. Das muß eigentlich überraschen, wenn wir vom Neuen Testament herkommen, denn dort wird die Liebe zu den Brüdern, oder, wie wir unter Verwendung inklusiver Sprache besser sagen würden, die Liebe zu den Brüdern und Schwestern nahezu ausschließlich da thematisiert, wo es um die Beziehungen von Glaubenden innerhalb der christlichen Gemeinde geht[3]. Das heißt mit anderen Worten, daß in diesem Rahmen ein durchgehend metaphorischer Gebrauch der Begriffe "Bruder" und seltener auch "Schwester"[4] vorliegt. Immerhin bietet aber 1 Joh 3,12 zumindest für den Bruderhaß als Beispiel ein echtes, leibliches Brüderpaar auf: Kain und Abel aus Gen 4,1-16[5], und zu 1 Joh 5,1b: "Jeder, der den liebt, der erzeugt hat, liebt auch den, der aus ihm gezeugt worden ist" vertreten die Kommentare durchweg die Ansicht, der Autor verwende hier eine profane Sentenz aus dem Erfahrungsbereich der Fami-

---

[1] A.J. MALHERBE, Moral Exhortation: A Greco-Roman Sourcebook (LEC 4), Philadelphia 1986, 93.

[2] In Frat Am 6 (480F) bedeutet φιλαδελφία vom Kontext her – die gegenseitige Liebe der *Musen* ist angesprochen – eindeutig Schwesternliebe. Den ganzen Traktat beendet in Frat Am 21 (492D) ein Beispiel praktizierter Schwesternliebe (s.u.).

[3] Vgl. als allgemeinen Überblick nur K.H. SCHELKLE, Art. Bruder, in: RAC II, 631-640; J. BEUTLER, Art. ἀδελφός, in: EWNT I, 67-72. Zu Paulus, der φιλαδελφία in Röm 12,10 und 1 Thess 4,9 verwendet, auch A.J. MALHERBE, Paul and the Thessalonians. The Philosophic Tradition of Pastoral Care, Philadelphia 1987, 49: "the convert is admitted into a new family of brothers and sisters"; ebd. auch 96.102.104f.

[4] Röm 16,1; 1 Kor 7,15; 9,5; Phlm 2; Jak 2,15; 2 Joh 13.

[5] Dazu H.J. KLAUCK, Brudermord und Bruderliebe: Ethische Paradigmen in 1 Joh 3,11-18, in: Neues Testament und Ethik (FS R. Schnackenburg), Freiburg i.Br. 1989, 151-169.

lie, oft mit Verweis auf Plutarch[6]. Der Vorgang der Metaphorisierung von Verwandtschaftsbezeichnungen läßt sich bei den Synoptikern noch in den Jesusworten Mk 3,35 parr und Mk 10,30 parr mitverfolgen, wo sich die neue Gemeinde der Glaubenden als *familia Dei* konstituiert, in Absetzung von den leiblichen Verwandten (Mk 3,31 parr; Mk 10,29 parr).

Es mag auf diesem Hintergrund nicht unnütz erscheinen, wenn wir dem Thema Bruderliebe, wörtlich verstanden, bei Plutarch unser Augenmerk zuwenden[7]. In einem weiteren Schritt verfolgen wir die Rezeption des hellenistischen Gedankengutes in einem kurzen Abschnitt des vierten Makkabäerbuchs (4 Makk 13,19 - 14,1) und damit in einem Zeugnis jenes hellenistischen Diasporajudentums, das in vielfacher Hinsicht die Brücke zwischen der griechisch-römischen Welt und dem frühen Christentum bildet.

I. Die Bruderliebe bei Plutarch

Plutarchs Schrift *De fraterno amore* (Moralia 478A-492D)[8] trägt im Lampriaskatalog die Nr. 98. Die Textausgaben der Neuzeit ordnen sie als Nr. 31 zusammen mit der eng verwandten Abhandlung *De amore prolis* (493A-497E) in eine kleine Sammlung moralphilosophischer Traktate ein, die sich an die delphischen Dialoge anschließt, trennen sie damit zugleich aber von den zeitlich und thematisch benachbarten Ausführungen zur Freundschaftsethik wie *Quomodo adulator ab amico internoscatur* (48E-74E) und *De amicorum multitudine* (93A-97B)[9]. Eine gewisse Nähe be-

---

6   Vgl. nur N. ALEXANDER, The Epistles of John (TBC), London 1962, 115: "almost a proverb. It applies to *any* family"; R.E. BROWN, The Epistles of John (AncB 30), Garden City, N.Y. 1982, 536.

7   An weiteren Abhandlungen des Themas im griech. Schrifttum vgl. Aristoteles, Eth Nic VIII 12,3-6 (1161B-1162A); Xenophon, Cyrop VIII 7,14-16; Mem II 3,4; Hierokles, bei Stobäus IV 27,20 (in Übersetzung bei A.J. MALHERBE, Exhortation [s. Anm. 1] 93-95).

8   Text und engl. Übersetzung bei W.C. HEMBOLD, Plutarch's Moralia. Bd. 6 (LCL 337), London/Cambridge, Ma. 1939, Repr. 1970, 243-325; der griech. Text auch bei W.R. PATON / M. POHLENZ / W. SIEVEKING, Plutarchi Moralia. Bd. 3 (BiTeu), Leipzig 1929, 221-254; die alte deutsche Übersetzung von Kaltwasser, in der schon Goethe gelesen hat, findet sich bei H. CONRAD, Plutarch. Allerlei Weltweisheit: Der vermischten Schriften Dritter Band (Klassiker des Altertums I/13), München/Leipzig 1911, 65-99; eine zweisprachige Ausgabe mit griech. Text und franz. Übersetzung bieten J. DUMORTIER / J. DEFRADAS, Plutarque: OEuvres morales. Bd. 7,1 (CUFr), Paris 1975, 131-173.

9   Vgl. zu den Einleitungsfragen K. ZIEGLER, Art. Plutarchos, in: PRE XXI, 636-962, hier 798-800. Zum Ganzen H.D. BETZ, De fraterno amore (Moralia 478A-492D), in:

steht auch zu anderen Stellungnahmen zum Familienleben wie *Coniugalia praecepta* (138A-146A) und *Consolatio ad uxorem* (608A-612B). Angesichts der Länge von Frat Am können wir im folgenden nicht viel mehr tun, als die Hauptlinien der Gedankenführung hervorzuheben[10] und auf einige Dinge hinzuweisen, die im Blick auf 4 Makk und auf das NT von besonderem Interesse sind.

Kap. 1 (478A-D): Plutarch führt eingangs das Beispiel der Dioskuren an[11], denen man als Weihegeschenk (ἀνάθημα) sogenannte δόκανα darbringt. Das sind Gebilde aus zwei parallelen Balken und zwei Querhölzern[12], die, so Plutarch, das enge gegenseitige Verhältnis des göttlichen Brüderpaars sehr treffend im Bild darstellen. Als ein solches Weihegeschenk versteht er seine eigene Abhandlung, die er zweien von seinen römischen Freunden, den Brüdern Avidius Nigrinus und Avidius Quietus[13] widmet (ἀνατίθημι). In alten Zeiten war der Bruderhaß so selten, daß die wenigen bekannten Fälle Stoff für Tragödien abgaben – hier denkt der biblisch vorbelastete Leser unwillkürlich an die alte Erzählung von Kain und Abel in Gen 4 mit ihrer Nachgeschichte bis hin zu 1 Joh 3,12. In der Gegenwart hingegen werden Brüder, die einander lieben, bestaunt wie siamesische Zwillinge. Nach diesem Beispiel typischer Zeit- und Kulturkritik, der die Gegenwart immer als Phase des Verfalls gilt, beendet Plutarch den Eingangsparagraphen mit einer Definition der Bruderliebe, in die bereits wesentliche Elemente aus der Freundschaftsethik eingegangen sind: Bruderliebe bedeutet, "die väterlichen Güter, Freunde und Sklaven gemeinsam zu gebrauchen" (478C). Dann führt er zur Illustration ein Bildfeld ein, das er noch weiter entfalten wird: Ein solches Verhalten gilt heute als so unerhört, als würde "eine einzige Seele Hand und Füße und Augen von zwei Körpern gebrauchen" (478D).

Kap. 2 (478D-479B): Dabei ist uns die Natur selbst (ἡ φύσις) die beste Lehrerin (vgl. 1 Kor 11,14), hat sie doch die wichtigsten Körperteile wie Hand, Füße und Augen immer zweifach geschaffen, als Geschwister, ja als

---

Ders. (Hrsg.), Plutarch's Ethical Writings and Early Christian Literature (SCHNT 4), Leiden 1978, 231-263; E. TEXEIRA, A propos du *De amore prolis* et du *De fraterno amore:* la famille vue par Plutarque, in: Annales de la Faculté des Lettres et Sciences Humaines de Dakar 12 (1982) 25-41.

10 Eine Gliederung nach rhetorischen Gesichtspunkten, die hier nicht wiederholt zu werden braucht, findet sich bei H.D. BETZ, Frat Am (s. Anm. 9) 234-236.

11 Auf sie kommt Plutarch zurück in 483C; 484E; 486B.

12 Eine Abbildung bei M.P. NILSSON, Geschichte der griechischen Religion. Bd. 1 (HAW V/2,1), München [3]1967, Tafel 29, Nr. 4 (auch in Nr. 3 oben rechts).

13 Zu ihnen vgl. K. ZIEGLER, Plutarchos (s. Anm. 9) 691.

Zwillingspaar (ἀδελφὰ καὶ δίδυμα). Zwietracht unter Brüdern läßt sich deshalb mit der Krankheit im Körper vergleichen (vgl. 1 Kor 12,12-27). Das positive Gegenbild entwirft Plutarch mit Hilfe einer Metaphorik, die in 4 Makk wiederbegegnet. Der Natur gemäß wäre ein Familienleben in Übereinstimmung (συμφωνία, vgl. 4 Makk 14,3) und Eintracht (ὁμόνοια, vgl. 4 Makk 13,25). Dann werden auch Freunde und Bekannte sich hüten, Dissonanzen zu erzeugen. Alles geht zu wie bei einem wohlklingenden Chor (ὡς ἐμμελὴς χορός, vgl. 4 Makk 13,8 u.ö.).

Kap. 3 (479B-D): Die von Natur vorgegebene Verwandtschaft von leiblichen Brüdern erfährt eine Aufwertung im Vergleich zur frei gewählten Freundschaft. Plutarch bezeichnet die meisten Freundschaften "als Schatten und Nachahmungen und Bilder jener ersten Freundschaft, welche die Natur den Kindern gegenüber ihren Eltern und Brüdern gegenüber ihren Brüdern eingegeben hat" (479C/D). Aufschlußreich ist, daß Plutarch im Vorbeigehen den Fall erwähnt, daß jemand einen Gefährten in Grüßen und Briefen als "Bruder" anredet, aufschlußreich deshalb, weil wir in der Briefliteratur des NT die Anrede "Brüder" auf Schritt und Tritt antreffen[14]. Für Plutarch wäre es unsinnig, den Brudernamen auf andere zu übertragen, solange man den leiblichen Bruder meidet und haßt, wie es auch unsinnig wäre, das Bild des Bruders zu verehren und seinen Leib mit Schlägen zu traktieren, wobei das Bild zugleich für den Freund steht und der Leib für den Bruder selbst.

Kap. 4 (479E-480A): An einem Einzelbeispiel zeigt Plutarch auf, daß sich Feindschaft unter Brüdern nicht mit dem Anspruch, Philosoph zu sein, verträgt. Er geht dann auf das universale, in Natur und Recht (νόμος) verankerte Gebot der Elternliebe ein. Was aber könnte Eltern "größere Freude machen als unverrückbare Zuneigung und Freundschaft dem Bruder gegenüber" (480A; vgl. 1 Joh 5,1)?

Kap. 5 (480A-D): Auch das Gegenteil trifft zu: Eltern sind nie tiefer betrübt, als wenn sie sehen müssen, wie ihre Söhne in bitteren Streit miteinander geraten. In einem hübschen Wortspiel führt Plutarch aus, daß Väter vor allen Dingen kinderliebend sind (φιλότεκνος), nicht Rede, Ehre und Reichtum liebend (φιλόλογος, φιλότιμος, φιλοχρήματος). Der Erfolg seiner Söhne auf den Gebieten der Beredsamkeit, der Ämterlaufbahn und des Geschäftslebens interessiert einen Vater weniger, als daß sie "einander lieben" (φιλοῦντας ἀλλήλους in 480C; vgl. Joh 13,34 u.ö., allerdings mit ἀγαπᾶν). Nach zwei historischen Exempla endet dieser Paragraph mit einer Umkehrung der Hauptaussage von Kap. 4: Wer seinen Bruder haßt, wird zu guter Letzt auch Vorwürfe gegen Vater und Mutter erheben.

---

[14] Vgl. nur im Galaterbrief 1,11; 3,15; 4,12.28.31; 5,11.13; 6,1.18.

Kap. 6 (480D-481B): Die Reihe der Exempla aus Geschichte und Literatur wird fortgesetzt. Wir heben nur zwei Kernsätze zum Thema heraus: "Tüchtige und fromme Kinder werden nicht nur einander umso mehr lieben um ihrer Eltern willen, sondern werden auch ihre Eltern umso mehr lieben um der anderen (Geschwister) willen" (480E); "was also die Eltern angeht, ist die Bruderliebe von der Art, daß einen Bruder zu lieben zugleich auch einen Beweis abgibt für die Liebe zu Mutter und Vater" (480F; vgl. 1 Joh 4,20-21 und die eigentümliche Inversion in 1 Joh 5,2).

Kap. 7 (481B-E): Als Zwischenresultat hält Plutarch die Forderung fest, jede Spur von Bruderhaß (μισαδελφία) zu meiden. Zur Verstärkung weist er auf die verderblichen Folgen des Hasses hin, der geradezu personifiziert als Verleumder und Ankläger (481B: διάβολος[15] καὶ κατήγορος) gegen die feindlichen Brüder auftritt. Eine zerbrochene Freundschaft zu kitten mag noch angehen, zerbrochene Bruderbande scheinen kaum mehr reparabel. Feindschaft von Mensch zu Mensch weckt böse Emotionen. Feindschaft zwischen Brüdern, die Opferkult, Familienrituale und gemeinsame Grabstätten miteinander teilen müssen, oft in Nachbarschaft wohnen, bedeutet eine noch schwerere Last.

Kap. 8 (481E-482C): Im Diatribenstil wird die Frage aufgeworfen, was zu tun ist, wenn man einen schlimmen Bruder hat. Plutarch antwortet: ihn zunächst einmal ertragen, denn das wurde uns von der Natur als Aufgabe zugedacht. Daneben gibt Plutarch zu bedenken, daß wir bei Zufallsbekanntschaften oft Eigenschaften bereitwillig hinnehmen, die viel schlimmer sind als die, welche wir unseren leiblichen Brüdern ankreiden.

Kap. 9 (482D-483A): Ein klassischer Fall, den andere Autoren vorab behandeln, sind Erbstreitigkeiten. Plutarch, der hier einen Blick auf seine Quellen bzw. auf die Traditionsgeschichte seines Themas freigibt, stellt das aber noch zurück, um das Anliegen von Kap. 8 weiter auszuführen. Er warnt davor, um des eigenen Vorteils willen den Bruder bei den Eltern anzuschwärzen, so daß sie ihm ihre Zuneigung entziehen. Ganz im Gegenteil, man soll sich bei einem Konflikt zwischen Vater und Bruder um Versöhnung[16] bemühen und sich dabei notfalls auch eine gewisse Leichtgläu-

---

15 Vgl. den verleumderischen Sklaven (οἰκέτης διάβολος) in 479A, die Verleumdungen von Seiten von Gefährten (διαβολὰς ἑταίρων) in 483C, und die zynischen, verleumderischen Menschen (ἀνθρώπους κυνικοὺς καὶ διαβόλους) in 490E.

16 διαλλάσσοντι 483A. Vgl. in 482E die vier Komposita mit συν- (συνεκδέχεσθαι, συνυποδύεσθαι, συνεργεῖν, συνεισποιεῖν); ähnlich 483B; auch 483C (συνδακρύειν, συνάχεσθαι); 484D/E; 490F (10 Belege auf engstem Raum); vorher schon 481B/C (9 Belege) u.ö.; alle Formen mit συν- in dem Traktat einmal zusammenzustellen und auszuwerten, wäre eine reizvolle und lohnende Aufgabe.

bigkeit von Vätern durch sprachliche Schönfärberei zunutze machen, indem
man die Trägheit des Bruders Einfachheit nennt, seine Dummheit Gutmü-
tigkeit und seinen Trotz edlen Stolz.

Kap. 10 (483A-C): Falls der Bruder wirklich eine Verfehlung (ἁμάρ-
τημα) begangen hat (vgl. 1 Joh 5,16), soll sich an die Verteidigung nach
außen hin eine *correctio fraterna* anschließen, eine Zurechtweisung des ir-
renden Bruders in allem Freimut (παρρησία). Wenn der Bruder aber zu
Unrecht beschuldigt wurde, muß man ihn auf alle Fälle mit gleichem Freimut in Schutz nehmen und den Eltern notfalls widersprechen, auch auf die
Gefahr hin, sich ihren Zorn zuzuziehen.

Kap. 11 (483C-484B): Nun kommt doch das Problem der Erbteilung
nach des Vaters Tod zum Zuge. Das ist, wie die Erfahrung immer wieder
lehrt, eine besonders schwierige Situation, und Plutarch gibt sich damit
auch besondere Mühe. Eine Übervorteilung des Bruders bringt zwar mate-
riellen Gewinn und verschafft das momentane Gefühl der Überlegenheit,
zahlt sich aber auf lange Sicht hin nicht aus. Besser noch als gerechte Verteilung wäre, so gibt Plutarch unter der Hand zu verstehen, die Praxis der
Gütergemeinschaft, die zumindest als Leitbild beim Teilen vorschweben
sollte: Die Erben sollen sich vorstellen, "daß sie nur die Sorge um die Güter
und ihre Verwaltung verteilen, den Gebrauch und das Besitzrecht aber gemeinsam (κοινήν) und ungeteilt behalten" (483D). Damit hat Plutarch nun
eindeutig ein führendes Ideal aus der Freundschaftsethik auf die Bruderliebe übertragen[17].

Kap. 12 (484B-F): Freundschaft setzt nach antiker Überzeugung
Gleichheit voraus: ἰσότης φιλότης, Gleichheit bedeutet Freundschaft
(Aristoteles, Eth Nic 1168B), was sich vor allem, aber nicht nur im gemeinsamen Besitz der Güter zeigt: κοινὰ τὰ φίλων, Freundesgut gemeinsam Gut (Eth Nic 1159B). Plutarch bleibt in diesem Vorstellungsbereich,
wenn er Platons Ratschlag zitiert, zwischen "mein" und "nicht mein" keinen
Unterschied zu machen (Platon, Resp 462C), und die folgenden Abschnitte
zu einer kleinen Abhandlung über die Gleichheit (ἰσότης[18]) und ihr Gegenteil ausbaut. Natur und Schicksal (φύσις und τύχη) teilen Brüdern die Gaben in ungleicher Weise zu. Das verpflichtet dazu, sich um die Herstellung

---

[17] Vgl. H.J. KLAUCK, Gütergemeinschaft in der klassischen Antike, in Qumran und im
      Neuen Testament, in: Ders., Gemeinde – Amt – Sakrament. Neutestamentliche Per-
      spektiven, Würzburg 1989, 69-100 (mit Lit.).
[18] Vgl. 2 Kor 8,13-14; dazu H.D. BETZ, 2 Corinthians 8 and 9: A Commentary on Two
      Administrative Letters of the Apostle Paul (Hermeneia), Philadelphia 1985, 67-69;
      dort auch die wichtigsten Quellenbelege und Literaturverweise; ferner A.J. MAL-
      HERBE, Exhortation (s. Anm. 1) 154-157.

von Gleichheit unter Brüdern zu bemühen. In erster Linie ist damit derjenige angesprochen, der in bestimmter Hinsicht über eine überlegene Position verfügt. Von den Exempla verdient das letzte besondere Aufmerksamkeit: Platon hat seine Brüder in seine berühmtesten Dialoge als Gesprächspartner eingeführt und ihnen so Unsterblichkeit gesichert. Ähnlich, so soll man mithören, geht Plutarch mit seinen Brüdern um, mit Lamprias vor allen Dingen, dem Wortführer in wichtigen Schriften (Def Or und Fac Orb Lun z.B.), und in unserem Traktat mit Timon (vgl. 487E).

Kap. 13 (484F-485C): Von zwei Brüdern ist nie der eine vollkommen perfekt – hier bringt Plutarch einen geschickten Seitenhieb auf das stoische Ideal des vollkommenen Weisen an –, der andere vollkommen mißraten. Immer findet sich Gutes und Schlechtes gemischt (vgl. 481F). Daraus wird zunächst noch einmal die Aufgabe des überlegenen Bruders begründet.

Kap. 14 (485C-E): Der jüngere Bruder wird daran erinnert, daß sich Tausende und Abertausende von anderen Menschen in einer glücklicheren Lage befinden als er selbst. Will er sie alle ständig beneiden? Wenn nicht, warum dann ausgerechnet seinen Bruder? Plutarch schließt diesen Paragraphen mit der Bemerkung, daß man grundsätzlich niemand beneiden solle, daß man aber, wenn es gar nicht anders geht, seine Neidgefühle besser nach außen richte auf die anderen, auf die Fremden, um das Binnenverhältnis zum Bruder von solchen Aggressionen zu entlasten. Hier markiert die Bruderliebe im Extremfall zugleich die Grenzen einer Liebe, die Außenstehende nicht mehr erfaßt[19].

Kap. 15 (485E-486D): Brüder sollen sich, um Konkurrenzsituationen von vornherein zu vermeiden, unterschiedliche Tätigkeitsfelder aussuchen, was mit einer Reihe von Beispielen erläutert wird. Interessant ist im Blick auf 4 Makk, daß die Syrerkönige Antiochos und Seleukos und zwei spätere Vertreter ihrer Dynastie (nämlich Antiochos VIII. Grypos und Antiochos IX. Kyzikenos) als abschreckende Beispiele erwähnt werden (486A).

Kap. 16 (486D-487E): Zu den naturgegebenen Faktoren der Ungleichheit zählt vor allem der Altersunterschied, der beim älteren Bruder Herrschsucht und beim jüngeren Bruder Widerspenstigkeit erzeugen kann. Auch dafür hält Plutarch Rezepte bereit. Er läßt dieses Kapitel sehr effektvoll ausklingen, indem er sich direkt an seine Adressaten, das mit ihm befreundete Brüderpaar Nigrinus und Quietus, wendet. Sie wissen doch, daß für

---

[19] Diese Gefahr sehen manche Erklärer auch im Umgang mit dem Gebot der Bruderliebe im joh Schrifttum gegeben, vgl. H.J. KLAUCK, Brudermord (s. Anm. 5) 151-152.166-169.

ihn die ungebrochene Zuneigung seines Bruders Timon alle anderen Gunsterweise des Schicksals in den Schatten stellt.

Kap. 17 (487E-488C): Wieder anders sieht die Lage für ungefähr gleichaltrige Brüder aus. Die Erwähnung von feindlichen griechischen Brüdern, die infolge ihres Streites ihr Hab und Gut an den Gewaltherrscher (τύραννος in 488A) verloren haben, erlaubt vielleicht eine Datierung der Schrift in die Zeit nach Domitian, weil dieser Kaiser am ehesten der besagte τύραννος sein könnte[20]. In 488B/C kommt Plutarch auf die Pythagoräer zu sprechen, die nicht von Geburt aus verwandt sind, aber eine gemeinsame Lehre miteinander teilen und deshalb "die Sonne nicht untergehen lassen über ihrem Zorn"[21]. Sie sind, so können wir Plutarchs Gedankengang ergänzen, trotz fehlender biologischer Grundlage ein echter Bruderbund. Wiederum zeigt sich ein Ansatz für die Übertragung der Bruderliebe auf Lebensgemeinschaften anderer Art.

Kap. 18 (488C-490A): In einer längeren Reihe von historischen Exempla kommen erneut zwei Syrerkönige vor, die einen Bruderkrieg führten, Antiochos Hierax (der jüngere Bruder) und Seleukos II. Kallinikos (der ältere Bruder), die möglicherweise auch schon in Kap. 15 (s.o.) gemeint waren[22].

Kap. 19 (490A-E): Plutarch formuliert als allgemeine Regel, die besonders bei aufkommenden Meinungsverschiedenheiten gilt: mit den Freunden des Bruders solle man Umgang pflegen und seine Feinde meiden. Dem zerstörerischen Wirken von Feinden in der Maske von falschen Freunden ist Kap. 19 im weiteren Verlauf gewidmet.

Kap. 20 (490E-491C): Schon Theophrast hat nach Plutarch ein Grundaxiom der Freundschaftsethik, κοινὰ τὰ φίλων, Freundesgut gemeinsam Gut, so ausgelegt: δεῖ κοινοὺς τῶν φίλων εἶναι τοὺς φίλους. "Freunde müssen auch ihre Freunde gemeinsam haben" (490E). Plutarch wendet diese Exegese in einem weiteren Schritt auf Brüder an. Wenig vermag ihre Eintracht so sehr zu fördern wie die völlige Übereinstimmung in der Wahl ihrer Freunde. Hier zeigt sich erneut überdeutlich, daß bei Plutarch an sich die Konzeptionen aus der Freundschaftsethik führend sind, daß sie von dort auf die Bruderliebe übertragen werden und daß eben deshalb auch eine erneute übertragene Verwendung des Begriffs "Bruderliebe", etwa für die ge-

---

[20] Vgl. K. ZIEGLER, Plutarchos (s. Anm. 9) 800. Auf ca. 115 n.Chr. datieren Frat Am J. DUMORTIER / J. DEFRADAS, Plutarque (s. Anm. 8) 137.

[21] Vgl. Eph 4,26; dazu H.D. BETZ, Frat Am (s. Anm. 9) 257 mit Anm. 184.

[22] Zum Anklang von 489C in diesem Kap. an die letzte Vaterunserbitte vgl. nur H.D. BETZ, ebd. 258.

genseitigen Beziehungen im pythagoreischen Freundesbund, nicht sonderlich schwer fallen kann (vgl. die Selbstbezeichnung der johanneischen Christen als φίλοι, "Freunde", in 3 Joh 15; dazu auch Joh 15,13-15, beides vor dem Hintergrund des hohen Stellenwertes des Gebotes der Bruderliebe, metaphorisch verstanden, in der johanneischen Tradition).

Kap. 21 (491D-492D): Das Schlußkapitel bezieht die ganze Familie des Bruders in die Mahnung zur Bruderliebe mit ein. Einzeln erwähnt werden Schwiegereltern und Schwäger mit ihrem Anhang und Haus, die Schwägerin und dann vor allen Dingen die Neffen. Daß Plutarch die letzten Zeilen für ein *römisches* Fest der Schwesternliebe reserviert[23], dürfte als Freundschaftsbeweis für die Widmungsträger, das *römische* Brüderpaar, gedacht sein.

II. Die Bruderliebe im vierten Makkabäerbuch

1. Zum Kontext

4 Makk besteht aus zwei großen Teilen, die von einem Exordium (1,1-12)[24] und einer Peroratio (17,7 - 18,24) gerahmt werden. Der erste Hauptteil (1,13 - 3,18) enthält eine sehr theoretisch klingende Abhandlung über die These, "daß die fromme Urteilskraft souveräne Herrscherin ist über die Leidenschaften" (1,1). Hier ist für unser Thema bereits bedenkenswert die Relativierung der Liebe zu Eltern, Ehegattin, Kindern[25] und *Freunden*: Auch um ihretwillen darf das Gesetz keinesfalls übertreten werden (1,10-13). Die Bruderliebe fehlt zwar in dieser Reihe, ist aber thematisch mit der Freundesliebe verwandt. Der zweite, sehr viel längere Hauptteil (3,19 - 17,6) erzählt im Anschluß an 2 Makk 6-7 nach einer Überleitung, die der Skizzierung der historischen Situation dient, der Reihe nach das Martyrium des Eleazar (5,1 - 7,23), das Martyrium der sieben Brüder (8,1 - 14,10)

---

23 Nähere Informationen dazu bei G. Wissowa, Religion und Kultus der Römer (HAW I/5), München 1912, Repr. 1971, 110-111.

24 Dazu H.J. Klauck, Hellenistische Rhetorik im Diasporajudentum: Das Exordium des vierten Makkabäerbuchs (4 Makk 1,1-12), in: NTS 35 (1989) 451-465 (s.u. als Nr. 5); zu Einleitungsfragen allgemein Ders., 4. Makkabäerbuch (JSHRZ III/6), Gütersloh 1989, mit ausführlicher Bibliographie der Ausgaben und der Sekundärliteratur.

25 Diesen Fall illustriert 4 Makk 14,11 - 15,12 am Beispiel der Mutter der sieben makkabäischen Märtyrer, die sich auch durch die übergroße Liebe zu ihren Söhnen nicht dazu verleiten läßt, sie vom Leiden für das Gesetz abzuhalten. Hier wäre bis in Einzelheiten des Bildgebrauchs hinein Plutarchs Schrift *De amore prolis* (Moralia 493A-497E) zu vergleichen, s. E. Texeira, Familie (s. Anm. 9).

und das "Martyrium" der Mutter (14,11 - 17,6), das darin besteht, beim
Martertod ihrer Söhne zuschauen zu müssen. Vor allem die ersten beiden
Martyriumsberichte sind parallel aufgebaut, in je drei Teilen. Am Anfang
steht ein Rededuell zwischen dem Tyrannen und seinen Opfern, das Zentrum nehmen die letzten Worte und das Sterben der Märtyrer ein, den Abschluß bildet eine philosophische Reflexion und eine rhetorisch sehr kunstvoll gestaltete, höchst pathetisch wirkende Lobrede. In diesem Schlußstück
mit philosophischer Reflexion und Lobrede (13,1 - 14,10) findet sich der
Abschnitt über die Bruderliebe. Dazu zunächst eine Übersetzung des Textes mit erläuternden Anmerkungen.

2. *4 Makk 13,19 – 14,1*[26]

13,19 Ihr[27] kennt doch die verzaubernde Macht der Bruderliebe[28]. Die göttliche und
allweise Vorsehung teilt sie ja den Nachkommen durch die Väter zu und pflanzt sie
schon im Mutterleib ein[29]. 20 In ihm verbringen Brüder die gleiche Zeit und werden
in eben diesem Zeitraum geformt. Aus demselben Blut[30] beziehen sie die Kräfte

---

[26] Eigene Übersetzung auf der Basis des Textes bei A. RAHLFS, Septuaginta Id est Vetus
Testamentum graece iuxta LXX interpretes. Bd. 1, Stuttgart 1935, 1176. Andere
Textausgaben und Übersetzungen wurden verglichen: BRENTON (1851); BEKKER
(1856); FRITZSCHE (1871); SWETE (1894); BENSLY (1895); DEISSMANN (1900); CLE-
MENTZ (1901); TOWNSHEND (1913); EMMET (1918); RIESSLER (1928); DÖRRIE (1938);
DUPONT-SOMMER (1939); HADAS (1953); SCHUR (1956); HARTOM (1967); HYLDAHL
(1972); LÓPEZ SALVÁ (1982); ANDERSON (1985). Als verwunderlich empfinde ich, daß
in zwei neueren Sammelwerken ausgerechnet 4 Makk fehlt, nämlich bei H.D.F.
SPARKS (Hrsg.), The Apocryphal Old Testament, Oxford 1984, und bei A. DUPONT-
SOMMER / M. PHILONENKO (Hrsg.), La Bible: Ecrits intertestamentaires (Bibliothèque
de la Pléiade 337), Paris 1987. Zur stilistischen Analyse unseres Abschnitts vgl. U.
BREITENSTEIN, Beobachtungen zu Sprache, Stil und Gedankengut des Vierten Makkabäerbuchs, Diss. phil., Basel ²1978, 114-116.

[27] Angeredet werden die Leser der Schrift.

[28] Übersetzung von τὰ τῆς ἀδελφότητος φίλτρα (die Wortverbindung kehrt in V. 27
wieder); φίλτρον (auch in 15,13) meint zunächst ein Mittel, um Liebe zu erwecken,
den Liebestrank oder Zaubertrank, dann die Verlockung durch Reizmittel, schließlich
die Zuneigung, die Gunst; vgl. A. DUPONT-SOMMER, Le Quatrième Livre des Machabées. Introduction, traduction et notes (BEHE.H 274), Paris 1939, 135.

[29] Vgl. zu der Argumentation von V. 19-21 bes. Xenophon, Cyrop VIII 7,14: "Die aus
demselben Samen entstanden sind, von derselben Mutter genährt wurden, im selben
Haus aufwuchsen, von denselben Eltern geliebt..., wie sollten die sich nicht untereinander ganz besonders nahestehen?" Darauf verweist nach Dupont-Sommer auch M.
HADAS, The Third and Fourth Books of Maccabees (JAL [3]), New York 1953, Repr.
1976, 213.

[30] Vgl. Weish 7,2.

ihres Wachstums, dieselbe Lebenskraft[31] läßt sie zur Vollendung heranreifen. 21 Nach einer identischen Zeitspanne werden sie zur Welt gebracht. Sie trinken Milch[32] aus denselben Quellen, wodurch schon im Säuglingsalter[33] bruderliebende (φιλάδελφοι) Seelen herangezogen werden[34]. 22 Sie gedeihen prächtig aufgrund der gemeinsamen Erziehung und des täglichen Umgangs[35] und der übrigen Ausbildung, insbesondere der bei uns praktizierten Einübung in das Gesetz Gottes. 23 Die Bruderliebe (φιλαδελφία) stellt somit ein starkes Band des Mitfühlens her, und das gilt, wenn irgendwo, erst recht für unsere sieben Brüder. 24 Im selben Gesetz erzogen, in dieselben Tugenden eingeübt und miteinander für ein Leben in Gerechtigkeit bestimmt, liebten sie sich umso mehr. 25 Ihr gemeinsamer Eifer für die sittliche Vortrefflichkeit verstärkte ihre Wohlgeneigtheit[36] zueinander und ihre Eintracht[37]. 26 Zugleich mit ihrer Frömmigkeit gestalteten sie[38] auch ihre Bruderliebe (φιλαδελφία) immer inniger. 27 Aber obwohl bei ihnen durch Natur, Gemeinschaft und tugendhaften Charakter die zauberhafte Macht der Bruderliebe noch gesteigert wurde, hielten es die Übriggebliebenen um der Frömmigkeit willen aus, mitansehen zu müssen, wie ihre Brüder gepeinigt und zu Tode gefoltert wurden. 14,1 Ja mehr noch, sie trieben sie geradezu in die Qual. Sie verachteten also nicht nur die Schmerzen, sondern beherrschten auch die Aufwallungen der Bruderliebe (τῶν τῆς φιλαδελφίας παθῶν[39]).

---

31 ψυχή im Griechischen; darunter ist hier "die Seele oder das Lebensprincip der Mutter zu verstehen", so C.L.W. GRIMM, Kurzgefasstes exegetisches Handbuch zu den Apokryphen des Alten Testamentes. 4. Lieferung: Das vierte Buch der Maccabeer, Leipzig 1857, 348.

32 γαλακτοποτοῦντες mit RAHLFS und der Mehrzahl der Textzeugen; als Varianten dazu γαλακτοτροφοῦντες (S*), γαλακτοποτισθέντες (V), γαλακτοτροφηθέντες.

33 ἐναγκάλισμα (so Rahlfs) ist das, was auf dem Arm getragen wird, das Kleinkind; Verbesserungen zu ἐν ἀγκάλαις μαστῶν (GRIMM, a.a.O. 348; belegt in der Minuskel 62, nach Information von R. Hanhart, s.u. Anm. 36) oder μητέρων (so J. FREUDENTHAL, Die Flavius Josephus beigelegte Schrift Ueber die Herrschaft der Vernunft [IV Makkabäerbuch], eine Predigt aus dem ersten nachchristlichen Jahrhundert, Breslau 1869, 171; aber eine Konjektur) erübrigen sich.

34 Zur einer anderen Übersetzung gelangt A. DEISSMANN, Das vierte Makkabäerbuch, in: APAT II, 149-177, hier 168, weil er συνστρέφονται statt συντρέφονται liest.

35 συντροφία und συνήθεια (auch in V. 27) nebeneinander auch bei Plutarch, Frat Am 7 (481B).

36 εὔνοια bei Plutarch, Frat Am, in 478F; 479D; 480E; 481C; 482B/E; 483C; 487E/F; 491A/B/E. Allerdings fehlt εὔνοιαν καί in A und anderen Textzeugen. Die Auslassung ist nicht leicht zu beurteilen; evtl. stellt sie doch erst das Ergebnis einer späteren Rezension dar, so R. Hanhart in einem Brief vom 19.7.1988 (für wertvolle textkritische Hinweise bin ich R. Hanhart zu großem Dank verpflichtet).

37 ὁμόνοια bei Plutarch in 479A; 483D; 490E/F. Schon am Schluß von V. 23 liest A nicht einfach πρὸς ἀλλήλους, sondern τὴν πρὸς ἀλλήλους ὁμόνοιαν, was aber als sekundäre Angleichung an V. 25 zu betrachten ist.

38 A. DEISSMANN, 4 Makk (s. Anm. 34) 168, führt ὁ λογισμός ("die Urteilskraft", ein Leitwort der ganzen Schrift) als Subjekt ein, mit Anhalt nur in V 577.

39 Nach dem Text bei RAHLFS; die Varianten diskutiert A. DUPONT-SOMMER, 4 Macc (s. Anm. 28) 136.

3. Zur Erklärung

Unmittelbar vorauf geht unserem Text mit 13,6-18 ein Abschnitt, der
sehr schön schildert, wie der Chor der sieben Brüder (dieses Bild schon in
8,4) auf offener Szene in Aktion tritt. Zunächst gemeinsam unisono, dann
solistisch aufgesplittert in einzelne Stimmen und schließlich wieder in
einem chorischen Refrain muntern sie sich gegenseitig auf, tapfer in den sicheren Tod zu gehen. An der Stelle setzen die Ausführungen über die Bruderliebe ein, die anfangs den Eindruck einer Abschweifung erwecken, aber,
wie sich zeigt, eng in den Gesamtduktus verwoben sind. Vorweg seien die
verhältnismäßig zahlreichen Komposita mit συν- zusammengestellt, die
das Moment des Gemeinsamen im Verhältnis der Brüder untereinander
sprachlich zum Ausdruck bringen[40]:

V. 21: συν-τρέφονται
V. 22: συν-τροφία
        συν-ηθεία
V. 23: συμ-παθοῦς
        συμ-παθέστερον
V. 24: συν-τραφέντες
V. 27: συν-ηθεία
        συν-αυξόντων

13,19-22: Der Autor gibt selbst zu verstehen, daß er mit dem Stichwort
"Bruderliebe" einen bekannten Topos aufgreift, bekannt gewiß auch aus der
eigenen Erfahrungswelt seiner Leser, bekannt aber nicht minder als festes
Thema der moralphilosophischen Diskussion und der Mahnrede[41]. Entsprechend unbefangen verarbeitet er zunächst das Material und das Vokabular
der einschlägigen hellenistischen Traktate. Zwar wird als oberstes Prinzip
die göttliche Vorsehung wie ein Vorzeichen vor die Klammer gesetzt, aber
dann folgen physiologische Daten, die sich im Rahmen antiker Naturkennt-
nis bewegen: Zeugung, Heranwachsen im Mutterschoß, Geburt, Gestillt-
werden mit Muttermilch. Das Gemeinsame dieses Weges, den alle Brüder,
wenn auch zeitversetzt, gehen, schafft die besten konstitutionellen Vorbe-
dingungen für die Gesinnung der Bruderliebe. Zu ihrem Zustandekommen
tragen aber auch soziale Faktoren ganz wesentlich bei. Darauf geht V. 22
ein, wo die gemeinschaftliche Erziehung und Bildung (παιδεία) von Brü-

---

[40] Zum entsprechenden Phänomen bei Plutarch, Frat Am, s.o. Anm. 16.
[41] Vgl. M. HADAS, 4 Macc (s. Anm. 29) 212: "commonplaces of the rhetorical schools,
but presented by our author with uncommon virtuosity".

dern hervorgehoben wird. Das alles bleibt wohlgemerkt noch ganz allgemein, es gilt generell und nicht etwa nur für die sieben Brüder aus dem Martyriumsbericht. Wohl wird das Vorstehende durch den Schluß von V. 22 in eine spezifisch jüdische Perspektive gerückt: Die Einübung in das göttliche Gesetz, wie sie das Judentum von Kind auf pflegt, verleiht der Erziehung von Brüdern eine ganz besondere Note, weil das Gesetz in ganz anderer Weise eine Ethik des Alltags und der sozialen Beziehungen zu fundieren vermag. Damit gewinnt der erste Durchgang vom Ende her einen unverkennbaren apologetischen Akzent. Es wird nicht nur nachgewiesen, daß selbstverständlich auch das Judentum den in der Umwelt aller Orten akzeptierten Wert der Bruderliebe kennt. Darüber hinaus wird festgehalten, daß die Bruderliebe im Judentum durch die Bindung an das Gesetz sogar noch eine qualitative Steigerung erfährt und vorbildlicher als andernorts praktiziert wird.

13,23-26: Mit οὕτως überträgt V. 23 die allgemeine Regel, die sich aus den Erfahrungswerten von V. 19-22 ziehen läßt[42], auf den Sonderfall der sieben Brüder. Sie stellen ein unübertreffliches Musterbeispiel realisierter Bruderliebe dar. V. 24 greift die Stichworte der Erziehung und der Einübung in das Gesetz aus V. 22 wieder auf und leitet daraus eine Intensivierung der Bruderliebe in bezug auf die sieben Brüder ab. V. 26 spricht in analoger Weise von einem proportional gleichen Anwachsen der Frömmigkeit (εὐσέβεια) und der Bruderliebe. Dazwischen wird in V. 25 das ethische Leitbild, um das die Brüder ringen, mit dem hellenistischen Terminus der "sittlichen Vortrefflichkeit" (καλοκαγαθία)[43] umschrieben. Das Ergebnis ihres Mühens bezeichnet V. 25 als "Wohlgeneigtheit" (εὔνοια) und "Eintracht" (ὁμόνοια), zwei Termini, die des öfteren bei Plutarch begegneten (s. Anm. 36f). Hier sei noch festgehalten, daß auch der Zustand des jüdischen Volkes vor dem Ausbruch der makkabäischen Wirren ähnlich charakterisiert werden kann: "Da beschworen einige, indem sie sich gegen die *allgemeine Eintracht* (ὁμόνοια) auflehnten, vielfältiges Unglück herauf"[44].

13,27-14,1: Bisher konnte man den Eindruck gewinnen, als gehe es dem Verfasser darum, die sieben Brüder zum Beispiel vollendeter Bruderliebe emporzustilisieren, um damit die Überlegenheit des hellenistischen Diasporajudentums im Vergleich zu den ethischen Standards seiner nichtjüdischen

---

[42] Vgl. U. BREITENSTEIN, Beobachtungen (s. Anm. 26) 115: "Inhaltlich ist das Ganze ein Gleichnis".

[43] Ebenso 4 Makk 1,10; 3,18; 11,22; 15,9.

[44] 4 Makk 3,21; εὔνοια in 4,24 als v.l.

Umwelt zu demonstrieren, wohl mehr nach innen, gegenüber den eigenen Glaubensgenossen, als nach außen hin. V. 27 unterstreicht das sogar eingangs noch einmal: "Die zauberhafte Macht der Bruderliebe", von derem hohen Bekanntheitsgrad V. 19 ausging, wurde bei den sieben Brüdern noch gesteigert durch Natur (vgl. V. 19-21), gemeinschaftlichen Umgang (vgl. V. 22) und Tugend (vgl. V. 24-25). Doch gibt schon die adversative Einleitung mit "aber obwohl" ein Signal dafür, daß die eigentliche Absicht des Autors anders zu bestimmen ist. In den folgenden Zeilen tritt sie dann deutlicher zutage: Selbst diese äußerst intensive Bruderliebe war nicht stark genug, um die Gesetzestreue zu bezwingen. Um ihrer Bruderliebe willen hätten die sieben Brüder durch Verzehren von Götzenopferfleisch ihr Leben füreinander retten müssen. Stattdessen haben sie nicht nur standhaft dem Martyrium der anderen zugesehen (V. 27), sondern sich sogar gegenseitig in den Tod getrieben (14,1). Sie haben die körperlichen Schmerzen und die Leidenschaften (πάθη) der Bruderliebe überwunden.

Damit hat der Verfasser einen Beweis dafür geführt, daß die von der Frömmigkeit inspirierte Urteilskraft alle Leidenschaften besiegt (1,1) und daß sie die körperlichen Schmerzen ebenso niederringt wie das Diktat der Leidenschaften (3,18). Die Bruderliebe hier urplötzlich zu den Leidenschaften (πάθη) gerechnet zu sehen, mag überraschen, aber das ist ein sprachlicher Kunstgriff, mit dem der Autor arbeitet. Er gebraucht πάθη in einem sehr weiten Sinn, der Triebe ebenso einschließt wie Unzulänglichkeiten des Denkens (1,6), körperliche Leiden und positiv besetzte Gefühlsregungen. Nur eine Gleichsetzung der unterschiedlichsten Formen von πάθη ermöglicht ihm, seiner Argumentation den Anschein von Geschlossenheit zu verleihen.

Die rhetorisch kunstvoll hergestellte Überbietung allgemeiner Bruderliebe durch die jüdische Bruderliebe dient also einem anderen als dem – bei isolierter Betrachtung der Perikope – zunächst vermuteten Zweck. Die besondere Zielsetzung, die vom Schluß her erkennbar wird, hat es auch verhindert, daß die Bruderliebe über das Gesagte hinaus zu einem eigenständigen Thema wurde. Ansatzpunkte für eine übertragene Verwendung des Begriffs lassen sich in der Perikope selbst nicht ausmachen, sie ergeben sich aber aus dem Makrotext. Die ganze Erzählung weist symbolhaltige Obertöne auf, die eine typologische oder allegorische Lektüre ermöglichen. Nicht umsonst trägt der Protagonist, der greise Priester Eleazar, einen sprechenden Namen ("Gott hilft"). Die Namenlosigkeit der übrigen Akteure erhöht ihre repräsentative Funktion als Identifikationsgrößen. Der Symbolgehalt der Siebenzahl ist zu bekannt, als daß er noch weiterer Worte bedürfte.

Die Mutter, die ihre Kinder verloren hat, wird transparent für das Volk Israel, als personifizierte Größe gedacht, das um seine Kinder trauert (vgl. Jer 15,9). Die durch Bruderliebe hergestellte Eintracht (V. 25) wäre zugleich, wie oben gezeigt, der Idealzustand für das ganze jüdische Volk (3,21). Die Bruderliebe läßt sich auf dieser Ebene über den Kreis der sieben leiblichen Brüder der Erzählung hinaus ausweiten. Alle Kinder Israels sollen sie untereinander üben, allerdings nicht als frei schwebendes sittliches Ideal, sondern auf der Basis und im Rahmen der Tora.

4. Zur Datierung

Plutarchs Traktat *De fraterno amore* ist wohl nach 96 n.Chr. entstanden (s.o.). Für 4 Makk konkurrieren in der Forschung ein Frühansatz in die Zeit Caligulas (ca. 35 n.Chr., mit 15 Jahren Spielraum nach beiden Seiten)[45] und Spätansätze auf etwa 100 n.Chr.[46] bzw. 117/118 n.Chr.[47] Von einer einzelnen Perikope aus läßt sich die Frage gewiß nicht entscheiden. Eine direkte literarische Abhängigkeit zwischen 4 Makk und Plutarch wird niemand behaupten wollen. Beide stehen in einer breiteren Traditionsgeschichte, die älter ist als ihr eigenes Werk. Wenn man aber aus verschiedenen anderen Überlegungen heraus wie ich selbst eher zu einer Ansetzung von 4 Makk um 100 n.Chr. tendiert, käme eine zeitliche Nähe zu Plutarch zustande, die sich mit der Verwandtschaft in der Stoffwahl aufs glücklichste ergänzt. Dem Argument für eine Spätdatierung wäre ein weiteres Mosaiksteinchen hinzugefügt.

---

[45] E.J. BI(C)KERMAN(N), The Date of Fourth Maccabees [1945], in: Ders., Studies in Jewish and Christian History. Bd. 1 (AGJU 9), Leiden 1976, 275-281. Einen Ansatz "in die letzten Jahre vor der Tempelzerstörung" vertritt J. FREUDENTHAL, Schrift (s. Anm. 33) 102; in dieser Richtung auch B. SCHALLER, Das 4. Makkabäerbuch als Textzeuge der Septuaginta, in: Studien zur Septuaginta (FS R. Hanhart) (MSU 20), Göttingen 1990, 323-331; vgl. ferner G. FIRPO, Il tentativo di Caligola di profanare il tempio di Gerusalemme e la datazione di IV Maccabei, in: Quaderni dell' Istituto di Archeologia e Storia antica 4 (1988) 1-23.

[46] J.W. VAN HENTEN, Datierung und Herkunft des vierten Makkabäerbuches, in: Tradition and Re-interpretation in Jewish and Early Christian Literature (FS J.C.H. Lebram) (StPB 36), Leiden 1986, 136-149; DERS., De joodse martelaren als grondleggers van een nieuwe orde. Een studie uitgaande van 2 en 4 Makkabeeën, Diss. theol., Leiden 1986, 187-190.

[47] A. DUPONT-SOMMER, 4 Macc (s. Anm. 28) 75-85; U. BREITENSTEIN, Beobachtungen (s. Anm. 26) 13-29.179; ein extremer Spätansatz jetzt bei D.A. CAMPBELL, The Rhetoric of Righteousness in Romans 3.21-26 (JSNT.S 65), Sheffield 1992, 219-228: zwischen 135 n.Chr. und 235 n.Chr.

"Jeder, der den liebt, der erzeugt hat, liebt auch den, der aus ihm gezeugt worden ist" (1 Joh 5,1); "Nicht so wie Kain, der aus dem Bösen war
und seinen Bruder hinschlachtete" (1 Joh 3,12) – von diesen Axiomen und
Exempla aus dem ersten Johannesbrief sind wir ausgegangen. Hier wird
Bruderliebe zunächst noch wörtlich verstanden, aber zugleich als Argumen-
tationsbasis genommen für die Entfaltung des Gebotes der Liebe, die in der
Gemeinde unter christlichen Brüdern und Schwestern zu üben ist. Wir hatten im Verlauf unserer Überlegungen noch mehrfach Gelegenheit, auf
parallele Sachverhalte im johanneischen Schrifttum aufmerksam zu machen. Es mag reiner Zufall sein, aber es verdient doch eine Erwähnung, daß
1 Joh in etwa in die gleiche Zeit um die Jahrhundertwende gehört wie – vermutlich – 4 Makk und wie Plutarchs Traktat *De fraterno amore*.

5. Hellenistische Rhetorik im Diasporajudentum

Das Exordium des vierten Makkabäerbuchs
(4 Makk 1,1-12)

Eher am Rande des Blickfelds exegetischer Forschung steht das vierte Makkabäerbuch. Keine Disziplin fühlt sich, wie schon Freudenthal anmerkte, dafür so recht zuständig[1]. Dabei wurde es nach Ausweis der alten Codices[2] und einiger Kanonsverzeichnisse[3] zumindest für eine kurze Zeitspanne zum christlichen Kanon der Septuaginta gezählt. Die Zuschreibung an Flavius Josephus als Verfasser, die angefangen bei Eusebius bis in die Neuzeit vorherrschte[4], erklärt sich zum Teil wohl als Versuch, einen hinrei-

---

[1] J. FREUDENTHAL, Die Flavius Josephus beigelegte Schrift Ueber die Herrschaft der Vernunft (IV Makkabäerbuch), eine Predigt aus dem ersten nachchristlichen Jahrhundert, Breslau 1869, 2 Anm. 4: "Am Fusse vieler Ausgaben der apokr. Schriften des Kanon und der Werke des Josephus war es ein Theil von beiden und von keinem und ward hier von Philologen, dort von Theologen über den voraufgehenden Schriftmassen übersehen oder vernachlässigt."

[2] Der Alexandrinus enthält 1-4 Makk, der Sinaiticus nur 1 Makk und 4 Makk; vgl. H. DÖRRIE, Die Stellung der vier Makkabäerbücher im Kanon der griechischen Bibel (NGWG.PH, Fachgruppe 5, NF I/1), Göttingen 1936, 45-54, hier 47: "Aber die in den vier ältesten Zeugen (ASV 542) erhaltene Überschrift zeigt, daß Mac. IV ursprünglich als kanonisch galt."

[3] Das Kanonsverzeichnis im Codex Claromontanus zählt 1 Makk, 2 Makk und 4 Makk (nicht 3 Makk) unter den kanonischen Schriften des AT auf, vgl. T. ZAHN, Geschichte des Neutestamentlichen Kanons. Bd. II/1: Urkunden und Belege, Erlangen/ Leipzig 1890, 159.168; E. PREUSCHEN, Analecta. Kürzere Texte zur Geschichte der Alten Kirche und des Kanons. II. Zur Kanonsgeschichte (SQS I/8.2), Tübingen ²1910, 41. Eine andere Liste nennt nur Ἰωσήπου περὶ τῶν Μακκαβαίων (bei Preuschen 65); im "Verzeichnis der 60 kanonischen Bücher" tauchen alle vier Makkabäerbücher nebeneinander unter den deuterokanonischen Schriften auf, die von den Apokryphen abgesetzt werden (Preuschen 69; Zahn 291f). Die Ostkirche neigt dazu, 1-3 Makk als kanonisch anzusehen, 4 Makk nicht. Die Schrift wird teils aber als Anhang zum AT in Bibelausgaben mitabgedruckt, vgl. Ἡ Ἁγία Γραφή: ἡ Παλαία Διαθήκη καὶ ἡ Καινὴ Διαθήκη. Εκδ. Ἀδελφότητος θεολόγων ἡ Ζωή', Athen ¹⁰1986, 852-864.

[4] Eusebius, Hist Eccl III 10,6 (224,17f GCS 9,1 Schwartz); Hieronymus, Vir Ill 13 (16,12-14 SQS 11 Bernoulli); Suidae Lexicon, ed. A. Adler (Sammlung wissenschaftlicher Commentare, Lexicographi Graeci I/2), Repr. Stuttgart 1967, II 655,4-6; Philostorgius, Hist 1,1 (5,13-16 GCS 21 Bidez); vertreten u.a. noch von H. REUTLINGER, Thèse d'exégèse sur le IV. Livre des Maccabées, Straßburg 1826, 7f.13. Mit pointierter Kritik an Josephus dagegen z.B. J. FREUDENTHAL, Schrift (s. Anm. 1) 114: "der

chend prominenten jüdischen Autor zu finden, der zugleich eindeutig außerhalb der Grenzen des kanonisierungsfähigen Bestandes der Schrift steht. Der anonyme Verfasser selbst tritt uns aus seinem Werk entgegen als ein hellenistischer Diasporajude, der sich in der biblisch-jüdischen Überlieferung gut auskennt und zugleich über eine beachtliche rhetorische Schulbildung verfügt. Geschrieben haben dürfte er etwa um 90-100 n.Chr., kaum früher[5], in einer Stadt Kleinasiens oder Syriens[6]. Manches spricht für Antiochien[7], nicht zuletzt die dort besonders ausgeprägte Verehrung der makkabäischen Märtyrer, die sich in frühchristlicher Zeit zu einem förmlichen Heiligen- und Reliquienkult an ihrer – vermeintlichen oder angeblichen – Grabstelle verdichtete[8].

Uns geht es im folgenden vor allem um das literarische Profil des Autors als hellenistischer Schriftsteller, das wir anhand des Exordiums seines Werkes nachzeichnen wollen. In einem ersten kürzeren Schritt vergegenwärtigen wir uns einige Merkmale eines Exordiums nach der rhetorischen Theorie der Antike. Daran schließt sich als Kernstück ein ex-

---

Werthschätzung unseres Buches selbst kann es nur förderlich sein, dass nicht der Mann den Preis todesmuthiger Glaubenstreue in ihr niedergelegt hat, der Alles verstand, nur nicht Märtyrer zu sein".

[5]   Vgl. dazu im voranstehenden Aufsatz Anm. 45-47.

[6]   Vgl. schon E. NORDEN, Die antike Kunstprosa vom VI. Jahrhundert v.Chr. bis in die Zeit der Renaissance [1898]. Bd. 1, Darmstadt [7]1974, 420: "möglicherweise in einer der kleinasiatischen Küstenstädte"; dann J.W. VAN HENTEN, De joodse martelaren als grondleggers van een nieuwe orde. Een studie uitgaande van 2 en 4 Makkabeeën, Diss. theol., Leiden 1986, 190f.

[7]   So auch A. DUPONT-SOMMER, Le Quatrième Livre des Machabées. Introduction, traduction et notes (BEHE.H 274), Paris 1939, 69-73, und M. HADAS, The Third and Fourth Books of Maccabees (JAL [3]), New York 1953, Repr. 1976, 110-113. – An neueren Behandlungen der Einleitungsfragen vgl. noch G.W.E. NICKELSBURG, Jewish Literature Between the Bible and the Mishnah. A Historical and Literary Introduction, Philadelphia 1981, 223-227; M. GILBERT, 4 Maccabees, in: M.E. Stone (Hrsg.), Jewish Writings of the Second Temple Period (CRI II/2), Assen/Philadelphia 1984, 316-319; E. SCHÜRER, The History of the Jewish People in the Age of Jesus Christ (175 B.C. - A.D. 135). A new English version, ed. G. Vermes / F. Millar / M. Goodman. Bd. III/1, Edinburgh 1986, 588-593.

[8]   Vgl. M. RAMPOLLA DE TINDARO, Martyre et sépulture des Machabées, in: RArtC 42 (1899) 290-305.377-392.457-465; M. MAAS, Die Maccabäer als christliche Heilige. (Sancti Maccabei.), in: MGWJ 44 (1900) 145-156; J. OBERMANN, The Sepulchre of the Maccabean Martyrs, in: JBL 50 (1931) 250-265; M. SCHATKIN, The Maccabean Martyrs, in: VigChr 28 (1974) 97-113. Was den historischen Gehalt angeht, halte ich es mit E.J. BI(C)KERMAN(N), The Date of Fourth Maccabees [1945], in: Ders., Studies in Jewish and Christian History. Bd. 1 (AGJU 9), Leiden 1976, 275-281, hier 276, der in der Tatsache, daß eine Legende allmählich zur Realität wird, den höchsten Triumph der Erzählkunst eines Autors erblickt.

egetischer Durchgang durch 4 Makk 1,1-12 vor diesem Hintergrund an. Zuletzt seien unter Heranziehung eines Textbeispiels aus dem Neuen Testament einige Perspektiven für die vergleichende Weiterarbeit aufgezeigt. Vorausschicken wollen wir eine Übersetzung des zu behandelnden Textstücks.

I. 4 Makk 1,1-12: Übersetzung[9]

1. Der Lehrsatz (1,1-4)

1,1 Ein zentrales philosophisches Lehrstück vorzutragen schicke ich mich an. Es geht um die Frage, ob die gottesfürchtige Urteilskraft souveräne Herrscherin ist über die Leidenschaften. Dazu erlaube ich mir, euch den guten Rat zu geben, eure Aufmerksamkeit doch entschlossen der folgenden philosophischen Erörterung[10] zuzuwenden. 2 Ist doch das Thema für jeden, der nach Wissen strebt, unentbehrlich, und es enthält darüber hinaus ein Loblied auf die größte Tugend – ich spreche selbstverständlich von der Klugheit. 3 Wenn sich füglich[11] von der Urteilskraft herausstellt, daß sie *die* Leidenschaften bezwingt, die der Besonnenheit hinderlich im Wege stehen, wie Völlerei und Begierde, 4 aber dazu auch augenscheinlich *jene* Leidenschaften meistert, welche für die Gerechtigkeit ein Hemmschuh sind – man nehme als Beispiel die Bosheit –, ebenso *die* Leidenschaften, welche die Tapferkeit nicht zur Entfaltung kommen lassen, als da sind Wut und Angst und Schmerz –

---

9   Eigene Übersetzung auf der Basis des Textes bei A. RAHLFS, Septuaginta Id est Vetus Testamentum Graece iuxta LXX interpretes. Bd. 1, Stuttgart 1935, 1157f. Andere Ausgaben wurden verglichen. S. auch H.J. KLAUCK, 4. Makkabäerbuch (JSHRZ III/6), Gütersloh 1989.

10 Im Textstück steht nur τῇ φιλοσοφίᾳ. Doch sind wohl in Rückbindung an das philosophische Lehrstück, das die Ausgangsworte in Aussicht stellen, die sich anschließenden Erörterungen gemeint, vgl. H. ANDERSON, 4 Maccabees, in: OTP II, 531-564, hier 544. Vgl. Philo, Omn Prob Lib 80, zur ethisch ausgerichteten, am "väterlichen Gesetz" orientierten φιλοσοφία der Essener; zum Judentum als "Philosophie" Leg Gai 156.245. J.J. COLLINS, Between Athens and Jerusalem. Jewish Identity in the Hellenistic Diaspora, New York 1983, 187-191, behandelt 4 Makk im Kap. über "Philosophical Judaism".

11 Als schwierig wird verschiedentlich der Beginn von V. 3 mit εἰ ἄρα empfunden (der Venetus liest ἢ γὰρ, korrigiert zu οὐ γὰρ μόνον). Doch sind V. 3-4 keinesfalls literarkritisch aus dem Text zu eliminieren; zu ihrer inhaltlichen Einbindung s.u. die Erklärung; zum Problem vgl. U. BREITENSTEIN, Beobachtungen zu Sprache, Stil und Gedankengut des Vierten Makkabäerbuchs, Diss. phil., Basel ²1978, 142f. 189f.

2. Erste Einwände (1,5-6)[12]

5 wie denn, werden vielleicht einige sagen, wenn die Urteilskraft also die Leidenschaften überwindet, wieso wird sie dann nicht fertig mit Phänomenen wie Vergessen und Unwissenheit? – Ein lächerliches Argument, an dem sie sich da versuchen. 6 Das Denken überwindet doch nicht die ihm eigenen Unzulänglichkeiten, sondern (nur) jene Leidenschaften, die der Gerechtigkeit, der Tapferkeit und der Besonnenheit[13] entgegenstehen, und das nicht so, daß sie diese schlechthin eliminiert, sondern so, daß sie ihnen keinen Fußbreit Boden preisgibt.

3. Die Arbeitsweise: Historische Exempla (1,7-12)

7 Auf vielfältige Weise, von den unterschiedlichsten Seiten her könnte ich euch nun aufzeigen, daß die Urteilskraft souveräne Herrscherin ist über die Leidenschaften. 8 Weitaus am besten aber erscheint mir dazu eine Beweisführung, die von der Heldenhaftigkeit derer ausgeht, die für die Tugend gestorben sind: Eleazar, die sieben Brüder und deren Mutter. 9 Denn sie alle haben, indem sie die todbringenden Schmerzen ignorierten[14], unter Beweis gestellt, daß die Urteilskraft über die Leidenschaften herrscht. 10 Mir fällt nun die Aufgabe zu, ihrer Tugend wegen das Loblied jener Männer zu singen, die mit ihrer Mutter zu dieser Zeit für das Schöne und Gute starben, ja, selig möchte ich sie preisen um ihrer Ehren willen. 11 Werden sie doch nicht allein von aller Welt bewundert wegen ihrer Tapferkeit und Standhaftigkeit, sondern sogar von ihren Peinigern. Sie sind zur Ursache geworden für die Vernichtung der Tyrannei, die das Volk bedrückte. Sie haben durch ihr Standhalten den Tyrannen besiegt, so daß durch sie das Vaterland gereinigt wurde. 12 Aber davon zu reden wird sich mir gleich Gelegenheit bieten. Anfangen will ich, wie ich es zu tun gewohnt bin, mit der Darlegung der Hauptthese. Sodann werde ich mich der Erzählung, die von ihnen handelt, zuwenden, Ehre gebend dem allweisen Gott.

---

[12] J. FREUDENTHAL, Schrift (s. Anm. 1) 150f, gefolgt u.a. von A. DEISSMANN, Das vierte Makkabäerbuch, in: APAT II, 149-177, hier 152, streicht die Verse 5-6, die in 2,24 und 3,1 eine Dublette hätten, und fügt einen Teil davon bei 3,1 wieder ein. Aber im Wortlaut stimmen 1,5-6 und 2,24 - 3,1 nicht völlig überein; solche Variationen liebt unser Autor und nimmt sie in anderen Zusammenhängen gerne selbst vor, vgl. U. BREITENSTEIN, Beobachtungen (s. Anm. 11) 140-142 (mit dem Hinweis auf Xenophon, Mem I 2,17.19). Man wird 1,5-6 besser am jetzigen Platz belassen.

[13] Es fehlt in dieser Dreierreihe die vierte Kardinaltugend, die φρόνησις aus V. 2, wohl mit Absicht. Ergänzt hat sie der Alexandrinus, dem die Übersetzung von M. LÓPEZ SALVÁ, Libro cuarto de los Macabeos, in: A. Diez Macho (Hrsg.), Apocrifos del Antiguo Testamento. Bd. 3, Madrid 1982, 121-166, hier 138, folgt.

[14] Eine längere Lesart bieten I. BEKKER, Flavii Josephi Opera Omnia (BiTeu). Bd. 6, Leipzig 1856, 271, und O.F. FRITZSCHE, Libri apocryphi Veteris Testamenti, graece, Leipzig 1871, 351: "Denn sie alle haben, indem sie die für die Gesetze Gottes Schmerzen bis zum Tod verachteten und für die Gottesfurcht ihr eigenes Leben ignorierten ..."; sie wird von J. FREUDENTHAL, Schrift (s. Anm. 1) 154, zu Recht als erbauliche Ausschmückung bewertet.

II. Das Exordium[15]

Das Exordium, auch Proömium genannt, manchmal noch unterschieden in *principium* und *insinuatio*[16], gehört als Eröffnungsstück zu den standardisierten Bestandteilen der dikanischen Redeform, die in der Gerichtsrede ihren Prototyp hat. In der symbuleutischen Beredsamkeit – als Beispiel diene die politische Rede in der Ratsversammlung – und im epideiktischen Redegenus mit der feiernden Lobrede vor der Festversammlung als Musterfall[17] kann ein Exordium fehlen, trägt aber auch dort zur Vollständigkeit und zur Abrundung des Gesamtentwurfs bei. Ziel des Exordiums ist es, die Aufmerksamkeit des Auditoriums oder des Publikums für den behandelten Gegenstand zu wecken; es soll mit den Worten Quintilians "den Hörer wohlwollend *(benevolum)*, gespannt *(attentum)* und aufnahmebereit *(docilem)* machen"[18]. Dazu empfiehlt es sich, das Thema anzugeben, die behandelten Gegenstände aufzuzählen und die Vorgehensweise darzulegen. Bei der Ausgestaltung gilt das Gesetz der Angemessenheit und der Ökonomie. Das Exordium soll kurz gehalten sein, ungewöhnliche Wortbildungen und kühne Metaphern vermeiden[19] und mit den Pathosmitteln noch sehr behutsam umgehen. Dadurch unterscheidet es sich von seinem Gegenstück, der Peroratio am Schluß der Rede, wo alle Schleusen der Affekterregung weit geöffnet werden dürfen[20]. Aristoteles hat die Funktion des Exordiums mit

---

15 Vgl. die entsprechenden Abschnitte in den Handbüchern, den antiken: Aristoteles, Rhet III 14,1-12 (1414B-1416A); Rhetorica ad Herennium I 4,6 - 7,11; Cicero, De Inv I 15,20 - 18,26 (dazu G. KENNEDY, Art [s.u. Anm. 17] 103-148); Quintilian, Inst Orat IV 1,1-79, und den modernen: R. VOLKMANN, Die Rhetorik der Griechen und Römer in systematischer Übersicht, Leipzig [2]1885, Repr. Hildesheim 1963, 127-148; H. LAUSBERG, Handbuch der literarischen Rhetorik. Eine Grundlegung der Literaturwissenschaften, Stuttgart [3]1990, § 263-288; J. MARTIN, Antike Rhetorik. Technik und Methode (HAW II/3), München 1974, 60-75.

16 Rhet ad Her I 4,6; Cicero, De Inv I 15,20. Doch fällt die *insinuatio* im Fall des 4 Makk von vornherein aus, da sie nur bei schwieriger und zweifelhafter Sachlage zur Anwendung kommt, wir es in 4 Makk aber mit einer *causa honesta* zu tun haben, wo zu Beginn nur das schon bestehende positive Vorurteil der Leser bestärkt zu werden braucht (De Inv I 15,20) und eine kurze Aufzählung der Gegenstände genügt (Rhet ad Her I 4,6).

17 Vgl. V. BUCHHEIT, Untersuchungen zur Theorie des Genos Epideiktikon von Gorgias bis Aristoteles, München 1960; R. VOLKMANN, Rhetorik (s. Anm. 15) 176-210; zur Dreiteilung der Redeformen u.a. noch G. KENNEDY, The Art of Rhetoric in the Roman World: 300 B.C. - A.D. 300, Princeton 1972, 7-23.

18 Inst Orat IV 1,5; ebenso Cicero, De Inv I 15,20.

19 Vgl. Inst Orat IV 1,58; Rhet ad Her I 7,11; weiteres bei R. VOLKMANN, Rhetorik (s. Anm. 15) 141.

20 Inst Orat VI 1,51: *at hic, si usquam, totos eloquentiae aperire fontes licet.*

Hilfe eines Bildes so beschrieben: "Das Proömium bildet den Anfang der Rede, entsprechend dem Prolog in der Dichtkunst und dem Vorspiel bei der Flötenmusik ... Das Flötenvorspiel hat ja Ähnlichkeit mit der Einleitung einer Festrede, weil auch die Flötenspieler Stellen, die sie besonders schön zu blasen wissen, vorwegnehmen und mit der Einführung verknüpfen, und weil man dies auch in der Festrede (ἐπιδεικτικὸς λόγος) so zu schreiben hat. Denn was man sagen will, das soll man gleich in die Einführung verflechten"[21]. Wir würden heute vermutlich das Beispiel einer Opernouvertüre wählen, die in manchen Fällen, ich denke etwa an den "Freischütz", musikalische Höhepunkte des Gesamtwerkes im voraus Revue passieren läßt.

III. 4 Makk 1,1-12: Zur Erklärung

Das Einleitungsstück 4 Makk 1,1-12 ist, um es gleich vorwegzunehmen, nach den klassischen Regeln der Rhetorik für das Exordium einer Rede gestaltet. Es nennt das Thema und erläutert die Vorgehensweise. Mit dem Exordium korrespondiert am Schluß in 4 Makk 17,7 - 18,24 eine etwas längere Peroratio. Im Vergleich zeigt sich, daß sich das Exordium jener vornehmen Zurückhaltung befleißigt, die Quintilian von ihm verlangt, während in der Peroratio der Autor seiner Beredsamkeit endgültig die Zügel schießen läßt und alle Pathosmittel ungehemmt zum Einsatz bringt[22].

4 Makk stellt also der Gattung nach eine Rede dar, und zwar, wenn wir uns wieder an den drei fundamentalen Redesituationen orientieren, eine epideiktische Rede (vgl. ἐπιδείκνυσθαι in V. 1.7; ἔπαινος und ἐπαινεῖν in V. 2.10). Das Lob in diesem enkomiastischen Schriftstück gilt der frommen Urteilskraft, es gilt dem vorbildlichen Verhalten der jüdischen Märtyrer und es gilt durch beide Größen hindurch der Gesetzestreue des jüdischen Volkes. Diese allgemeinste Gattungsbezeichnung "epideiktische Rede" ist zugleich die sicherste. In allen weiteren Fällen geht die Anwendung bestimmter Gattungstermini auf 4 Makk nicht glatt auf, sie erreicht immer nur bestimmte Aspekte oder Teile des Ganzen. Das gilt auch für die Her-

---

21 Rhet III 14,1 (1414B 19-26); Übers. nach P. Gohlke; dazu J. MARTIN, Rhetorik (s. Anm. 15) 60f.

22 Vgl. nur den Vorschlag, sich das Erzählgeschehen als gemaltes Bild vorzustellen, in 17,7 (dazu Quintilian, Inst Orat VI 1,32; Cicero, Tusc 5,13f), oder die fiktive Grabinschrift in 17,8-10 (dazu Euripides, Tro 1188-1191); nach J. MARTIN, Rhetorik (s. Anm. 15) 152, gehört zu den Topoi der Peroratio "die Beschreibung eines Bildnisses, einer Statue oder eines Grabmals".

anziehung einer Sonderform des Genos epideiktikon, nämlich der Grabrede, des Epitaphios Logos[23]. Es bestehen eine Reihe von durchaus aufschlußreichen inhaltlichen Parallelen[24]. Sie betreffen das Lob der Vorfahren; das Lob der Verstorbenen selbst, ihrer edlen Herkunft, ihrer Erziehung, ihrer Tapferkeit; den tyrannischen König als Feind der göttlichen Ordnung (bei den Griechen ist es der Perserkönig oder Alexander der Große); den exemplarischen Gehorsam der Toten gegenüber den Gesetzen des Vaterlandes und ihr frommes Festhalten an der herkömmlichen Gottesverehrung; auf seiten der Nachwelt schließlich das Suchen nach irgendeiner Form des Weiterlebens der Gefallenen, und sei es nur im rühmenden Gedenken der Menschen. Das kann aber nicht darüber hinwegtäuschen, daß wesentliche Besonderheiten der literarischen Gestaltung von 4 Makk damit nicht erfaßt sind, so der ganze philosophische erste Hauptteil, im zweiten Hauptteil die grausige Detailtreue der Martyriumsszenen und die häufigen direkten Reden, die gerade die Eigenleistung des Autors darstellen, was der Vergleich mit 2 Makk zeigt. Es fehlt kurz gesagt in der Vergleichsgröße das dramatische, das szenische und teils auch das pathetische Moment. Hier wäre der Blick in einem weiteren Schritt auszuweiten auf die tragisch-pathetische Historiographie, unter Umständen sogar bis zur Tragödie selbst. Auch das Verhältnis zur antiken Martyrienliteratur wäre gesondert zu reflektieren. Wir müssen uns aber jetzt den Einzelbeobachtungen zum Exordium zuwenden.

---

[23] Die klassischen Beispiele sind Thukydides, Hist II 34,1 - 46,2; Platon, Menex 236D-249C; Lysias, Or 2; Demosthenes, Or 60; Hyperides, Or 6; dazu Fragmente aus einer Grabrede des Gorgias FVS 82 B 5a-6; vgl. G. KENNEDY, The Art of Persuasion in Greece, Princeton 1963, 154-166; N. LORAUX, L'invention d'Athènes. Histoire de l'oraison funèbre dans la "cité classique" (CeS 65), Paris 1981; zu ihrer Behandlung bei den kaiserzeitlichen Rhetorikern (Ps.-Dion. Hal.; Menander) s. J. SOFFEL, Die Regeln Menanders für die Leichenrede in ihrer Tradition dargestellt, herausgegeben, übersetzt und kommentiert (BKP 57), Meisenheim 1974. Zur römischen *laudatio funebris* vgl. M. DURRY, Éloge funèbre d'une matrone romaine (Éloge dit de Turia) (CUFr), Paris 1950; D. FLACH, Die sogenannte Laudatio Turiae (TzF 58), Darmstadt 1991 (Text auch ILS 8393).

[24] Mit J.C.H. LEBRAM, Die literarische Form des vierten Makkabäerbuches, in: VigChr 28 (1974) 81-96. Der Ausdruck "Leichenpredigt" beiläufig schon bei J. FREUDENTHAL, Schrift (s. Anm. 1) 24; "l'oraison funèbre" bei A. DUPONT-SOMMER, 4 Macc (s. Anm. 7) 13.

1. Der Lehrsatz (1,1-4)

Der Satz: "Die Urteilskraft herrscht über die Leidenschaften", der in V. 1 verarbeitet ist, begegnet als Zentralthese der Schrift in den verschiedensten Abwandlungen über hundertmal[25]. Für "Urteilskraft" steht im Griechischen λογισμός, eine Vokabel, deren Bedeutungsbreite nur schwer einzufangen ist (u.a. Berechnung, Überlegung, Folgerung, Absicht, Vernunft). λογισμός kommt in 4 Makk ca. 75mal vor (zum Vergleich: übrige LXX ca. 44mal; Philo ca. 230mal). Der Autor hat das Wort, für das er in 1,15 eine förmliche Definition bietet, als Leitbegriff gewählt, weil λόγος für ihn wohl anderweitig besetzt war, weil λογισμός sehr philosophisch klingt (als Äquivalent für τὸ ἡγεμονικόν z.B. gebraucht in SVF II 836) und weil er damit zugleich einen Handlungsaspekt zum Ausdruck bringen konnte: λογισμός meint auch soviel wie Tätigkeit des λόγος, ist λόγος in Aktion[26]. Mit λογισμός kombiniert der Autor immer wieder in variierender Zuordnung εὐσεβής bzw. εὐσεβεία. Er spricht nicht von der Urteilskraft schlechthin, sondern von der frommen Urteilskraft, die sich von der Frömmigkeit informieren läßt, mit ihr in Einklang steht und ihr letztlich sogar dient. Unverkennbar beginnen hier schon jüdische Theologumena, denen eigentlich das Herz des Autors gehört, die philosophischen Anleihen bei den Griechen zu überlagern, dies aber zunächst noch sehr versteckt und zurückhaltend. εὐσεβής bezeichnet auch in einem nichtjüdischen hellenistischen Kontext die existentielle Grundhaltung der frommen Gottesfurcht, und V. 1 wird am Anfang (φιλοσοφώτατον λόγον) und am Schluß (τῇ φιλοσοφίᾳ) von ausgeprägt philosophischem Vokabular eingerahmt. Dupont-Sommer bemerkt dazu: "l'orateur est un philosophe, et c'est à des philosophes qu'il entend s'adresser"[27].

Philosophisch geht es auch in V. 2-4 weiter. Die Behauptung in V. 2 zunächst, "der zu behandelnde Gegenstand sei von unerhörter Wichtigkeit", und zwar "für die Interessen des Publikums selbst"[28], gehört zu den Aufmerksamkeit heischenden Effekten in einem Exordium[29]. Im übrigen dienen diese Verse dazu, die vier Kardinaltugenden einzuführen, in der Reihenfolge φρόνησις (Klugheit), σωφροσύνη (Besonnenheit), δικαιοσύνη

---

[25] Vgl. U. BREITENSTEIN, Beobachtungen (s. Anm. 11) 119.
[26] Vgl. C.L.W. GRIMM, Kurzgefasstes exegetisches Handbuch zu den Apokryphen des Alten Testamentes. 4. Lieferung: Das vierte Buch der Maccabäer, Leipzig 1857, 297.
[27] 4 Macc (s. Anm. 7) 87.
[28] H. LAUSBERG, Handbuch (s. Anm. 15) 153f; vgl. Seneca, Ep 89,1: "Nach einer nützlichen Sache verlangst du, die unentbehrlich ist für den, der nach Weisheit strebt..."
[29] Rhet ad Her I 4,7; Cicero, De Inv I 16,23.

(Gerechtigkeit) und ἀνδρεία (Tapferkeit). Sie finden sich so, mit der Vorordnung der φρόνησις, bereits bei Platon, nach ihm vor allem in der Stoa[30], in der Septuaginta noch in Weish 8,7 sowie, was nicht weiter verwundert, mehrfach bei Philo (z.B. Leg All 1,63-67). Daneben steht die erste Andeutung eines Lasterkatalogs: Völlerei und Begierde in V. 3, Bosheit, Wut, Angst und Schmerz in V. 4. Beide, die Tugenden und die Laster, werden für das Folgende benötigt, vor allem für die philosophisch gehaltenen Ausführungen des ersten Hauptteils[31]. Dabei deuten in subtiler Weise die Völlerei (vgl. 1,27; 2,7) und der Schmerz (vgl. 3,18) auch schon auf die Martyriumserzählung im zweiten Hauptteil voraus, denn dort geht es gerade darum, lieber unter Schmerzen zu sterben als etwas Verbotenes, nach dem man vielleicht sogar ein natürliches Verlangen verspürt (vgl. 1,33), zu essen.

2. Erste Einwände (1,5-6)

Erste Einwände gegen die Hauptthese des Verfassers werden in V. 5-6 laut. Darauf kommt der Autor in 2,24 und 3,1 wieder zurück. An beiden Stellen gibt er seine fiktiven Gegner der Lächerlichkeit preis: "Ein lächerliches Argument" (1,5), "ein absolut lächerlicher Einwand" (3,1). Solche gedachten Einwände und ihre Zurückweisung sind nicht nur charakteristisch für den Diatribenstil, sie haben auch in der Rhetorik unter den Exordialtopoi einen festen Platz. Das Publikum soll der Gegenpartei von vornherein jegliche Sympathie entziehen[32]. Vor allem Cicero gibt eine verhältnismäßig ausführliche Anleitung an die Hand, wie man mit der Opposition im Exordium schon umgeht und wie man sie gründlich der Verachtung preisgibt[33].

Die Logik der Argumentation ist gar nicht so leicht nachvollziehbar, gibt aber wichtige Aufschlüsse über einen sprachlichen Kunstgriff, mit dem der Autor arbeitet. Auch Vergessen und Unwissenheit, dem Denken eigene

---

[30] Vgl. Plutarch, Stoic Rep 7 (Moralia 1034C) = SVF I 200; Diogenes Laert., Vit Phil 7,92 = SVF I 406; ferner SVF III 262.264-266.
[31] Die Tugenden z.B. in 1,18f; 2,6.23; 5,23f; Lasterkataloge in 1,26f; 2,15; der Schmerz und die Furcht in 1,20-25; die Wut in 1,24; 2,16-20; 3,3; die Begierde in 1,32; 2,1-6; 3,2; die Bosheit in 1,25; 2,16; 3,4.
[32] So H. LAUSBERG, Handbuch (s. Anm. 15) 158.
[33] De Inv I 16,22; vgl. Rhet ad Her I 5,8.

Unzulänglichkeiten[34], sind im Griechischen πάθη. Der Autor gebraucht πάθη in einem sehr weiten Sinn, der Triebe und Leidenschaften ebenso einschließt wie intellektuelle Beeinträchtigungen des Denkens, körperliche Leiden und Schmerzen sowie selbst positive Gefühlsregungen oder Affekte, z.B. die Bruderliebe (14,1) und die Kindesliebe (15,4). Nur eine Gleichsetzung der unterschiedlichsten Formen von πάθη ermöglicht ihm überhaupt, seiner Gedankenführung den Anschein der Geschlossenheit zu verleihen. Er handelt sich damit das in seinen Augen kleinere Problem ein, das er hier in V. 5-6 angeht: Dem Denken inhärente πάθη können von der Urteilskraft nicht überwunden werden. Wohl aber überwindet die Urteilskraft, wie sich zeigen wird, alle anderen Formen von πάθη: die Triebe und die Begierden, z.B. nach verbotener Nahrung; die körperlichen Schmerzen in den Martyrien der Haupterzählung; alle Regungen von Eltern-, Kindes-, Geschwister- und Freundesliebe, die trotz ihrer Intensität nicht zum Abfall vom Gesetz bewegen können (z.B. 2,10-13 u.ö.).

Am Schluß von V. 6, wo im übrigen drei der vier Kardinaltugenden erneut vorkommen, stoßen wir zum ersten Mal auf eine Besonderheit in der Affektenlehre des 4 Makk, durch die sich der Autor von der Hauptströmung der Stoa unterscheidet, insofern er die Affekte nicht ausrotten, sondern nur bändigen will[35]. Im Bild ist der gleiche Sachverhalt in 1,29 dargestellt: "Die Urteilskraft als meisterliche Gärtnerin nimmt sich diese (Leidenschaften) alle vor, säubert sie gründlich, beschneidet sie, bindet sie hoch, benetzt sie, begießt sie ringsum auf jegliche Art und veredelt so das Gestrüpp der Gewohnheiten und Leidenschaften" (vgl. auch 3,2-5). Nicht ausrotten also (3,5), sondern kultivieren; in psychoanalytischer Sprache: nicht verdrängen, sondern sublimieren. Die gegenläufige stoische Verwendung des gleichen Bildfeldes haben wir z.B. bei Cicero in den Tusculanen: "Wir dagegen wollen es (im Unterschied zu den Peripatetikern) wagen, nicht nur die Zweige des Jammers abzuschneiden, sondern auch die letzten Wurzeln auszureißen" (3,13); "Dies alles ... muß man völlig ausreißen und ausrotten und nicht bloß beschneiden und stutzen" (4,57). Der innere Grund für die Zurückhaltung des Autors gegenüber der orthodox-stoischen These dürfte nicht in einer bewußten Bevorzugung peripatetischer Ethik in diesem Punkt

---

[34] Zu dieser eigentümlichen Vorstellung verweist U. BREITENSTEIN, Beobachtungen (s. Anm. 11) 137 Anm. 5, auf vergleichbare peripatetische Diskussionen über die ἀγαθά.

[35] Zur Diskussion vgl. R. RENEHAN, The Greek Philosophic Background of Fourth Maccabees, in: RMP 115 (1972) 223-238, der die Besonderheiten des 4 Makk auf Poseidonius zurückführen möchte; ferner R. WEBER, Eusebeia und Logismos. Zum philosophischen Hintergrund von 4. Makkabäer, in: JSJ 22 (1991) 212-234.

zu suchen sein, sondern in seiner biblisch begründeten Überzeugung, daß Gott auch die Triebe miterschaffen hat und somit der rechte Umgang mit den Trieben dem Menschen vom Schöpfergott als Aufgabe gestellt ist (vgl. 2,21-23).

3. Die Arbeitsweise: Historische Exempla (1,7-12)

Im dritten und letzten Abschnitt des Exordiums geht der Verfasser programmgemäß auf seine Arbeitsweise ein. Unter verschiedenen Beweismitteln, die ihm nach V. 7 zur Verfügung stehen, wählt er die historischen Exempla aus. Hier kommen nun die Märtyrer der Makkabäerzeit ins Spiel, Eleazar, die sieben Brüder und ihre Mutter, deren Martyrien anders als in 2 Makk in der Haupterzählung zu einer einzigen Geschehenseinheit verknüpft werden (der Autor wahrt die Einheit von Personen, Ort und Zeit). In der Schulrhetorik sind die historischen Exempla die beliebtesten, weil sie am glaubwürdigsten wirken und weil man ihnen zubilligt, auf Wahrheit zu beruhen. Glaubwürdigkeit allerdings wird nicht so sehr durch Kongruenz der Exempla mit realen Vorkommnissen erzielt, sondern basiert mehr noch auf dem Bekanntheitsgrad, den ein Stoff durch seine literarische Fixierung in der novellistischen Geschichtsschreibung gewonnen hat[36]. Mit anderen Worten: Der Autor setzt voraus, daß sein Publikum diese großen Gestalten der Vergangenheit bereits kennt, vor allem wohl aus 2 Makk 6-7.

Die Erwähnung "dieses Zeitpunktes" in V. 10 – "die κατὰ τοῦτον τὸν καιρόν für das Schöne und Gute starben" – wird mehrheitlich dahingehend ausgewertet, daß der Text als Rede für einen ganz bestimmten Zeitpunkt konzipiert und dann auch tatsächlich gehalten worden sei[37], ob nun beim Tempelweihfest (so Freudenthal), oder bei einer jährlichen Gedächtnisfeier an der Grabstätte der makkabäischen Märtyrer in der Synagoge von Antiochien (so Dupont-Sommer). Das Hauptproblem bei diesen Hypothesen besteht darin, daß sie die Martyriumserzählung in sich zum Hauptanlaß der Schrift erklären und damit die Zweckbestimmung verbinden, 4 Makk wolle

---

[36] Vgl. H. LAUSBERG, Handbuch (s. Anm. 15) 228: Glaubwürdigkeit beruht auf "der durch die Historiographie bereits erfolgten Literarisierung und Notorietät". Ein erhellender Selbsteinwand bei Seneca, Ep 24,6: "Abgeleiert worden, wirst du sagen, sind in allen Schulen diese Geschichten."

[37] Vgl. nur M. HADAS, 4 Macc (s. Anm. 7) 147: "This expression (repeated in 3,19) is the best proof that our book was composed for delivery on a day of commemoration"; 3,19 fällt aber aus, weil man dort besser übersetzt: "Aber schon drängt uns die Zeit zur Darbietung der Erzählung von der besonnenen Urteilskraft."

jüdische Adressaten in bedrängter Lage zur gleichen Martyriumsbereit-
schaft um des Glaubens willen aufrufen. Genau das trifft nicht zu. Der Sitz
im Leben ist anders zu bestimmen. Das große aktuelle Problem, mit dem
der Autor ringt, ist das der Assimilation[38]. Er sieht offenkundig mit Sorge,
wie sich in seinem jüdischen Umfeld liberalere Einstellungen zur Gesetzes-
observanz auszubreiten beginnen. Im Gegenzug versucht er, durch den philosophischen Unterbau jüdische Lebensweise als rational vertretbar und be-
gründbar erscheinen zu lassen. Durch das Beispiel der makkabäischen
Märtyrer unterstreicht er ihren Ernst und ihren Verpflichtungscharakter.
Von seinen Adressaten erwartet er nicht mehr, als er in 18,1 selbst ausdrücklich sagt: "Gehorcht dem Gesetz und übt auf jede Weise Frömmigkeit", das genügt. Was der Autor also bietet, ist nach innen gerichtete Apologetik, vorgetragen in einer ansprechenden und gewinnenden sprachlichen
Form.

Für "zu dieser Zeit" in V. 10 muß demnach eine andere Erklärung gefunden werden. Vielleicht kann man es einfach auf die zurückliegende
Makkabäerzeit, in der sich die Martyrien ereigneten, beziehen. "Zu jener
Zeit" wäre sicher eindeutiger[39], aber auch "zu dieser Zeit" scheint im Blick
auf Parallelstellen bei Polybius und Josephus diesen Sinn herzugeben[40].
Falls man an der Deutung auf die Gegenwart des Autors festhält, bleibt immer noch die Möglichkeit, daß er bewußt den Eindruck einer Rede bei einer
aktuellen Festversammlung erwecken will. Quintilian empfiehlt die Fiktion
einer *extemporalis oratio* als Strategem zur Gewinnung des Hörers bzw. in
unserem Fall des Lesers speziell für das Exordium[41].

---

[38] Vgl. P.L. REDDITT, The Concept of *Nomos* in Fourth Maccabees, in: CBQ 45 (1983)
      249-270, hier 265-270.
[39] Bekker (s. Anm. 14) liest noch κατὰ ἐκεῖνον τὸν καιρόν, eine Lesart, die C.L.W.
      GRIMM, 4 Makk (s. Anm. 26) 303, bevorzugt, die aber bei Fritzsche (s. Anm. 14) in
      den Apparat verwiesen ist, ebenso (nach dem Venetus) bei H.B. SWETE, The Old
      Testament in Greek According to the Septuagint. Bd. 3, Cambridge [4]1912, 729; bei
      RAHLFS (s. Anm. 9) fehlt diese Information. Nach freundlicher Auskunft von R. Han-
      hart, Göttingen, verdient diese Lesart aufgrund der guten handschriftlichen Bezeu-
      gung ernsthafte Beachtung.
[40] So U. BREITENSTEIN, Beobachtungen (s. Anm. 11) 80 Anm. 1, mit Verweis auf περὶ
      δὲ τὸν καιρὸν τοῦτον in 2 Makk 5,1 und κατὰ τοῦτον τὸν καιρὸν bei Polybius I
      43,1; 78,1; Josephus, Ant 7,21; 9,239; Ap 1,136; Vit 216. Vgl. auch den Erklärungs-
      versuch bei J.C.H. LEBRAM, Form (s. Anm. 24) 88, und J.W. VAN HENTEN, Marte-
      laren (s. Anm. 6) 179f.183.
[41] Inst Orat IV 1,54: *videatur tota extemporalis oratio, cuius initium nihil praeparati
      habuisse manifestum est;* vgl. H. LAUSBERG, Handbuch (s. Anm. 15) 158; J. MARTIN,
      Rhetorik (s. Anm. 15) 72.

Die ὑπέρ-Formel ("sterben für...") ist in V. 8 mit der Tugend verbunden, in V. 10 mit dem sittlichen Ideal der Griechen schlechthin, der καλοκἀγαθία[42]. Es fällt auf, daß es noch nicht "für das Gesetz", "für das Volk" o.ä. heißt. Mit der Schilderung der bewundernden Reaktion der Folterknechte in V. 11, die als fester Baustein aus Martyriumsberichten bekannt ist (vgl. schon Mk 15,39 parr), gibt der Autor seinem jüdischen Publikum zu verstehen, daß der Beifall der Umwelt letztlich nicht durch Anpassung zu gewinnen ist, sondern durch Treue zum eigenen Wesen. Der Erfolg der makkabäischen Erhebung, die zur Befreiung des Landes und zur Wiedereinweihung des Tempels führte, wird im gleichen Vers ausschließlich dem Sterben der makkabäischen Märtyrer zugute geschrieben[43], unter Ausblendung der militärischen Aktionen der makkabäischen Brüder. Sie erwähnt der Autor im ganzen Buch mit keiner Silbe, anscheinend ein bewußtes Verschweigen, das einige Skepsis gegenüber diesem gewaltsamen Weg erahnen läßt. Das καθαρισθῆναι gegen Ende von V. 11 kann man im Kontext des Exordiums noch neutral verstehen, als "Säuberung" des Landes. Unterschwellig klingt fraglos schon die Sühnopferkonzeption aus 6,28f und 17,21f an, wo das kultische Vokabular von der Opferpraxis abgelöst und auf das Sterben der Märtyrer übertragen wird.

V. 12 referiert die Grobgliederung dessen, was folgt: zuerst die philosophisch gefärbte Erörterung der Hauptthese (in 1,13 - 3,18), sodann der aus 2 Makk gewonnene eigentliche Erzählstoff (in 3,19 - 17,6). Mit der Wendung "wie ich es zu tun gewohnt bin" gibt sich der Autor den Anschein eines geübten, berufsmäßigen Lehrers der Philosophie, was er, mehr eingeschränkt auf das Gesetz, möglicherweise wirklich war[44]. Im Exordium soll das seine Glaubwürdigkeit und Kompetenz untermauern. Am Schluß der Einleitung steht eine der Septuaginta nachempfundene Doxologie[45], die im

---

[42] Vgl. die Sinngebung für das Sterben der Gefallenen im Epitaphios Logos (s. Anm. 23) bei Hyperides, Or 6,16: "...die ihr Leben (ψυχάς) gaben für (ὑπέρ) die Freiheit der Griechen".

[43] Bei dieser Emporstilisierung der politischen Bedeutung des Martyriums mag auch der stoische Lehrsatz mitgespielt haben: "Kein Weiser ist ein Privatmann" (Cicero, Tusc 4,51), der Weise gibt sich auch mit profanen Angelegenheiten ab (SVF III 611), vgl. U. BREITENSTEIN, Beobachtungen (s. Anm. 11) 160f.

[44] Vgl. zu seinem Selbstverständnis auch J. FREUDENTHAL, Schrift (s. Anm. 1) 21: "In einem würdigen, doch etwas selbstbewussten Tone, der den seiner Sache gewissen Mann kennzeichnet, sucht der Redner ... die Aufmerksamkeit seiner Zuhörer für den philosophisch und historisch bedeutenden Inhalt seiner Rede zu gewinnen."

[45] Vgl. R.B. TOWNSHEND, The Fourth Book of Maccabees, in: APOT II, 653-685, hier 667: "Perhaps the one Hebraism in the whole book."

Makrotext schon vorausblickt auf die Schlußdoxologie in 18,24: "Ihm sei die Ehre von Ewigkeit zu Ewigkeit. Amen."

V. Vergleichende Perspektiven

Auch wir kommen damit zu unseren Schlußüberlegungen. Im Rückblick fällt auf, daß die Einleitung sich bis auf die Doxologie einer auffallend profanen Sprache bedient, auch an den religiös sensiblen Stellen. Die Märtyrer sterben für hellenistische Tugendideale. Selbst εὐσεβής und καθαρισθῆναι lassen sich noch einer rein hellenistischen Verständnisebene zuordnen. Erst im folgenden rückt der Autor deutlicher mit seinem eigentlichen Anliegen heraus und führt in V. 17 zum ersten Mal den Gesetzesbegriff ein. Damit scheint mir das Proömium des Lukasevangeliums in Lk 1,1-4 vergleichbar zu sein[46]. Näherhin erstreckt sich die Vergleichbarkeit auf folgende Punkte: (1) Auch Lukas befleißigt sich im Proömium einer bewußt nichttheologischen Sprache, wenn er z.B. von αὐτόπται spricht statt von Aposteln oder Jüngern[47]. Er gibt diese Zurückhaltung erst mit der Septuagintamimesis von 1,5 an auf. (2) Auch Lukas lehnt sich an hellenistische Vorbilder an, zwar nicht an das Exordium einer epideiktischen Rede, sondern an die Widmungsadresse einer Fachmonographie, aber der formale Vorgang weist Ähnlichkeiten auf. Hier wie dort werden in der Eingangsperikope auch teils versteckt Themen des folgenden Werkes angedeutet. (3) Lukas meldet sich als einziger der Evangelisten in der Ich-Form selbst zu Wort (V. 3: "...schien es auch mir angebracht"), wie der Autor des 4 Makk. (4) Dennoch dürfte sich Lukas primär an christliche Leser wenden, wie 4 Makk an jüdische. Die hellenistische Literaturform dient nicht der Werbung nach außen hin, sondern der Selbstvergewisserung des Glaubens, der

---

[46] Vgl. dazu nur J.A. FITZMYER, The Gospel According to Luke (I-IX) (AncB 28), Garden City, N.Y. 1981, 287-302 (Lit.); T. CALLAN, The Preface of Luke-Acts and Historiography, in: NTS 31 (1985) 576-581; L. ALEXANDER, Luke's Preface in the Context of Greek Preface-Writing, in: NT 28 (1986) 48-74; DIES., The Preface to Luke's Gospel. Literary Convention and Social Context in Luk 1.1-4 and Acts 1.1 (MSSNTS 78), Cambridge 1993.

[47] Treffend K. HAACKER, Verwendung und Vermeidung des Apostelbegriffs im lukanischen Werk, in: NT 30 (1988) 9-38, hier 23: Lk verzichtet "in diesem Prolog zu seinem Doppelwerk überhaupt auf jegliche christliche Sondersprache ... Dem kunstvoll gebauten, an literarischen Vorbildern orientierten Satz Lk 1:1-4 wäre nicht zu entnehmen, daß die hier beginnende Schrift ein christliches oder überhaupt religiöses Werk sei."

sich in der Auseinandersetzung mit der Kultur, von der auch die Autoren selbst und ihre Adressaten geprägt sind, zu bewähren hat.

4 Makk wird in der Exegese meist zu inhaltlichen Fragen wie Sühnopfervorstellung, Martyriumstheologie oder individuelle Eschatologie herangezogen. Mindestens ebenso wichtig wäre ein Vergleich der literarischen Techniken: Erzählführung, Personenschilderung, Dialogregie, Neuschöpfung von direkten Reden, bis hin zur Wortwahl[48] und zum Metapherngebrauch[49]. Vor allem für das lukanische Doppelwerk wäre davon einiges an Einsichten zu erwarten[50]. Aber diese Arbeit bleibt weithin erst noch zu tun.

---

[48] Ein Beispiel: Bei der Verwendung von ὑποκρίνομαι in 4 Makk 6,15.17 ist die Brücke von der hellenistischen Schauspielmetaphorik zur jüdisch-christlichen Sonderbedeutung "heucheln" noch deutlich zu erkennen, heißt es doch in V. 17 direkt δρᾶμα ὑποκρίνασθαι. Zu ὑποκρίνομαι in Lk 20,20 bemerkt U. WILCKENS, ThWNT VIII, 567 Anm. 48, Lukas verstehe das wieder mehr "im Sinn des griech(isch)-hell(enistischen) Sprachgebrauchs". Zur literarischen Technik im 4 Makk und ihrer historischen Verortung vgl. zuletzt die schöne Einzelstudie von J.W. VAN HENTEN, A Jewish Epitaph in a Literary Text: 4 Macc 17:8-10, in: Ders. / P.W. van der Horst (Hrsg.), Studies in Early Jewish Epigraphy (AGAJU 21), Leiden 1984, 44-69.

[49] Erinnert sei nur an das agonistische Vokabular, das in 4 Makk 17,11-16 seinen Höhepunkt findet, aber die ganze Schrift durchzieht; einiges dazu bei V.C. PFITZNER, Paul and the Agon Motif. Traditional Athletic Imagery in the Pauline Literature (NT.S 16), Leiden 1967, 57-65; vgl. auch B.A.G.M. DEHANDSCHUTTER, Martyrium und Agon. Über die Wurzeln der Vorstellung von ΑΓΩΝ im vierten Makkabäerbuch, in: J.W. van Henten (Hrsg.), Die Entstehung der jüdischen Martyrologie (StPB 38), Leiden 1989, 215-219.

[50] Vgl. die Überlegungen in dieser Richtung bei B. HEININGER, Der böse Antiochus. Eine Studie zur Erzähltechnik des 4. Makkabäerbuchs, in: BZ NF 33 (1989) 43-59; s. auch D. SEELEY, The Noble Death. Graeco-Roman Martyrology and Paul's Concept of Salvation (JSNT.S 28), Sheffield 1990, 87-99.

6. Das Sendschreiben nach Pergamon und der Kaiserkult in der Johannesoffenbarung

I. Zur Fragestellung: Das herrschende Paradigma und seine Aporien

Die politische Auslegung der Offenbarung des Johannes hat Tradition, ebenso mit ihr die Heranziehung des römischen Kaiserkults, der als Kontrastfolie gebraucht wird. Zwei Beispiele aus dem außerexegetischen Bereich: Friedrich Engels, der Weggefährte von Karl Marx, hat der Johannesoffenbarung eine kleine Studie gewidmet. Darin deutet er die geheimnisvolle Zahl 666 in Offb 13,18 auf Kaiser Nero und bestimmt die Aussageabsicht des Verfassers dahingehend, dieser wolle die baldige Wiederkunft Neros, der die Schreckensherrschaft des Antichrist auf Erden errichten wird, ankündigen[1]. Erst wenige Jahre alt ist das bewegende Buch des südafrikanischen Kirchenführers Allan Boesak, das in der deutschen Ausgabe den Titel trägt: *Schreibe dem Engel Südafrikas. Trost und Protest in der Apokalypse des Johannes.* Nach ihm enthält die Johannesoffenbarung "Untergrundbriefe an eine verfolgte Kirche"[2]. Verfolgt wurde sie wegen ihres Widerstands gegen den römischen Machtanspruch, der im Kaiserkult kulminierte. Daraus gewinnt die Beschäftigung mit der Apokalypse bei Boesak ihre motivierende Kraft und ihre Dynamik, weil diese Situation, wie leicht einsichtig, transparent wird für seine eigenen bitteren Erfahrungen mit einem repressiven Staatssystem.

Beide Positionen fügen sich nahtlos in ein derzeit dominierendes Paradigma der Exegese des letzten Buchs der Bibel ein. Ihrer Intention nach sei die Johannesoffenbarung, so eine oft zu vernehmende Auskunft, zugleich

---

[1] F. ENGELS, Das Buch der Offenbarung [1883], in: Karl Marx/Friedrich Engels, Werke. Hrsg. vom Institut für Marxismus-Leninismus beim ZK der SED. Bd. 21, Berlin 1973, 9-15; eine bewußt politische Auslegung auch bei K. FÜSSEL, Im Zeichen des Monstrums. Zur Staatskritik der Johannes-Apokalypse, Freiburg i.Ue. 1986, dem ich u.a. den Hinweis auf Engels verdanke. In anderer, mehr essayistischer und streckenweise durchaus anregender Weise interpretiert politisch J. EBACH, Apokalypse. Zum Ursprung einer Stimmung, in: Einwürfe 2 (1985) 5-61.

[2] A. BOESAK, Schreibe dem Engel Südafrikas. Trost und Protest in der Apokalypse des Johannes (Comfort and Protest. The Apocalypse from a South African Perspective, Philadelphia 1987; dt. von S. Hinz-Wegner und R. Hinz), Stuttgart 1988, 10 (Titel des 1. Kapitels).

Attacke auf die römische Staatsmacht[3] und Trostbuch für bedrängte Gemeinden[4]. Als historischen Kontext nimmt man eine Christenverfolgung unter Kaiser Domitian ca. 90-95 n.Chr. an[5]. Allenfalls wird in zweiter Linie noch die Bekämpfung sittlicher Lauheit im Innern und gnostischer Irrlehren, die von außen eindrangen, als weiteres Ziel des Autors eingeräumt.

Was für herrschende Paradigmen in der Forschung des öfteren zutrifft, gilt auch hier: Manches ist dabei durchaus richtig gesehen, das kann und soll nicht in Abrede gestellt werden[6]. Aber ebenso sicher kommt es darüber zum Ausblenden anderer wichtiger Faktoren. Bei näherem Hinsehen weist

---

3   Bes. konsequent durchgeführt bei E. STAUFFER, Christus und die Caesaren. Historische Skizzen, Hamburg 1964, 160-209; teilweise gefolgt von seinem Schüler W. PÖHLMANN, Die heidnische, jüdische und christliche Opposition gegen Domitian. Studien zur neutestamentlichen Zeitgeschichte, Diss. theol. Erlangen 1966, 437-454; s. auch H. FUCHS, Der geistige Widerstand gegen Rom in der antiken Welt [1938], Berlin [2]1964, 20f.59f. Blanken Haß gegen Rom entdeckt in der Offb R.M. GRANT, The Sword and the Cross, New York 1955, 56-60; nicht ganz zu Unrecht (s.u.) bezweifelt er, daß die Christengemeinde Kleinasiens über diesen radikalen Entwurf rundweg glücklich waren (56f).

4   Vgl. exemplarisch den bahnbrechenden Kommentar von W. BOUSSET, Die Offenbarung Johannis (KEK 16), Göttingen [6]1906, Repr. 1966, 137f: "Selten wohl ist eine so entschlossene, fulminante Streitschrift gegen ein herrschendes System geschrieben wie in diesem merkwürdigen Buch ... sie windet im Voraus den Märtyrern dieses Kampfes die ewige Krone"; ferner die trotz aller Betonung der endgeschichtlichen Sicht auch stark martyrologisch ausgerichtete Auslegung von E. LOHMEYER, Die Offenbarung des Johannes (HNT 16), Tübingen [3]1970 (202: "...das Buch eines Märtyrers für Märtyrer"); deutlicher noch zuvor DERS., Christuskult und Kaiserkult (SGV 90), Tübingen 1919, 34: "...ein greller Widerschein der blutigen Verfolgung, die die Existenz des Christuskultes zur Zeit Domitians in Kleinasien zu vernichten drohte"; als weiteres, nahezu beliebiges Beispiel G. KRETSCHMAR, Die Offenbarung des Johannes. Die Geschichte ihrer Auslegung im 1. Jahrtausend (CThM B/9), Stuttgart 1985, 26-28.

5   S. vor allem R. SCHÜTZ, Die Offenbarung des Johannes und Kaiser Domitian (FRLANT 50), Göttingen 1933.

6   So sehe ich zur Datierung der Offb in die Zeit Domitians (nach Irenäus, Adv Haer V 30,3) momentan keine plausible Alternative, vgl. u. Anm. 35 u. 69. Das Jahr 68/69 n.Chr. unmittelbar nach Neros Tod schlagen vor: A.A. BELL, The Date of John's Apocalypse. The Evidence of Some Roman Historians Reconsidered, in: NTS 25 (1979) 93-102; J.N. SANDERS, St John on Patmos, in: NTS 9 (1962/63) 75-85, hier 78, aber das ist entschieden zu früh; zur Auseinandersetzung mit den hinlänglich bekannten diesbezüglichen Thesen von J.A.T. Robinson vgl. B.F. HARRIS, Domitian, the Emperor Cult and *Revelation,* in: Prudentia 11 (1979) 15-25. Eine Spätdatierung (Zeit Trajans? frühes zweites Jahrhundert?) favorisiert wieder J.W. TAEGER, Johannesapokalypse und johanneischer Kreis. Versuch einer traditionsgeschichtlichen Ortsbestimmung am Paradigma der Lebenswasser-Thematik (BZNW 51), Berlin 1988, 20-22.

das einheitlich wirkende Bild doch Risse auf. So arbeitet die Geschichts-
wissenschaft des längeren schon an einer partiellen Rehabilitierung von
Kaiser Domitian, der sein schlechtes Image nicht zuletzt der Feindseligkeit
senatorisch gesinnter Historiker – darin z.b. dem Philosophen Seneca vergleichbar – und jüdisch-christlicher Tradenten verdankt[7]. Art und Intensität
der domitianischen Christenverfolgung sind, selbst wenn man sie auf Kleinasien beschränkt, zunehmend fraglich geworden[8]. Die Johannesoffenbarung
bietet auch Indizien für eine erbitterte innerchristliche Kontroverse über
Nähe oder Distanz zur hellenistisch-römischen Gesellschaft[9].

All das ist gewiß nicht völlig neu, aber es scheint nicht immer hinreichend gewürdigt und in den Interpretationsansatz integriert zu werden[10].

---

[7] S. nur K. CHRIST, LAW 766f, dort bes. den Satz: "Insgesamt stehen die erzielten Er-
folge in starkem Gegensatz zum Tenor der Propaganda und der Herrscherauffassung.
Dennoch erwiesen sich die getroffenen Maßnahmen als realistisch, die Ökonomie der
Expansion als begründet" (767); R. HANSLIK, KP II, 122-125, bes. 125: "...korrigiert
die moderne Geschichtsschreibung das D.-Bild der nach-flav. Zeit mit Recht immer
mehr". Den Stellenwert des Konflikts zwischen Domitian und dem Senat erkennt im
Umriß auch P. PRIGENT, Au temps de l'Apocalypse I-III, in: RHPhR 54 (1974) 455-
483; 55 (1975) 215-235.341-363, hier I, 468-470. Ausführlicher und ausgewogen
jetzt L.L. THOMPSON, The Book of Revelation. Apocalypse and Empire, New
York/Oxford 1990, 95-115.

[8] Vgl. J. SPEIGL, Der römische Staat und die Christen. Staat und Kirche von Domitian
bis Commodus, Amsterdam 1970, 18-42.49-51, zur Offb bes. 51: "Ob aber und in
welchem Maße die Apokalypse mehr ist als eine prophetische Warnung vor dem Kaiserkult, nämlich auch Spiegelbild aktueller Christenverfolgung, das läßt sich schwer
sagen. Wir dürfen jedenfalls die Prophezeiungen dieser Schrift nicht einfach in Ge-
schehenes umwandeln"; R. FREUDENBERGER, TRE VIII, 25; wo man das in der Exegese durchaus richtig erkennt, kommt es zu diversen Vermittlungsversuchen mit der
herkömmlichen Sicht, vgl. z.B. K. WENGST, Pax Romana. Anspruch und Wirklichkeit. Erfahrungen und Wahrnehmungen des Friedens bei Jesus und im Urchristentum, München 1986, 147f.151f. Noch allzu unkritisch und dadurch unzuverlässig ist
der Artikel "Domitianus" aus dem Jahr 1959 von K. GROSS, RAC IV, 91-109; nicht
minder oberflächlich erstaunlicherweise auch D.L. JONES, Christianity and the Roman Imperial Cult, in: ANRW II/23.2 (1980) 1023-1054, hier 1033-1035 (wie kann
man ernsthaft sagen: "Domitian attempted to crush Christianity" [1033]?); auch P.
KERESZTES, The Imperial Roman Government and the Christian Church I. From Nero
to the Severi, in: ANRW II/23.1 (1979) 247-315, hier 257-272, ist problematisch.
Vgl. dagegen jetzt B.W. JONES, The Emperor Domitian, London/New York 1992, der
jede religiöse Verfolgung von Christen oder Juden durch Domitian energisch in Abrede stellt.

[9] Treffende Bemerkungen, die aber das Gesamtkonzept noch stärker prägen sollten, bei
U.B. MÜLLER, Die Offenbarung des Johannes (ÖTBK 19), Gütersloh/Würzburg 1984,
97-99.112-114.118f.

[10] Sehr weit gehen in die hier anvisierte Richtung u.a. A.Y. COLLINS, Persecution and
Vengeance in the Book of Revelation, in: D. Hellholm (Hrsg.), Apocalypticism in the

Wir wollen im folgenden diese Andeutungen von den Texten her etwas vertiefen[11]. Ausführlicher beschäftigen wir uns anhand des dritten Sendschreibens mit der Gemeinde von Pergamon, mehr kursorisch gehen wir auf Offb 13 und Offb 17-18 ein, um uns abschließend dem Ertrag für die Bestimmung des Sitzes im Leben zuzuwenden[12].

II. "Wo der Satan wohnt ..." (Offb 2,13): Christliche Gemeinde in heidnischer Stadt

Dem visionären Hauptteil der Johannesoffenbarung in Kap. 4-22 sind in Kap. 2-3 sieben Sendschreiben vorgeschaltet, die sich an christliche Gemeinden in kleinasiatischen Städten richten[13]. Ein Blick auf die Landkarte läßt rasch erkennen, welches Schema die Reihenfolge der Briefe bestimmt[14]. Es beginnt mit dem Schreiben nach Ephesus (Offb 2,1), jener Stadt, die der Insel Patmos, dem Aufenthaltsort des Autors, gegenüberliegt. Daran schließt sich eine Rundreiseroute an, die über die angeschriebenen Orte wieder nach Ephesus zurückführt. Das war sozusagen der "Postweg". Vergleicht man damit wiederum eine Karte, die alle archäologischen Über-

---

Mediterranean World and the Near East, Tübingen 1983, 729-749; E. SCHÜSSLER-FIORENZA, Apocalyptic and Gnosis in the Book of Revelation and Paul, in: JBL 92 (1973) 565-581; D.E. AUNE, The Social Matrix of the Apocalypse of John, in: BR 26 (1981) 16-32 (alle auch in weiteren Arbeiten), und zuletzt L.L. THOMPSON, Book (s. Anm. 7), in einer Studie, die mir erst nach dem konzeptuellen Abschluß meiner eigenen Überlegungen zugänglich wurde; vgl. jetzt auch D.A. deSILVA, The Social Setting of the Revelation to John: Conflicts within, Fears without, in: WThJ 54 (1992) 273-302. Keine echte methodische Alternative bedeutet trotz der darin geäußerten Kritik an der bisherigen Erforschung der Offb das Buch von J. ELLUL, Apokalypse. Die Offenbarung des Johannes - Enthüllung der Wirklichkeit, Neukirchen-Vluyn 1981.

[11] Zu Methodenfragen, Einleitungsfragen und zur Literatur allgemein verweise ich nur auf den Forschungsbericht von O. BÖCHER, Die Johannesapokalypse (EdF 41), Darmstadt [3]1988.

[12] Wertvolle Anregungen für das Folgende verdanke ich nicht zuletzt zwei Diplomarbeiten: D. MÜSSIG, Gegenwartsdeutung in Bildrede und Klagelied. Eine Studie zur pragmatischen Dimension von Offb 18, Würzburg 1991 (bes. für den übergreifenden Ansatz und für Kap. 18); O. STERNAGEL, Die Stadt Pergamon. Ihr religiöses Profil im Blick auf Offb 2,12-17, Würzburg 1990.

[13] Zu literarischen Fragen vgl. F. HAHN, Die Sendschreiben der Johannesapokalypse. Ein Beitrag zur Bestimmung prophetischer Redeformen, in: Tradition und Glaube. Das frühe Christentum in seiner Umwelt (FS K.G. Kuhn), Göttingen 1971, 357-394.

[14] Vgl. die Skizze bei J. ROLOFF, Die Offenbarung des Johannes (ZBK.NT 18), Zürich 1984, 42.

reste des Kaiserkults in Kleinasien registriert[15], stellt man fest, daß sie gleichfalls die sieben Städte der Sendschreiben enthält und darüber hinaus diesen Bereich im Südwesten Kleinasiens als Ballungsgebiet von Institutionen des Kaiserkults ausweist.

1. Die Stadt Pergamon und der Herrscher- bzw. Kaiserkult

Am Beispiel der Stadt Pergamon, die als ein Zentrum des Herrscher- und Kaiserkultes gilt, wollen wir uns kurz vergegenwärtigen, wie sich dieser Kult im Stadtbild, in der Strukturierung des öffentlichen Raums, auswirkte[16].

Wenn wir chronologisch vorgehen, müssen wir mit dem Temenos für den Herrscherkult beginnen[17]. Er stammt noch aus der Zeit der Attaliden, die zwischen Alexander dem Großen und dem Beginn der Römerherrschaft die Könige von Pergamon stellten. Es gab seit dem 2. Jh.v.Chr. einen eigenen Kultverein der Attalisten, denen für Versammlungen und Feste ein Gebäude mit Kultnische beim Theater zur Verfügung stand[18]. Das dokumentiert eine auch andernorts bezeugte Verquickung von Dionysoskult (Dionysos als Theatergott) und Herrscherkult. Der große Zeusaltar, heute im Pergamonmuseum in Berlin, mit dessen Bau wohl 181 v.Chr. aus Anlaß eines Sieges in der Schlacht von Magnesia begonnen wurde, hat unmittelbar mit dem Herrscherkult nichts zu tun[19].

Aus dem Bereich der Stadtgrabung verdient das Heroon für Diodoros Pasparos besonderes Interesse[20]. Dieser Diodoros Pasparos war ein einflußreicher Bürger, der sich ca. 70 v.Chr. große Verdienste um die Stadt erwarb. Die Volksversammlung beschloß deshalb die Errichtung einer Kultstätte zu seinen Ehren noch zu seinen Lebzeiten. Die Anlage besteht aus einem Raum mit Statuen und Inschriften, wo Opfer und Mahlzeiten stattfanden, und aus einer Art Hörsaal für Festvorträge und musische Wett-

---

15 Bei S.R.F. PRICE, Rituals and Power. The roman imperial cult in Asia Minor, Cambridge 1984, Repr. 1987, XXV.
16 Zum folgenden vgl. E. OHLEMUTZ, Die Kulte und Heiligtümer der Götter in Pergamon [1940], Darmstadt ²1968; W. RADT, Pergamon. Geschichte und Bauten, Funde und Erforschung einer antiken Metropole (DuMont Dokumente), Köln 1988; O. STERNAGEL, Pergamon (s. Anm. 12; dort auch weitere Lit.).
17 W. RADT, Pergamon (s. Anm. 16) 275-279.
18 Ebd. 222-224; auch E. OHLEMUTZ, Kulte (s. Anm. 16) 102f.
19 W. RADT, Pergamon (s. Anm. 16) 190-206.
20 Ebd. 279-285.

kämpfe. Sie wurde auch lange nach dem Tod des dermaßen Geehrten noch genutzt.

Das älteste erhaltene Heiligtum Pergamons ist der Tempel der Athene, in dessen Gelände auch die berühmte Bibliothek von Pergamon[21] untergebracht war. Auf einem Rundsockel im Tempelhof stand eine Statue der Göttin. Sie wurde im Jahre 20 v.Chr. abgebaut und durch ein Standbild des Kaisers Augustus ersetzt[22]. Eine Ehreninschrift aus diesen Jahren lautet: "Den Selbstherrscher, Caesar, den Gottessohn, den Gott Sebastos (Augustus), jeglichen Landes und Meeres Aufseher."[23] Im größten Gymnasium der Stadt hatten auf der mittleren Terrasse Statuen der *Theoi Sebastoi*, d.h. von Kaiser Augustus und seiner Gattin Livia, ihren Platz[24]. Der Kult dieser beiden fand auch ins Demeterheiligtum Eingang[25]. 29 v.Chr. schon erhielt die Stadt die Erlaubnis, den ersten Tempel für Augustus und die *Dea Roma,* die Göttin Rom, in der Provinz Asien zu errichten[26]. Leider ließ sich bis heute nicht eindeutig klären, wo dieser Tempel lag. Eine Vermutung geht dahin, daß es ein Vorgängerbau für das späteren Trajaneum war[27], das seit seiner Errichtung im frühen 2. Jh.n.Chr. die Stadt Pergamon buchstäblich überragte. Als Tempel für Zeus Philios und Kaiser Trajan bzw. Kaiser Hadrian wurde es mit gewaltigen, steil abfallenden Stützmauern in die Spitze des Burgberges hineingebaut[28].

---

[21] Die aber nach Plutarch, Anton 58,5, im Jahre 41/40 v.Chr. von Marcus Antonius zugunsten Alexandriens kräftig dezimiert wurde.

[22] W. RADT, Pergamon (s. Anm. 16) 182f.

[23] Inschriften von Pergamon Nr. 381; bei A. DEISSMANN, Licht vom Osten. Das Neue Testament und die neuentdeckten Texte der hellenistisch-römischen Welt, Tübingen [4]1923, 295.

[24] W. RADT, Pergamon (s. Anm. 16) 140. Erst aus dem späten 2. Jh.n.Chr. stammt der Kaisersaal am Ostende des Nordflügels im oberen Gymnasium (ebd. 145); vgl. auch E. OHLEMUTZ, Kulte (s. Anm. 16) 236.

[25] W. RADT, Pergamon (s. Anm. 16) 213: "Dies beweisen die Köpfe von mehreren Statuen Angehöriger des Kaiserhauses, allen voran ein Kopf des Augustus. Seine Gattin Livia ließ sich auf pergamenischen Münzen als sitzende Demeter mit Kornähren in der Linken und dem Zepter in der Rechten darstellen"; vgl. E. OHLEMUTZ, Kulte (s. Anm. 16) 222.

[26] S.R.F. PRICE, Rituals (s. Anm. 15) 56.133.252 (mit Nachweisen). S. nur Tacitus, Annalen IV 37,3.

[27] Ohne die unerläßliche Problematisierung übernommen von H. KRAFT, Die Offenbarung des Johannes (HNT 16a), Tübingen 1974, 63.

[28] W. RADT, Pergamon (s. Anm. 16) 239-250. Strittig bleibt, ob die beiden Kaiser *als* Zeus Philios und Zeus Olympios verehrt wurden oder ob sie – wahrscheinlicher – lediglich eine Tempelgemeinschaft mit der überlegenen olympischen Gottheit eingingen; Diskussion bei E. OHLEMUTZ, Kulte (s. Anm. 16) 79-83.

Außerhalb der Stadt liegt im Südwesten ein Asklepiosheiligtum, dessen Ruhm als Heilstätte und Kurort dem von Epidauros kaum nachstand[29]. Am Säulengang, der dorthin führt, findet sich ein echtes Heroon mit einer Grabkammer, vielleicht dem Telephos, dem sagenhaften Gründer von Pergamon, gewidmet. Eine Statue Kaiser Hadrians aus einem Raum an der Nordostecke trägt auf der Basis die Weiheinschrift "dem Gott Hadrian"[30].

Die Strukturierung des öffentlichen Raumes durch den Herrscher- und Kaiserkult am Beispiel Pergamons aufzuzeigen war unser Ziel. Was wir beobachtet haben, ermöglicht uns zusätzlich einige knappe Anmerkungen zu genetischen Aspekten dieses Phänomens und zu seiner Funktion als soziales Zeichensystem[31]. Zu seinen Wurzeln zählen mit allem Vorbehalt (a) die ältere griechische Praxis der Heroisierung von Verstorbenen und (b) der Wohltäterkult, der Antwort auf die Erfahrung von Hilfe und Rettung gibt, zunehmend auch gegenüber noch lebenden Menschen, Feldherrn und Machthabern zumeist, aber nicht ausschließlich. Auf dieser Basis bildeten sich seit 400 v.Chr., also noch vor Alexander dem Großen einsetzend, in der östlichen Mittelmeerwelt zunächst lokal begrenzte Formen der Herrscherverehrung heraus, die vor allem von den Nachfolgern Alexanders des Großen in Kleinasien, Syrien und Ägypten bewußt gefördert wurden. Von 220 v.Chr. an wandten sich die Römer nach Osten und gliederten Gebiet um Gebiet ihrem Herrschaftsbereich ein. Die Bewohner Kleinasiens mußten die politische und militärische Überlegenheit der Römer in ihr eigenes Weltbild integrieren und mit ihrer eigenen Identität vermitteln. Das gelang ihnen dadurch, daß sie an die römische Macht und ihre Vertreter die Kategorien des hellenistischen Herrscherkultes herantrugen. So konnten sie diese teils

---

29 W. RADT, Pergamon (s. Anm. 16) 250-271; E. OHLEMUTZ, Kulte (s. Anm. 16) 123-173. Eine instruktive Fallstudie bei H. MÜLLER, Ein Heilungsbericht aus dem Asklepieion von Pergamon, in: Chiron 17 (1987) 193-233.

30 Vgl. S.R.F. PRICE, Rituals (s. Anm. 15) 183 und Plate 4a. Während Price von einem "Imperial Room" spricht, entdecken andere (auch W. Radt) darin eine Bibliothek, aber das muß, worauf Price selbst hinweist (253), nicht notwendigerweise ein Gegensatz sein.

31 Maßgeblich ist für das Folgende vor allem die bahnbrechende Studie von S.R.F. PRICE, Rituals (s. Anm. 15). Von den früheren Arbeiten gehört m.E. zu den wichtigsten C. HABICHT, Gottmenschentum und griechische Städte (Zet. 14), München ²1970. Ansonsten nenne ich aus der reichen Lit. nur noch die Übersichten: P. HERZ, Bibliographie zum römischen Kaiserkult (1955-1975), in: ANRW II/16.2 (1978) 833-910; W. DEN BOER (Hrsg.), Le culte des souverains dans l'empire Romain (EnAC 19), Vandoeuvres 1973; A. WLOSOK (Hrsg.), Römischer Kaiserkult (WdF 372), Darmstadt 1978; J. RUFUS FEARS, RAC XIV, 1047-1093; Å.V. STRÖM / W. PÖHLMANN / A. CAMERON, TRE XV, 244-255.

als Demütigung, teils als Rettung erlebten Vorgänge in vertraute Lebenszu-
sammenhänge integrieren. Das wiederum hat seine Rückwirkungen auf
Rom, aber es bleibt ein unverkennbares Gefälle zwischen der östlichen und
der westlichen Reichshälfte bestehen. Kaiser, die sich im Osten göttliche
Verehrung gefallen ließen, übten in Rom diesbezüglich zu Lebzeiten – die
Apotheose nach dem Tod ist davon zu unterscheiden – politisch kluge Zurückhaltung. In diesen großflächigen Zusammenhang ordnet sich die auffällige Tatsache ein, daß sich gerade Kleinasien zu einer Hochburg des Kaiserkults entwickelte. Wenn irgendwo, dann mußte es hier zu Konflikten mit
dem entstehenden Christentum kommen.

2. Antipas, der "treue Zeuge"

In das Panorama der Stadt Pergamon ist nun einzuzeichnen, was wir
aus dem dritten Sendschreiben in Offb 2,12-17 über die christliche Gemeinde an diesem Ort erfahren. Zweimal wird die Stadt in V. 13 als Wirkungs-
stätte des Satans charakterisiert: "Ich weiß, wo du wohnst, nämlich dort,
wo der Thron des Satans steht ... in den Tagen des Antipas, meines treuen
Zeugen, der bei euch getötet wurde, wo der Satan wohnt." Können wir den
"Thron des Satans" noch näher identifizieren? Genannt werden alternativ:
der große Zeusaltar bzw. das ganze Ensemble von Athena-Tempelareal und
Zeusaltar[32] oder ein Heiligtum des Kaiserkults[33]. Für letzteren Vorschlag
spricht Offb 13,2: Dem Tier aus dem Meer, das das römische Weltreich
verkörpert, übergibt der Drache (zuvor in 12,9 als alte Schlange, als Teufel
und Satan kenntlich gemacht), "seine Macht und *seinen Thron* und große
Gewalt". Der weithin sichtbare Trajanstempel, der auf dem Berggipfel
thront, gäbe von der Bildvorgabe her einen vorzüglichen Kandidaten ab[34].

---

[32] Z.B. A. DEISSMANN, Licht (s. Anm. 23) 240 Anm. 8; E. LOHMEYER, Offb (s. Anm. 4)
25.

[33] U.B. MÜLLER, Offb (s. Anm. 9) 110; vermittelnd J. ROLOFF, Offb (s. Anm. 14) 54:
"Pergamon insgesamt als Hochburg heidnischer Religiosität"; auch R. NORTH, Thro-
nus Satanae Pergamenus, in: VD 28 (1950) 65-76, der die diversen Möglichkeiten
bespricht, entscheidet sich für eine umfassendere Lösung: die hoch oben thronende
Stadt mit ihren vielen Heiligtümern; vgl. zu weiteren Versuchen, die z.B. das Asklepieion angesprochen sehen, C.J. HEMER, The Letters to the Seven Churches of
Asia in Their Local Setting (JSNT.S 11), Sheffield 1986, 82-87 (optiert selbst für
"the emperor-cult").

[34] Auf ihn wäre zu übertragen, was Deißmann a.a.O. (s. Anm. 32) zugunsten des Zeus-
altars ins Feld führt: "...kein anderes Heiligtum der Bergstadt lag so weithin sichtbar

Nur kommen wir damit, wenn wir probehalber an der gängigen Datierung der Offenbarung in die Zeit Domitians festhalten[35], in Terminschwierigkeiten. Wir müssen schon auf den leider nicht genau lokalisierbaren Tempel des Augustus und der *Dea Roma* zurückgreifen[36].

Beide wohnen nach V. 13 am gleichen Ort: die angesprochene christliche Gemeinde und der Satan. Das muß zum Zusammenstoß führen, und das erste Opfer ist zu beklagen, nämlich Antipas, der "treue Zeuge". Er ist dem Glauben treu geblieben (Wortspiel mit πίστις und πιστός), er hat am Zeugnis für Jesus, das sich im Bekenntnis verdichtet, festgehalten und ist deshalb getötet worden[37]. Wie das und warum das geschah, wissen wir nicht sicher. Wir können Lynchjustiz durch eine aufgebrachte Menge nicht völlig ausschließen, aber im allgemeinen war das Rechtswesen in den römischen Provinzen gut entwickelt. Aussichtsreicher erscheint ein vorsichtiger Rückschluß aus dem Christenbrief, den der jüngere Plinius 112 n.Chr. aus der kleinasiatischen Provinz Bithynien an Kaiser Trajan richtet[38].

---

und konnte so im ganzen Lande als typischer Repräsentant des satanischen Heidentums gelten."

[35] Sie wird mit konvergierenden Argumenten, die sich längst nicht alle auf eine Verfolgungssituation beziehen, verteidigt von C.J. HEMER, Letters (s. Anm. 33) 2-12; ebenso von A.Y. COLLINS, Myth and History in the Book of Revelation: The Problem of Its Date, in: Traditions in Transformation: Turning Points in Biblical Faith (FS F.M. Cross), Winona Lake, Ind. 1981, 377-403; DIES., Dating the Apocalypse of John, in: BR 26 (1981) 33-45. Trotz des etwas täuschenden Titels hält daran auch fest B. NEWMAN, The Fallacy of the Domitian Hypothesis: Critique of the Irenaeus Source as a Witness for the Contemporary-historical Approach to the Interpretation of the Apocalypse, in: NTS 10 (1963/64) 133-139.

[36] Mit W.M. RAMSAY, The Letters to the Seven Churches of Asia and Their Place in the Plan of the Apocalypse, London 1904, Repr. Grand Rapids 1963, 294. Als weitere Möglichkeit erwägt A.Y. COLLINS, Persecution (s. Anm. 10) 733, "the residence of the Roman governor or the place where he made judicial decisions".

[37] Der Zeugnisbegriff ist hier noch nicht martyrologisch zu verstehen; vgl. E. SCHÜSSLER-FIORENZA, Priester für Gott. Studien zum Herrschafts- und Priestermotiv in der Apokalypse (NTA NF 7), Münster 1972, 243f: Das Moment des Todes muß noch eigens unterstrichen werden, das "Zeugesein für Jesus" allein bedingt "noch nicht den Tod, sondern der Tod kann als Folge dieses Zeugeseins eintreten"; s. zuletzt mit Diskussion verschiedener Positionen R. FILIPPINI, La forza della verità. Sul concetto di testimonianza nell'Apocalisse, in: RivBib 38 (1990) 401-449.

[38] Plinius d.J., Ep X 96,1-10; mit der Antwort Kaiser Trajans ebd. 97,1-2; vgl. dazu die vorzügliche Auslegung von R. FREUDENBERGER, Das Verhalten der römischen Behörden gegen die Christen im 2. Jahrhundert dargestellt am Brief des Plinius an Trajan und den Reskripten Trajans und Hadrians (MBPF 52), München 1967, bes. 139-141 (die Selbstkorrektur in TRE VIII, 24 erscheint mir nicht unbedingt erforderlich zu sein); etwas anders J. SPEIGL, Staat (s. Anm. 8) 58-81, der aber auch feststellt: "Die Sicherheit", mit der Plinius vorging, "stammt aus der früheren Praxis" (62). Zur

Wenn Plinius einleitend sagt, er habe bisher "Christenprozessen nie beigewohnt" (96,1), gibt er auch zu erkennen, daß es solche Prozesse im Osten, wo er zum ersten Mal weilt, schon länger gab. Und er wendet dann doch ein offenbar eingespieltes Verfahren an, das er sich von Trajan lediglich billigen lassen will. Aktiv wird er nicht von sich aus, sondern nur auf Anzeige hin (96,5). Das wird Trajan sogar noch verschärfen: nur auf namentliche, nie auf anonyme Anzeigen hin (97,2; vgl. auch 1: "nachspüren soll man ihnen nicht"). Dann aber greift sofort die Todesstrafe, wenn die Angeklagten den Opfertest nicht bestehen, wenn sie nicht mit den Worten des Plinius "nach meinem Vorbild die Götter anriefen und Deinem Bild, das ich zu diesem Zweck zusammen mit den Götterbildern hatte heranholen lassen, mit Weihrauch und Wein ein Bittopfer dargebracht hatten, außerdem Christus verflucht hatten" (96,5; vgl. 6).

Trajan nennt in seiner Antwort sein eigenes Standbild nicht mehr, sondern begnügt sich mit dem "Kultakt zu unseren Göttern" (97,1). Aber es fragt sich, ob er in einem eigenen Brief aus Rom überhaupt anders verfahren konnte. Es wäre jedenfalls vorschnell, daraus zu folgern, das Kaiserbild habe in der Kontroverse gar keine Rolle gespielt und das auch auf die Zeit vor Trajan auszudehnen[39]. Immerhin hat Domitian im Kaisertempel in Ephesus ein überdimensionales Abbild seiner selbst aufstellen lassen[40]. Verschlüsselt beschreibt die Verehrung von Kaiserstatuen auch Offb 13,14f: Das Tier vom Land verführt die Erdenbewohner dazu, ein Bild für das Tier aus dem Meer anzufertigen, "und ihm wurde gegeben, dem Bild des Tieres Lebensgeist einzugeben, so daß das Bild des Tieres sogar zu sprechen begann, und zu bewirken, daß alle, die das Bild nicht anbeten wollten, getötet würden" (über die technischen Möglichkeiten, den zuletzt angesprochenen Zauber künstlich in Szene zu setzen, hat man in antiken Tempeln verfügt[41]).

Nach diesem Modell dürfen wir uns das Schicksal des Antipas am ehesten vorstellen. Er war sozial auffällig geworden aufgrund seiner neuen, vom Glauben bestimmten Lebenspraxis und hatte eine Anzeige provoziert.

Stellung des Briefwechsels mit Trajan in der Briefsammlung des Plinius allgemein vgl. vor allem P. CUGUSI, Evoluzione e forme dell'epistolografia latina nella tarda repubblica e nei primi due secoli dell'impero con cenni sull'epistolografia preciceroniana, Rom 1983, 229-239.

39 Richtig J. SPEIGL, Staat (s. Anm. 8) 78 Anm. 112; B.F. HARRIS, Domitian (s. Anm. 6) 23f.

40 Vgl. S.R.F. PRICE, Rituals (s. Anm. 15) 187.255 (Belege).

41 Vgl. S.J. SCHERRER, Signs and Wonders in the Imperial Cult: A New Look at a Roman Religious Institution in the Light of Rev 13:13-15, in: JBL 103 (1984) 599-610.

Im Gerichtsverfahren verweigerte er das Opfer vor Götter- und Kaiserbild, er bekannte sich weiter zu Jesus als seinem Herrn, anstatt ihn, wie es Plinius forderte, zu verfluchen. Das kostete ihn das Leben.

Eine Zwischenüberlegung können wir hier einschieben. In den Sendschreiben nach Smyrna und nach Philadelphia wird ungewöhnlich scharf die örtliche Judenschaft als "Synagoge des Satans" angegriffen (Offb 2,9; 3,9)[42], was notwendig an den Thron des Satans und das Wohnen des Satans in Pergamon erinnert. Vielleicht war es so, daß gelegentlich die Denunziation aus den Reihen der Synagogengemeinde kam oder daß es noch allgemeiner schon genügte, wenn Christen nicht mehr länger die Möglichkeit hatten, an teuer erkauften jüdischen Privilegien zu partizipieren und dadurch schutzloser wurden[43]. Das würde die Härte der Polemik und ihren inneren Zusammenhang erklären helfen.

Es fällt, wenn wir zu Antipas zurückkehren, auf, daß nur sein Name genannt wird. Bedrängnisse werden auch andernorts konstatiert (2,8), Gefängnisstrafen (2,10[44]) und Stunden der Versuchung (3,10) in Aussicht gestellt. Aber was Hinrichtungen angeht, gewinnt man aus den Sendschreiben den Eindruck, daß Antipas eher ein Einzelfall war, ein besonders prominenter vielleicht, aber keineswegs der Normalfall[45]. Wir müssen uns freimachen von der irreführenden Vorstellung, als habe jeder Christ und jede Christin täglich und stündlich in der Gefahr geschwebt, zum Opfern vor die Kaiserstatue geschleppt zu werden. Das trifft so nicht zu. Die Rede von

---

[42] Gegen H. KRAFT, Offb (s. Anm. 27) 61, dürften wirklich Juden gemeint sein und nicht Christen bestimmter Couleur; daß sie nach Offb 2,9 und 3,9 nur "sagen, sie seien Juden", hat eher mit dem Selbstverständnis der Christen als neues Gottesvolk Israel zu tun, vgl. J. ROLOFF, Offb (s. Anm. 14) 52.

[43] C.J. HEMER, Letters (s. Anm. 33) 8-12, führt die verschärfte Judensteuer unter Domitian (Sueton, Dom 12,2: *Iudaicus fiscus*) ins Feld, die Geld kostete, aber auch von manchen Verpflichtungen gegenüber der heidnischen Gesellschaft befreite (dazu auch W. PÖHLMANN, Opposition [s. Anm. 3] 247-287). Überzogen wird dieser Ansatz von A.J. BEAGLEY, The 'Sitz im Leben' of the Apocalypse with Particular Reference to the Role of the Church's Enemies (BZNW 50), Berlin 1987.

[44] Im Sendschreiben nach Smyrna; diese Gefängnisstrafe wird im gleichen Vers als eine Versuchungszeit von zehn Tagen Dauer bezeichnet. Das greift auf Dan 1,12.14 zurück, wo sich vier israelitische Jünglinge am Hof Nebukadnezars weigern, von der königlichen Tafel zu essen – vielleicht ein versteckter Fingerzeig auf das weiter unten noch zu behandelnde Problem des Essens von Götzenopferfleisch; vgl. K. WENGST, Pax (s. Anm. 8) 150.

[45] Auch wenn man nicht ganz soweit gehen will wie A.A. BELL, Date (s. Anm. 6) 101: "Can the singling out of Antipas imply anything but that there were no other martyrs?"; nicht überzeugend H. KRAFT, Offb (s. Anm. 27) 65.

einer allgemeinen schweren Christenverfolgung unter Domitian bedarf auch
von daher dringend der Relativierung.

Ein letzter Blick auf Offb 2,13. Der Fall des Antipas liegt zeitlich bereits etwas zurück. Damals hat sich die Gemeinde von Pergamon im Glauben nicht beirren lassen, und sie hält auch weiterhin am Namen Jesu Christi
fest. Aber ganz uneingeschränkt gilt das Lob für die Gegenwart nicht mehr,
weil es in der Gemeinde auch eine Fraktion gibt, die anders optiert: die Nikolaiten. Das verdient Kritik, wenn auch angesichts der sonstigen Bewährung nur behutsame und verhaltene (V. 14a: "Aber ich habe gegen dich
weniges...").

3. Bileam, Isebel und die Nikolaiten

In V. 14 heißt es zunächst, daß es in der Gemeinde solche gibt, die "an
der Lehre Bileams festhalten". Von Bileam wird weiter gesagt, er habe König Balak gelehrt, die Kinder Israels dazu zu verleiten, "Götzenopferfleisch" zu essen und Unzucht zu treiben". In der Grundperikope Num 22-
24 füllt Bileam eine eher positive Rolle aus: Als heidnischer Seher vom
Moabiterkönig Balak dazu engagiert, Israel mit wirkmächtigem Wort zu
verfluchen, spricht er stattdessen aufgrund der Inspiration durch Gott Se-
genssprüche über das Volk aus. Aber schon im Alten Testament zeichnet
sich in anderen, priesterlichen Traditionsschichten ein deutlich negatives
Bild ab. Bileam hat nach Dtn 23,5f das Volk doch verflucht. Mehr noch, er
hat nach Num 31,16 (wohl ein später Text) das angestiftet, was in Num
25,1-3 noch ohne sein Zutun geschieht: Die Töchter der Moabiter (bzw. in
25,6.14-18 und 31,16 der Midianiter) verführen die Israeliten zur Unzucht
und auf diesem Weg auch zur Teilnahme an ihren Opfermählern und zum
Götzendienst[46]. Das baut die jüdische Überlieferung, für uns u.a. bei Philo
und Josephus faßbar, weiter aus[47]. In dieser Sicht wird Bileam schließlich
im Neuen Testament, im Judasbrief und im zweiten Petrusbrief, zu einem
Prototyp des Irrlehrers, der aus purer Habgier handelt[48].

---

[46] Vgl. an weiteren Textstellen Num 31,8 (Bileam wird mit dem Schwert getötet); Dtn
     23,5f; Jos 13,22; 24,9f; Neh 13,2; Mich 6,5; s. K.G. KUHN, ThWNT I, 521-523; P.
     SCHÄFER, TRE VI, 639f.

[47] Philo, Vit Mos 1,263-304 (bes. 296-299); Josephus, Ant 4,100-158 (bes. 129f).

[48] Vgl. Jud 11; 2 Petr 2,15f; die Habgier auch bei Philo, Vit Mos 1,268, und bei den
     Rabbinen, s. Bill. III, 771. Das sekundäre Einbringen der Habgier, die wir weiter un-
     ten für die Bestimmung des situativen Kontextes noch benötigen werden, mit dem

Auffällig parallel mit V. 14 konstruiert und zusätzlich mit zwei Ver-
gleichspartikeln versehen ist V. 15: "So hast auch du solche, die an der
Lehre der Nikolaiten gleicherweise teilhaben." Schon das legt die Vermutung nahe, daß wir es nicht etwa mit zwei verschiedenen Gruppen zu tun
haben, sondern mit einer. Die Nikolaiten sind mit dem symbolgeladenen
Negativbeispiel aus dem Alten Testament polemisch anvisiert[49]. Sie und
ihre Anhänger praktizieren, was der Verf. Götzenopferfleisch essen und
Unzucht treiben nennt.

Das wird durch ein anderes Sendschreiben bestätigt. Es geht dabei weniger um das erste Sendschreiben nach Ephesus (Offb 2,1-7), wo die Gemeinde dafür gelobt wird, daß sie "die Werke der Nikolaiten" haßt, "die
auch ich hasse" (2,6)[50]. Einschlägig ist vor allem das Schreiben nach Thyatira mit dem harten Tadel, der die Gemeinde trifft, weil sie eine Frau namens Isebel ungehindert gewähren läßt. Diese Isebel nennt sich, so der
Text, "selbst Prophetin und lehrt und verführt meine Knechte, Unzucht zu
treiben und Götzenopferfleisch zu essen" (2,20). Das Thema der Unzucht
wird auch im Umkehrruf von V. 21 und in der Strafandrohung von V. 22f
fortgeführt: "...und sie will nicht umkehren von ihrer Unzucht. Siehe, ich
werfe sie aufs Krankenlager und die, die mit ihr Ehebruch treiben, in große
Bedrängnis, wenn sie nicht umkehren von ihren Werken, und ihre Kinder
werde ich töten durch Pest."

Die Parallelen zu den Nikolaiten bestehen im gleichen Vorwurf des Göt-
zenopferfleischessens und der Unzucht, im Stichwort "Lehre", "lehren"
(vgl. 2,14f mit 2,20-24) sowie in der Tatsache, daß wieder ein alttestament-
licher Deckname mit abwertender Zielsetzung gewählt wird. Denn diese

---

Ziel der moralischen Diskreditierung einer Erzählfigur hat eine Parallele in der ntl
Judasüberlieferung.

[49] So mit der exegetischen Mehrheitsmeinung. Daß sich die Nikolaiten selbst auf Bileam berufen haben sollten, halte ich trotz M. KARRER, Die Johannesoffenbarung als
Brief. Studien zu ihrem literarischen, historischen und theologischen Ort (FRLANT
140), Göttingen 1986, 197, für unwahrscheinlich. Ob es eine etymologische Brücke
von *bala-am* = Verschlinger des Volkes (Bill. III, 793) zu *Niko-laos* = Besieger des
Volkes gibt, mag dahingestellt bleiben, auch wenn das zeitweilig eine führende
Hypothese war, s. L. SEESEMANN, Nikolaos und die Nikolaiten. Ein Beitrag zur ältesten Häresiologie, in: ThStKr 66 (1893) 47-82, hier 49.

[50] Ihre Verbindung zu den in 2,2 von der Gemeinde entlarvten falschen Propheten ist
noch einmal eine Frage für sich. U.B. MÜLLER, Offb (s. Anm. 9) 96f.101f, spricht
sich für eine Identifizierung der beiden Gruppen aus, was möglich, aber nicht gänzlich gesichert erscheint. Die Nikolaiten würde ich auch bei einer Identifizierung dennoch nicht so restlos wie U.B. Müller im Phänotyp der Wandermissionare aufgehen
lassen (s.u.).

Frau, die als christliche Prophetin in der Gemeinde von Thyatira wirkt,
heißt mit ihrem Eigennamen schwerlich Isebel. Der Autor greift vielmehr
auf die Frau von König Ahab im Alten Testament zurück. Sie hat als
Nichtisraelitin den König und das Volk dazu verführt, dem Baal zu dienen
(1 Kön 16,29-33; 18,19), und sie hat dem wahren Propheten Gottes, Elija
nämlich, nach dem Leben getrachtet (1 Kön 19,2). Isebel und Bileam stehen somit auf einer Linie, und die "Kinder" der "Isebel" aus 2,23, was soviel bedeutet wie ihre Anhängerschar, dürfen wir getrost im gleichen Umfeld ansiedeln wie die Nikolaiten und ihre Gefolgschaft in 2,6 und 2,15.

Wir stoßen also in drei der sieben Adressatengemeinden auf eine relativ
gleichförmige Bewegung, die wir der Einfachheit halber mit dem Sammel-
begriff "Nikolaiten" belegen wollen. Sie war innergemeindlich verwurzelt,
pflegte aber auch übergemeindlichen Austausch. Der Verfasser prangert
die Neigung zur Unzucht als eines ihrer hervorstechenden Merkmale an.
Das braucht trotz der drastischen Art und Weise, wie er das im Fall der
Isebel ausmalt (ihr jetziges "Krankenlager" karikiert das frühere "Lotter-
bett"), nicht wörtlich genommen zu werden. Schon im Alten Testament
dient Unzucht als Metapher für den Abfall von Gott und die Hinwendung
zu den Götzen (so für Isebel 2 Kön 9,22)[51], motiviert sicher von der Erfahrung oder von dem Verdacht, daß heidnische Kulte in sexuelle Orgien ein-
münden konnten, aber davon doch prinzipiell ablösbar. Das Aposteldekret,
auf das unser viertes Sendschreiben mit "Ich lege keine andere (zusätzliche)
Last auf euch außer..." in V. 24f anspielt (vgl. Apg 15,28), untersagt Heidenchristen neben dem Genuß von Götzenopferfleisch, von Blut und von
Ersticktem auch die Unzucht (Apg 15,29; vgl. 15,20; 21,25). Das meint
primär wohl Ehen in verbotenen Verwandtschaftsgraden nach Lev 18,5-
18[52]. Diesen konkreten Anlaß wollen wir, ohne die Anlehnung an das Aposteldekret insgesamt zu ignorieren, gar nicht in unsere Texte eintragen.
Aber es erübrigt sich für die Sendschreiben jedes – in der Kommentarliteratur durchaus übliche – Sowohl-Als-Auch: Unzucht gleich Gefährdung
durch heidnische Kulte, aber auch gleich Laxheit hinsichtlich der
Sexualmoral. Vielmehr verbirgt sich hinter dem verbal geäußerten
Unzuchtsverdacht der Vorwurf, die angegriffenen, wohlgemerkt christlichen Kreise würden es an der notwendigen Distanz zur heidnischen Stadtgesellschaft und ihren vielfältigen Formen der Religionsausübung fehlen

---

[51] Vgl. S. ERLANDSSON, ThWAT II, 612-619; zu Isebel außerdem noch I. LJUNG, Om
"Isebel" i Samaria, Tyatira och frankerrit, in: SEÅ 54 (1989) 127-134.

[52] Vgl. A. WEISER, Die Apostelgeschichte. Kapitel 13-28 (ÖTBK V/2), Gütersloh/
Würzburg 1985, 383.

lassen. Allzu große Kompromißbereitschaft kommt in den Augen des Apokalyptikers bereits dem Götzendienst gleich. Wenn es einer weiteren Konkretisierung bedarf, wird man sie aus Offb 17,1-5 und 18,2f gewinnen, wo in dürftiger Verkleidung das römische Weltreich als die große Dirne erscheint. Das ist der Götze, dem zu huldigen sich in der Sicht des Johannes auch die Nikolaiten anschicken. Sie sollten aber bedenken, daß es in der künftigen Himmelsstadt, dem neuen Jerusalem, nach Offb 22,15 (vgl. 21,8) keine Unzüchtigen und keine Götzendiener mehr geben wird.

Die Lebenspraxis unmittelbar betreffen dürfte das Thema des Essens von Götzenopferfleisch. Dazu muß man wissen, daß es je nach gesellschaftlicher Lage gar nicht so einfach war, den Verzehr von Götzenopferfleisch völlig zu vermeiden. Fleisch gehörte in der Antike, weil es kostspielig war, nicht zu den Grundnahrungsmitteln. In vielen Fällen wurde es nur durch Schlachtopfer gewonnen und bei Opfermählern verzehrt, sei es bei den großen städtischen Festen (für Minderbemittelte oft die einzige Gelegenheit zum Genuß von Fleisch), sei es bei den Zusammenkünften von Handwerkern und Kaufleuten, die in der Form privater Kultvereine organisiert waren. Auch dem Fleisch, das auf den Märkten feilgeboten wurde oder das bei Gastmählern in heidnischen Häusern auf den Tisch kam, konnte man nie ganz trauen[53]. Das wußte auch Paulus, der einige Jahrzehnte früher das Problemfeld in 1 Kor 8-10 sehr differenziert behandelt hat. Trotz des Aposteldekrets, das er entweder gar nicht kennt oder, wenn er es kennt, für seine heidenchristlichen Gemeinden nicht akzeptiert, gibt er den Verzehr von Götzenopferfleisch grundsätzlich frei, schränkt ihn in der Praxis aber entschieden ein, indem er Rücksichtnahme auf das Gewissen all derer fordert, die sich skandalisiert fühlen konnten. Die Korinther hatten ihre noch freizügigere Praxis mit ihrer Erkenntnisfähigkeit begründet (1 Kor 8,1-4). Später, im 2. Jahrhundert, hören wir von Gnostikern, die bedenkenlos Götzenopferfleisch essen, weil ihre Einsicht in das wahre Wesen der Dinge ihnen das erlaubt[54].

Unter dieser Rücksicht erscheint es bemerkenswert, wie Offb 2,24 die Lehre der Anhänger Isebels inhaltlich qualifiziert: Sie würden, heißt es dort, behaupten, "die Tiefen des Satans erkannt" zu haben. Die Erwähnung des Satans wird wieder aufs Konto der Polemik des Autors gehen, der so

---

[53] In der Markthalle von Pompeji wurde eine Kapelle für den Kaiserkult flankiert von einem Verkaufslokal mit Fleisch- und Fischbank und einem Gebäude mit Räumen für Opfermahlzeiten, vgl. mit näheren Angaben H.J. KLAUCK, Herrenmahl und hellenistischer Kult. Eine religionsgeschichtliche Untersuchung zum 1. Korintherbrief (NTA NF 15), Münster [2]1986, 273f.

[54] Vgl. nur Irenäus, Adv Haer I 6,3.

Beziehungen zum Thron und zum Wohnort des Satans als Inbegriff des römischen Kaiserkults in 2,13 herstellt. Die Nikolaiten haben wie Paulus in 1
Kor 2,10 von einer pneumatischen Erkenntnis der Tiefen Gottes gesprochen, die ihnen ein Überlegenheitsgefühl gegenüber den vorfindlichen Le-
bensbedingungen verlieh. Wer z.B. die völlige Nichtigkeit der Kaiserver-
ehrung durchschaute, brauchte nicht jede zufällige Berührung mit äußeren
Formen ängstlich zu scheuen[55]. Johannes dämonisiert ein solches Erkennt-
nisbewußtsein, weil es das mühselige Ringen um die Grenzziehung gegenüber der "civic religion", der bürgerlichen Religiösität einer nichtchristlichen Umwelt, torpediert[56]. Daß dabei die Frage, welche Mahlzeiten man
mit wem zusammen verzehrt, mehr ist als nur die Spitze eines Eisbergs,
sieht man auch an folgendem: Der Überwinderspruch im Sendschreiben
nach Pergamon (Offb 2,17) stellt dem Sieger das verborgene Manna in
Aussicht, die himmlische Speise, offenkundig als Gegenentwurf zu den in-
kriminierten irdischen Mahlzeiten[57]. Nur wer sich auf Erden des Götzenopf-
ferfleisches enthält, darf teilhaben am Hochzeitsmahl des Lammes (Offb
19,9; vgl. auch 3,20).

Die Nikolaiten in den Sendschreiben scheinen sich nicht nur zeitlich gesehen auf halbem Wege zwischen Paulus und der Gnosis des 2. Jahrhunderts zu befinden. Dem Typ nach repräsentieren sie, was in diesem Gebiet
um Ephesus nicht weiter verwundern kann, ein nachpaulinisches Christentum mit manchen Zügen, die zur späteren Gnosis hin tendieren[58]. Erklä-

---

[55] Sehr weitgehend W.M. RAMSAY, Letters (s. Anm. 36) 300f.

[56] Die andere Möglichkeit vertritt W. BOUSSET, Offb (s. Anm. 4) 220: Die These der
      Gegenpartei lautete, "man müsse die Tiefen des Satans kennenlernen, die satanische
      Macht des Heidentums persönlich ergründen"; vgl. zu beiden Erklärungen H. ZIM-
      MERMANN, Christus und die Kirche in den Sendschreiben der Apokalypse, in: Unio
      Christianorum (FS L. Jaeger), Paderborn 1962, 176-197, hier 193, mit Hinweis auf
      die Bedeutung von βάθος allgemein in gnostischen Schriften, s. Irenäus, Adv Haer I
      21,2; Hippolyt, Ref Haer V 6,4.

[57] Vgl. C.J. HEMER, Letters (s. Anm. 33) 95; ebd. 98 auch zu der Möglichkeit, evtl. den
      weißen Stein aus V. 17 als eine Art Teilnehmerausweis in die Mahlszenerie einzube-
      ziehen.

[58] Nach N. BROX, Nikolaos und Nikolaiten, in: VigChr 19 (1965) 23-30, ist über einen
      Zusammenhang der Nikolaiten in Offb 2 mit der gleichnamigen "gnostischen Sekte
      der Häretiker-Kataloge nichts mehr auszumachen" (26); dort auch die Väterbelege; zu
      exklusiv gnostisch interpretiert G.A. VAN DEN BERGH VAN EYSINGA, Die in der Apoka-
      lypse bekämpfte Gnosis, in: ZNW 13 (1912) 293-305; vgl. allg. noch L. SEESEMANN,
      Nikolaiten (s. Anm. 49), zu den Vätern 59-82; M. GOGUEL, Les Nicolaïtes, in: RHR
      115 (1937) 5-36; P. JANZON, Nikolaiterna i Nya Testamentet och i fornkyrkan, in:
      SEÅ 21 (1956) 82-108; E. SCHÜSSLER-FIORENZA, Apocalyptic (s. Anm. 10) 567-571;

rungsbedürftig bleibt noch ihr Name, den sie sich, da er keine Polemik enthält, selbst zugelegt haben dürften. Pate stand bei der Namensgebung der vom Heidentum zum Judentum und dann zum Christentum konvertierte Proselyt Nikolaos, der in der Liste der sieben "Diakone" in Apg 6,5 nach Stephanus, Philippus und vier weiteren an letzter Stelle genannt wird. Er gehörte zu den Jerusalemer Hellenisten, denen auf dem Umweg über Antiochien auch Paulus viel verdankt. Wenn man die Namenswahl überhaupt historisch auswerten will, dann so, daß die geistige Ahnengalerie der Nikolaiten über radikalisierte nachpaulinische Theologie und paulinisches Heidenchristentum bis zur Gesetzeskritik der Jerusalemer Hellenisten zurückweist. Das will selbstverständlich nicht besagen, daß Nikolaos die Nikolaiten tatsächlich gegründet habe, sondern nur, daß und warum und mit welchem sachlichen Recht die Nikolaiten gerade diesen Namen wählten.

Wenn wir uns mit den in neutestamentlichen Schriften anvisierten Gegnern beschäftigen, stehen wir immer vor der Schwierigkeit, daß wir nur die eine Seite hören. Der alten Forderung des *audiatur et altera pars* können wir nicht Genüge tun. Der Eindruck, den wir aus den Texten bezüglich der Nikolaiten gewinnen, geht zweifellos in die Richtung, daß es sich bei ihnen um eine häretische Strömung handelt, die sich in der Minderheit befindet und die Johannes zu Recht bekämpft. Aber damit folgen wir nur der subjektiven Perspektive des Apokalyptikers und sitzen einem Zerrbild auf. Faktisch haben die Nikolaiten, was man im Grund auch aus den Sendschreiben noch verspürt, Erfolg in den Gemeinden gehabt. Sie boten eine auch denkerisch gut begründete Alternative, mit deren Hilfe man die Reibungsflächen mit der nichtchristlichen Gesellschaft auf ein Minimum reduzieren konnte. Ihre "Auffassung repräsentierte eine wichtige theologische Lösung für Christen in Kleinasien, da das Essen von Götzenopferfleisch bei Gastmählern und die Teilnahme an den religiösen Zeremonien der Handelsvereinigungen und des Staatskultes unumgänglich war für einen Christen, der aktiv am gesellschaftlichen, geschäftlichen und politischen Leben seiner Zeit teilnehmen wollte"[59]. Woher die tiefe Aversion des Apokalyptikers ihnen gegenüber rührt, müssen wir noch genauer ergründen. Zuvor aber sollten wir unseren Horizont etwas erweitern durch einige Streiflichter aus späteren Kapiteln der Johannesoffenbarung.

R. HEILIGENTHAL, Wer waren die "Nikolaiten"? Ein Beitrag zur Theologiegeschichte des frühen Christentums, in: ZNW 82 (1991) 133-137.

[59] E. SCHÜSSLER-FIORENZA, Religion und Politik in der Offenbarung des Johannes, in: Biblische Randbemerkungen (FS R. Schnackenburg), Würzburg 1974, 261-272, hier 267.

III. "Das Geheimnis der Frau und des Tieres" (Offb 17,2): Schrecken und Faszination der politischen Macht

Fast allgemein wird zugestanden, daß Kap. 13 und Kap. 17-18 der Offb den sakral überhöhten Machtanspruch des römischen Reiches in mythischen Bildern von alptraumhafter Dichte zur Darstellung bringen[60]. Offb 12 erzählt die Vorgeschichte.

1. Das Tier aus dem Meer und vom Land (Offb 13)

Der Drache, der in 12,9, wie oben bereits erwähnt, auch Satan heißt, verfolgt das Kind der Himmelsfrau, die Himmelsfrau selbst und, als beide in Sicherheit gebracht sind, "die übrigen ihres Samens" (12,17), d.h. die christliche Gemeinde auf Erden. Er stellt sich in 12,18 ans Ufer des Meeres, und aus den Fluten steigt sein Spiegelbild (vgl. 12,3 mit 13,1), zum Leben erweckt, empor. Dieses Untier mit sieben Köpfen, zehn Hörnern und zehn Diademen (13,1), dessen zeichnerische Darstellung die ganze Kunst eines Albrecht Dürer verlangte[61], vereinigt in sich Züge von Panther, Bär und Löwe (13,2). Trotz dieser traumhaft-visionären Züge ist es am Schreibtisch entstanden, nach Art einer *bricolage,* einer "Bastelei", wie die französischen Strukturalisten sagen. Die vier Tiere aus Dan 7,1-8, die dort vier Weltreiche symbolisieren, wurden in eine einzige Gestalt hinein verdichtet. Das soll nicht daran hindern, diese literarische Technik in einem zweiten Schritt mit der Traumarbeit zu vergleichen, wo solche Verdichtungsprozesse die Regel sind.

---

[60] Vgl. nur H. SCHLIER, Vom Antichrist. Zum 13. Kapitel der Offenbarung Johannis, in: Ders., Die Zeit der Kirche. Exegetische Aufsätze und Vorträge, Freiburg 1956, 16-29; A.Y. COLLINS, The Political Perspective of the Revelation to John, in: JBL 96 (1977) 241-256; DIES., Revelation 18: Taunt-Song or Dirge?, in: J. Lambrecht (Hrsg.), L'Apocalypse johannique et l'Apocalyptique dans le Nouveau Testament (BEThL 53), Löwen 1980, 185-204; J. PIKAZA, La perversión de la política mundana. El sentido de las bestias y la cortesana en Apoc. XI-XIII y XVII-XX, in: EPOM 27 (1971) 557-594; F. BOVON, Possession ou enchantement. Les institutions romains selon l'Apocalypse de Jean, in: CrSt 7 (1986) 221-238; auch in: Ders., Révélations et écritures. Nouveau Testament et littérature apocryphe chrétienne (MoBi 26), Genf 1993, 131-146.

[61] Glänzende Exegesen zu Dürers berühmtem Holzschnittzyklus bei A. PERRIG, Albrecht Dürer oder Die Heimlichkeit der deutschen Ketzerei. Die "Apokalypse" und andere Werke Dürers von 1495-1513 (Acta humaniora), Weinheim 1987.

Die Beziehung zu Rom wird durch die Anspielung auf die Sieben-Hügel-Stadt[62] in 17,9 klargestellt: "Die sieben Köpfe sind sieben Berge, auf denen die Frau thront, und es sind sieben Könige." Daß die Häupter zugleich Berge und Könige vertreten, bedeutet keinen Widerspruch: Symbole, Traumsymbole zumal, sind mehrdeutig. Für die Lästernamen auf den Köpfen in 13,1 darf man daran erinnern, daß Domitian mit *dominus et deus* angeredet wurde[63]. Diese Titulierung als "Herr und Gott" gebraucht Offb 4,11 exklusiv für Gott im Himmel. Auch der Parusiechristus trägt in 19,12 auf dem Haupt viele Diademe und einen Namen, den niemand kennt.

Wir kommen damit einem Verfahren des Autors auf die Spur, das man als polemischen Parallelismus bezeichnen kann[64] und das im Effekt direkt parodistisch und karikierend wirkt. Das Böse wird als Nachäffung des Guten entlarvt, noch dazu als eine unvollkommene[65]. Die Relation des Drachens zum Tier aus dem Meer gleicht der Gottes zu Jesus Christus. Gott verleiht Christus die Macht, der Drache verleiht sie dem Tier usw. Das für unsere Zwecke wichtigste Moment in diesen kontrastierenden Reihen: Das Lamm steht "wie geschlachtet" an Gottes Thron (5,6); einer der sieben Köpfe des Tieres ist "wie zum Tode geschlachtet, und seine Todeswunde wurde wieder geheilt" (13,3) – eine schreckliche Imitation von Tod und Auferstehung Christi.

Dieses Motiv kehrt in der zweiten Hälfte des 13. Kapitels wieder, wo ab V. 14 das Tier vom Land, das "zwei Hörner hat gleich einem Lamm", in Aktion tritt. Es komplettiert das Nebeneinander von Drache und Tier aus dem Meer zur Trias. An späteren Stellen wird es als Pseudoprophet bezeichnet (16,13; 19,20). In 13,11-17 betätigt es sich als Propagandamini-

---

62 Belege aus der antiken Literatur bei E. LOHMEYER, Offb (s. Anm. 4) 143.

63 Sueton, Dom 13,2; Dio, Or 45,1; weitere Beispiele aus der Hoflyrik bei F. SAUTER, Der römische Kaiserkult bei Martial und Statius (TBAW 21), Stuttgart 1934, 27-54.

64 Vgl. P. BARNETT, Polemical Parallelism: Some Further Reflections on the Apocalypse, in: JSNT 35 (1989) 111-120; zum Sachhintergrund D.E. AUNE, The Influence of Roman Imperial Court Ceremonial on the Apocalypse of John, in: BR 28 (1983) 5-26.

65 Das wird besonders deutlich bei der Zahl 666 in 13,18. Ganz abgesehen von der plausiblen gematrischen Auflösung als "Kaiser Nero" (in hebräisch, mit defektiver Schreibweise von *qsr*) gilt auch zu bedenken: 7 ist in der ganzen Johannesoffenbarung die Zahl der Vollkommenheit; dreimal die 7 würde Vollkommenheit schlechthin bedeuten; die teuflische Gegenmacht erstrebt das, zielt aber mit dreimal 6 dreimal um Haaresbreite zu kurz, s. P. TRUMMER, Einige Aspekte zur Bildersprache der Johannesapokalypse, in: K. Kertelge (Hrsg.), Metaphorik und Mythos im Neuen Testament (QD 126), Freiburg i.Br. 1990, 278-290, hier 284; J. ELLUL, Apokalypse (s. Anm. 10) 88. Weiter: "Jesus" hat im Griechischen den Zahlwert 888.

ster des ersten Tiers. In zeitgeschichtlicher Konkretisierung kann man es
als Chiffre für Institutionen des Kaiserkultes in Kleinasien ansehen, als
Verkörperung der provinzialen Priesterschaft mit dem einflußreichen Oberpriester an der Spitze oder der Provinziallandtage, die für die Durchführung des Kultes verantwortlich zeichneten[66]. Das Tier aus dem Meer insgesamt wird im zweiten Durchgang dadurch qualifiziert, daß seine "Todeswunde wieder geheilt wurde" (13,12), daß es "die Schwertwunde trägt und
wieder lebendig geworden ist" (13,14). Diese Sinnlinie im Text mündet in
die rätselhafte Stelle in 17,8: "Das Tier, das du gesehen hast, war und ist
nicht und wird aus dem Abgrund heraufsteigen und geht ins Verderben."
Kaum weniger änigmatisch heißt es bei der Gleichsetzung der sieben Häupter mit sieben Königen bzw. mit sieben römischen Kaisern in 17,11: "Und
das Tier, das war und nicht ist, ist selbst auch der achte und ist einer von
den sieben und geht ins Verderben".

Dahinter verbirgt sich die Sage vom *Nero redivivus*. Nero sei, so ihr Inhalt, gar nicht durch Selbstmord in jungen Jahren – er war damals 31 – gestorben. Er habe sich vielmehr in den Osten zu den Parthern geflüchtet und
werde von dort mit einem mächtigen Heer zurückkehren[67]. Seine Emporstilisierung zum Antichrist kann über jüdische Zwischenstufen verlaufen
sein[68]. Für die Verschärfung, die darin besteht, daß Neros Rückkehr als
Aufstieg aus der Unterwelt erfolgt, dürfte der Apokalyptiker letzter Hand
verantwortlich zeichnen, der die Parusie des auferstandenen Christus vom
Himmel her als Gegenbild vor Augen hat.

Der Verf. erwartet nach 17,11 den wiederkehrenden Nero als achten und
letzten Machthaber. Selbst schreibt er vermutlich zur Zeit des sechsten
Kaisers, so jedenfalls 17,10: "Die fünf sind gefallen, der eine ist, der andere
ist noch nicht gekommen, und wenn er gekommen ist, darf er nur kurze Zeit
bleiben", falls man das nicht als *vaticinium ex eventu* wertet, so daß Johannes tatsächlich doch zur Zeit des angekündigten achten schreibt, den er
dann, wer immer es war, als *Nero redivivus* ansehen würde. Aber angesichts seiner doch schon etwas entspannten Naherwartung, die mit einer
nicht zu knapp bemessenen Zwischenzeit bis zum Ende rechnet, scheint die

---

[66] Fast schon "klassisch" dazu J. DEININGER, Die Provinziallandtage der römischen Kaiserzeit von Augustus bis zum Ende des dritten Jahrhunderts n.Chr. (Vestigia 6),
München 1965, bes. 16-19.36-60.148-154.158-161.

[67] Vgl. Sueton, Nero 40,2; 51,1f; Tacitus, Hist 2,8; dazu H. FUCHS, Widerstand (s. Anm.
3) 34f.80f; A.Y. COLLINS, The Combat Myth in the Book of Revelation (HDR 9),
Missoula 1976, 176-183; U.B. MÜLLER, Offb (s. Anm. 9) 297-300; P. PRIGENT, Au
temps (s. Anm. 7) II, 229-233.

[68] Vgl. Sib 4,119-122.137-139; 5,93-110.361-385.

erste Lösung plausibler. Den Vers für die Datierung der Offenbarung auszuwerten fällt auch deswegen schwer, weil man nicht weiß, mit welchem
Herrscher die Zählung beginnen soll (Caesar? Augustus? Tiberius? Caligula?) und ob die Interimskaiser Otho, Vitellius und Galba mitzuzählen
sind oder nicht. Halten wir nur fest, daß eine Berechnung, die auf Domitian
als sechsten (gegebenenfalls als achten) hinausläuft, ernsthaft in Betracht
kommt[69].

2. Die große Dirne Babylon (Offb 17-18)

Die Bildmaterialien sind in der Johannesoffenbarung oft überdetermi-
niert. Neben das Weltreich mit seinen Herrschern tritt in Offb 17-18 die
Dea Roma in der Rolle der großen Dirne, die auf dem Tier reitet (17,3) und
den Namen "Babylon" auf der Stirn geschrieben hat (17,5), wobei Babylon
transparent wird nicht nur für die Stadt Rom, sondern z.B. auch für Ephesus und Pergamon, den Lebensraum der Adressatengemeinden. Aus Anlaß
des Gerichts über Babylon stimmt Kap. 18 ein spöttisches Leichenklagelied
an, das in der Tradition von Jer 50-51 und Ez 26-27 steht.

Hier fallen nun sehr starke Worte, die uns dazu zwingen, eine martyro-
logische Aussagenreihe genauer zu betrachten. 18,24 sagt von der Stadt:
"Und in ihr wurde das Blut von Propheten und Heiligen gefunden und all
derer, die hingeschlachtet worden sind auf Erden." Zuvor schon hieß es in
17,6: "Und ich sah die Frau trunken vom Blut der Heiligen und vom Blut
der Zeugen Jesu." Das Tier aus dem Meer führt Krieg mit den Heiligen
(13,7; vgl. 13,10). Wer sich weigert, es anzubeten, wird getötet (13,15).
Aus der fünften Siegelvision in 6,9-11 ist die Klage derer, "die geschlachtet
worden waren um des Wortes Gottes und um des Zeugnisses willen" (V. 9),
noch in Erinnerung, aus 11,7-9 das Schicksal der beiden Zeugen, deren
Leiber, getötet vom Tier aus dem Abgrund, auf der Straße liegen in der
großen Stadt (vgl. noch 14,4.13). Das tausendjährige messianische Zwi-
schenreich beginnt in 20,4 mit der Auferstehung derer, die mit dem Richt-

---

[69] Vgl. A. STROBEL, Abfassung und Geschichtstheologie der Apokalypse nach Kap. xvii.
9-12, in: NTS 10 (1963/64) 433-445; A.Y. COLLINS, Myth (s. Anm. 67) 383-390; J.H.
ULRICHSEN, Die sieben Häupter und die zehn Hörner. Zur Datierung der Offenbarung
des Johannes, in: StTh 39 (1985) 1-20 (mit einem ingeniösen Einfall: In 13,1 und nur
dort sind nicht bei den sieben Köpfen, wohl aber bei den zehn Hörnern mit zehn Diademen - letztere fehlen in 17,3.7.12 - die drei Thronprätendenten Otho, Vitellius und
Galba mitgemeint). Zu den Schwierigkeiten u.a. J.W. TAEGER, Johannesapokalypse
(s. Anm. 6) 149-152; s.o. Anm. 6 u. 35.

beil umgebracht wurden, weil sie das Tier und sein Bild nicht anbeteten. Müssen wir daraus nicht doch auf eine massive Verfolgungssituation schließen, auch wenn uns sonstige historische Verifikationsmöglichkeiten fehlen?

Ehe wir das tun, sollten wir als erstes die starke Literarisierung der Stoffe bedenken, die durch ihre Gattung und ihre Traditionsgeschichte bestimmt ist. Gattungskonform wären in einer Apokalypse auch Ansagen zukünftiger Martyrien. Der Autor könnte auch aus einer begrenzten Zahl tatsächlicher Konfliktfälle eine bevorstehende universale Verfolgung extrapoliert haben, die er in prophetischer Schau als schon geschehen darstellt[70]. Außerdem verarbeitet er, beginnend mit Daniel, ältere apokalyptische Stoffe (eine "Inkorporierung" von Materialien gesteht er in 10,8-11, wo er auf Geheiß des Engels ein βίβλιον verzehrt, selbst ein). Sie sind bereits durch den Filter mehrfacher leidvoller Erfahrung hindurchgegangen. In Frage kommen: der Religionskonflikt mit den Syrern, überhaupt die frühe Makkabäerzeit; Caligulas wahnwitziger Versuch, sein Standbild im Jerusalemer Tempel aufstellen zu lassen; der Jüdische Krieg mit der Zerstörung Jerusalems 70 n.Chr.; christlich gesehen auch die römische Verfolgung unter Nero[71]. Solche martyrologisch geprägten Traditionen hat der Verf. unter Umständen neu instrumentalisiert zu einem Zweck, den wir noch genauer eruieren müssen[72].

---

[70] So K. ALAND, Das Verhältnis von Kirche und Staat in der Frühzeit, in: ANRW II/23.1 (1979) 60-246, hier 216f.220; ähnlich P. PRIGENT, Au temps (s. Anm. 7) III, 363: "... la persecution n'était ni générale, ni continuelle, ni même legale", doch inspiriert "par un génie proprement prophétique" hat der Autor daraus die Zeichen der Zeit richtig abgelesen; A.Y. COLLINS, Date (s. Anm. 35) 39; vgl. auch die vorsichtigen Überlegungen von N. WALTER, Die Botschaft des Sehers Johannes zwischen apokalyptischer Tradition und urchristlichem Osterglauben. Thesen zur theologischen Interpretation der Johannesoffenbarung, in: WZ(J).GS 39 (1990) 399-404: es werden "die realen Erfahrungen der Gegenwart mythisch-dämonisch übersteigert" (399) durch mythische Projektion und satanologische "Zuspitzung" (401f).

[71] Vgl. J.N. SANDERS, St John (s. Anm. 6) 77f.

[72] Erlaubt sei ein Seitenblick auf 4 Makk, wo Martyriumserzählungen fast das ganze Buch beherrschen, es seiner Intention nach aber alles andere sein will als eine Aufmunterung zum Martyrium, s. H.J. KLAUCK, 4. Makkabäerbuch (JSHRZ III/6), Gütersloh 1989.

IV. "Ziehet fort aus ihr, mein Volk" (Offb 18,4): Zur pragmatischen Dimension der Johannesoffenbarung

Eine eigenartige Diskrepanz zwischen den Sendschreiben in Offb 2-3 und dem apokalyptischen Hauptteil Offb 4-22 wurde immer schon als eine gewisse Schwierigkeit empfunden. Man hat, um sie zu lösen, die Sendschreiben noch entschiedener vom Martyriumsgedanken her zu interpretieren versucht[73], aber das führt nicht weiter. Das νικᾶν der Überwindersprüche[74] läßt sich so wenig auf einen technisch-martyrologischen Sinn festlegen[75] wie das Wortfeld von μαρτυρία, das im übrigen in den Sendschreiben auffällig zurücktritt. Ein anderer Lösungsweg verläuft über die Literar- und Quellenkritik: Die Sendschreiben seien erst später zum abgeschlossenen Hauptteil hinzugetreten, deshalb reflektierten sie eine andere, weniger bedrückende Situation[76]. Auch die entgegengesetzte Position, derzufolge die Sendschreiben älter sind als der apokalyptische Teil, ist in der Literatur anzutreffen[77]. Methodisch dürfte es sich empfehlen, bis zum klaren Erweis des Gegenteils von der integrierenden Kraft des Makrotextes auszugehen, ungeachtet der in großem Umfang verarbeiteten Traditionen. Das würde bedeuten: Wir sollten die Sendschreiben mit ihrer größeren Situationsgebundenheit zum Schlüssel für das Verständnis der apokalyptischen Partien wählen, wozu die briefliche Rahmung des Gesamtwerkes durch Präskript in 1,4f und Schlußwunsch in 22,21 nur ermuntern kann[78].

---

[73] So K. ALAND, Verhältnis (s. Anm. 70) 215f; H. ZIMMERMANN, Christus (s. Anm. 56) 185-189.

[74] Offb 2,7.11.17.26; 3,5.12.21; vgl. 12,11; 21,7.

[75] So zu Recht F. HAHN, Sendschreiben (s. Anm. 13) 381-390.

[76] Vertreten u.a. von M. DIBELIUS, Rom und die Christen im ersten Jahrhundert [1942], in: Ders., Botschaft und Geschichte. Gesammelte Aufsätze II: Zum Urchristentum und zur hellenistischen Religionsgeschichte, Tübingen 1956, 177-228, hier 224f; H. KRAFT, Offb (s. Anm. 27) 14f.93f: Hauptteil 97/98 unter Nerva, Sendschreiben erst 110-114/15. Knappe Informationen zur Quellendiskussion mit Lit. bei U.B. MÜLLER, Offb (s. Anm. 9) 38-40; J.W. TAEGER, Johannesapokalypse (s. Anm. 6) 22-25.

[77] U.a. bei R.H. CHARLES, A Critical and Exegetical Commentary on the Revelation of St. John (ICC), Edinburgh 1920, Bd. 1, xciv; 43f: "...our author wrote these Letters at a much earlier date than the Book as a whole, before the fundamental antagonism of the Church and the State came to be realized"; vgl. M. GOGUEL, Nicolaïtes (s. Anm. 58) 25f: Auf die Sendschreiben hin und unter dem Eindruck der sich verschärfenden Lage haben sich die Nikolaiten zur Position des Autors der Sendschreiben bekehrt; dieser braucht sie deshalb in den wenig später entstandenen Kapiteln 4-22 nicht mehr zu attackieren.

[78] Dies mit M. KARRER, Johannesoffenbarung (s. Anm. 49).

Von dieser Prämisse aus müßte die pragmatische Dimension von Offb 4-22 neu beleuchtet werden. Es sollten sich auch dort Durchblicke auf das innergemeindliche Konfliktfeld der Sendschreiben auftun. Man hat danach bisher nicht energisch genug gesucht. Wenn man einmal auf diese Möglichkeit aufmerksam geworden ist, erscheint manches in einem neuen Licht. Einige Beispiele:

Zwar schildert Offb 13 das römische Weltreich als Untier, das Abscheu und Schrecken erregt, aber in Offb 17 stellt sich das doch etwas anders dar. Die Dirne mit ihrer luxuriösen Kleidung und ihrem kostbaren Schmuck (17,4) hat Albrecht Dürer mit sicherem Griff als attraktive junge Frau dargestellt (als heiratsfähiges venezianisches Mädchen genau gesagt)[79]. Nach 18,24 verfügt sie über Zauberkräfte. Sie ist mit anderen Worten der Inbegriff der Verführung, wie er Männerphantasien entspringt. Das wiederum bedeutet, daß der Verf. sehr wohl um die enorme Anziehungskraft der römischen Zivilisation weiß[80]. Von ihr sieht er nicht nur die Menschen allgemein, sondern auch eine christliche Gruppe wie die Nikolaiten bedroht. Die Näherbestimmung des Tiers vom Land als Pseudoprophet (in 16,13; 19,20) kann auch einen Seitenhieb auf die Prophetin Isebel in Thyatira enthalten (2,20)[81], die sich dem Autor zufolge durch ihren Lebensentwurf willentlich oder unwillentlich in den Dienst der großen Dirne Rom stellt.

Das Alte Testament verbindet die Unzuchtsmetaphorik gelegentlich mit der Polemik gegen Handelsbeziehungen und wirtschaftlichen Gewinn[82]. In den Sendschreiben gibt es die größten Probleme in der reichen Gemeinde von Laodizea (3,17f), während die Gemeinde von Smyrna in ihrer Armut (2,9) bestens dasteht. Ohne das Prägezeichen, das die Verehrer des Tiers aus dem Meer auf Hand und Stirn tragen, darf niemand mehr kaufen oder verkaufen (13,16f), kurz Handel treiben[83]. Das bringt uns zurück zu dem

---

[79] A. PERRIG, Heimlichkeit (s. Anm. 61) 20.

[80] Vgl. F. BOVON, Possession (s. Anm. 60) 234; D. MÜSSIG, Gegenwartsdeutung (s. Anm. 12) 62: Diese "Aspekte der römischen Herrschaft sind kaum besser auszudrük-ken als durch die Bilder der Hure, die durch ihren Sex-Appeal Männer anlockt, und der Hexe, die mit Hilfe geheimnisvoller Kräfte Menschen in ihre Gewalt bringt"; er folgert weiter, "daß die damit gemeinte Art von Bedrohung die für die christlichen Gemeinden (!) in Kleinasien fundamentalste war".

[81] G.A. VAN DEN BERG VAN EYSINGA, Gnosis (s. Anm. 58) 304.

[82] Jes 23,17; Mich 1,7; S. ERLANDSSON, ThWAT II, 618f. Bileam hat, nicht zu vergessen, nach jüdischer Tradition aus Habgier gehandelt, s.o. Anm. 48.

[83] Gar nicht so falsch dazu K. FÜSSEL, Zeichen (s. Anm. 1) 48f: "Gewinn und Profit sind die Grundinteressen der Machthaber, nicht der Weihrauch vor ihren maskenhaften Gesichtern; dieses ist nur der willkommene Nebel, hinter dem man in Ruhe seinen Geschäften nachgehen kann."

Klagelied über den Untergang der großen Stadt Babylon. Die am heftigsten klagen, sind die Kaufleute (18,11.15) und die Schiffsbesitzer (18,19; vgl. 18,17), die ihr vielfältiges Warenangebot, das die Verse 12-14 sehr detailfreudig katalogisieren, nicht mehr an den Mann und an die Frau bringen können und die fortan nichts mehr am Warentransport verdienen[84]. Gerade im Vergleich zur Vorlage in Ez 27 stellt sich heraus, daß diese Konzentration der Offb eigentümlich ist und daß überdies die Warenlisten anscheinend auf kleinasiatische Verhältnisse hin überarbeitet wurden.

Die Summe aus diesen Beobachtungen lautet: Johannes übt verdeckte Kritik an Gemeindemitgliedern, "die durch Handelstätigkeit reich wurden, dafür aber den Preis größerer Anpassung an die heidnische Gesellschaft einschließlich des Kaiserkults bezahlten"[85]. Daß eine solche Beteiligung am Wirtschaftsleben, ganz wertfrei verstanden, möglich war, belegt eine Personalnotiz an völlig anderer Stelle. Paulus begegnet in Philippi der offenkundig begüterten Purpurhändlerin Lydia (Apg 16,14), in deren Haus sich bald die christlichen Schwestern und Brüder der Stadt zusammenfinden (16,40). Lydia stammte aus Thyatira, einem der Adressatenorte der Sendschreiben, und Purpur, ein kostenintensives und gewinnträchtiges Produkt, wird unter den Handelsgütern in Offb 18,12 genannt[86]. Wer wäre bei soviel Zufällen nicht versucht, an die Prophetin "Isebel" in Thyatira (Offb 2,20) zu denken (ohne daß wir sie deshalb mit Lydia identifizieren wollen)?

Auf eine Kurzformel gebracht, scheint mir die oft überlesene und selten gewürdigte Stelle Offb 18,4 mit einer Anspielung auf die Erzählung von Sodom und Gomorra in Gen 19,12f[87] das Hauptanliegen des Verf. prägnant zu artikulieren[88]: "Und ich hörte eine andere Stimme vom Himmel sprechen: 'Zieht fort aus ihr, mein Volk, damit ihr nicht teilhabt an ihren Sünden und daß ihr nicht empfangt von ihren Plagen'." Zieht fort! Das ist auch allen Christen gesagt, die einen kompromißbereiten Kurs gegenüber der heidnischen Stadtgesellschaft steuern wollten. Was bleibt in einer Stadt

---

[84] Zum folgenden sehr schön D. MÜSSIG, Gegenwartsdeutung (s. Anm. 12) 80-89; dort 98-108 auch eine materialreiche sozialgeschichtlichen Gegenkontrolle.

[85] Ebd. 94.

[86] Ebd. 106.

[87] Dazu wäre auch das auffällige Interesse an Sodom und Gomorra im Buch der Weisheit zu vergleichen, s. Weish 10,6-9; 18,13-17. Auch das Weisheitsbuch beschäftigt sich mit den Problemen einer z.T. assimilationswilligen jüdischen Gemeinde in einer hellenistischen Großstadt.

[88] So ähnlich wie 4 Makk der Autor m.E. seine eigentliche Intention in 18,1 verrät: "...gehorcht diesem Gesetz und lebt in jeder Hinsicht fromm"; s.o. Anm. 72. Zur Bedeutung von Offb 18,4 s. A.Y. COLLINS, Persecution (s. Anm. 10) 740f; D. MÜSSIG, Gegenwartsdeutung (s. Anm. 12) 73.

wie Pergamon als Option noch übrig? Der Untergrund? Das Ghetto? Die Landkommune?

Die Gemeinden, die der Autor auf seine Seite zu ziehen versucht, sind nicht einfach von den Nikolaiten und ihren Sympathisanten beherrscht worden, noch weniger allerdings vom Verf. und seinem Kreis. Im tiefsten sind es differierende Kirchenbilder, die hier in einen Konflikt geraten. Der Ekklesiabegriff des Autors ist an der Einzelgemeinde vor Ort orientiert, in dem Punkt könnten originär paulinische Impulse weiterwirken[89]. Selbst gehört er aber keiner Gemeinde fest an. Auch wenn er den Titel "Prophet", der von seiner Gegnerin Isebel in Thyatira besetzt ist, nicht für sich selbst verwendet, verkörpert er vom Erscheinungsbild her den alten, aus dem jüdisch-palästinensischen Raum kommenden, nach 70/80 n.Chr. in Kleinasien neu heimisch gewordenen Typ des Wanderpropheten[90], der von Gemeinde zu Gemeinde zieht, sich überall kurz aufhält und deshalb jetzt das Recht zum Eingreifen aus der Ferne für sich in Anspruch nimmt. In seinem persönlichen Lebensstil teilt er den nachösterlich in bestimmten Traditionskreisen (Logienquelle, Matthäusevangelium, Didache) aufbewahrten Wanderradikalismus der frühen Jesusbewegung, mit allen Konsequenzen: Bedürfnislosigkeit, Besitzlosigkeit, Gewaltverzicht (Offb 13,10), unter Umständen auch Eheverzicht (je nach Deutung von Offb 14,4)[91]. Dieses rigorose Ethos ermöglicht ihm eine nicht minder harte, aber subjektiv glaubhafte Zivilisations- und Zeitkritik. Das führte wohl auch zu seiner Verbannung auf die Insel Patmos, von wo aus er sich zu Wort meldet[92]. Sein

---

[89] Er vertritt nach A.T. NIKOLAINEN, Der Kirchenbegriff in der Offenbarung des Johannes, in: NTS 9 (1962/63) 351-361, diesen Standpunkt "klarer noch als Paulus" (352).

[90] Vgl. U.B. MÜLLER, Zur frühchristlichen Theologiegeschichte. Judenchristentum und Paulinismus in Kleinasien an der Wende vom ersten zum zweiten Jahrhundert n.Chr., Gütersloh 1976, 37f.47-50; J. ROLOFF, Offenbarung (s. Anm. 14) 17; D.E. AUNE, Matrix (s. Anm. 10). Zur Sonderstellung des Johannes auch im Vergleich mit der Gemeindeprophetie paulinischen Zuschnitts vgl. D. HILL, Prophecy and Prophets in the Revelation of St John, in: NTS 18 (1971/72) 401-418; seine Selbststilisierung nach dem Modell klassischer atl Prophetie streicht neuerdings energisch heraus F.D. MAZZAFERRI, The Genre of the Book of Revelation from a Source-critical Perspective (BZNW 54), Berlin 1989.

[91] P. LAMPE, Die Apokalyptiker – ihre Situation und ihr Handeln, in: Eschatologie und Friedenshandeln. Exegetische Beiträge zur Frage christlicher Friedensverantwortung (SBS 101), Stuttgart 1981, 59-114, hier 110f.

[92] Der Hauptgrund, den Patmosaufenthalt als Verbannung (deportatio oder relegatio) zu deuten und nicht als Missionsvorhaben oder als Rückzug in die Einsamkeit zum Zweck von Gebet und Offenbarungsempfang, besteht darin daß διά in 1,9 wie in 6,9; 12,11; 20,4 den Grund angibt, nicht den Zweck: "John found himself (ἐγενόμην) in Patmos διὰ τὸν λόγον τοῦ θεοῦ not 'for the sake of', that is, in order to hear the

Gemeindemodell hat geschwisterlich-egalitäre Züge bewahrt[93]. Er möchte nicht mehr sein als "euer Bruder und Mitgenosse" (1,9). Wenn er in den neunziger Jahren schreibt, muß es in den kleinasiatischen Adressatengemeinden bereits feste ortskirchliche Ämter gegeben haben, Presbyter oder Episkopen. Ihre Existenz verschweigt der Apokalyptiker, weil er davon nicht viel wissen will. Die Sendschreiben richtet er im Auftrag des Erhöhten an den Engel der jeweiligen Gemeinde, der im Sinn der Völkerengelkonzeption aus dem Danielbuch die Gemeinde repräsentiert. Manches für sich hat die zunächst überraschende These von Ulrich B. Müller: Der Autor tut das, um die tatsächlichen Amtsträger zu desavouieren, er wollte sich absichtlich nicht "an die faktisch existierenden irdischen Vertreter, die Presbyter oder den Bischof", wenden[94].

V. Ausblick: Kaiserkult, "hart" und "weich"

Vielleicht hilft im Rückblick die Unterscheidung von "hartem" und "weichem" Kaiserkult noch einmal weiter, wobei Kaiserkult sowieso nur als ein besonders prominentes Beispiel für die heidnische Religiösität schlechthin steht. Der "harte" Kaiserkult verlangt das Opfer vor dem Kaiserbild und die Verfluchung Jesu Christi. Darüber, daß so etwas für Christen nicht angeht, hätte sich wohl Einigkeit erzielen lassen, aber das dürfte auch gar nicht der Normalfall gewesen sein. Tatsächlich kam es seltener vor, als wir oft mei-

---

word of God – and see the Apocalypse, or to preach it – which would have to be ἕνεκα..., but because, as a Christian Prophet, he had been preaching it", so J.N. SANDERS, St John (s. Anm. 6) 76; vgl. auch W. PÖHLMANN, Opposition (s. Anm. 3) 433-436; M. KARRER, Johannesapokalypse (s. Anm. 49) 187 Anm. 213 (weitere Lit.); anders, aber nicht überzeugend zuletzt wieder L.L. THOMPSON, Book (s. Anm. 7) 173.

93 D.E. AUNE, Prophecy in Early Christianity and the Ancient Mediterranean World, Grand Rapids 1983, 205f; P. LAMPE, Apokalyptiker (s. Anm. 91) 102-104.111f. Auch die Demokratisierung von Priestertum und Königtum (1,6; 5,10; 20,6) ist hier einschlägig, dazu E. SCHÜSSLER-FIORENZA, Priester (s. Anm. 37).

94 U.B. MÜLLER, Theologiegeschichte (s. Anm. 90) 33f; D.E. AUNE, Matrix (s. Anm. 10) 25f. Die Erklärung der Gemeindeengelkonzeption als vorsichtige Korrektur überzogener Engelverehrung in den Adressatengemeinden bei M. KARRER, Johannesapokalypse (s. Anm. 49) 169-186, hat mich trotz des hohen argumentativen Aufwands nicht zu überzeugen vermocht; auch die Kritik an U.B. Müller bei E. SCHÜSSLER-FIORENZA, Apocalypsis and Propheteia. The Book of Revelation in the Context of Early Christian Prophecy, in: J. Lambrecht (Hrsg.), L'Apocalypse (s. Anm. 60) 105-128, hier 119f, ist nicht zwingend.

nen[95], und verantwortlich dafür war in erster Linie gar nicht die römische Behörde, sondern die lokale heidnische Bevölkerung, auf deren Anzeige hin die Behörde überhaupt erst aktiv wurde. Als viel gefährlicher betrachtet der Apokalyptiker den "weichen" Kaiserkult, wenn jemand z.B. in einer Festmenge lediglich mitlief oder an einem geselligen Vereinsmahl mit religiösen Obertönen teilnahm, weil er sich dem aus beruflichen Rücksichten nicht gut verschließen zu können glaubte und die Bekenntnisfrage davon überhaupt nicht tangiert sah. Auch bei Gerichtsverhandlungen, bei Eiden und bei Vertragsabschlüssen konnten solche Probleme unversehens aufbrechen. Daß wir uns mit diesen Erwägungen nahe bei der sozialen Realität befinden sollten die anfangs angestellten Überlegungen zur Präsenz des Kaiserkultes in einer Stadt wie Pergamon hinreichend illustriert haben.

Der Apokalyptiker bleibt in diesem Punkt hart. Jeder Kompromiß widerspricht seiner Zielvorstellung, die von der Durchsetzung der Herrschaft Gottes auch auf Erden und vom Ideal der Reinheit der endzeitlichen Heilsgemeinde bestimmt wird. Der hohe Aufwand, den er treiben muß, um seiner Botschaft Gehör zu verschaffen, läßt den Verdacht aufkommen, daß die Akzeptanz dafür auf seiten der Gemeinden nicht überwältigend war. Die Wahl der apokalyptisch-visionären Form könnte sich auch diesem Legitimationsnotstand verdanken.

Die Radikalität der Position des Apokalyptikers vermag ohne Frage auch heute noch zu faszinieren, aber der Preis dafür war hoch. Im persönlichen Bereich ging sie Hand in Hand mit einem rigorosen asketischen Lebensprofil. Von den Gemeinden wird im wesentlichen verlangt, was Paulus in 1 Kor 5,9f als Mißverständnis von sich weist, wenn er bemerkt: "Ich habe euch zwar in meinem Brief geschrieben, ihr solltet euch nicht vermischen mit Unzüchtigen, aber ich meinte damit nicht generell die Unzüchtigen dieser Welt oder die Habgierigen oder die Räuber oder die Götzendiener, denn dann müßtet ihr ja aus dieser Welt hinausgehen." Als kritisches Korrektiv zu einem verbürgerlichten Christentum bleibt die Unerbittlichkeit der Johannesoffenbarung sicher nützlich und hilfreich. Antwort auf alle Fragen, die sich aus dem Zusammenspiel von gesellschaftlichen Rahmenbedingungen und christlichen Glaubensleben ergeben, vermag sie nicht zu bieten. Hier verdient unter Umständen auch die kaum vernehmbare Stimme der Gegenseite, die für einen angstfreien Umgang mit Kultur und Zivilisation plädierte, unser Gehör. Den erforderlichen Ausgleich werden wir situa-

---

[95] Vgl. F. MILLAR, The Imperial Cult and the Persecutions, in: W. den Boer (Hrsg.), Le culte des souverains (s. Anm. 31) 143-175 (mit der wichtigen Diskussion).

tionsbezogen, kontextuell, von Fall zu Fall selbst finden müssen. Diese Aufgabe nimmt uns niemand ab[96].

---

[96] Erst beim Abschluß der Korrekturarbeiten wurde mir zugänglich: R. BAUCKHAM, The Climax of Prophecy: Studies on the Book of Revelation, Edinburgh 1993; einschlägig sind vor allem 338-383: The Economic Critique of Rome in Revelation 18 (mit einer hilfreichen, detaillierten Durchmusterung des Warenkatalogs in 18,12f), und 384-452: Nero and the Beast (mit guten Beobachtungen zur Zahl 666 als "Dreieckszahl" von 36, d.h. als graphisch in Form eines gleichseitigen Dreiecks darstellbare Summe aller Zahlen von 1 bis 36, wobei 36 selbst "Dreieckszahl" von 8 und Quadratzahl von 6 ist, ebenso zur Doppelung von "Auferstehung" Neros in Offb 13 und seiner "Parusie" in Offb 17; aber trifft die Behauptung auf S. 438 zu: "This has not hitherto been recognized..."?).

7. Die dreifache Maria

Zur Rezeption von Joh 19,25 in EvPhil 32

"Es gab drei, die wandelten mit dem Herrn allezeit", heißt es in EvPhil 32 (= NHC II/3 59,6-11)[1], "Maria, seine Mutter, und ihre Schwester und Magdalene..." Am Anfang der folgenden Überlegungen stand die Beobachtung, daß dieser Satz Joh 19,25 aufnimmt, und zwar in einer besonderen, nicht allgemein akzeptierten und nicht einzig möglichen Deutung, wie noch zu zeigen ist. Es schloß sich die Suche in der Literatur an. In der Einleitung zur neuesten Ausgabe steht zu lesen: "...the work alludes ... to many New Testament passages ... this work is steeped in New Testament language and terminology"[2]. Da aber im weiteren Verlauf zum Text nur die direkten Schriftzitate ausgewiesen werden, nicht jedoch die Anspielungen, ist nicht zu erkennen, ob für EvPhil 32 eine Querverbindung zu Joh 19,25 gezogen werden soll oder nicht. Arbeiten, die im Titel das Verhältnis des Philippus-evangeliums zum Neuen Testament zu thematisieren versprechen, wie die von R. McL. Wilson[3] und E. Segelberg[4], gehen auf Joh 19,25 nicht ein. "*Bewußte Anspielungen* an bestimmte neutestamentliche Stellen (die dem Verfasser vorschweben und auch beim Leser als bekannt vorausgesetzt sind)" – in diese Kategorie gehört m.E. Joh 19,25 – sucht K. Niederwimmer, doch schränkt er dieses Vorhaben auf sein Thema der Freiheit des

---

[1] Zur doppelten Zählweise hier und im folgenden: EvPhil 32 bezieht sich auf die inzwischen verfeinerte Einteilung des EvPhil in Sprüche bei H.M. SCHENKE, Das Evangelium nach Philippus, in: NTApo[5] I, 148-173, während 59,6-11 Seite und Zeile des Kodex notiert, wie bei der Zitation von Schriften aus Nag Hammadi sonst allgemein üblich.

[2] B. LAYTON (Hrsg.), Nag Hammadi Codex II,2-7, Together with XIII,2*, Brit. Lib. Or. 4926(1), and P. Oxy. 1, 654, 655. Vol. 1: Gospel According to Thomas, Gospel According to Philip, Hypostasis of the Archons, and Indexes (NHS 20), Leiden 1989, 129-217, mit kritischem Text (ed. B. LAYTON), Einleitung und engl. Übersetzung (beides W.W. ISENBERG); Zitat (von Isenberg) 137f, die angekündigte Ausgabe von J.M SEVRIN in der BCNH war bei der Niederschrift dieses Beitrags für mich noch nicht greifbar.

[3] R. McL. WILSON, The New Testament in the Nag Hammadi Gospel of Philip, in: NTS 9 (1962/63) 291-294.

[4] E. SEGELBERG, The Gospel of Philip and the New Testament, in: The New Testament and Gnosis (FS R.McL. Wilson), Edinburgh 1983, 204-212.

Gnostikers ein und berücksichtigt Joh 19,25 folglich nicht[5]. Global verweisen auf die evangeliaren Frauenlisten unter Einschluß der synoptischen in Mk 15,40-41 parr in ihren Kommentaren R. McL. Wilson[6] und J.E. Ménard[7]. Das ist für die Eingangszeile nicht falsch, wie wir sehen werden, wird aber insgesamt der besonderen Beziehung von EvPhil 32 zu Joh 19,25 nicht gerecht[8]. Einen Fortschritt bedeutet es demgegenüber, wenn M. Krause in seiner Übersetzung nur Joh 19,25 in Klammern nennt[9] oder wenn Y. Janssens zur ersten Hälfte von EvPhil 32 bemerkt: "La première phrase rappelle *Jo.*, XIX,25"[10]. Auch K. Rudolph stellt aus Anlaß dieser Stelle fest: "In the Gospel of John 19:25, the three were standing near the cross"[11], dies als leise Korrektur zu J.J. Buckley, die in ihrer sonst sehr instruktiven Studie[12] Joh 19,25 kein Gewicht beimißt. Zögernd bricht sich aber in neueren Spezialarbeiten die Erkenntnis der Bedeutung von Joh 19,25 Bahn[13]. Allerdings fehlt bis zur Stunde, wenn ich richtig sehe, ein etwas eingehenderer Vergleich.

Angesichts dieser Sachlage mag es nicht ganz unnütz erscheinen, Joh 19,25 und EvPhil 32 einer vergleichenden Betrachtung zu unterziehen. Wir gehen, was sich ja nahelegt, in zwei Schritten vor. In einem ersten Ar-

---

[5] K. NIEDERWIMMER, Die Freiheit des Gnostikers nach dem Philippusevangelium. Eine Untersuchung zum Thema: Kirche und Gnosis, in: Verborum Veritas (FS G. Stählin), Wuppertal 1970, 361-374, hier 370 mit Anm. 36 (Hervorheb. im Orig.).

[6] R. McL. WILSON, The Gospel of Philip. Translated from the Coptic text, with an Introduction and Commentary, New York/Evanston 1962, 97.

[7] J.E. MÉNARD, L'Évangile selon Philippe (TMR 35), Montréal/Paris 1964, 43 Anm. 178; DERS., L'Évangile selon Philippe. Introduction, Texte, Traduction, Commentaire, Straßburg 1967, 150.

[8] Lediglich Lk 8,2 und Mk 3,35 vermerkt am Rand C.J. DE CATANZARO, The Gospel According to Philipp, in: JThS NS 13 (1962) 35-71 Anm. 42f, was nun wirklich weiter abliegt.

[9] M. KRAUSE, Das Philippusevangelium, in: W. Foerster (Hrsg.), Die Gnosis. Bd. 2: Koptische und mandäische Quellen (BAW.AC), Zürich 1971, 92-124, hier 101.

[10] Y. JANSSENS, L'Évangile selon Philippe, in: Muséon 81 (1968) 79-133, hier 91.

[11] K. RUDOLPH, A Response to "The Holy Spirit Is a Double Name", in: K.L. King (Hrsg.), Images of the Feminine in Gnosticism (Studies in Antiquity and Christianity), Philadelphia 1988, 228-238, hier 232.

[12] Vgl. unmittelbar J.J. BUCKLEY, "The Holy Spirit Is a Double Name": Holy Spirit, Mary, and Sophia in the Gospel of Philip, ebd. 211-238; dies wiederum "is a reworked, condensed version" (211) von DIES., Female Fault and Fulfilment in Gnosticism (Studies in Religion), Chapel Hill/London 1986, 105-125.166-172.

[13] Vgl. R. BAUCKHAM, Jude and the Relatives of Jesus in the Early Church, Edinburgh 1990, 15-17.37-39; J.M. SEVRIN, Le Noces spirituelles dans l'Évangile selon Philippe, in: Muséon 87 (1974) 143-194, hier 162 Anm. 61.

beitsgang besprechen wir den neutestamentlichen Basistext, um uns sodann im zweiten Durchgang auf EvPhil 32 zu konzentrieren.

I. Joh 19,25: Wieviele Frauen?

Der verhältnismäßig einheitlich überlieferte Text von Joh 19,25, der jedenfalls keine sonderlichen textkritischen Probleme aufwirft, lautet in den gängigen Ausgaben:

εἱστήκεισαν δὲ παρὰ τῷ σταυρῷ τοῦ Ἰησοῦ
    ἡ μήτηρ αὐτοῦ
καὶ ἡ ἀδελφὴ τῆς μητρὸς αὐτοῦ,
    Μαρία ἡ τοῦ Κλωπᾶ,
καὶ Μαρία ἡ Μαγδαληνή.

Die Übersetzung wollen wir gleich dazu benützen, die verschiedenen Interpretationsmöglichkeiten für diesen Vers zu rekapitulieren. Der Streit dreht sich darum, wieviele Frauen hier eigentlich aufgezählt werden.

1. Zwei Frauen

Es standen aber bei dem Kreuze Jesu
(1) seine Mutter und *(2) die Schwester seiner Mutter,*
    (das sind)
(1') Maria, die des Klopas, und *(2') Maria Magdalena.*

Bei dieser Lesart bleiben die Frauen in der ersten Hälftes des Satzes anonym, in der zweiten Hälfte werden sie identifiziert: Die Mutter Jesu ist Maria, "die des Klopas", deren Schwester ist Maria Magdalena. Rein vom Text her wirkt diese Lösung mit nur zwei Frauen, die oft zu verächtlich abgetan wird, auf den ersten Blick sicher sehr suggestiv. Allerdings kommt diese Suggestivität nicht zuletzt durch die Interpunktion zustande. Bei *scriptio continua* ohne Wortabstand und Satzzeichen in den Manuskripten gewinnt das doppelte "und" in ganz anderer Weise gliedernde Funktion (s. auch unten zur koptischen Version).

Aus dem Kontext des Johannesevangeliums läßt sich noch ein weiterer Gesichtspunkt zugunsten der überraschenden Zweierlösung ins Feld führen: Nur diese beiden Frauen spielen auch an anderer Stelle noch eine Rolle, die Mutter Jesu beim Weinwunder in Kana (Joh 2,1-5) und Maria Magdalena in der Ostererzählung (Joh 20,1f.11-18). Die Schwester seiner Mutter und

Maria, die des Klopas, bleiben, wenn es denn zwei weitere Personen sind, im Evangelium funktionslos.

Gegen die Zweierlösung werden in der Regel keine philologischen und literarischen Einwände vorgebracht, sondern reine Sachgründe. Ein Argument, das beim nächsten Lösungstyp wiederkehrt, geht dahin, zwei Schwestern könnten nicht beide gleichzeitig den Namen Maria tragen. Vom Text her ließe sich dem aber entgegenhalten: Eben deshalb werden die beiden gleichen Eigennamen mit den qualifizierenden Zusätzen "die des Klopas" und "Magdalena" versehen, um die Schwestern auseinanderzuhalten. Ob Gleichnamigkeit von Schwestern in der Realität wirklich nie vorkommt, darf angesichts des geringen Vorrats an Eigennamen in der Antike angezweifelt werden[14]. Zudem können sich hinter der Bezeichnung "Schwester" auch andere Verwandtschaftsgrade von der Halbschwester bis zur entfernten Cousine oder bis zur Schwägerin verbergen.

Eine gewisse Bedeutung gewinnt in dem Zusammenhang die Auflösung der Apposition "die des Klopas". Möglich wäre "Frau des Klopas", aber auch "Tochter des Klopas", "Mutter des Klopas" und evtl. sogar "Schwester des Klopas"[15]. Letzteres erscheint im Rahmen der Zweierlösung schon aus internen Gründen schwierig: Auch Maria Magdalena wäre als Schwester von Maria, der Schwester des Klopas, zugleich eine Schwester des Klopas, was die ganzen Unterscheidungsbestrebungen hinfällig macht. Die restlichen drei Deutungen widersprechen sonstigen Daten aus der frühchristlichen Überlieferung: Maria, die Mutter Jesu, war nach Mt 1-2 und Lk 1-2 die Frau des Josef (s. auch Joh 1,45; 6,42), nicht des Klopas. Ihr Vater trägt in der apokryphen Literatur den Namen Joachim[16]. Einen Bruder Jesu namens Klopas, der bei der Auflösung als "Mutter des Klopas" erforderlich wäre, gab es nach Mk 6,3 nicht. Anstoß erregt auch das hier postulierte Verwandtschaftsverhältnis Marias, der Mutter Jesu, mit Maria Magdalena, die zur Tante Jesu aufrücken würde.

Man wird zugeben, daß diese geballten Einwände ihre Kraft haben. Aber man sollte darüber nicht vergessen, daß sie zur Hauptsache von außen her an das Johannesevangelium herangetragen werden und weder aus dem strittigen Vers selbst noch aus dem evangeliaren Makrotext geschöpft sind. Die nahezu reflexhafte Ablehnung der Zweierlösung ist konditioniert

---

14 Vgl. J. BLINZLER, Die Brüder und Schwestern Jesu (SBS 21), Stuttgart 1967, 116f, mit hübschen Beispielen bis in die Moderne in Anm. 20.

15 Ebd.

16 Vgl. W. BAUER, Das Leben Jesu im Zeitalter der neutestamentlichen Apokryphen, Tübingen 1909, Repr. Darmstadt 1967, 8f, wo aber auch eine abweichende Tradition zitiert wird, die ihm den Namen Cleophas beilegt.

durch das fest umrissene Bild von den Familienverhältnissen Jesu, das wir durch Harmonisierung und Kombination verschiedener Daten gewonnen haben. Auch wenn das Johannesevangelium die einschlägigen synoptischen Stoffe kennen sollte, steht damit immer noch nicht fest, wie er sie selbst verstanden hat und aus seiner Sicht verstanden wissen wollte.

2. Drei Frauen

> *Es standen aber bei dem Kreuze Jesu*
> *(1) seine Mutter*
> *und (2) die Schwester seiner Mutter, (nämlich) Maria, die des Klopas,*
> *und (3) Maria Magdalena.*

Hier bleibt, um an das zuletzt Gesagte anzuknüpfen, die Mutter Jesu namenlos. Daß sie Maria heißt, wissen wir nicht aus dem Johannesevangelium (auch nicht aus Joh 2,1-5), sondern aus den Synoptikern. Die Deutung auf drei Frauen kommt dadurch zustande, daß man "Maria, die des Klopas" als erläuternden Zusatz zu "die Schwester seiner Mutter" zieht. Wenn wir unserem Vorwissen Raum geben und für die Mutter Jesu den Namen Maria eintragen, ergibt sich als Resultat, daß alle drei Frauen Maria heißen. Über die wiederum gegebene Namensgleichheit von zwei Schwestern haben wir oben schon gehandelt. Rein sprachlich gesehen hat die Dreierlösung mit der Schwierigkeit zu kämpfen, daß das Mittelstück jetzt überfüllt wirkt und die Liste dadurch ihre Proportionen verliert. Aber dafür nimmt das Dreiermodell auf der anderen Seite das syntaktische Signal auf, das von dem doppelten καί ausgeht. Unfreiwillig bestätigt das die Peschitta, die in dem Bestreben, die Auslegung auf vier Frauen hin abzusichern, zwischen "die Schwester seiner Mutter" und "Maria, die des Klopas", ein drittes "und" einfügt[17].

An dieser Stelle können wir mit Nutzen einen Seitenblick auf die koptische Version, näherhin auf die sahidische, werfen. Immerhin liegt uns das Philippusevangelium, dem unser Interesse gilt, in koptischer Sprache vor, auch wenn der Text aus dem Griechischen übersetzt wurde und die zeitliche Relation dieses Vorgangs zu den koptischen Bibelübersetzungen nur schwer zu bestimmen ist. Im Sahidischen lautet der Vers nach der Ausgabe

---

[17] Diese Beobachtung zieht sich seit B.F. WESTCOTT, The Gospel According to St. John [1882], Repr. Grand Rapids 1954, 276, durch die Kommentarliteratur.

von H.J. Quecke[18], im Text übereinstimmend mit der Edition von G.W. Horner[19], aber ohne Interpunktion:

ⲚⲈⲨ
ⲀϨⲈ ⲆⲈ ⲈⲢⲀⲦⲞⲨ
ϨⲀⲦⲘ̄ ⲠⲈⲤϮⲞⲤ
Ⲛ̄ⲒⲤ Ⲛ̄ϬⲒ ⲦⲈϤ
ⲘⲀⲀⲨ ⲀⲨⲰ
ⲦⲤⲰⲚⲈ Ⲛ̄ⲦⲈϤ
ⲘⲀⲀⲨ ⲘⲀⲢⲒⲀ
ⲦϢⲈⲈⲢⲈ Ⲛ̄ⲔⲀⲰ
ⲠⲀ ⲀⲨⲰ ⲘⲀⲢⲒ
Ⲁ ⲦⲘⲀⲄⲀⲀⲖⲎ
ⲚⲎ

Es fällt auf, daß "Maria, die des Klopas" durch ϢⲈⲈⲢⲈ zu "die *Tochter* des Klopas" präzisiert wurde. Ob das schon, wie T. Zahn annahm[20], ein entscheidendes Indiz für die Dreierlösung darstellt, scheint fraglich. Aber wenn man den koptischen Text unvoreingenommen liest, bleibt einem eigentlich kaum etwas anderes übrig als sich vom zweifachen ⲀⲨⲰ ("und") leiten zu lassen und die Liste der Frauen in drei Teile zu untergliedern. Mit anderen Worten: "Und die Schwester seiner Mutter, Maria, die Tochter des Klopas" meint nur eine Person. Man kann es gut verstehen, wenn das Dreiermodell zeitweilig auch auf anderer Sprachgrundlage das beliebteste war. In der neueren Exegese findet es nur noch wenige Verteidiger.

---

18 H.J. Quecke, Das Johannesevangelium saïdisch. Text der Handschrift PPalau Rib. Inv.-Nr. 183 mit den Varianten der Handschriften 813 und 814 der Chester Beatty Library und der Handschrift M 569 (PapyCast 11), Barcelona/Roma 1984, 207.

19 G.W. Horner, The Coptic Version of the New Testament in the Southern Dialect otherwise called Sahidic and Thebaic. Bd. III: The Gospel of S. John, Oxford 1911, 304.

20 T. Zahn, Brüder und Vettern Jesu, in: Ders., Forschungen zur Geschichte des neutestamentlichen Kanons und der altkirchlichen Literatur. Bd. VI/2, Leipzig 1900, 225-363, hier 338, Anm. 1.

3. Vier Frauen

Es standen aber bei dem Kreuze Jesu
   (1) seine Mutter
und (2) die Schwester seiner Mutter, (außerdem)
   (3) Maria, die des Klopas,
und (4) Maria Magdalena.

Weitaus am häufigsten wird in der Forschung gegenwärtig die Lösung mit vier Frauen vertreten[21], die am besten die Symmetrie der Satzglieder wahrt. Daß in der Mitte ein καί fehlt und man sinngemäß eigentlich "außerdem noch" o.ä. ergänzen muß, läßt sich erklären mit dem stilistischen Wechsel vom ersten Paar mit zwei namenlosen, durch Verwandtschaftsgrade bezeichneten Frauen zum zweiten Paar, bestehend aus den beiden mit Eigennamen und Namenszusätzen versehenen Marien. Das Urteil aber, "the sentence structure would seem to favour four women", nämlich A und B, C und D[22], stimmt sicher nicht. Auch daß die Sachprobleme mit den verwandtschaftlichen Beziehungen und der Doppelbesetzung von Namen dann entfallen, kann auf der literarischen Ebene noch kein Grund für die Bevorzugung dieses Ansatzes sein. Das einzig wirklich tragfähige Argument für die Annahme von vier Frauen stammt vielmehr aus dem unmittelbaren johanneischen Kontext: Die zwei Verse zuvor berichtete Teilung der Kleider Jesu in vier Teile (19,23) impliziert für das römische Exekutionskommando die Mannschaftsstärke von vier Soldaten. Diesen vieren, die den negativen Pol besetzt halten, treten auf der positiven Seite vier Frauen entgegen[23]. Sowohl der Kontrast selbst wie auch die verhaltene, andeutende Art und Weise seiner erzählerischen Realisierung sind typisch johanneische Kompositionsmittel. Daß in 19,26f zusätzlich noch der Lieblingsjünger eingeführt wird, stört die Symmetrie der beiden Gruppen nicht, denn er bildet das Pendant zu Jesus, dessen Sohnesrolle er übernimmt (und zu dem er in das Verhältnis eines Bruders tritt).

---

[21] S. nur W. BAUER, Das Johannesevangelium (HNT 6), Tübingen 1933, 223; R. BULTMANN, Das Evangelium des Johannes (KEK 2), Göttingen [19]1968, 520 Anm. 3; R. SCHNACKENBURG, Das Johannesevangelium. Bd. 3: Kommentar zu Kap. 13-21 (HThK IV/3), Freiburg i.Br. [4]1982, 321-323.

[22] So R.E. BROWN, The Gospel According to John (xiii-xxi) (AncB 29A), Garden City, N.Y. 1970, 904.

[23] So richtig E.C. HOSKYNS, The Fourth Gospel, hrsg. F.N. Davey, London [2]1951, 530: "Tradition has taken from this passage the three Marys beneath the cross, but more probably the author intends four women, the faithful counterpart of the four unbelieving soldiers"; C.K. BARRETT, Das Evangelium nach Johannes. Übers. aus dem Engl. von H. Bald (KEK Sonderband), Göttingen 1990, 529.

4. Traditionsgeschichtliche Erwägungen

Zu überprüfen ist noch, ob man mit literarkritischen und traditionsgeschichtlichen Erwägungen in der Frage nach der Anzahl der Frauen in Joh
19,25 weiterkommt[24]. Erst nach dem Kreuzestod Jesu bringt Mk 15,40 die
Notiz, daß auch Frauen von weitem zuschauen, darunter "Maria Magdalena und Maria, die des Jakobus des Kleinen und des Joses Mutter, und
Salome". Zunächst einmal stellt sich ein ganz analoges Problem, ob nämlich "Maria, die des Jakobus des Kleinen" von "und des Joses Mutter" zu
trennen und auf zwei Personen zu verteilen ist (vgl. in Mk 15,47 "Maria,
die des Joses" und in 16,1 "Maria, die des Jakobus") oder ob der ganze
Ausdruck nur eine Maria als Mutter des Brüderpaares Jakobus und Joses
meint. Je nachdem hätten wir es wieder mit vier Frauen oder mit drei
Frauen (so eindeutig Mk 16,1: "Maria Magdalena und Maria, die des Jakobus, und Salome") zu tun. Das Votum der Markusexegese tendiert fast
einhellig zu drei Frauen hin[25], aber damit ist das Mittelstück in dieser Liste
genauso überfüllt wie in Joh 19,25 bei der Dreierlösung. Wenn man Jakobus den Kleinen und Joses – vermutlich entgegen den Intentionen des
Markus – mit den zwei Erstgenannten der vier Brüder Jesu in Mk 6,3
gleichsetzt, hätte das zur Konsequenz, daß Maria in 15,40 die Mutter Jesu
meint bzw. bei dem später vertretenen Verständnis der Brüder als Vettern
eine enge Verwandte von ihr. Daß die evangeliare Tradition schon diesen
Weg beschritten habe, ist aber unwahrscheinlich. Eher eröffnet sich eine
weiterführende Perspektive in Lk 23,49: "Es standen aber dort [d.h. beim
Kreuz] von weitem alle die mit ihm Bekannten und die Frauen..." Das nur
bei Lukas hinzugefügte Wort "Bekannte" läßt sich als Verwandte oder als
Jünger deuten.
Daß eine irgendwie geartete Beziehung zwischen Joh 19,25 und Mk
15,40 parr bestehen muß, steht m.E. fest, auch wenn über die Frage, ob sie
literarisch durch direkte Kenntnis der synoptischen Texte oder auf rein tra-
ditionsgeschichtlichem Weg vermittelt wurde, Einigkeit so leicht nicht zu
erzielen ist. Von einem rein traditionsgeschichtlichen Ansatz aus gesehen
könnte eine mögliche Entwicklungslinie, wenn wir sie über Gebühr verkürzt

---

[24] Vgl. zum folgenden u.a. L. OBERLINNER, Historische Überlieferung und christlogische
Aussage. Zur Frage der "Brüder Jesu" in der Synopse (FzB 19), Stuttgart 1975, 86-
135, mit Lit.

[25] Ich nenne von den Kommentaren nur J. GNILKA, Das Evangelium nach Markus. Bd.
2: Mk 8,27 - 16,20 (EKK II/2), Zürich/Neukirchen-Vluyn ³1989, 313f.325f (mit Lit.).

skizzieren, so verlaufen sein[26]: Zum alten Bestand der Passionsüberlieferung gehört an der Stelle, wo sie bei Markus heute noch steht, eine Erwähnung von Frauen mit Maria Magdalena an der Spitze, aber ohne die Mutter
Jesu. Eine Tendenz, auch Jünger Jesu und Verwandte Jesu zu integrieren,
zeichnete sich im Laufe der Zeit ab. Der Johannesevangelist zieht diese
Episode zeitlich nach vorne, rückt sie auch räumlich in unmittelbare Nähe
des Kreuzes und fügt zur Personengruppe die Mutter Jesu hinzu[27]. Nur dieser mehrfache Kunstgriff ermöglichte es ihm, das anschließende Gespräch
Jesu mit Mutter und Lieblingsjünger zu inszenieren, auf das es ihm bei dem
ganzen Unternehmen wesentlich ankam. Die Kontrastierung mit den vier
Soldaten ist ein willkommener Nebeneffekt, zugleich die einzig sinnvolle
Begründung dafür, daß er vier Frauen benennen will (u.U. gegen seine Vorlage), obwohl er nur zwei wirklich braucht. Maria Magdalena wird durch
die Mutter Jesu aus ihrer Anfangsposition verdrängt, aber auch die Schlußstellung hat Gewicht. Das korrespondiert im übrigen mit der Makrostruktur
des Evangeliums: Am Anfang tritt in 2,1-5 die Mutter Jesu in Erscheinung,
am Schluß in 20,1-18 Maria Magdalena. Falls der Evangelist also in seinem Material eine mit Mk 15,40 verwandte Tradition mit drei Frauen vorfand, zu der er die Mutter Jesu addierte, ergäbe sich ein weiterer leichter
Vorteil für die Viererlösung. Restlos sichern läßt sich auch das leider nicht,
da Johannes auch etwas ersetzt statt addiert haben kann und die Zahl der
Frauen in der Traditionsvorlage nicht zweifelsfrei feststeht.

In der Exegese wurden die traditionsgeschichtlichen Überlegungen oft
von historischer Neugier überlagert[28]. Die Frau des Klopas identifiziert
man innerhalb des Vierermodells bevorzugt mit der Mutter des Jakobus des
Kleinen und des Joses aus Mk 15,40, die Schwester der Mutter Jesu mit
Salome aus der markinischen Liste, was auf dem Umweg über die Matthäusparallele, die Salome durch "die Mutter der Söhne des Zebedäus" er-

---

[26] Vgl. A. DAUER, Die Passionsgeschichte im Johannesevangelium. Eine traditionsgeschichtliche und theologische Untersuchung zu Joh 18,1 - 19,30 (StANT 30), München 1972, 192-196, der u.a. einen Unterschied in der Zählung der Frauen zwischen
dem Evangelisten und seiner Quelle bei gleichbleibendem Namensbestand als zusätzlichen Gedanken ins Spiel bringt.

[27] J. BECKER, Das Evangelium nach Johannes. Kapitel 11-21 (ÖTBK IV/2), Gütersloh/Würzburg [3]1991, 697f, schreibt das erst der Tätigkeit der kirchlichen Redaktion
zu.

[28] Vgl. von den Kommentaren zum folgenden nur J.B. BERNHARD, A Critical and
Exegetical Commentary on the Gospel According to St. John (ICC), Bd. 2, Edinburgh
1928, 631; M.J. LAGRANGE, Évangile selon Saint Jean (EtB), Paris 1948, 493;
reichhaltige Literaturangaben, verknüpft mit einem sehr zurückhaltenden Urteil in
der Sache, bei J. BLINZLER, Brüder (s. Anm. 14) 113-117.

setzt (Mt 27,56), folgende atemberaubende Konstruktion ermöglicht: Johannes, der Zebedäussohn, zugleich Lieblingsjünger und Evangelienautor, sei ein Vetter Jesu und habe deshalb die Fürsorge für Maria übernommen; wie er sich selbst nie mit Namen nenne, so verschweige er auch den Eigennamen seiner Mutter[29].

Im Rahmen des Dreiermodells zieht man gerne Eusebius heran, der aus Hegesipp referiert, Klopas sei ein Bruder Josefs und Vater der "Herrenbrüder" Judas und Simon gewesen, was seine Frau Maria zur Schwägerin und damit im weiteren Sinn zur "Schwester" der Mutter Jesu macht[30]. Das alles dient zwar der Integration des unterschiedlichen "Personals" unserer Quellen in eine geschlossene, überschaubare und vertraute kleine Familienwelt, fördert aber das Verstehen der Texte nicht und erweist sich deshalb auf Dauer auch für die historische Erkenntnis als kontraproduktiv[31].

II. EvPhil 32: Wieviele Marien?

Zunächst sei der Text von EvPhil 32 = NHC II/3 59,6-11 im koptischen Original[32] (mit Zeilenzählung) und in strukturierter deutscher Übersetzung[33] wiedergegeben:

6   ΝΕΟΥΝ ϢΟΜΤΕ ΜΟΟϢΕ ΜΝ
7   ΠΧΟΕΙϹ ΟΥΟΕΙϢ ΝΙΜ ΜΑΡΙΑ ΤΕϥΜΑΑΥ
8   ΑΥϢ ΤΕϹϹϢΝΕ ΑΥϢ ΜΑΓΑΛΛΗΝΗ ΤΑ
9   ΕΙ ΕΤΟΥΜΟΥΤΕ ΕΡΟϹ ΧΕ ΤΕϥΚΟΙΝϢΝΟϹ
10   ΜΑΡΙΑ ΓΑΡ ΤΕ ΤΕϥϹϢΝΕ ΑΥϢ ΤΕϥΜΑΑΥ
11   ΤΕ ΑΥϢ ΤΕϥϨϢΤΡΕ ΤΕ

---

[29] L. Morris, The Gospel According to John (NIC), London 1971, 811: "He never names himself nor his brother nor any of his family. It would be quite in keeping that he should not name his mother."

[30] Vgl. Eusebius, Hist Eccl III 11,1f; kritisch wertend J. Blinzler, Brüder (s. Anm. 14) 117; L. Oberlinner, Überlieferung (s. Anm. 24) 121-124; R. Bauckham, Jude (s. Anm. 13) 79-94.

[31] Vgl. R. Bauckham, Jude (s. Anm. 13) 13: "Theories about the relatives of Jesus which depend on such identifications have no foundation."

[32] Vgl. als Textausgabe neben Layton (s. Anm. 2) noch W.C. Till, Das Evangelium nach Philippos (PTS 2), Berlin 1963, 20.

[33] Die Schrägstriche markieren in der Übersetzung die Zeilenzählung des Originals. Mein Dank gilt an dieser Stelle dem verehrten Kollegen, Professor Dr. Karl-Theodor Zauzich, Ägyptologe in Würzburg, und Frau Dr. Biedenkopf-Ziehner, mit denen zusammen ich den Text lesen und diskutieren durfte.

Es gab drei, die wandelten mit / dem Herrn allezeit:
Maria,   seine Mutter, /
und   ihre Schwester
und   Magdalene,   die / genannt wird: 'seine Genossin' (κοινωνός). /
"Maria" nämlich   ist seine Schwester,
*   und seine Mutter / ist (sie),*
*   und seine Gefährtin (ⲞⲰⲦⲢⲈ) ist (sie).*

1. Zur Textgestaltung

Der Text ist auf dem Foto im Tafelband gut zu lesen; es gibt keine La-
kunen, die ausgefüllt werden müßten, und keine schwer zu entziffernden
Buchstaben[34]. Dennoch hat H.M. Schenke in seinen verschiedenen Veröffentlichungen zum Philippusevangelium eine Konjektur vorgenommen. In
58,8 ersetzt er "ihre Schwester", d.h. die Schwester der Mutter Jesu, durch
"[seine] Schwester", d.h. die Schwester Jesu, weil in 59,10 "seine Schwester" steht und beides ein und dieselbe Person meint[35]. "Ihre Schwester" in
58,8 würde dann aus dem Versehen eines nachlässigen Schreibers resultieren, der Joh 19,25 im Ohr hatte. Einige Bearbeiter[36] und Autoren[37] schließen sich diesem Vorschlag an, andere nicht[38].

Gewiß besteht zwischen "ihre Schwester" in 58,8 und "seine Schwester"
in 58,10 eine unleugbare Spannung. Man wird sie auch nicht durch ein

---

[34] Vgl. ARE-UNESCO, The Facsimile Edition of the Nag Hammadi Codices. Codex II,
hrsg. J.M. Robinson, Leiden 1974, 71.

[35] H.M SCHENKE, Das Evangelium nach Philippus. Ein Evangelium der Valentinianer
aus dem Funde von Nag-Hamadi (sic), in: ThLZ 84 (1959) 1-26, hier 9; DERS., Das
Evangelium nach Philippus, in: Ders. / J. Leipoldt, Koptisch-gnostische Schriften aus
den Papyrus-Codices von Nag-Hamadi (sic) (ThF 20), Hamburg-Bergstedt 1960, 31-
65.81f.44; DERS., EvPhil (s. Anm. 1) 159, mit der Fußnote: "Manuskript hat ver-
sehentlich 'ihre'."

[36] B. LAYTON, The Gospel According to Philip, in: Ders., The Gnostic Scriptures. A
New Translation with Annotations and Introductions, Garden City, N.Y. 1987, 325-
353, hier 335, gegen seinen eigenen Text (s. Anm. 2), wo er ⲦⲈϤⲤⲰⲚⲈ nur im
Apparat bringt (158).

[37] Mit bes. Nachdruck R. BAUCKHAM, Jude (s. Anm. 13) 38, und DERS., Salome the
Sister of Jesus, Salome the Disciple of Jesus, and the Secret Gospel of Mark, in: NT
33 (1991) 245-275, hier 247, der sich aber zu sehr von seiner rein historischen
Fragestellung leiten läßt.

[38] Neben Wilson (s. Anm. 6), Ménard (s. Anm. 7), Krause (s. Anm. 9) und Till (s.
Anm. 32) hält an "her sister" auch fest W.W. ISENBERG, The Gospel of Philip (II,3),
in: J.M. Robinson (Hrsg.), The Nag Hammadi Library in English, Leiden ³1988, 139-
160, hier 145.

kompliziertes historisches Modell, das beide Angaben ins Recht setzt –
Maria, eine Tochter Josefs aus erster Ehe mit Salome und insofern "Schwester" Jesu, habe Klopas, den Bruder Josefs, ihren Onkel also, geheiratet und
sei dadurch auch zur "Schwester" (sprich Schwägerin) der Mutter Jesu geworden[39] –, beseitigen können. Aber die Argumentation mit dem Versehen
des Schreibers läßt sich ebensogut auf den Kopf stellen: In 58,8 folgt der
Autor mit voller Absicht seiner Schriftvorlage in Joh 19,25; in 58,10 bietet
er dazu seine eigene Erklärung an. Die Spannung hat er eingeplant als Aufmerksamkeitssignal, das eine Sinnverschiebung von 58,8 zu 58,10 anzeigt.
Was für eine Aussage mittels dieser Technik gemacht wird, müssen wir
noch genauer herauszubekommen versuchen.

2. Beobachtungen zu Form und Inhalt

Ehe wir uns aber darauf einlassen, sollten wir uns noch etwas um die
innere Form des Textstücks bemühen und natürlich den Vergleich mit Joh
19,25 präziser durchführen. Zunächst zur Formanalyse. Der Vers läßt sich
ohne weiteres in drei Absätze untergliedern:

(a) 59,6f: "Es gab drei, die wandelten mit dem Herrn allezeit..." Dieser
einleitende Satzteil fungiert als eine Art Überschrift. Aufgrund des Vergan-
genheitstempus schafft er auch eine rudimentäre erzählerische Rahmung.
Durch die Nennung der Zahl drei wird die folgende Liste bereits summiert.
Das Zahlwort steht im Koptischen im Femininum (ϢOMTE; das Maskulinum lautet ϢOMN̄T). Damit wird klargestellt, daß es sich um drei *Frauen*
handeln muß.

(b) 59,7-9: "...Maria, seine Mutter, und ihre Schwester und Magdalene,
die genannt wird: 'seine Genossin'..." Dieser Versteil ist formal als Frauen-
liste zu bestimmen. Es dominieren eigentlich die Relationsbegriffe: Mutter,
Schwester, Genossin (mit dem griechischen Lehnwort κοινωνός). Der
Eigenname Maria fällt nur beim ersten Mal, bei der Mutter Jesu. Die
Schwester bleibt namenlos. Magdalena ist nur durch ihren Beinamen

---

[39] So Anastasius Sinaita, Quaestiones et Responsiones 153 (PG 89, 812B), der diese
Information dem Panarion des Epiphanius entnommen haben will; R. BAUCKHAM,
Jude (s. Anm. 13) 38 Anm. 128, der auf diese Möglichkeit aufmerksam macht,
bemerkt selbst: "But it is unlikely that this view is really presupposed by the Gospel
of Philip." Vgl. immerhin zu Maria als einer von zwei Schwestern Jesu (die andere
heißt Salome) Epiphanius, Panarion LXXVIII 8,1; 9,6 (GCS 37, 458,21; 460,3);
anders Epiphanius, Ancoratus 60,1 (GCS 25, 70,21f): *Anna* (K. Holl [Hrsg.]: "lies
wohl Μαρίαν") und Salome.

vertreten. Daß beide auch Maria heißen, kann man rein innertextlich erst
aus dem abschließenden Satz 59,10f folgern. Der Person der Maria Magdalena gilt das besondere Interesse des Textes, weil nur bei ihr der Bezie-
hungsaspekt ("seine Genossin") durch einen Relativsatz eingeleitet wird:
Die Leute nennen sie so. Am blassesten bleibt sicher die Schwester. Das
hat auch seinen Grund. Maria Magdalena kommt in EvPhil 55b (63,33) erneut vor (s.u.), Maria als Mutter Jesu in EvPhil 17a (55,23-27) und als
Jungfrau in EvPhil 17b (55,27-33). Ihre Schwester spielt in der ganzen
Schrift keine Rolle mehr.

(c) 59,10f: "...'Maria' nämlich ist seine Schwester, und seine Mutter ist
(sie), und seine Gefährtin ist (sie)." Diesen Versschluß (mit Tempuswech-
sel) können wir fürs erste als Definitionssatz klassifizieren. Was eigentlich
definiert wird, scheint zunächst nicht so klar: Soll gesagt werden, daß die
drei durch ihre je besondere Beziehung zu Jesus charakterisierten Frauen
alle den Namen Maria tragen? Oder soll in drei Anläufen dargelegt werden,
wer Maria wirklich ist? Im Vergleich zur Frauenliste von 58,7-9 fällt nicht
nur die schon angesprochene semantische Unverträglich von "ihre Schwester" in 59,8 und "seine Schwester" in 59,10 ins Auge, sondern auch, daß
"Mutter" und "Schwester" den Platz getauscht haben und "Schwester" jetzt
von der zweiten in die erste Position eingerückt ist. Die Wirkung der sachlichen Spannung als Aufmerksamkeitssignal wird durch diesen Positions-
wechsel noch verstärkt. Dem griechischen Lehrwort κοινωνός aus 58,9
korrespondiert in 59,11, gleichfalls an dritter Stelle, die originär koptische
Vokabel ϨⲰⲦⲢⲈ. Für die Grundform, den Verbstamm, gibt das Lexikon
als Bedeutung u.a. an: "verbinden, vereinigen, zu einem Paar machen"[40]
bzw. "be joined, doubled"[41].

3. Vergleich mit Joh 19,25

Wir folgen bei der Durchführung des Vergleichs der Gliederung in drei
Absätze, die wir soeben herausgearbeitet haben, und beginnen mit:
(a) *Rahmenangabe* (59,6f): Die Szene hat sich geändert. Vom Standort
unter dem Kreuz Jesu ist im EvPhil nicht mehr die Rede. Vielmehr wird auf
einer ersten Verständnisebene der Eindruck erweckt, daß sich die drei
Frauen bereits in der Nachfolge des irdischen Jesus hervortaten. Das kann
für Maria Magdalena aus Lk 8,2 und Mk 15,40 par Mt 27,56 im Verein

[40] W. WESTENBERG, Koptisches Handwörterbuch, Heidelberg 1977, 400.
[41] W.E. CRUM, A Coptic Dictionary, Oxford 1939/1979, 726a.

mit Mk 15,41 par Mt 27,55 ("...die ihm in Galiläa gefolgt waren") geschöpft sein. Die Schwester (evtl. in der Tradition des EvPhil bereits mit
der "anderen Maria" [Mt 28,1] der synoptischen Stoffe identifiziert?) und
die Mutter würden unter den "vielen anderen Frauen" Platz finden, von denen Mk 15,41 spricht[42].

(b) *Frauenliste* (59,7-9): Sie ist eindeutig aus Joh 19,25 entnommen. Die
dortigen Angaben verteilt EvPhil 32 auf drei Frauen. Zu "seine Mutter"
wird der Eigenname hinzugefügt, bei Maria Magdalena gestrichen; dafür
erhält sie in Analogie zu den beiden anderen Frauen ein neues Bezie-
hungsattribut. Das einheitlich gelesene Mittelstück "und die Schwester seiner Mutter, Maria, die des Klopas" ist auf das bare Gerüst reduziert, auf
"und ihre Schwester". Auch diese Bearbeitung verrät ein besonderes Interesse an Maria Magdalena. Noch etwas kommt hinzu. Die spätere Stelle
EvPhil 55 benutzt gleichfalls den Begriff κοινωνός (63,32f) und sagt von
Maria Magdalena: "Der Herr liebte sie mehr als die Jünger alle" (63,34f),
worüber sich die anderen Jünger in der Fortsetzung des Logions bitter beklagen. Es wird also eine Interpretation dafür geboten, warum EvPhil 32
Maria Magdalena so betont als Genossin und Gefährtin des Herrn heraus-
gestellt hat[43]. Es kann durchaus sein, daß Maria Magdalena hier in die
Rolle des Lieblingsjüngers aus der johanneischen Tradition eingewiesen
wird[44]. Das aber wirkt auf EvPhil 32 und seine Beziehung zu Joh 19,25 zurück, folgt doch in Joh 19,26f unmittelbar die Szene mit dem Lieblingsjünger, dem Jesus seine Mutter anvertraut. Das würde bedeuten: EvPhil 32 ist
im Wissen nicht nur um Joh 19,25, sondern auch um Joh 19,26f geschrieben worden. Stillschweigend wird die Stilisierung des Vorzugsjüngers aus
Joh 19,26 nach vorn gezogen, mit der freien Wiedergabe von 19,25 ver-

---

[42] Zu Maria, der Mutter, als ständiger Begleiterin Jesu kontrastiert R. BAUCKHAM, Jude
     (s. Anm. 13) 38 Anm. 123, passend die gegensätzlichen Urteil von Epiphanius,
     Panarion LXXVIII 13,1 (GCS 37, 463,26f): ἀκόλουθος τῷ Ἰησοῦ ἅμα αὐτῷ
     πάντοτε τυγχάνουσα, und Tertullian, De carne Christi 7,9 (CChr.SL 2, 888,53):
     Mater aeque non demonstratur adhaesisse illi; vgl. auch R. BAUCKHAM, ebd. 38f, zu
     einer vergleichbaren Notiz über die Schwestern Jesu.
[43] Einen Anhaltspunkt für die besondere Liebe Jesu zu Maria Magdalena hat man
     möglicherweise in Joh 11,5 gefunden: "Jesus liebte Marta und ihre Schwester [Maria]
     und Lazarus", falls man wie die spätere Tradition Maria von Bethanien mit Maria
     Magdalena verwechselte; vgl. R. McL. WILSON, Gospel (s. Anm. 6), 97; R.M.
     GRANT, The Mystery of Marriage in the Gospel of Philip, in: VigChr 15 (1961) 129-
     140, hier 138.
[44] Vgl. H.M. SCHENKE, The Function and Background of the Beloved Disciple in the
     Gospel of John, in: C.W. Hedrick / R. Hodgson, Jr. (Hrsg.), Nag Hammadi, Gnos-
     ticism, and Early Christianity, Peabody, Ma. 1986, hier 111-125, hier 121f.

knüpft und auf Maria Magdalena übertragen. Das könnte auch das Rätsel von 59,10f weiter aufhellen helfen, insofern dann Maria Magdalena, weil sie als Vorzugsjünger die Mutter Jesu adoptiert hat, in eine besondere Beziehung zu ihr rückt und mit mehr Recht als Schwester Jesu ausgegeben werden kann. Dazu gleich mehr.

(c) *Definitionssatz* (59,10f): Er hat im Evangelientext keinen unmittelbaren Anhalt, sondern greift nur Namen und Begriffe daraus auf und ordnet sie zu einem neuen Muster an. Man kann ihn auch als Kommentar- und Deutewort zum Schrifttext bezeichnen, mehr noch: als allegorische Exegese zu Joh 19,25. Die dreimalig wiederholte Kopula "ist", die ein Textwort mit Deuteworten – hier mit zu Deuteworten umfunktionierten Begriffen aus dem Text selbst – verbindet, gehört nämlich zu den Kennzeichen der Allegorese[45]. Zu ihren hermeneutischen Grundlagen zählt ferner die These, daß scheinbare Widersinnigkeiten in Texten als Signale dafür gedacht sind, allegorische Lesetechniken anzuwenden[46]. Das würde in unserem Fall der schroffe Wechsel von "ihre Schwester" zu "seine Schwester" leisten. Die Deutung, die der Verfasser des EvPhil dem Vers aus Joh 19,25 geben will, werden wir also, wenn irgendwo, im allegorischen Kommentarwort von 59,10f finden.

4. Zur Übersetzung und Deutung von 59,10f

Bezüglich der Deutung von 59,10f herrscht keine Klarheit, was sich in den divergierenden Übersetzungen niederschlägt. Ein Überblick mag das im einzelnen zeigen:

H.M. Schenke, 1959[47]:	"Maria nämlich heißt seine Schwester, seine Mutter und seine Paargenossin."
C.J. de Catanzaro, 1962[48]:	"For Mary is his sister and his mother and his spouse."
R. McL. Wilson, 1962[49]:	"For Mary was [!?] his sister and his mother and his consort."
W.C. Till, 1963[50]:	"Denn Maria ist seine Schwester und ist seine Mutter und ist seine Gefährtin."

---

[45] Vgl. H.J. KLAUCK, Allegorie und Allegorese in synoptischen Gleichnistexten (NTA NF 13), Münster [2]1986, 67-91.201.

[46] J. PÉPIN, A propos de l'histoire de l'exégèse allégorique: l'absurdité, signe de l'allégorie, in: StPatr 1 (1957) 393-413.

[47] A.a.O. (s. Anm. 35) 9; ebenso DERS., 1960, a.a.O. (s. Anm. 35) 44.

[48] A.a.O. (s. Anm. 8) 43.

[49] A.a.O. (s. Anm. 6) 35-97.

J.E. Ménard, 1964[51]:	"Car Marie est sa soeur, sa mère et sa compagne."
Y. Janssens, 1968[52]:	"Car 'Marie' est sa soeur, sa mère et sa compagne."
M. Erbetta, 1970[53]:	"Maria, in realtà, è sorella, madre e coniuge di lui."
R. Kasser, 1970[54]:	"Car Marie (est) <à la foi> sa soeur, et (elle est) sa mère, et (elle est) celle qui s'est unie à lui."
M. Krause, 1971[55]:	"Maria ist nämlich seine Schwester und seine Mutter und seine Gefährtin."
B. Layton, 1987[56]:	"For 'Mary' is the name of his sister and his mother, and it is the name of his partner."
H.M. Schenke, 1987[57]:	"Seine Schwester, seine Mutter und seine Gefährtin heißen nämlich alle Maria."
W.W. Isenberg, 1988[58]:	"His sister and his mother and his companion were each a Mary."

Nicht immer geht aus der Übersetzung hervor, welchen Sinn die Bearbeiter dem Satz beilegen. Aber der Übersetzungstyp, den Schenke (nur 1987), Layton (1987) und Isenberg (1988) vertreten, setzt doch wohl voraus, daß wir im Deutesatz weiterhin drei Frauen voneinander unterscheiden sollen, die zufälligerweise alle drei Maria heißen. Übersetzungen hingegen, die wie die meisten übrigen näher beim Text bleiben, lassen zumindest auch ein anderes Verständnis zu, daß nämlich Schwester, Mutter und Gefährtin auf einer tieferen Verstehensebene ein und dieselbe Person bezeichnen[59], die in ihren verschiedenen irdischen Erscheinungsformen den Namen Maria trägt. Genau das aber dürfte die Aussageabsicht des allegorischen Kommentars sein. Die drei Marien aus Joh 19,25 sind nur auf der primären Textebene unterscheidbare Gestalten. Schon die Gleichnamigkeit weist den

---

[50] A.a.O. (s. Anm. 32) 21.
[51] A.a.O. (s. Anm. 7) 79; ebenso DERS., 1967 (s. Anm. 7) 63.
[52] A.a.O. (s. Anm. 10) 91.
[53] M. ERBETTA, Il Vangelo di Filippo (C G II 3: sec. III?), in: ED 23 (1970) 317-370, hier 336.
[54] R. KASSER, Bibliothèque Gnostique VIII/IX: L'Évangile selon Philippe, in: RThPh 20 (1970) 12-35.82-106, hier 30; er übersetzt κοινωνός zuvor in 59,9 mit "femme"; an Schrifttexten weist er nur auf Joh 11,5 hin.
[55] A.a.O. (s. Anm. 9) 101.
[56] A.a.O. (s. Anm. 36) 335.
[57] A.a.O. (s. Anm. 1) 159.
[58] A.a.O. (s. Anm. 38) 145; ebenso DERS., 1989, a.a.O. (s. Anm. 2) 159.
[59] C. TRAUTMANN, La parenté dans l'Évangile selon Philippe, in: B. Barc (Hrsg.), Colloque international sur les Textes de Nag Hammadi (Québec, 22-25 août 1978) (BCNH 1), Québec/Löwen 1981, 267-278, hier 273: "Le rôle de Marie-Madeleine est intéressant pour nous car celle cumule à elle seule trois relations de parenté: elle est soeur, mère et compagne."

Weg zu der geforderten Einsicht, daß sich darin die eine Gefährtin des Er-lösers manifestiert[60].

Dieses Ergebnis müßte nun noch in verschiedener Hinsicht in der gnosti-schen Gedankenwelt des EvPhil verortet werden. Die Relation dieser Maria zur Sophia in EvPhil 36,55a (vgl. 39) und damit auch zum Pneuma in EvPhil 26b z.B. wäre zu bedenken[61], ebenso der mögliche Zusammenhang der Paargenossenschaft zwischen Jesus und Maria Magdalena mit dem Sakrament der Vereinigung im Brautgemach[62]. Der Umgang mit den Na-men der irdischen Marien müßte an die komplexe Namenstheorie in EvPhil 13 u.ö. zurückgebunden werden, derzufolge die weltlichen Namen zwar irreführen, aber doch für Eingeweihte Zugangswege zum richtigen Ver-ständnis abgeben[63]. Aber all das würde den enggesteckten Rahmen unseres Vorhabens sprengen. Eines dürfte gelungen sein, und das war unser Ziel: den Nachweis dafür zu erbringen, daß EvPhil 32 in die gnostische Rezep-tionsgeschichte von Joh 19,25 gehört. Generell ist daraus zu folgern: Das Studium der gnostischen Allegorese neutestamentlicher Stoffe in den Hand-

---

[60] So auch J.J. BUCKLEY, Holy Spirit (s. Anm. 12) 212, bzw. DIES., Fault (s. Anm. 12) 106; B. BARC, Les noms de la Triade dans l'Évangile selon Philippe, in: J. Ries (Hrsg.), Gnosticisme et monde hellénistique. Actes du Colloque de Louvain-la-Neuve (11-14 mars 1980) (PIOL 27), Louvain-la-Neuve 1982, 361-376, hier 375: "Si le Fils a revêtu trois noms (Jésus-Nazaréen-Christ) c'est pour rendre à l'Esprit divisé son unité symbolisée, par un nom unique, celui de *Marie*"; M. ERBETTA, a.a.O. (s. Anm. 53) 359: "La madre, la sorella e la consorte del Salvatore terreno non sono – sec. l'accezione gnostica – che aspetti o manifestazioni diverse di un'unica *Maria*" (Her-vorheb. im Orig.).

[61] Vgl. G. SFAMENI GASPARRO, Il personaggio di Sophia nel Vangelo secondo Filippo, in: VigChr 31 (1977) 244-281; H.M. SCHENKE, EvPhil 1960 (s. Anm. 35) 34f; E. PAGELS, Pursuing the spiritual Eve: Imagery and Hermeneutics in the *Hypostasis of the Archons* and the *Gospel of Philip*, in: K.L. King (Hrsg.), Images (s. Anm. 11) 187-206, hier 202: "The Gospel of Philip 59,6-11 suggests that the 'three Maries' (the Savior's virgin mother, his sister and Mary Magdalene) serve as images of Christ's spiritual syzygos in her triple manifestation, respectively, as holy spirit, Wisdom, and his bride the church."

[62] Vgl. J.M. SEVRIN, Noces (s. Anm. 13); H.G. GAFFRON, Studien zum koptischen Philippusevangelium mit besonderer Berücksichtigung der Sakramente, Diss. theol., Bonn 1969; zur sakramentalen Vereinigung im EvPhil einige Hinweise auch bei H.J. KLAUCK, Herrenmahl und hellenistischer Kult. Eine religionsgeschichtliche Untersu-chung zum ersten Korintherbrief (NTA NF 15), Münster ²1986, 216-219; L. WEHR, Arznei der Unsterblichkeit. Die Eucharistie bei Ignatius von Antiochien und im Jo-hannesevangelium (NTA NF 18), Münster 1987, 280-314.

[63] K. KOSCHORKE, Die "Namen" im Philippusevangelium. Beobachtungen zur Ausein-andersetzung zwischen gnostischem und kirchlichem Christentum, in: ZNW 64 (1973) 307-322; K. RUDOLPH, Response (s. Anm. 11) 230f; B. BARC, Les noms (s. Anm. 60).

schriften aus Nag Hammadi[64] verdient wenigstens ebenso viel Aufmerksamkeit wie die Jagd nach Spuren außerchristlicher oder gar vorchristlicher
Gnosis.

---

[64] Vgl. als weiteres Fallbeispiel H.J. KLAUCK, Die Himmelfahrt des Paulus (2 Kor 12,2-
4) in der koptischen Paulusapokalypse aus Nag Hammadi (NHC V/2), in: Ders., Gemeinde – Amt – Sakrament. Neutestamentliche Perspektiven, Würzburg 1989, 391-
429.

8. Gnosis als Weltanschauung in der Antike

I. Zur Aktualität des Themas

"Versuchung durch Erkenntnis", so ist eine Sammlung von Gnosisstudien der amerikanischen Forscherin Elaine Pagels in der deutschen Taschenbuchausgabe überschrieben[1] – ein treffender Titel, denn das griechische Wort γνῶσις bedeutet nichts anderes als Erkenntnis. Näherhin verstehen wir unter Gnosis aber (wenn wir einmal von allem Streit um terminologische Fragen, der bisher nicht sonderlich viel eingetragen hat[2], absehen) eine besondere Form von religiös gefärbter Weltsicht in der Antike. Wieso kann sie aber, was der Zwischentitel ja in Aussicht stellt, heute noch Aktualität beanspruchen? Lohnt es sich überhaupt, danach zu fragen, was Gnosis ist und wie sie sich darstellt, oder sollten wir das nicht lieber getrost einigen wenigen Spezialisten überlassen?

Beginnen wir, anstatt unmittelbar darauf zu antworten, mit zwei Texten, der eine davon aus der Antike, der andere aus dem 20. Jahrhundert. Der erste Text: "Wer sind wir? Wo kommen wir her? Wohin gehen wir? Was erwarten wir? Was erwartet uns?" Eine eindrückliche Frage nach dem Sein

---

[1] E. PAGELS, Versuchung durch Erkenntnis. Die gnostischen Evangelien (The Gnostic Gospels, New York 1979, dt. von A. Schweikhart) (suhrkamp taschenbuch 1456), Frankfurt a.M. 1987. Als Gesamtdarstellung vgl. zum folgenden K. RUDOLPH, Die Gnosis. Wesen und Geschichte einer spätantiken Religion (UTB 1577), Göttingen [3]1990; einige weitere Titel, die in die Problemlage einführen: K. RUDOLPH (Hrsg.), Gnosis und Gnostizismus (WdF 262), Darmstadt 1975 (ersetzt durch Umfang [XVIII u. 862 S.] und Materialreichtum eine kleine Bibliothek); K. TRÖGER (Hrsg.), Gnosis und Neues Testament. Studien aus Religionswissenschaft und Theologie, Gütersloh 1973; DERS. (Hrsg.), Altes Testament – Frühjudentum – Gnosis. Neue Studien zu "Gnosis und Bibel", Gütersloh 1980; O. BETZ, Das Problem der Gnosis seit der Entdeckung der Texte von Nag Hammadi, in: VuF 21 (1976) 46-80; B. ALAND (Hrsg.), Gnosis (FS H. Jonas), Göttingen 1978; C. COLPE, Art. Gnosis II (Gnostizismus), in: RAC 11 (1981) 537-659; C. SCHOLTEN, Martyrium und Sophiamythos im Gnostizismus nach den Texten von Nag Hammadi (JAC.E 14), Münster 1987; N. BROX, Erleuchtung und Wiedergeburt. Aktualität der Gnosis, München 1989. Eine zuverlässige erste Orientierung jetzt auch bei E. DASSMANN, Kirchengeschichte I. Ausbreitung, Leben und Lehre der Kirche in den ersten drei Jahrhunderten (KStTh 10), Stuttgart 1991, 134-150.

[2] Das gilt insbesondere für den Versuch des Kolloquiums von Messina, zwischen Gnosis und Gnostizismus streng zu unterscheiden; skeptisch dazu auch K. RUDOLPH, Die Gnosis (s. Anm. 1) 64f.

des Menschen, nach seiner Herkunft, seiner Zukunft, seiner Lebenserwar-
tung, subjektiv und objektiv gesehen. Das klingt sehr modern, aber das
trifft eigentlich auch auf den zweiten Text zu: "Wer waren wir? Was sind
wir geworden? Wo waren wir? Wohinein sind wir geworfen? Wohin eilen
wir? Wovon sind wir befreit? Was ist Geburt, was Wiedergeburt?"

Das erste Zitat stammt aus der Einleitung zu Ernst Blochs philosophischem Hauptwerk *Prinzip Hoffnung*[3], das zweite findet sich bei Clemens
von Alexandrien in den *Excerpta ex Theodoto*, einer Sammlung von Aus-
sprüchen verschiedener gnostischer Lehrer[4]. Was diesen zweiten Text für
uns so interessant macht, ist die Tatsache, daß er im Kontext ausdrücklich
ausgewiesen wird als Definition der Gnosis. Darin besteht die Erkenntnis
(γνῶσις), die frei macht, nämlich zu wissen: Wer waren wir? Was sind wir
geworden? ... Die Übereinstimmung mit einem Themasatz neuzeitlichen
Philosophierens kann sicher nur frappierend genannt werden. Sie müßte
eigentlich zu der Überlegung Anlaß geben, inwieweit im neuzeitlichen Denken gnostische Ideen versteckt noch virulent sind, oder, als eine andere
Möglichkeit, ob die Welt- und Selbsterfahrung der Gegenwart vielleicht
derjenigen der Gnostiker in der Antike ähnlich sieht, ob sie unter Umstän-
den deswegen ähnliche Fragen aufwirft und ähnliche Antworten provoziert.
Bloch fährt an der zitierten Stelle fort: "Viele fühlen sich nur als verwirrt.
Der Boden wankt, sie wissen nicht warum und von was. Dieser Zustand ist
Angst, wird er bestimmter, so ist er Furcht." Das Gefühl der Angst und des
Bedrohtseins in der vorfindlichen Welt beherrscht in starkem Maße die
Gnosis, die nach eigenen Worten diese Welt als Gefängnis erlebt. Die Er-
kenntnis will gerade von dieser Angst befreien.

Hier wird sichtbar, daß Gnosisforschung durchaus auch eine aktuelle
Komponente hat und der Verständigung über die Gegenwart dienen kann.
Manches von dem, was heute unter den Stichworten Esoterik, Selbsterfahrung, Ausstieg, Rückkehr zum mythischen Denken gehandelt wird, ver-
diente bei der Anwendung von religionsgeschichtlichen Kategorien durchaus das Attribut "gnostisch"[5]. Dazu ein Beispiel: In Würzburg ist eine neue

---

3   E. BLOCH, Prinzip Hoffnung. Bd. 1. Frankfurt a.M. 1970, 1.
4   Clemens Alex., Exc Theod 78,2 (131,17-19 GCS 17² Stählin-Früchtel): τίνες ἦμεν,
    τί γεγόναμεν· ποῦ ἦμεν, [ἢ] ποῦ ἐνεβλήθημεν· ποῦ σπεύδομεν, πόθεν λυτρού-
    μεθα· τί γέννησις, τί ἀναγέννησις.
5   Die Brücke zum New Age wird in einem neuen Sammelwerk direkt geschlagen: P.
    SLOTERDIJK / T.H. MACHO (Hrsg.), Die Weltreligion der Seele. Ein Gnosis-Lesebuch
    von der Spätantike bis zum New Age, München 1991. Bemerkenswert ist auch das
    regelmäßige Auftauchen von wissenschaftlichen Quellensammlungen zur Gnosis in
    den Katalogen von Fachbuchhandlungen für esoterische Literatur. Vorbehalte gegen

religiöse Offenbarungsbewegung beheimatet, die sich früher "Heimholungswerk" nannte, neuerdings aber die Bezeichnung "Universelles Leben" bevorzugt. In einer ihrer Programmschriften steht zu lesen: "Immer wieder
kommen in periodischen Abläufen Lichtträger der Himmel in alle Fallberei-
che und auch auf die Erde. Den einen ist es nach einigen Einverleibungen
möglich, wieder in das Gottesreich zurückzugelangen, andere wiederum
verstricken sich in der Materie und werden zu Kindern der Finsternis."[6]
Das ist Wort für Wort reinster gnostischer Mythos. Diesen Mythos nachzu-
zeichnen wird im folgenden unsere Aufgabe sein. Bleiben wir aber zuvor
noch etwas bei den *Excerpta ex Theodoto*, und versuchen wir, anhand dieses Textes die Umrisse des Phänomens "Gnosis" genauer zu bestimmen.

II. Phänomenbeschreibung

Wir können im Zitat bei Clemens von Alexandrien drei Zeitstufen unterscheiden. Die Fragen: "Wer waren wir? Wo waren wir?" zielen in eine ferne Vergangenheit. "Was sind wir geworden? Wohinein sind wir geworfen?", auch das richtet sich zwar auf einen vergangenen Zeitpunkt, der aber
die Gegenwart der Fragenden unmittelbar bestimmt: Wir sind jetzt das, was
wir geworden sind; wir sind hineingeworfen in dieses Dasein. Aber es gibt
auch einen Ausweg und eine Zukunft: "Wohin eilen wir?" Und diese Zukunft reicht für die Fragenden bereits in die Gegenwart hinein: "Wovon
sind wir befreit?" Das Geworfensein hat es individuell gesehen wohl mit der
Geburt zu tun, das Befreitsein entsprechend mit der Wiedergeburt. So wird
ein Weg nachgezeichnet, den wir folgendermaßen beschreiben können: Es
gab einmal einen idealen Urzustand, aus dem wir hinausgeworfen worden
sind in dieses Dasein. Der gegenwärtige Zustand ist zwar äußerlich gesehen
schlimm genug, aber nicht völlig hoffnungslos. Es gibt Befreiung, es gibt
ein Ziel, es gibt die Möglichkeit, den verlorenen Urzustand wiederzuerlan-
gen. Der Weg dorthin heißt Gnosis, Erkenntnis, Einsicht in den wahren
Sachverhalt und in das wahre Wesen der Dinge.
Soweit hört sich das alles ziemlich unproblematisch an. Auch der Weg
des gefallenen Menschen in biblisch-christlicher Sicht könnte ohne weiteres

---

eine allzu forsche Ausweitung des Begriffs äußert W. JAESCHKE, Gnostizismus – Ein
Schlagwort zwischen geschichtlicher Aufklärung und Häreseomachie, in: ABG 28
(1984) 269-280.

[6] Die Strahlungsfelder. Die Entstehung der Fallwelten und die Zukunft der Menschheit. Eine Offenbarung und eine Prophetie, die die Welt nicht kennt, Würzburg:
Heimholungswerk 1987, 70.

so summiert werden: Paradies, Sündenfall, Erlösung durch Christus, Heimkehr in den Himmel nach dem Tode, Weltende mit Wiederherstellung der ursprünglichen Vollkommenheit. Warum wird uns von den Kirchenvätern aber die Gnosis durchweg als Häresie vor Augen gestellt? Es muß diesem Erkennen, das der ganzen Bewegung den Namen gab, ein besonderes Moment anhaften. Das Erkennen hat soteriologischen Rang, und dies in einem exklusiven Sinn. "Soteriologisch" will sagen: Wissen und Erkenntnis erlösen bereits; zur Erlösung bedarf es nur dieses Wissens, alles andere ist Zutat. Ohne dieses Wissen aber gibt es die Erlösung nicht. "Exklusiv" bedeutet: Wer dieses Wissen hat, ist erlöst, wer es nicht hat, ist verloren. Damit wird zugleich eine Scheidung in die Menschheit hineingetragen. Sie erscheint aufgeteilt in Gnostiker und Nichtgnostiker. Dem Wissen haftet somit ein ausgeprägtes esoterisches Moment an. Schließlich können wir noch einen weiteren Gesichtspunkt festhalten. Die Frage: "Wohinein sind wir geworfen?" läßt eine negative Wertung des gegenwärtigen Zustands erahnen. Erlösungsfähig und erlösungsbedürftig ist nicht der gegenwärtige Weltzustand, nicht das Menschsein in seiner Leiblichkeit und Geschichtlichkeit. Erlösung gibt es nur für ein geistiges Substrat des Gnostikers, für seinen wissenden und erkennenden Wesenskern. Manchmal wird dafür auch einfach "Seele" gesagt, aber selbst das ist streng genommen schon zuviel. Kennzeichnend für die Gnosis ist ein strenger Dualismus, der alles Materielle und Körperliche abwertet. All das muß überwunden werden. Der Urzustand, in den wir zurückkehren wollen, war immateriell und körperlos, von reiner Geistigkeit bestimmt.

Nach und nach enthüllen sich hinter den einfach scheinenden Fragen aus den *Excerpta ex Theodoto* die Umrisse eines kosmischen Dramas, das vom Fall und Wiederaufstieg der Seele handelt. Dieses Drama malen die gnostischen Schriften mit Hilfe einer überbordenden Mythologie aus. Die Einfachheit der eingangs zitierten sieben Fragen täuscht, sie kann nicht zum Maßstab für gnostisches Denken überhaupt genommen werden. Im Gegenteil, wer zum ersten Mal gnostischen Originaltexten begegnet, sieht sich in der Regel einem starken Verfremdungseffekt, um nicht zu sagen einem Schock, ausgesetzt. Gerade gnostische Texte bedürfen mühsamer und geduldiger Interpretation, wenn ein Verstehen gelingen soll (ganz abgesehen von der zusätzlichen sprachlichen Barriere; wenigstens des Koptischen sollte der Gnosisforscher heute über die gängigen alten Sprachen hinaus mächtig sein).

III. Die Grundzüge des gnostischen Mythos

Ansatzweise wollen wir versuchen, uns im Umgang mit einem gnostischen Text Grundzüge des gnostischen Mythos zu vergegenwärtigen. Wir wählen dazu das *Apokryphon des Johannes* (im folgenden AJ) aus, weil es sich dabei um eine offenbar sehr beliebte und verbreitete gnostische Schrift handelt. Wir kennen davon nicht weniger als vier verschiedene Versionen (alle in koptischer Sprache). Deren drei gehören zu den Schriftenfunden von Nag Hammadi in Oberägypten, die uns seit 1945 eine Fülle von bislang unbekannten, in der Tendenz vielfach als gnostisch einzustufenden Texten beschert haben[7]. Wir folgen hier allerdings der Wiedergabe in der Sammlung von gnostischen Texten des Papyrus *Berolinensis Gnosticus* (im folgenden BG 8502/2)[8]. Die Entstehungszeit der Originalschrift, nicht der koptischen Übersetzung, dürfte im 2. Jh.n.Chr. anzusetzen sein.

1. Das Gottesbild

Die Rahmenangabe sieht im AJ so aus: Der auferstandene Herr enthüllt seinem Jünger Johannes Geheimnisse (daher auch der Titel: "Die Geheimschrift des Johannes"). Dazu gehört als erstes eine Auskunft über das unbeschreibliche Wesen Gottes:

"Es ist der wahre Gott, der Vater des Alls, der heilige Geist, der Unsichtbare, der über dem All ist, der in seiner Unvergänglichkeit steht, wohnend im reinen Licht, in das kein Augenlicht zu blicken vermag" (22,19 - 23,2).

"Es ist der Unbeschreibliche, weil ihn niemand erfaßt hat, um ihn zu beschreiben. Er ist der, dessen Namen man nicht sagen kann, weil es niemanden gibt, der vor ihm

---

[7]   Vgl. M. KRAUSE / P. LABIB (Hrsg.), Die drei Versionen des Apokryphon des Johannes im Koptischen Museum zu Alt-Kairo (ADAI.K 1), Wiesbaden 1962.

[8]   Vgl. vor allem W. TILL / H.M. SCHENKE, Die gnostischen Schriften des koptischen Papyrus Berolinensis 8502 (TU 60), Berlin [2]1972, 62-193 (danach auch die Übers.); s. daneben M. KRAUSE, Das Apokryphon des Johannes, in: W. Foerster (Hrsg.), Die Gnosis. Bd. 1: Zeugnisse der Kirchenväter (BAW), Zürich [2]1979, 141-161; M. TARDIEU, Écrits Gnostiques. Codex de Berlin (Sources Gnostiques et Manichéennes 1), Paris 1984, 83-166 (mit Synopse der verschiedenen Versionen); F. WISSE, The Apocryphon of John, in: J.M. Robinson (Hrsg.), The Nag Hammadi Library in English, Leiden/San Francisco [3]1988, 104-123; B. LAYTON, The Gnostic Scriptures, Garden City, N.Y. 1987, 23-51; aus der Sekundärliteratur sei hervorgehoben T. ONUKI, Gnosis und Stoa. Eine Untersuchung zum Apopkryphon des Johannes (NTOA 9), Freiburg i.Ue./Göttingen 1989; ausführlicher dazu H.J. KLAUCK, in: BZ NF 34 (1990) 146f.

war, um ihn zu benennen, er ist das unermeßliche Licht, die heilige, lautere Reinheit, der Unbeschreibliche, Vollkommene, Unvergängliche" (24,2-9).

Wir haben das Musterbeispiel einer *theologia negativa* vor uns. Der unbekannte, höchste Gott wird, indem man ihn dermaßen überhöht, in einen unüberwindlichen Abstand zur vorfindlichen Welt gebracht. Er kann, so die Schlußfolgerung, nicht der Schöpfer dieser Welt, wie wir sie kennen, sein. Die negativen Aussagen über den höchsten Gott stehen im Dienst einer dualistischen Weltsicht.

2. Die Devolution des Göttlichen

Wie geht es nun weiter? Wie kommt es trotzdem zur Entstehung der Welt? Warum bleibt dieses in sich selbst ruhende Wesen, das der Welt in keiner Weise bedarf, nicht in seiner grandiosen Einsamkeit? Einen in der Gnosis häufig vertretenen Lösungstyp können wir kurz als "Devolution des Göttlichen" (Devolution im Sinne einer Abwärtsentwicklung, im Gegensatz zur Evolution) charakterisieren. Innerhalb der Gottheit selbst vollzieht sich ein Prozeß, und es kommt dabei zu einem Bruch. Aus ihm erst entstehen Welt und Mensch. Eine Art kosmischer Unfall oder Sündenfall wird in das göttliche Prinzip selbst hineinprojiziert. Das beginnt mit einer Phase von Emanationen. Das höchste Gottwesen erkennt sich selbst in dem Licht, das er ist, das er ausstrahlt und das ihn umgibt. Gott sieht darin sein Bild gespiegelt. Dieses Abbild gewinnt selbständige Existenz und wird zu einem neuen Wesen, das eine Stufe unter dem höchsten Gott steht, aber doch einen Aspekt seines Wesens ausmacht. Dieser Vorgang kann auch anders geschildert werden, mehr intellektuell. Dann ist es das Denken des höchsten Wesens, das aus sich selbst heraustritt und auf diese Weise etwas Neues entstehen läßt. Mit den Worten des AJ:

"Er, der sich selbst begreift in seinem eigenen Licht, das ihn umgibt ... Die Quelle des Geistes strömte aus dem lebendigen Wasser des Lichtes ... Er erkannte sein eigenes Bild, als er es sah im reinen Lichtwasser, das ihn umgab. Und seine Denkkraft wurde wirksam und trat in Erscheinung ... Sie ist die vollkommene Vorsehung des Alls, das Licht, das Ebenbild des Lichtes, das Abbild des Unsichtbaren. Sie ist die vollkommene Kraft, die *Barbelo,* der vollkommene Äon der Herrlichkeit" (26,15 - 27,15).

Der Name Barbelo ist bis heute nicht hinreichend geklärt. Es handelt sich um ein künstlich gebildetes Wort, das eine gnostische Muttergottheit bezeichnet. Dafür kann auch Sophia, Weisheit, verwendet werden, die, oft ausdrücklich mit der Barbelo gleichgesetzt, in unserem System allerdings erst auf einer späteren Stufe auftaucht. Die verschiedenen Wesen, die in immer weiteren Abstufungen sukzessive aus der Barbelo hervorgehen, sind einander paarweise zugeordnet. Der gesamte Vorgang verbleibt im Bereich des Pleromas, d.h. innerhalb der göttlichen Fülle. Es sind Ausdifferenzierungen des obersten Gottes innerhalb seiner eigenen göttlichen Wirklichkeit. Sie führen nicht zur Entstehung von etwas völlig anderem, vor allem führen sie nicht zur Entstehung der Welt. Mit dem folgenden Textstück nähern wir uns der Krise:

> "Unsere Mitschwester aber, die *Sophia,* da sie ein Äon ist, ersann einen Gedanken aus sich heraus; und durch das Denken des Geistes und der ersten Erkenntnis wollte sie das Ebenbild aus sich heraus in Erscheinung treten lassen, obwohl der Geist ihr nicht zugestimmt noch auch es gewährt hatte, noch auch hatte ihr Paargenosse zugestimmt, der männliche jungfräuliche Geist ... Ihr Denken konnte nicht untätig werden, und ihr Werk trat hervor, unvollkommen und häßlich in seinem Aussehen, weil sie es ohne ihren Paargenossen gemacht hatte" (36,16 - 37,16).

3. Die Entstehung der Welt

Damit ist das Unglück geschehen. Eine momentane Disharmonie im Pleroma führt zur Entstehung von etwas, das nicht vorgesehen war. Gerade wegen der enormen geistigen Energien, die innerhalb des Pleromas am Werk sind, bleibt das nicht folgenlos. Das Resultat dieser abweichenden Handlungsweise der Sophia kann nicht einfach wieder beseitigt werden, obwohl sie es versucht:

> "Sie sah aber..., daß es vom Gepräge eines anderen Aussehens geworden war, da es von Schlangen- und Löwenaussehen war. Seine Augen leuchteten feurig. Sie stieß es von sich weg, weg aus jenen Orten, damit keiner der Unsterblichen es sähe, weil sie es in Unwissenheit geboren hatte. Sie verband ihn mit einer Lichtwolke und stellte mitten in die Wolke einen Thron..., und sie nannte es *Jaldabaoth*" (37,18 - 38,14).

Jaldabaoth enthält die semitischen Wurzeln *jalad,* erzeugen, gebären, und *sebaoth,* eine alttestamentliche Bezeichnung für himmlische Mächte, ein Attribut auch für Gott: Er ist der Herr Sebaoth, der Herr der himmlischen Scharen. Ganz augenscheinlich spielt dieser Name ebenso wie die Beschreibung des Aufenthaltsortes mit der lichten Wolke und dem Thron auf den jüdischen Gott des Alten Testaments, auf den Schöpfergott an. Genau das ist es, was Jaldabaoth tut: Er schafft sich seine eigene Welt. Überaus deutlich treten eine Abwertung des Schöpfungsglaubens und eine grundsätzliche Absage an das alttestamentliche Gottesbild zutage. So viel Material man in der Gnosis aus dem Alten Testament auch übernehmen

mag, der fundamentale Dissens ist unüberbrückbar. Die Einstufung des
Herrn Sebaoth als Produkt eines Fehltritts der Sophia impliziert eine schar-
fe Polemik gegen das biblische Judentum. Weil wir gerade Fehltritt der Sophia sagten: Es liegt auf der Hand, daß das Erzählmuster selbst einem Mythos entlehnt wurde, der sehr viel krasser und direkter von der Zeugung und
der Geburt eines illegitimen Götterkindes berichtete, das nach seiner Geburt
versteckt werden mußte. Aber diese Erzählvorlage hat die Gnosis allegorisch gelesen und umgedeutet auf Vorgänge, die sich im geistigen Bereich
abspielen.

4. Der Ausbau der Welt

Wir haben jetzt einen Demiurgen, der sich selbständig macht und damit
beginnt, seine eigene Welt herzustellen. Die Mächte, die neu entstehen, heißen Äonen oder Archonten, auch Engel oder Könige. Unter anderem bestellt Jaldabaoth sieben Könige zu Herrschern über die sieben unteren Himmel (insgesamt gibt es in diesem Weltbild zehn Himmel, mit dem Pleroma
im neunten und zehnten Himmel, dem achten Himmel als Übergang und
den sieben unteren Himmeln, die identisch sind mit den Planetensphären,
als Tummelplatz der dämonischen Kreaturen des Weltenschöpfers). Von
der Erschaffung der Herrscher in den sieben unteren Planetensphären heißt
es im Text, und das ist für uns aus einem ganz bestimmten Grund sehr
wichtig: Jaldabaoth "teilte ihnen etwas von seinem Feuer, das ihm eigen ist,
zu und von seiner Kraft; vom reinen Licht der Kraft aber, das er von der
Mutter bezogen hatte, davon gab er ihnen nichts" (42,13-19).
Hier zeigt sich der Ansatzpunkt, von dem aus es weitergehen wird. In
Jaldabaoth steckt nicht nur das wilde, entartete Feuer, das er seinen Kreaturen einhaucht. Weil er von der Sophia abstammt, trägt er auch reines Licht
in sich, Energiebestandteile oder Geistpartikel aus dem Pleroma, die, so
darf man vermuten, nach einer Rückkehr ins Pleroma verlangen. Das läßt
sich weiterverfolgen in die Entstehung des Menschen und in die Soteriologie hinein.

5. Die Entstehung des Menschen

Bislang haben wir noch eine Welt ohne Mensch. Wo kommt der Mensch
her? Wie ist er entstanden, wo findet er seinen Platz in diesem Universum?
Global gesehen muß die Entstehung des Menschen etwas zu tun haben mit

dem kosmischen Drama, dessen erste Akte wir bereits abrollen sahen. Die Erzählungen von der Erschaffung des Menschen in den gnostischen Quellen verarbeiten meistens die Paradiesesgeschichte aus Gen 2-3, aber in einer sehr verfremdeten Weise, so auch das AJ:

Der Fehler, den die Sophia begangen hat, muß wieder ausgebügelt und seine Folgen müssen beseitigt werden. Der oberste Gott selbst ergreift die Initiative. In Menschengestalt spiegelt er sich in den Wassern der unteren Himmel. Der Demiurg und seine Archonten sehen dieses Spiegelbild, ohne zu wissen, worum es sich handelt. Sie sind davon entzückt, oder sie fühlen sich nach einer anderen Lesart davon bedroht. Jedenfalls beschließen sie mit den Worten aus Gen 1,26, ein solches Wesen zu schaffen:

"Der Selige offenbarte ihnen sein Aussehen, und es stimmte zu [oder: es ließ den Kopf hängen] die ganze Archontenschaft der sieben Gewalten. Sie sahen im Wasser das Aussehen des Bildes und sagten zueinander: 'Laßt uns einen Menschen schaffen nach dem Bilde und Aussehen Gottes'" (48,4-14).

Bei der Erschaffung des Menschen steuern die sieben Mächte je ein Stück der Seele bei. Pate stand dafür die spätantike Lehre, daß die Planeten mit der Entstehung der Menschenseele zu tun hätten. Es entsteht ein seelisches oder psychisches Wesen. Doch ist diesem Unternehmen noch kein sonderlicher Erfolg beschieden, denn: "Und er (Adam) blieb unbeweglich lange Zeit, da ihn die sieben Gewalten nicht aufrichten konnten noch auch die 360 Engel, die zusammengesetzt hatten ..." (50,15-19).

In dieser Situation greift der oberste Lichtgott zu einer Kriegslist. Verkleidet kommen vier seiner Agenten zu Jaldabaoth, der sie für seine eigenen Engel halten muß. Sie geben ihm den – aus seiner Sicht falschen – Rat, dem leblosen Geschöpf etwas von dem reinen Licht mitzuteilen, das er von der Sophia genomen hatte und seinen eigenen Geschöpfen bisher vorenthielt. Aber jetzt läßt er sich doch überreden und haucht es Adam ein, der sofort zum Leben erwacht. In der Sprache des Textes: Der Lichtgott sandte

"vier Lichter in der Gestalt der Engel des ersten Archon. Sie berieten ihn, damit sie aus ihm die Kraft der Mutter heraus brächten. Sie sprachen zu ihm: 'Blase in sein Gesicht etwas von dem Geist, der in dir ist, und das Ding wird sich erheben.' Und so blies er ihm von seinem Geist – das ist die Kraft von der Mutter – in den Leib, und er (Adam) bewegte sich..." (51,10-20).

Jetzt besteht der Mensch aus Seele und Geist, zumindest aus Spurenelementen des himmlischen Geistes. Durch letzteres ist er den Weltmächten eindeutig überlegen: "Und der Mensch erstrahlte wegen des Schattens des Lichtes, das in ihm ist, und sein Denken erhob sich höher als die, die ihn erschaffen hatten" (54,5-8). Die Weltmächte, denen die Materie zugeordnet wird, erkennen das und beschließen, etwas dagegen zu unternehmen:

> "Sie machten nochmals ein weiteres Gebilde, und zwar aus der Erde, dem Wasser, dem Feuer und dem Wind, das heißt aus der Materie, der Finsternis, der Begierde und dem Widersacher-Geist. Das ist die Fessel, das ist das Grab des Gebildes des Leibes, der dem Menschen angezogen wurde als Fessel aus der Materie" (55,3-13).

Aus den vier Elementen der Welt, d.h. aus den Bausteinen der Materie, sowie aus Leidenschaften und Trieben, hier vertreten durch die Begierde, bilden die Archonten den Körper, in den sie das Seele-Geist-Wesen regelrecht einsperren. Der Leib ist Fessel, Gefängnis, Grab für Seele und Geist, in Anlehnung an das bekannte platonische Wortspiel σῶμα – σῆμα. Zu allem anderen wird dem Menschen als Gegengewicht zu dem Spurenelement göttlichen Geistes, das er in sich trägt, noch ein störrischer Gegengeist eingepflanzt.

Was daraus letztlich resultiert, ist das für einen Großteil der Gnosis, zumal für die valentinianische, typische dreiteilige Menschenbild. Sein Zustandekommen hat der Mythos narrativ dargelegt: Die bösen Weltmächte erschaffen eine Seele; durch die Kriegslist des obersten Gottes gelingt es, diesem Wesen Geist einzuhauchen; die Archonten sperren es in den Leib. Der Mensch besteht also nicht nur aus Leib und Seele, sondern aus Körper, Seele und Geist. Das eigentlich Wertvolle am Menschen ist nur jener Lichtfunke, jener Geistpartikel, den er mitbekommen hat. Nur dieses Substrat ist für die Erlösung bestimmt und der Erlösung wert. Man kann es abstrakter auch das Ich des Menschen nennen, sein Selbst oder seinen Wesenskern. Wie auch immer, das ist es, was zurückgebracht werden muß in den obersten Himmel. Hier setzt die Soteriologie an, die dafür die Bedingungen und Zugangswege definiert.

6. Die Soteriologie

Wir brechen an dieser Stelle unsere Orientierung an einem gnostischen Originaltext, die vor allem exemplarisch gemeint war, ab. Wir können es um so leichter tun, als mit dem bisher Gesagten die Verständnisvoraussetzungen geschaffen sind für die letzten Phasen des ganzen Prozesses, die wir jetzt noch skizzieren wollen. Wir sagten anfangs schon, die Bewegung habe ihren Namen "Gnosis" von der soteriologischen Überschätzung des Erkennens her. Das können wir jetzt besser im mythischen Gesamtrahmen verorten und verankern. Durch eine momentane Unwissenheit der Sophia kam es zur Entstehung der Welt, in der nun Lichtfunken und Geistpartikel gefangen sitzen im Innern von Menschen. Erlösung muß demnach bedeuten, daß diese Lichtfunken befreit werden aus ihrem Gefangensein in der Welt, daß sie eingesammelt werden und zurückgebracht werden in die obere Lichtwelt. Das ist aber nur möglich, wenn die Träger dieser Lichtfunken zum Bewußtsein ihrer selbst finden und erkennen, welchen Schatz sie in sich tragen. Anders bleibt es dem Lichtfunken verwehrt, in seine Heimat zurückzustreben. Obwohl auch für den Gnostiker manches noch aussteht, wird doch Erlösung im Erkenntnisvorgang in der Gegenwart weitgehend schon abschließend realisiert. Der Gnostiker fühlt sich fortan erlöst im Sinn des Wortes.

Doch geschieht das Zur-Erkenntnis-Kommen nicht so problemlos und selbstverständlich, wie es bisher vielleicht den Anschein hatte. Es muß gegen Widerstände durchgesetzt werden und kann auch mißlingen. Denken wir an die Erzählung von der Erschaffung des Menschen zurück. Die Mächte des Bösen versuchen alles, um die versehentliche Geistmitteilung unwirksam zu machen. Der Mensch soll davon nichts merken und sich dieses Schatzes nicht bewußt werden. Ihn soll kein Verlangen nach der himmlischen Welt erfassen. Deshalb wird ihm der Körper als Fessel angelegt, deshalb wird er verstrickt in Leidenschaft und Begierden. Das ist der Zustand, in dem sich die Menschen vorfinden, auch die potentiellen Gnostiker: Beherrscht von Schlaf und Trunkenheit, aufgesogen vom Getriebe der Welt, seinsvergessen und selbstvergessen. Aus dieser trunkenen Selbstvergessenheit müssen sie erst aufgerüttelt werden.

Die Mindestform eines Impulses von außen ist deshalb dies: Es bedarf eines Rufes. Es muß eine Stimme laut werden, die den Menschen aus seinem Schlaf weckt, ihm die Augen öffnet. Ein solcher Weckruf gehört in irgendeiner Form konstitutiv zu den verschiedenen gnostischen Systemen[9].

---

[9] Bes. eindrücklich in CH 7,1-3: "Ihr Menschen, wohin eilt ihr trunken, ihr, die ihr die unverdünnte Lehre der Unwissenheit ausgetrunken habt...? Werdet nüchtern und haltet inne, blickt mit den Augen des Herzens auf! Und wenn ihr es nicht alle könnt, dann wenigstens, die es können ... Laßt euch darum nicht mit dem großen Strom mitreißen, benutzt eine Ebbe, ihr, die ihr den Hafen der Rettung erreichen könnt, landet in ihm, sucht euch einen Führer, der euch zu den Pforten der Erkenntnis bringt ... Zuerst aber mußt du das Kleid, das du trägst, zerreißen, das Gewebe der Unwissenheit, den Grund der Bosheit, die Fessel des Verderbens, die finstere Mauer, den lebendigen Tod, den fühlenden Toten, das mit dir herumgetragene Grab, den Räuber in dir ... Solcher Art ist der Feind, den du wie ein Kleid angezogen hast, der dich nach unten herunterwürgt zu sich, damit du nicht aufblickst, siehst die Schönheit der Wahrheit..., der die Sinneswerkzeuge gefühllos macht, indem er sie mit viel Materie verstopft und mit schmutziger Begierde füllt, damit du weder hörst, was du hören sollst,

Es treten Sendboten des himmlischen Lichtreiches auf mit diesem Ruf, Offenbarer, die das geheime Wissen vermitteln. Der Ruf kann Gestalt gewinnen und personifiziert werden[10]. Hier ist der Weg angebahnt für Rettergestalten und Erlösergestalten.

Von solchen Erlösergestalten gibt es in den verschiedenen gnostischen Systemen eine beträchtliche Vielfalt. Es handelt sich dabei um eine buntgemischte Gesellschaft. Historische Personen stehen neben rein mythischen Figuren und heidnischen Göttern. Um nur einige Namen zu nennen: Simon Magus aus Apg 8; der griechische Gott Hermes als Äquivalent des ägyptischen Toth; Poimandres, der "Menschenhirt" (Volksetymologie), in den hermetischen Schriften[11]; der sagenhafte persische Religionsstifter Zarathustra (als Zostrianus in NHC VIII/1); Seth, der dritte Sohn von Adam und Eva. Die Frage drängt sich auf: In welchem Verhältnis stehen solche Erlösergestalten zur Geschichte? Allgemein können wir festhalten, daß die Gnosis auf ein einmaliges, historisch genau fixierbares Auftreten solcher Sendboten keinen besonderen Wert legte. Ihren Aktionen haftet in der Gnosis eher etwas Zeitloses oder Überzeitliches an. Der Vorgang kann sich immer und überall wiederholen. Letztlich hängt das damit zusammen, daß die punktuell sich ereignende Erlösung immer im engsten Zusammenhang mit dem mythischen Urgeschehen steht und eine Verlängerung des urzeitlichen Kampfes in die Gegenwart hinein darstellt.

In der christlichen Gnosis hat man diese Erlöserrolle auf Jesus Christus übertragen. Man konnte die christliche Soteriologie dankbar rezipieren und brauchte ihr nur eine Wendung ins Gnostische zu geben. Dogmatisch gesehen resultiert daraus der Doketismus in der Christologie, in seiner strikten Spielart und in der Form der Trennungschristologie[12]. Der strenge Do-

---

noch siehst, was du sehen sollst" (Übers. nach W. FOERSTER, Gnosis I [s. Anm. 1] 429); man beachte auch die metaphorisch ausgemalte Abwertung des Leibes.

[10] Sehr anschaulich im Perlenlied aus den Thomasakten, wo der Brief aus der Heimat Flügel bekommt, die Gestalt des Adlers annimmt und in Gegenwart des Adressaten zur Rede wird, s. ActThom 110f; vgl. P.H. POIRIER, L'hymne de la perle des actes de Thomas (HoRe 8), Löwen 1981.

[11] Eine interessante neue These zum einschlägigen Text vertritt J. BÜCHLI, Der Poimandres, ein paganisiertes Evangelium. Sprachliche und begriffliche Untersuchungen zum 1. Traktat des Corpus Hermeticum (WUNT II/27), Tübingen 1987: CH 1 richte sich bereits bewußt gegen christliche Vorgaben.

[12] Vgl. zur Doketismusfrage P. WEIGANDT, Der Doketismus im Urchristentum und in der theologischen Entwicklung des zweiten Jahrhunderts, Diss. theol., Heidelberg 1961; J.G. DAVIES, The Origins of Docetism, in: StPatr 6 = TU 81 (1975) 13-35; M. SLUSSER, Docetism: A Historical Definition, in: SecCen 1 (1981) 163-172; N. BROX, "Doketismus" – eine Problemanzeige, in: ZKG 95 (1984) 301-314; U.B. MÜLLER,

ketismus gesteht Christus nur einen Scheinleib aus pneumatischer Substanz
zu. Die Trennungschristologie spricht von einer äußerlichen Vereinigung
des himmlischen Geistwesens Christus mit dem Menschen Jesus von Nazaret für die Zeitstrecke von der Taufe im Jordan bis zur Kreuzigung, letztere nicht mehr einbegriffen. Im Endeffekt ähneln sich die beiden unterschiedlichen Positionen: Neben der Inkarnation wird vor allem der Kreuzestod mit verschiedenen Kunstgriffen eliminiert. Hier haben uns die Nag
Hammadi Funde überraschende neue Textbelege verschafft[13]. Die von Irenäus, Haer I 24,4, referierte Theorie einer Verwechslung Jesu mit Simon
von Cyrene kennt auch 2LogSeth NHC VII/2: "Ich starb nicht in Wirklichkeit, sondern nur scheinbar" (55,18f); "Es war ein anderer, Simon, der das
Kreuz auf seiner Schulter trug, ein anderer, dem sie die Dornenkrone auf-
setzten. Ich aber freute mich in der Höhe ... und ich lachte über ihre Unwissenheit" (56,9-14.18-20). In ApcPt NHC VII/3 wird Petrus Schritt für
Schritt an die Erkenntnis herangeführt, daß nur das Sarkische am Erlöser
leidet, nicht das Pneumatische: "Der, den du siehst bei dem Holz..., das ist
der lebendige Jesus. Aber der, in dessen Hände und Füße sie Nägel treiben,
ist (nur) sein fleischlicher Teil (σαρκικόν), sein 'Ersatzmann' (im Koptischen steht das Wort für 'Tausch')..., welcher sein Gleichbild war" (81,15-
23). Hier tut sich ohne Frage im Resultat die größte Differenz zwischen der
Gnosis und dem, was sich als orthodoxes Christentum durchgesetzt hat,
auf. Das ändert aber nichts an der Tatsache, daß man immer noch gemeinsame Wurzeln in jüdischer adoptianischer Messianologie und in von frühjüdischer Angelologie beeinflußter Engelschristologie ausmachen kann[14].

7. Die Eschatologie

Die Rückkehr des Lichtfunkens in die obere Lichtwelt geschieht individuell gesehen mit dem Tod, kosmisch gesehen mit dem Ende der Welt. Damit kommen eschatologische Gedanken ins Spiel. Am wichtigsten ist dabei
die Lehre vom Seelenaufstieg. Nach dem Tod des Gnostikers bleibt der
Körper auf der Erde zurück. Die Seele verläßt ihn und tritt ihre Rückreise
ins Lichtreich an. Das geht keineswegs problemlos vor sich. Es kommt zu

---

Die Menschwerdung des Gottessohnes. Frühchristliche Inkarnationsvorstellungen
und die Anfänge des Doketismus (SBS 140), Stuttgart 1990.

[13] K.W. TRÖGER, Doketistische Christologie in Nag-Hammadi-Texten. Ein Beitrag zum
Doketismus in frühchristlicher Zeit, in: Kairos 19 (1977) 45-52.

[14] Vgl. die Zusammenfassung bei H.J. KLAUCK, Die Johannesbriefe (EdF 276), Darmstadt 1991, 138-141.

einer letzten Konfrontation mit den Kräften des Widerstandes. Die Seele muß die Himmel Nummer eins bis sieben passieren, in denen sich Dämonen, Mächte, Gewalten und zuletzt noch der Demiurg aufhalten. Sie versuchen, der Seele den Weg zu blockieren. Was der Seele dabei weiterhilft, ist wiederum ihr Wissen. Wenn sie z.B. die Namen der Herrscher der sieben Himmel kennt, kann sie damit deren Widerstand brechen. Es kann aber auch sein, daß, wenn der Träger der Seele kein echter Gnostiker war, die Seele irgendwo hängen bleibt, zurückgeschickt wird in die Welt in einen neuen Körper oder verlorengeht.

Ein Problem bleibt dabei noch offen. Auch die Seele ist, wie wir sahen, ein Produkt der sieben unteren Planetensphären. Nur der Geist kehrt ins Pleroma zurück. Was geschieht also im Rahmen einer dreiteiligen Anthropologie mit der Seele, die sich auf den Weg nach oben begeben hat? Die Lösung sieht so aus: Beim Seelenaufstieg wird das anfängliche Geschehen wieder rückgängig gemacht. In jedem der sieben Himmel läßt die Seele den Baustein, den sie von dort erhalten hat, wieder zurück. Am Ende hat sie sich selbst aufgelöst. Übrig bleibt nur noch der harte Kern, der Seelenfunke, das gnostische Selbst. Seine Entweltlichung ist vollzogen. Der Rückkehr des reinen Geistes in das Reich des Geistes steht nichts mehr im Wege[15].

Für die Universaleschatologie können wir an unsere Schlußüberlegungen zur individuellen Eschatologie anknüpfen. Ein Geistpartikel kehrt geläutert von jedem Erdenrest zurück in die Lichtwelt. Ein Fragment von dem, was zersplittert und zerstört war, ist wieder an seinen ursprünglichen Platz gebracht. Wenn das mit der Gesamtheit aller Licht- und Geistpartikel geschehen ist, müßte die Lichtwelt wieder komplett sein. Die irdische Welt als Schöpfung des Demiurgen lebte sowieso letztlich nur von der Kraft, die ihr Schöpfer von oben entwendet hatte. Wenn diese Kraft der Welt vollständig entzogen ist, muß sie in sich zusammenbrechen und verschwinden. Damit hat sich der Kreis geschlossen, das Weltende im herkömmlichen Sinn hat sich ereignet. Es läuft also ein zielstrebiges Programm ab von der Devolution des Göttlichen hin zu seiner vollständigen Restitution. Kurt Rudolph hat diese Endperspektive der gnostischen Heilsgeschichte so definiert: "Es handelt sich um einen 'Entmischungsprozeß' von innerer Dynamik, der schließlich zu einem Stillstand kommt, wenn die Entfremdung des

---

15   Ausführlicher anhand eines Einzelbeispiels dargelegt bei H.J. KLAUCK, Die Himmelfahrt des Paulus (2 Kor 12,2-4) in der koptischen Paulusapokalypse aus Nag Hammadi (NHC V/2), in: Ders., Gemeinde - Amt - Sakrament. Neutestamentliche Perspektiven, Würzburg 1989, 391-429.

'Geistes' aufgehoben ist"[16]. Die Aufhebung geschieht unwiderruflich, eine neue Entfremdung ist nicht vorgesehen.

IV. Rückblick und Ausblick

Auch für uns hat sich damit ein Kreis geschlossen. Manches wäre noch hinzuzufügen und zu ergänzen. Wir könnten z.b. auf Gebiete eingehen, wo die Gnosis Defizite aufzuweisen hat. Das beträfe vor allem die Ekklesiologie: Zu einer echten Kirchenbildung ist es in der Gnosis mit Ausnahme des Manichäismus nicht gekommen[17]. Das beträfe ebenso auch die Ethik, soweit sie sich bewähren soll im Alltag der Welt: Sie schwankt zwischen radikaler Askese und ausgeprägtem Libertinismus hin und her. Wir müßten uns auch der Ursprungsfrage zuwenden, die in der Forschung ebenso hingebungsvoll wie kontrovers diskutiert wird[18]. Wo kommt die Gnosis eigentlich her? Wann entstand sie? Eine – sicher allzu kühne – Kurzfassung einer Antwort nach heutigem Forschungsstand könnte ungefähr so aussehen: Die Gnosis ist ein synkretistisches Phänomen, eine Mischreligion, die ihre Materialien von überall her bezieht, aus iranischem Dualismus, aus vulgärplatonischer Philosophie, aus dem Mythenvorrat der antiken Welt, aus dem Alten Testament, insbesondere aus Randgruppen des weisheitlichen und apokalyptischen Judentums, schließlich auch aus dem entstehenden Christentum. Sie dürfte sich etwa zeitgleich mit dem Christentum herausgebildet haben, teils aus den gleichen zeit- und geistesgeschichtlichen Vorausset-

---

[16] K. RUDOLPH, Die Gnosis (s. Anm. 1) 213.
[17] Gnostische Schul- und Gemeindebildung wird damit nicht bestritten; sehr instruktiv dazu schon G. KOFFMANE, Die Gnosis nach ihrer Tendenz und Organisation [1881], in: K. Rudolph, Gnosis und Gnostiszismus (s. Anm. 1) 120-141, der bereits auf die Analogien im antiken Vereinswesen und in den Mysterienkulten aufmerksam macht; das Interesse konzentriert sich im Umfeld der Ekklesiologie derzeit aus verständlichen Gründen bes. auf die Rolle der Frauen in der gnostischen Bewegung, vgl. J.M. BUCKLEY, Female Fault and Fulfilment in Gnosticism (Studies in Religion), Chapel Hill/London 1986; K.L. KING (Hrsg.), Images of the Feminine in Gnosticism (Studies in Antiquity and Christianity), Philadelphia 1988.
[18] Einen guten Eindruck vermittelt der Sammelband von K. RUDOLPH, Gnosis und Gnostizismus (s. Anm. 1); zu neueren Versuchen einer soziologischen Verortung s. H.A. GREEN, The Economic and Social Origins of Gnosticism (SBLDS 77), Atlanta 1985: Frustrierte jüdische Intellektuelle in Ägypten seien die Initiatoren der Gnosis gewesen; als eine Form der inneren Emigration versuche sie, die soziale Wirklichkeit von innen her zu rekonstruieren, indem sie ein Gefühl der Weltüberlegenheit ermöglicht. – Das Erklärungspotential eines solchen Ansatzes wird man nicht leugnen wollen, aber auch nicht allzu hoch veranschlagen dürfen.

zungen heraus, und sie ist sehr rasch eine enge Symbiose mit dem Christentum eingegangen. Von daher bezieht die von Harnack vertretene und neuerdings wieder etwas im Aufwind befindliche These, die Gnosis sei eine
christliche Häresie und sonst nichts, ihr relatives Recht[19]. Auch der Synkretismus der Gnosis ist übrigens etwas, was sie für den Vergleich mit Formen neuer Religiösität in unserer eigenen Gegenwart, die vielfach zutiefst
synkretistisch strukturiert sind, interessant erscheinen läßt.

Die Gnosis ist schon für sich genommen ein unerschöpfliches Thema.
Wir müssen es bei diesen Andeutungen belassen. Eine gewisse Geschlossenheit und Stringenz wird man dem System, auf dessen Grundzüge wir zurückblicken, nicht absprechen können, aber es wirkt auch alles andere als
unkompliziert. Was hat die Gnosis nach allem, was wir wissen, für die
Menschen in der Spätantike dennoch so attraktiv gemacht? Was ließ sie zu
einem ernsthaften Konkurrenten des Christentums werden? Die Gnosis ver-
sprach ihren Adepten die restlose Aufklärung aller Widersprüche und Geheimnisse des Daseins. Sie schenkte ihnen eine neue Identität. Sie wies jedem einzelnen einen Platz im Kosmos zu, von dem aus er mit dem Gefühl
der Überlegenheit auf das Getriebe um sich herum herabblicken konnte; es
tangierte ihn nicht mehr in gleicher Weise wie zuvor. Er wußte, er hatte
seine unzerstörbare Heimat im Himmel, in die sein bester Teil zurückkehren wird.

Trotz des komplexen und verschachtelten Überbaus arbeitet die Gnosis
mit einer einfachen und schlichten Grundkonstellation, die auf der emotio-
nalen Ebene unmittelbar anspricht. Sie macht sich archetypische Muster
zunutze, den Wunsch des Menschen nach einem Zuhause, sein unaufhörli-
ches Streben nach einer verloren geglaubten Idealheimat. Begonnen haben
wir mit den ersten Sätzen aus Ernst Blochs *Prinzip Hoffnung*. Schließen
können wir mit dem letzten Satz auf der letzten Seite dieses mehrbändigen
Werkes, der eben diesen Gedanken thematisiert: Wenn einmal der Idealzustand erreicht ist, ohne Entäußerung und ohne Entfremdung, dann "entsteht

---

[19] Vgl. neben A. HARNACK, Lehrbuch der Dogmengeschichte, Bd. 1: Die Entstehung des
kirchlichen Dogmas [1886], Tübingen ⁴1909 u.ö. (die entscheidende Passage auch
bei K. RUDOLPH, Gnosis und Gnostizismus [s. Anm. 1] 142-173), jetzt wieder S.
PÉTREMENT, Le Dieu séparé: les origins du gnosticisme, Paris 1984, bzw. A Separate
God. The Christian Origins of Gnosticism (translated by C. Harrison), San Francisco
1990. Nicht unerwähnt bleiben sollen zwei weitere Klassiker mit anderen Lösungsan-
sätzen: W. BOUSSET, Hauptprobleme der Gnosis [1907] (FRLANT 10), Repr. Göttingen 1973; H. JONAS, Gnosis und spätantiker Geist. Teil I: Die mythologische Gnosis
(FRLANT 51), Göttingen [1934] ⁴1988; Teil II: Von der Mythologie zur mystischen
Philosophie, hrsg. von K. Rudolph (FRLANT 159), Göttingen [1954] 1993.

in der Welt etwas, das allen in die Kindheit scheint und worin noch niemand war: Heimat"[20].

---

[20] A.a.O. (s. Anm. 3) Bd. 3, 1628.

9. Adolf Jülicher - Leben, Werk und Wirkung

Franz Overbeck, der unerbittliche Kritiker des theologischen Betriebs seiner Zeit, vermerkt in seinen privaten Notizen: "Wer etwas lernen und nicht gerade sich unterhalten will, wird viel besser an Jülicher gewiesen, als an Harnack ... Mit Jülicher ist viel eher auf einen guten und festen Grund zu wertvollen Erkenntnissen zu kommen."[1] Ernst Troeltsch nennt Jülicher einen "Aristokrat(en) der reinen Wissenschaft", um ihn dann gleichfalls neben Harnack zu stellen: "Solange Männer wie Harnack und Jülicher an unserer Spitze stehen und ihre warnende Stimme erheben, werden wir den Mut nicht zu verlieren brauchen."[2] Das Vorwort der Festschrift zu Jülichers 70. Geburtstag hat neben Hans von Soden, Jülichers Nachfolger auf dem Marburger Lehrstuhl, auch Rudolf Bultmann unterzeichnet, der ein Schüler Jülichers war. Dort wird ihm nachgerühmt, er sei in seiner jahrzehntelangen Lehrtätigkeit "ein Erzieher zur Freude an der wissenschaftlichen Arbeit, zur strengen Wahrhaftigkeit und Sachlichkeit gewesen"[3].

Auch wenn man das literarische Genus der letztgenannten Veröffentlichung berücksichtigt, bleibt genug, was aufhorchen läßt und was zu der Frage berechtigt: Was hat diesem Mann die hohe Wertschätzung seiner Zeitgenossen eingebracht? Und: Was hat er als Erbe hinterlassen? Ist die

---

[1] F. OVERBECK, Christentum und Kultur. Gedanken und Anmerkungen zur modernen Theologie, hrsg. von C.A. Bernoulli, Basel 1919, Repr. Darmstadt 1963, 221f. Zur Entstehungsgeschichte dieses Buchs vgl. A. PFEIFFER, Franz Overbecks Kritik des Christentums (SThGG 15), Göttingen 1975, 53-55. Zur Beziehung zwischen Jülicher und Overbeck vgl. M. TETZ, Adolf Jülichers Briefwechsel mit Franz Overbeck, in: ZKG 76 (1965) 307-322.

[2] E. TROELTSCH, Rez. A. Jülicher, Die Entmündigung einer preußischen theologischen Fakultät, in: ThLZ 38 (1913) 401-403. Zu der angesprochenen Schrift Jülichers vgl. auch J. WEBSKY, in: PrM 17 (1913) 81-84.

[3] Festgabe für Adolf Jülicher zum 70. Geburtstag, Tübingen 1927, V. Dazu H.W. BEYER, in: ThLZ 54 (1929) 606-617. Bultmann und von Soden haben der Festschrift außerdem ein persönliches Begleitschreiben mitgegeben (in Jülichers Nachlaß in der UB Marburg, Ms. 695, 296. Ebd. 294f zwei Schreiben Bultmanns, die er nach seinem Weggang von Marburg nach Breslau und vor seiner Übernahme des zweiten Marburger Lehrstuhls an Jülicher richtete). Vgl. ferner die Bemerkung bei R. BULTMANN, Die liberale Theologie und die jüngste theologische Bewegung, in: GuV 1 (⁶1966) 1-25, hier 2: "Wir, die wir von der liberalen Theologie herkamen, hätten keine Theologen werden oder bleiben können, wenn uns in der liberalen Theologie nicht der Ernst der radikalen Wahrhaftigkeit begegnet wäre."

Wirkung, die er mit seinem Schaffen auslöste, von Bedeutung für die Erhellung unserer eigenen forschungsgeschichtlichen Situation?

I. Leben

Die äußeren Daten des stillen Gelehrtenlebens sind rasch aufgezählt[4].
Jülichers Vater, ein gebürtiger Rheinländer, war Leiter einer Erziehungsanstalt, zunächst in Falkenberg, dann in Rüdersdorf bei Berlin. In Falkenberg
kommt Adolf Jülicher am 26. Januar 1857 als zweiter von vier Söhnen zur
Welt. Von 1867 bis 1875 besucht er in Berlin das Gymnasium. Er lebt anfangs in sehr ärmlichen und bedrängten Verhältnissen, bis er 1869 auf
Grund guter Leistungen eine Freistelle im Paulinum erhält, einem angesenen evangelischen Knabenkonvikt. Aus seiner Schulzeit ist festzuhalten,
daß er besonders eifrig die Schriften Herders las. Herder kann durch seine
Arbeiten zur Mündlichkeit der Evangelientradition und zum Charakter der
Volkspoesie als ein wichtiger Vorläufer der formgeschichtlichen Methode
gelten[5].
Im Sommersemester 1875 beginnt Jülicher in Berlin das Studium der
evangelischen Theologie. Die Spaltung des Protestantismus in eine "positive" und eine "liberale" Richtung setzte sich bis in die Studentenschaft hinein fort. Jülicher schließt sich ohne langes Zögern dem liberalen Lager an,
weil er nur hier die freie historische Forschung in guten Händen sieht. Er
bezahlte das mit der Entfremdung von seinem Vater, den er selbst als

---

4   Ich stütze mich im folgenden vor allem auf A. JÜLICHER, [Selbstdarstellung], in:
     RWGS 4 (1928) 159-200. Darüberhinaus wurde zu einigen Stellen Jülichers Nachlaß in der Universitätsbibliothek Marburg herangezogen. Vgl. ferner H. VON SODEN,
     Akademische Gedächtnisvorlesung für Adolf Jülicher, in: ThBl 18 (1939) 1-12;
     W.G. KÜMMEL, Adolf Jülicher (1857-1938). Theologe, Neutestamentler und Kirchenhistoriker, in: I. Schnack (Hrsg.), Marburger Gelehrte in der ersten Hälfte des
     20. Jahrhunderts (VHKH 35), Marburg 1977, 240-252; auch in: Ders., Heilsgeschehen und Geschichte II. Gesammelte Aufsätze 1965-1977 (MThSt 16), Marburg
     1978, 232-244.
5   Vgl. E. FASCHER, Die formgeschichtliche Methode. Eine Darstellung und Kritik. Zugleich ein Beitrag zur Geschichte des synoptischen Problems (BZNW 2), Gießen
     1924, 11-17; H.G. KLEMM, Heiliges Epos und evangelische Rhapsoden. Oralität und
     Literalität in Herders Evangelientheorie, in: ZThK 69 (1972) 1-33. Zum Einfluß
     Herders auf Jülichers Gleichnisbuch vgl. H.G. KLEMM, Die Gleichnisauslegung Ad.
     Jülichers im Bannkreis der Fabeltheorie Lessings, in: ZNW 60 (1969) 153-174, hier
     164-168; W. HARNISCH, Die Sprachkraft der Analogie. Zur These vom 'argumentativen Charakter' der Gleichnisse Jesu, in: StTh 26 (1974) 1-20, hier 9-12.

strenggläubigen Lutheraner mit pietistischen Neigungen charakterisiert[6]. Jülicher hat später mehrfach seine Unabhängigkeit betont und sich gegen die Einordnung in eine bestimmte kirchliche Partei verwahrt. Das verhindert nicht, daß er immer wieder und mit einigem Recht als ein Hauptvertreter der liberalen Theologie angesehen wird, wie es das eingangs zitierte Wort von Ernst Troeltsch deutlich zum Ausdruck bringt.

Von seinen Berliner Lehrern hebt Jülicher besonders den Alttestamentler August Dillmann hervor, sodann Otto Pfleiderer, einen der letzten Schüler von Ferdinand Christian Baur[7], der u.a. auch über neutestamentliche Exegese las. Zu Bernhard Weiß, dem er für sein Gleichnisbuch zweifellos manche Anregung verdankt, bemerkt Jülicher, er habe dessen Vorlesungen nichts abgewinnen können, wohl aber seine soliden Kommentare geschätzt. Als mehr literarische Anreger von maßgebendem Einfluß nennt er Karl Weizsäcker, Heinrich Holtzmann und Julius Wellhausen[8].

Ganz im Banne Wellhausens steht denn auch eine Abhandlung über die Quellenscheidung im Buche Exodus, mit der Jülicher 1880 in Halle den philosophischen Doktorgrad erwirbt[9]. Sie entzweit ihn mit seinem Lehrer Dillmann und vereitelt die ursprünglich in Aussicht genommene Laufbahn als Alttestamentler. Zwei Dinge sind an dieser Erstlingsarbeit aufschlußreich. Wenn Jülicher schreibt: "Ich wünschte, die Kritik so gehandhabt zu haben, dass nicht bloss trocken die Verse hier und dorthin vertheilt werden, sondern – im bescheidensten Sinne – ein Beitrag zur Geschichte der Tradition geliefert wird"[10], so zeigt das, wie mitten im Zentrum der strengen Literarkritik die traditionsgeschichtliche Fragestellung aufbricht. Und seine Bemerkung über einen der Hexateuch-Redaktoren: "Jeder Vers trägt bei ihm die graue blasse Farbe des Gedankens, nach dem Schein schlichter

---

6   Selbstdarstellung (s. Anm. 4) 160.
7   Vgl. W.G. KÜMMEL, Das Neue Testament. Geschichte der Erforschung seiner Probleme (OA III/3), Freiburg i.Br./München 1958, 262.
8   Selbstdarstellung (s. Anm. 4) 168f.193. Vgl. A. JÜLICHER, Art. Weizsäcker, Karl, in: ADB 55 (1910) 27-38; DERS., Heinrich Holtzmanns Bedeutung für die neutestamentliche Wissenschaft, in: PrM 16 (1902) 165-172; DERS., Julius Wellhausen, in: ChW 32 (1918) 72-74. Ferner aus Jülichers Nachlaß die Briefe von Dillmann (UB Marburg Ms. 695, 303-305), Pfleiderer (ebd. 995-1010) und B. Weiß (ebd. 1168-1179).
9   A. JÜLICHER, Die Quellen von Exodus I-VII,7. Ein Beitrag zur Hexateuchfrage, Diss. phil. Halle, Teildruck Leipzig 1880. Vgl. die folgende Anmerkung.
10   A. JÜLICHER, Die Quellen von Exodus VII,8 – XXIV,11. Ein Beitrag zur Hexateuchfrage, in: JPTh 8 (1882) 79-127.272-315, hier 80.

Simplicität schnelle Enttäuschung und tausend Verlegenheiten"[11], weist auf seine harte Kritik an den Tradenten und Redaktoren der Gleichnisse Jesu voraus.

Von 1880-1882 ist Jülicher nach altem Theologenbrauch an verschiedenen Orten als Hauslehrer tätig. In dieser Zeit legt er die beiden theologischen Prüfungen ab. Unmittelbar nach der zweiten Prüfung wird er ordiniert und zum Prediger an der Waisenhauskirche zu Rummelsburg bei Berlin bestellt, wo er sechs Jahre bleiben sollte. Die pastoralen Verpflichtungen sind so umschrieben, daß genug Zeit für die wissenschaftliche Tätigkeit bleibt. So kann Jülicher eine umfangreiche neutestamentliche Arbeit über "Die Gleichnisreden Jesu" abfassen, die ihm 1886 an der Berliner Fakultät den Grad eines Lizentiaten der Theologie einbringt[12]. Ein Jahr später habilitiert er sich, die Zahl seiner Fächer noch einmal erweiternd, für Kirchengeschichte, diesmal mit einer schmalen Abhandlung über den Ambrosiaster[13]. Drei Semester lang liest er in Berlin als Privatdozent über Ge-

---

[11]   Ebd. 105. Vgl. die Fortsetzung, die eine Verfallstheorie anklingen läßt: "Und das ist keine individuelle Unfähigkeit, sondern Schuld des Zeitalters, es ist die Last der Senilität. Dem greisen Geschlecht sind die Sinne stumpf geworden und welk der einst so blühende Leib."

[12]   A. JÜLICHER, Die Gleichnisreden Jesu. Erste Hälfte: Allgemeiner Theil, Freiburg i.Br. 1886. Die komplizierte Druckgeschichte ist kaum irgendwo richtig erfaßt. Nach einem Vermerk auf dem Umschlag der Erstausgabe sollte die zweite Hälfte, die der Fakultät im Manuskript vorlag, wenige Monate später folgen. Doch geht 1888 der allgemeine Teil erneut hinaus, diesmal ohne die Angabe "Erste Hälfte", dafür mit Innentitel, Inhaltsverzeichnis, Vorwort, Register und Corrigenda versehen, was in der ersten Ausgabe fehlte. Der zweite Teil wird auf unbestimmte Zeit verschoben. Er erscheint 1899 in Freiburg unter dem Titel "Die Gleichnisreden Jesu. Zweiter Teil: Auslegung der Gleichnisreden der drei ersten Evangelien". Im gleichen Jahr läßt Jülicher die erste Hälfte in umgearbeiteter zweiter Auflage als separaten Band folgen, jetzt mit dem Untertitel: "Erster Teil: Die Gleichnisreden Jesu im Allgemeinen". Ein unveränderter, nur auf Druckfehler hin durchgesehener Neudruck Tübingen 1910 faßt beide Teile zu einem Band zusammen. Jülicher steuert ein kurzes Vorwort bei. Mit der ihm eigenen Mischung von Ironie und Bescheidenheit spricht er von der "liebevolleren und minder einseitigen Bearbeitung des gleichen Stoffes durch den Jesuiten Fonck 1902 und den Norweger Bugge 1903" und bestimmt seine Neuausgabe für "Liebhaber des Alten und Unzulänglichen" (VI). Reprints wurden veranstaltet Darmstadt 1963, 1969 und 1976. Ich zitiere im folgenden nach dem Reprint von 1969.

[13]   Die Arbeit wurde nie veröffentlicht, weil das Manuskript durch einen unglücklichen Zufall verloren ging, vgl. Selbstdarstellung (s. Anm. 4) 179f. Mit dieser Arbeit dürfte Jülichers besonderes Interesse für die altlateinische Bibelübersetzung zusammenhängen.

schichte der urchristlichen Literatur, über alte und über mittlere Kirchengeschichte.

Im Sommer 1888 erhält Jülicher den Ruf nach Marburg. Zunächst soll
er als Extraordinarius Ernst Ranke, den Bruder des berühmten Historikers,
vertreten. De facto muß er im ersten Semester Harnack ersetzen, der zur
gleichen Zeit von Marburg nach Berlin wechselt. 1889 erfolgt die Ernen-
nung zum Ordinarius für die Fächer Neues Testament und Kirchengeschichte, die er selbst ausdrücklich als Einheit auffaßt und fortan mit unge-
teiltem Einsatz in Marburg vertritt. Einen Ruf nach Heidelberg lehnt er
1897 ab.

1923 läßt Jülicher sich emeritieren. Die Jahre des Ruhestandes will er
mit der Verwirklichung großer literarischer Pläne ausfüllen. Für Meyers
kritisch-exegetischen Kommentar bereitet er die Auslegung des Galater-
und des Römerbriefes vor. Nach dem Vorbild von Mommsens Prosopo-
graphie des Römischen Reiches will er ein von langer Hand vorbereitetes
Lexikon der kirchlichen Personen des 3.-7. Jahrhunderts fertigstellen.
Schließlich plant er, die Früchte jahrzehntelanger Spezialstudien in eine
dringend benötigte kritische Ausgabe der altlateinischen Bibelübersetzung
einzubringen.

Da trifft ihn, dessen Leben von mancherlei Krankheit und Leid über-
schattet war[14], ein besonders schwerer Schlag. Mit seinen eigenen Worten:
"Ich verlor die Sehkraft auch auf dem linken Auge, das mir seit 15 Jahren
das andere mitersetzt hatte"[15]. Dreizehn Jahre verbringt er in völliger
Blindheit. Er scheint dieses Geschick mit erstaunlicher Fassung getragen zu
haben. Seine Arbeitskraft war behindert, aber nicht gebrochen. Er läßt sich
die Literatur fortan von Hilfskräften vorlesen. 1931 bringt er zusammen
mit Erich Fascher seine Einleitung in siebter Auflage heraus. Die von Jülicher umgearbeiteten Teile (Paulusbriefe, Text- und Kanonsgeschichte),
sind auf dem neuesten Stand, während Fascher für seinen Teil mit der Vorlage viel schonender umgegangen ist[16]. 1934 erscheint Jülichers letzte Re-

---

14 Jülicher war von Geburt an gehbehindert, was 1886 durch ein Eisenbahnunglück
    noch verschlimmert wurde. Seine erste Frau starb 1890. Vgl. Selbstdarstellung (s.
    Anm. 4) 159f.181.
15 Selbstdarstellung (s. Anm. 4) 192.
16 Vgl. die Rezension von H. LIETZMANN, in: ThLZ 57 (1932) 172-174, hier 174: "...im
    großen und ganzen ist Fascher dem Text der 6. Auflage mit größter Pietät gegen-
    übergetreten. Und das ist zwar menschlich verständlich, aber um der Sache willen
    nicht zu loben."

zension[17]. Die Arbeit an seiner Textausgabe hat er bis ins hohe Alter fortgesetzt.

Als Lebender fast vergessen[18], stirbt Jülicher 81jährig am 2. August 1938. Im gleichen Jahr erscheint der erste Band seiner Itala mit dem altlateinischen Text des Matthäusevangeliums. Auf Jülicher geht die Anlage des Ganzen und die Recensio zurück, d.h. die Rekonstruktion des Textes in zwei Versionen, bei deren Erstellung er offensichtlich eklektisch vorging[19]. Die Angaben aus den Handschriften hat Walter Matzkow im Auftrag der Berliner Akademie der Wissenschaften selbständig nachgeprüft und ergänzt. Da Matzkow nicht aus dem Krieg heimkehrte, hat Kurt Aland die weitere Betreuung der Ausgabe übernommen. Sie wird sicher einmal abgelöst durch die große Beuroner Edition der Vetus Latina, die auch die Kirchenväterzitate berücksichtigt. Doch sollen dort die Evangelien dem Vernehmen nach ganz zum Schluß erscheinen. Bis dahin bleibt Jülichers Itala unentbehrlich. Sie allein würde genügen, seinen Namen in der Exegese wach zu halten.

II. Werk

Doch hängt Jülichers Nachruhm nicht allein von diesem großen Opus posthumum ab, wie ein kurzer Streifzug durch sein Gesamtwerk zeigen mag. Naturgemäß kann es sich nur darum handeln, einige thematische Schwerpunkte herauszuarbeiten, das jedoch schon unter besonderer Berücksichtigung der rezeptionsgeschichtlichen Fragestellung. Aus diesem Grund schenken wir sonst eher vernachlässigten Gesichtspunkten wie Publikationsart, Auflagenzahl, Adressatenkreis, Rezensionen u.ä. ein besonderes Augenmerk.

---

[17] A. JÜLICHER, Rez. R. Otto, Reich Gottes und Menschensohn, in: ThLZ 59 (1934) 229-232.

[18] Vgl. H. VON SODEN, Gedächtnisvorlesung (s. Anm. 4) 2.

[19] Gegen Aland, der ihm das zum Vorwurf macht (im Vorwort zu Itala III, Berlin 1954, VI: "offensichtlich hat ein stark subjektives Moment mitgespielt"), gibt W. BAUER, in: ThLZ 81 (1956) 156f, zu bedenken, daß der Intuition eines derart erfahrenen Gelehrten oft mehr zu trauen ist als allen starren Regeln. Vgl. auch W. BAUER, in: ThLZ 64 (1939) 131f.

1. Die Einleitung

Hier muß nun zunächst und vor allem der "Einleitung in das Neue Testament" gedacht werden, die 1894 in erster Auflage erschien und es bis 1931 auf sieben Auflagen und mehrere Nachdrucke brachte[20]. Auch eine Übersetzung ins Englische liegt vor[21]. Das Buch, an dem Jülicher ständig weitergearbeitet hat, erfreut sich von der ersten Auflage an des fast ungeteilten, steigenden Wohlwollens namhafter Rezensenten[22]. Und was noch wichtiger ist: Man kann ohne Übertreibung sagen, daß Jülichers Einleitung das exegetische Lehrbuch einer ganzen Studentengeneration war.

Inhaltlich bietet es die Summe "der Nach-Tübinger Kritik in den literarischen Fragen"[23]. D.h., an der Berechtigung der Tendenzkritik wird nicht grundsätzlich gezweifelt. Die Einordnung einer Schrift in die Geschichte des Urchristentums bleibt unentbehrlich für ihr richtiges Verständnis. Doch kann der Gegensatz von Judenchristentum und Heidenchristentum nicht als der einzige, nicht einmal als der wichtigste Faktor dieser Entwicklung gelten. Insbesondere steht die Apostelgeschichte bereits außerhalb aller Parteistreitigkeiten.

Gegen Ferdinand Christian Baur, der nur vier Paulusbriefe als authentisch gelten läßt, und erst recht gegen Bruno Bauer und die radikale holländische Schule, die für alle Briefe die paulinische Verfasserschaft leugnen[24], hält Jülicher entschieden an der Authentizität der Hauptbriefe fest. Selbst den Kolosser- und den zweiten Thessalonicherbrief glaubt er retten zu können. Nur beim Epheserbrief läßt er die Frage offen. Allen Teilungs- und Interpolationshypothesen steht er sehr skeptisch gegenüber. Auch für die An-

---

20 A. JÜLICHER, Einleitung in das Neue Testament (GThW III/1), Freiburg i.Br. 1894. Ich beziehe mich im folgenden auf die 6. Aufl. von 1906, die die weiteste Verbreitung fand.

21 A. JÜLICHER, An Introduction to the New Testament, transl. by J.P. Ward, London 1904.

22 Vgl. E. SCHÜRER, in: ThLZ 20 (1895) 70-72; W. WREDE, in: GGA 158 (1896) 513-531; H. HOLTZMANN, in: ThLZ 26 (1901) 321-323; DERS., in: ThLZ 31 (1906) 377-379; H. LIETZMANN (s. Anm. 16). Vgl. noch P. VIELHAUER, in: ThR NF 31 (1965/66) 97-111, hier 98: "das Standardwerk der kritischen Forschung in der 1. Hälfte des 20. Jahrhunderts".

23 W.G. KÜMMEL, Das Neue Testament (s. Anm. 7) 217.

24 Vgl. G.A. VAN DEN BERGH VAN EYSINGA, Die holländische radikale Kritik des Neuen Testaments. Ihre Geschichte und Bedeutung für die Erkenntnis der Entstehung des Christentums, Jena 1912, bes. 25-44.55-84.98-112.137-146. Eysinga teilt diesen Standpunkt, über den er ausführlich referiert. Doch blieb das Episode.

nahme, Paulus habe an einigen Stellen traditionelle Vorlagen verarbeitet, kann er sich nicht erwärmen.

In der synoptischen Frage entscheidet Jülicher sich ohne Abstriche für die Zweiquellentheorie. Den Geschichtswert der synoptischen Evangelien veranschlagt er sehr hoch. Kompromißlos zeigt er sich in der johanneischen Frage, was ihm manche Schelte von konservativer Seite eintrug[25]. Das Johannesevangelium stammt nicht vom Zebedaiden, für die Geschichte Jesu gibt es nichts her. Die Geheime Offenbarung hat mit dem übrigen johanneischen Schrifttum nichts zu tun. Trotz entgegenstehender Tradition "ist es eine der sichersten Thesen der NTlichen Wissenschaft, dass von dem Vrf. der Apc im NT keine weitere Zeile erhalten ist"[26].

Ein großer Vorzug von Jülichers Einleitung ist ihre Lesbarkeit. Auf Anmerkungen wird verzichtet, die Literaturangaben sind klug ausgewählt, aber bewußt knapp gehalten. Zu den vielgerühmten Höhepunkten seines Buches zählen die ausführlichen Abschnitte über Text- und Kanonsgeschichte, die man auch heute nur mit Gewinn heranziehen kann. An dieser schwierigen Materie können sich Jülichers Fähigkeit zur geschickten Disposition und sein glänzender, lebendiger Stil besonders eindrücklich bewähren. Doch mag es mit diesem sehr persönlich gehaltenen Stil zusammenhängen, daß Jülichers Einleitung keinen energischeren Neubearbeiter gefunden hat. So rückte in den 50er und 60er Jahren mehr und mehr die Einleitung von Feine-Behm an ihre Stelle, die seit der 12. Auflage (1963) als das alleinige Werk von Werner Georg Kümmel gelten muß. Die erste von Paul Feine erstellte Fassung (1913) ist Jülichers Buch in jeder Hinsicht unterlegen. Rudolf Bultmann hat dazu eine vernichtende Rezension geschrieben, in der er Feine geradezu des Plagiats beschuldigt und ihm in seitenlangen synoptischen Tabellen seine wörtliche Abhängigkeit von Jülicher nachweist. Feine hat dem in seiner Erwiderung nicht viel entgegenzusetzen – auch das ein Fall von Wirkungsgeschichte, wenn auch ein unerwarteter[27].

---

25 Vgl. etwa E. HAUPT, in: ThStKr 68 (1895) 375-398.
26 Einleitung (s. Anm. 20) 241.
27 Vgl. R. BULTMANN, in: ThR 17 (1914) 41-46.125-130; P. FEINE, ebd. 122-125. Diese Affäre hat seinerzeit Wellen geschlagen, wie u.a. ein diesbezüglicher, grimmig-ironischer Passus in einem Schreiben von G. Wissowa (vgl. Anm. 49) an Jülicher zeigt (UB Marburg, Ms. 695, 1287).

2. Jesus und Paulus

Die unbefangene Anwendung historischer Kritik, verbunden mit einer eher vorsichtigen, allen Extremen abholden Grundeinstellung – diese charakteristischen Merkmale der Einleitung zeichnen auch Jülichers kleine Schrift zum Thema "Paulus und Jesus" aus[28]. Wenig zuvor hatte William Wrede in seiner klassisch gewordenen Paulusdarstellung jede Verbindungslinie zwischen Paulus und Jesus bestritten, Paulus als zweiten Stifter des Christentums bezeichnet, ihm die Überfrachtung der schlichten Lehre Jesu durch Dogmatik und Soteriologie vorgeworfen und den Leser vor die Alternative gestellt: Jesus oder Paulus?[29] Jülicher ebnet diese Kluft wieder etwas ein. Er sieht in der persönlichen Frömmigkeit des Apostels ein Moment, das ihn mit Jesus verbindet, er gibt zu bedenken, daß zwischen Paulus und Jesus als vermittelnde Größe die Urgemeinde steht, und er erkennt ansatzweise die Bedeutung von Tod und Auferstehung für den Fortgang der Theologiegeschichte. Seine Argumente sind bereitwillig aufgegriffen und ausgebaut worden, gerade von Vertretern der religionsgeschichtlichen Schule, die sich Wredes radikaler Therapie nicht unterziehen mochten[30]. Häufig zitiert wird das Schlußbild, in dem Jülicher seinen Lösungsversuch einfängt und bündelt[31]:

"Jesus ist gekommen und hat auf Erden einen neuen Paradiesesgarten angelegt. Jesus starb und hinterließ sein Erbe dem Haß seiner Feinde. Mit ihren Personen deckten die alten Getreuen zunächst das teure Vermächtnis. Aber wenn sie nun fielen im ungleichen Streit, wer sorgte für Ersatz? Da kam Paulus und führte um den Garten her die dicken Schutzwälle seiner Theologie auf, die uns heute so fremd anmuten, die in der Tat von der Lieblichkeit des Gartens nichts verraten. Er sah aber nicht auf Stilreinheit, er nahm die Bausteine, wie er sie vernutzen konnte, wenn die Mauer nur hoch und fest wurde und die Außentürme geschickt als Ausfallstore für kühnen Angriffskrieg."

---

28 A. JÜLICHER, Paulus und Jesus (RV I/14), Tübingen 1907. Vgl. P. WERNLE, in: ThLZ 33 (1908) 69-71; R. BULTMANN, in: MPTh 5 (1908/09) 160-162. W.G. KÜMMEL, Das Neue Testament (s. Anm. 7) 396, spricht von einer "methodisch vorbildlichen Schrift". Vgl. auch DERS., Jesus und Paulus, in: Heilsgeschehen und Geschichte (MThSt 3), Marburg 1965, 81-106, hier 81; E. JÜNGEL, Paulus und Jesus. Eine Untersuchung zur Präzisierung der Frage nach dem Ursprung der Christologie (HUTh 2), Tübingen [4]1972, 9f.

29 W. WREDE, Paulus (RV I/5-6), Tübingen 1904. Vgl. dazu F. REGNER, "Paulus und Jesus" im 19. Jahrhundert. Beiträge zur Geschichte des Themas "Paulus und Jesus" in der neutestamentlichen Theologie (SThGG 30), Göttingen 1977, 174-188. Zu Wrede auch A. JÜLICHER, Art. Wrede, William, in: RE[3] XXI, 506-510.

30 Einzelnachweise bei F. REGNER, "Paulus und Jesus" (s. Anm. 29) 192f.195f.

31 Paulus und Jesus (s. Anm. 28) 71.

Jülicher und Wrede haben die genannten Schriften in der Reihe der "Religionsgeschichtlichen Volksbücher" erscheinen lassen. Diese handliche und billige Broschürenreihe war für die akademische Jugend und für die protestantische Bildungsschicht (Lehrer, Beamte, Juristen etc.) bestimmt, für Meinungsmultiplikatoren also, würden wir heute sagen. Sie setzte sich die vorurteilsfreie, wissenschaftlich vertretbare Information über das Werden des Christentums zum Ziel. Von der kirchlichen Rechten wurde sie heftig bekämpft, von den eigentlichen Adressaten freudig begrüßt[32]. Zu ihren Autoren zählen, wie der Name schon vermuten läßt, alle führenden Religionsgeschichtler, aber nicht nur sie.

3. Sammelberichte

Gleichfalls von Religionsgeschichtlern inspiriert und für die Hand des gebildeten Laien gedacht waren die "Schriften des Neuen Testaments", ein kurzgefaßter, gehaltvoller Kommentar in zwei (später vier) Bänden, der es zwischen 1905 und 1917 auf drei Auflagen brachte. Die Zahl der abgesetzten Exemplare wird für 1908 mit 20 000 angegeben[33]. Jülicher steuert eine allgemeine Einführung und eine Auslegung des Römerbriefs bei[34].

In einem Sammelwerk, nämlich in einem Band der "Kultur der Gegenwart"[35], stehen auch Jülichers Ausführungen über "Die Religion Jesu und die Anfänge des Christentums bis zum Nicaenum"[36]. (Dieses auf ca. 30 Bände angelegte Unternehmen mit enzyklopädischem Anspruch wurde veranstaltet von Paul Hinneberg, dem Herausgeber der "Deutschen Literaturzeitung". Verschiedene Teile, darunter die beiden theologischen, wurden mehrfach neu aufgelegt.)

---

[32] Vgl. F.M. SCHIELE, in: RGG[1] V, 1721-1725.

[33] Vgl. H. SCHUSTER, in: ThLZ 33 (1908) 587-589 (Jülichers Römerbriefauslegung wird als Beispiel für gelungene Popularisierung rühmend erwähnt).

[34] A. JÜLICHER, Die Geschichte des Neuen Testaments, in: SNT[2] 1 (1907) 1-30; DERS., Der Brief an die Römer, in: SNT[2] 2 (1908) 217-327.

[35] A. JÜLICHER, Die Religion Jesu und die Anfänge des Christentums bis zum Nicaenum, in: P. Hinneberg (Hrsg.), Die Kultur der Gegenwart I/4.1: Die christliche Religion. Mit Einschluß der israelitisch-jüdischen Religion, Berlin/Leipzig 1906, 41-128.

[36] Vgl. dazu H. SCHUSTER, in: ThLZ 31 (1906) 641-647, bes. 644f; A. MEYER, in: ThJber 25 (1906) 222: "Ein in wunderbarer Weise abgeklärtes Bild von der Entstehung des Christentums ... wohl nie hat J(ülicher) die Sprache so anschaulich und treffend gehandhabt wie hier."

Schon der Titel von Jülichers Beitrag läßt ein Programm erkennen. Jesus selbst hat eine Religion, und sie bildet die Grundlage des Christlichen. Dogma, Kirche, Kult und Sakrament sind spätere Zutaten, auf die man notfalls auch verzichten kann. Auf wenigen Seiten entfaltet Jülicher hier sein liberales christologisches Credo. Entscheidend ist der überwältigende Gesamteindruck der Persönlichkeit Jesu. Sein messianisches Selbstgefühl und sein Sohnesbewußtsein stellt er ganz in den Dienst der Botschaft vom gütigen Vater im Himmel. Ihm kindlich zu vertrauen hat er den Menschen vorgelebt und von seinen Jüngern erwartet. Mit einem Wort: "Jesus ist vor allem eines seligen Gottes seliges Kind"[37]. Die untrennbare Einheit von Religion und Ethik, die er verwirklicht, setzt in der Geschichte gewaltige sittliche Kräfte frei. Jesu Imperativ lautet, gut kantianisch: "Handle immer so, daß man das seinem Vater ähnliche Kind Gottes in dir erkennt"[38].

Ihre deutliche Grenze erreicht diese Theologie spätestens da, wo der Auferstehungsglaube rein psychologisch abgeleitet wird: "Als sich Petrus von dem ersten lähmenden Schrecken erholt hatte und sich einsam vertiefte in Nachdenken über das Große und Furchtbare, was die Ostertage gebracht hatten, schämte er sich seiner Verzagtheit, dieser feigen Unterwerfung unter den bloßen Schein." Es wäre verwunderlich, "wenn der Meister da nicht lebendig vor ihn getreten wäre und ihm zugerufen hätte: ich bin nicht tot, gehe hin und verkündige den Auferstandenen[39].

4. Vorträge

Die liberalen Theologen eruierten aus dem Markusevangelium den historischen Rahmen des Wirkens Jesu und füllten die Lücken mit psychologischen Kombinationen aus. Jülicher traut dem Markusaufriß nicht mehr so recht (hierin sichtlich beeindruckt von Wredes Buch über das Messiasgeheimnis). Er sieht sich in einer Vortragsserie auf einem theologischen Ferienkurs zu dem Satz gezwungen: Wir gelangen "auf den Pfaden der Wissenschaft auch beim Leben Jesu direkt nicht weiter zurück als zu dem Jesus des ältesten Gemeindeglaubens. Seine Höhen schließen unsern Horizont ab,

---

37 Die Religion Jesu (s. Anm. 35) 66.
38 Ebd. 67.
39 Ebd. 70. Vgl. dazu auch A. JÜLICHER, Rez. J. Wellhausen, Das Evangelium Matthaei etc., in: ThLZ 30 (1905) 615-621, wo Jülicher gegen Wellhausens Satz "Ohne seinen Tod wäre er (Jesus) überhaupt nicht bedeutend geworden" einwendet, ob wir denn das Evangelium den Mördern Jesu verdankten. Tod und Auferstehung brächten nichts, was in der Persönlichkeit des Lebenden nicht schon vorhanden war.

nach allen Seiten, endgültig"[40]. Als Indizien, die dann doch eine Scheidung zwischen Jesusgut und Gemeindebildung ermöglichen sollen, führt er die "Unerfindbarkeit", das "Aussergewöhnliche", den "Zauber frischen Lebens", die religiöse "Tiefe und Wärme" vieler Jesusworte an[41]. Das reicht als Echtheitskriterium nicht aus, obwohl in der Rede von der Unerfindbarkeit Käsemanns Unähnlichkeitskriterium von weitem anklingt. Einen Fortschritt konnten hier erst formgeschichtliche Methoden bringen.

Während Jülicher es nach Aufweis der letztgenannten Publikationen augenscheinlich verstand, für ein breiteres Publikum zu schreiben, hat er sonst die nichtakademische Öffentlichkeit eher gescheut. Das bezeugen zeitgenössische Berichte über einen Vortrag zum Thema "Hat Jesus gelebt?"[42], den Jülicher seiner sonstigen Gewohnheit zum Trotz 1910 auf einer Massenversammlung in Marburg hält[43]. Anlaß gab der Marburger Orientalist Peter Jensen, der die Gestalt Jesu für eine mythologische Projektion auf der Basis des Gilgameschepos erklärte[44]. Handelte es sich bei Jensen um eine mehr lokale Erscheinung, so haben Drews, Smith, Robertson – um nur die wichtigsten zu nennen – mit ihrer Bestreitung der Geschichtlichkeit Jesu und ihrer These von der Christusmythe mehr Widerhall gefunden und größere Kreise beunruhigt[45]. Ihnen hat Jülicher einen nachdenklichen Aufsatz gewidmet, wo er zeigt, daß Orthodoxie und historische Kritik ein gerütteltes Maß Schuld an dieser Entwicklung tragen, die Orthodoxie wegen ihres blinden Beharrens auf dem Buchstaben, die Kritik wegen ihres teils gereizten, teils modischen Skeptizismus[46]. Jülicher bleibt der Jesus-

---

[40] A. JÜLICHER, Neue Linien in der Kritik der evangelischen Überlieferung (Vorträge des Hessischen und Nassauischen theologischen Ferienkurses 3), Gießen 1906, 72. Vgl. H. HOLTZMANN, in: ThLZ 31 (1907) 198f.

[41] Neue Linien (s. Anm. 40) 55f.73f; Religion Jesu (s. Anm. 35) 45; Einleitung (s. Anm. 20) 329-331. Vgl. H.J. EBELING, Das Messiasgeheimnis und die Botschaft des Marcus-Evangelisten (BZNW 19), Berlin 1939, 42-45.

[42] A. JÜLICHER, Hat Jesus gelebt? Vortrag, Marburg 1910 (drei Auflagen im gleichen Jahr).

[43] Vgl. z.B. ChW 24 (1910) 285: "...war die Sensation das Auftreten Jülichers selbst ... gerade wegen der sonstigen Zurückhaltung Jülichers in öffentlichen Sachen"; H. WINDISCH, in: ThR 14 (1911) 135.

[44] Vgl. nur P. JENSEN, Hat der Jesus der Evangelien wirklich gelebt? Eine Antwort an Prof. Dr. Jülicher, Frankfurt 1910.

[45] Vgl. A. SCHWEITZER, Geschichte der Leben-Jesu-Forschung (GTBS 77-80), Hamburg ²1972, 451-560; M. DIBELIUS, in: ThLZ 35 (1910) 545-552; F. MEFFERT, Die geschichtliche Existenz Christi (ATF 3), Mönchengladbach ⁹1921.

[46] A. JÜLICHER, Ein Beitrag zur Psychologie des Streits um die Geschichtlichkeit Jesu, in: MPTh 6 (1909/10) 331-347.

frage weiterhin auf der Spur und bezieht gelegentlich in Zeitschriften Stellung[47].

5. Lexika, Zeitschriften

Wir kommen damit zu einem weiteren großen Bereich von Jülichers Schaffen, seiner Mitarbeit an Zeitschriften und Lexika. In angesehenen Rezensionsorganen wie den "Göttingischen Gelehrten Anzeigen" und der "Theologischen Literaturzeitung", daneben auch in der "Historischen Zeitschrift" und in der "Deutschen Literaturzeitung", veröffentlicht er über Jahrzehnte hinweg kontinuierlich gewichtige Buchbesprechungen. Sie waren seinerzeit gefürchtet, da Jülicher mit überlegener Sachkenntnis, die besonders bei der Besprechung von Texteditionen ins Auge fällt, den Dingen auf den Grund geht. Er legt sehr viel Wert auf gepflegte Sprache und durchdachten Aufbau. Seine Neigung zur Ironie steigert sich manchmal bis zu offenem Sarkasmus und beißendem Spott. Nicht selten begegnen schlechthin vernichtende Urteile, die gelegentlich den empörten Widerspruch der Betroffenen hervorrufen[48].

Von den Lexika (RE³, EB[C], RGG) sei "Pauly-Wissowas Realencyclopädie der classischen Alterthumswissenschaft" hervorgehoben, die Jülicher vom ersten Band an mit zahlreichen, meist kleineren Artikeln zur Patristik beliefert. Nicht zuletzt die Beteiligung an diesem renommierten altphilologischen Unternehmen dürfte jene biographische Notiz ins Recht setzen, die besagt, Jülicher gehöre zu "den Kirchenhistorikern, die der Theologie den Respekt der Wissenschaft wiedererworben haben"[49].

Die Zeitschriften, für die Jülicher seine Beiträge verfaßt, tragen mehrheitlich liberales Profil: "Jahrbücher für protestantische Theologie", "Zeitschrift für praktische Theologie", "Monatsschrift für Pastoraltheologie", "Protestantische Monatshefte" (Jülicher schrieb z.B. nie in den "Theologi-

---

47 A. JÜLICHER, Ein neues Jesuswort?, in: ChW 22 (1908) 201-204; DERS., Neue Sensationen in der Jesus-Literatur, ebd. 26 (1912) 38-41.652f; DERS., Die jüngste Bestreitung der Geschichtlichkeit Jesu, in: PrM 20 (1916) 1-10.

48 Vgl. z.B. J.M. HEER, Der lateinische Barnabasbrief und die Bibel, in: RQ 23 (1909) 215-245, bes. 235-245.

49 H. HOHLWEIN, in: NDB 10 (1974) 643 (bezieht sich wohl auf Selbstdarstellung [s. Anm. 4] 198f). Mit G. Wissowa, dem Herausgeber der Neuauflage der PRE, war Jülicher freundschaftlich verbunden. Das geht aus den erhaltenen Briefen Wissowas hervor (UB Marburg, Ms. 695,1277-1290), deren erster noch sehr förmlich gehalten ist, während die späteren einen ausgesprochen familiären Ton anschlagen.

schen Studien und Kritiken"). Seine besondere Neigung gilt dem Wochen-
blatt "Die Christliche Welt" (1888-1941), das aus dem Kreis um Ritschl
hervorging und zum wichtigsten Forum des sogenannten freien Protestantismus oder Kulturprotestantismus wurde (in Kreisen der kirchlichen Rechten veränderte man den Titel deshalb spöttisch in "Der weltliche Christ").
Herausgegeben hat sie vom ersten Jahrgang an Martin Rade, der Jülicher
persönlich nahe stand. Die Bezieherzahl liegt um 1900 bei 5 000. Die tatsächliche Bedeutung dieser Zeitschrift in theologischer, kultureller und kir-
chenpolitischer Hinsicht ist erheblich höher zu veranschlagen, als es diese
vergleichsweise geringe Zahl ausdrückt[50]. Jülicher schreibt in der "Christ-
chen Welt" auch über allgemein religiöse Fragen, über Ereignisse der Zeitgeschichte[51], über Kultur und moderne Literatur.

Damit liegt Jülichers Werk im Überblick vor uns. Noch in seinen fein-
sten Verästelungen tritt uns der Autor als entschiedener Anwalt der reinen
historisch-kritischen Methode in der Theologie entgegen[52]. Es ist nun geradezu spannend zu sehen, wie er sich zu neueren theologischen Strömungen
stellt, die zu seinen Lebzeiten aufkommen.

5. Abgrenzungen

Jülicher hat Beginn und Blütezeit der religionsgeschichtlichen Schule
bewußt miterlebt. Zu ihr zählten sich manche Gelehrte, die ihm theologisch
sonst recht nahe standen. Seine eigene Haltung ist zwiespältig. Er begrüßt
es, daß die Umwelt des werdenden Christentums schärfer ausgeleuchtet
wird und daß neben der hohen Geistigkeit eines Paulus auch die religiöse
Subkultur der Zauberpapyri zu ihrem Recht kommt. Aber alle Bestrebungen, das Urchristentum im hellenistischen Synkretismus aufgehen zu lassen, weist er zurück[53]. Was die Geschichte wirklich bewegt, was sie voran-

---

50   Vgl. O. BAUMGARTEN, "Die christliche Welt", in: ZPrTh 21 (1899) 245-276; W.
     SCHNEEMELCHER, "Christliche Welt". Das Problem des 'Freien Protestantismus', in:
     EvTh 15 (1955) 255-281; DERS., RGG³ I,1737-1739 (Lit.). Martin Rade hat Jülicher
     später die Grabrede gehalten, vgl. ChW 52 (1938) 625-628.

51   Hervorgehoben sei A. JÜLICHER, Christliche Gedanken zu den Konitzer Vorfällen, in:
     ChW 14 (1900) 608-611, eine sympathische Stellungnahme gegen Ritualmordlüge
     und Judenhetze, an der sich die konservative kirchliche Presse beteiligte.

52   Vgl. auch A. JÜLICHER, Welchen Dienst hat die protestantische Theologie der Kirche
     der Gegenwart zu leisten?, in: PrM 18 (1914) 168-181; DERS., Der Professorendienst
     an der Kirche, in: PrM 21 (1917) 87-106.

53   Vgl. bes. A. JÜLICHER, Moderne Meinungsverschiedenheiten über Methode, Auf-
     gaben und Ziele der Kirchengeschichte (MAkR 5), Marburg 1901, wo er u.a. eine

treibt, sind nicht anonyme Massen oder soziale Umschichtungen, sondern überragende Persönlichkeiten und große sittlich-religiöse Ideale. Sie aber lassen sich historisch weder ableiten noch verrechnen[54].

Man hat Jülicher auch zu den Vorläufern der Formgeschichte gezählt[55]. Tatsächlich finden sich in seinem Gleichnisbuch Verfahrensweisen, die man gemeinhin unter dem nicht ganz glücklichen Obertitel Formgeschichte summiert. Jülicher erfaßt eine bestimmte synoptische Gattung und beschreibt ihre Strukturmerkmale. Er erkennt, daß zwischen den Gleichnissen, wie Jesus sie sprach, und den synoptischen Texten, die wir vor uns haben, ein Veränderungsprozeß stattgefunden hat, der sich teilweise noch aufhellen läßt – eine typisch traditionsgeschichtliche Fragestellung. Und auch die Redaktionsgeschichte kommt zu ihrem relativen Recht, insofern Jülicher charakteristische Eigenheiten eines jeden Evangelisten bei der Behandlung der Gleichnisse entdeckt[56].

Jülicher selbst hat sich dagegen gewehrt, in die Ahnengalerie der Formgeschichte aufgenommen zu werden. Er bemerkt, große Umwälzungen könne er in den einschlägigen Arbeiten nicht erkennen, oft sei nur die Terminologie verändert, und was diese Methode an Neuem und Verdienstlichem bringe, berechtige noch lange nicht dazu, von einer neuen Forschungsepoche zu sprechen[57]. Zu dieser reservierten Haltung wird ihn vor allem der Verdacht bewogen haben, die Formgeschichte erschüttere über Gebühr das Vertrauen in den Geschichtswert der Synoptiker und erschwere den Zugang zu Jesus.

Kein gutes Wort hat Jülicher für Albert Schweitzers konsequente Eschatologie übrig. Schweitzer habe "mit diesem Programm den Boden geschichtlich brauchbarer Forschung verlassen", lesen wir da. Und: "Die Ver-

---

"Demokratisierung der Kirchengeschichte" fordert. Ferner DERS., Selbstdarstellung (s. Anm. 4) 195 (dort die scharfsichtige Bemerkung: "sollten nicht im Spätjudentum ... manche hellenistische Elemente vertreten gewesen sein?"); DERS., Rez. C. Clemen, Die religionsgeschichtliche Erklärung des NT, in: HZ 103 (1909) 337-341; DERS., Rez. K. Holl, Urchristentum und Religionsgeschichte, in: ThLZ 50 (1925) 361-363.

54 Dazu A. JÜLICHER, Der religiöse Wert der Reformation. Vortrag, Marburg 1913, 20-23. Vgl. J. WEBSKY, in: PrM 17 (1913) 325-328.
55 E. FASCHER, Die formgeschichtliche Methode (s. Anm. 5) 45f.
56 Gleichnisreden (s. Anm. 12) I, 194-202.
57 Vgl. A. JÜLICHER, Das Neue Testament, in: WFB 6 (1921) 27-45, hier 33f; DERS., Rez. G. Bertram, Die Leidensgeschichte Jesu und der Christuskult, in: ThLZ 48 (1923) 9-11; DERS., Rez. M. Albertz, Die synoptischen Streitgespräche, in: DLZ 45 (1924) 1099-1102; DERS., Rez. E. Fascher, Die formgeschichtliche Methode, in: DLZ 46 (1925) 1508-1515.

gewaltigung von Gesetz und Regel geschichtlichen Untersuchens kann
kaum ärger getrieben werden."[58] Wer das Jesusportrait, das Schweitzer im
21. Kapitel seines Buches entwirft, wirklich gelesen hat, wird versucht sein,
Jülicher in dieser Hinsicht zuzustimmen[59].

Unversöhnlich zeigt sich Jülicher gegenüber der dialektischen Theologie. "Daß Barths Versuch, den Paulus mit Beschlag zu belegen ... der
Hybris eines Pneumatikers entspringt und nicht aus nüchterner Wissenschaft, ist das letzte Wort, das ich über einen Römerbrief Barths sagen
werde", so sein zusammenfassendes Urteil[60]. Barths Antwort fällt nicht weniger schroff aus[61]. Während Bultmann seines liberalen Lehrers dankbar
gedachte, war mit Barth, der Jülicher ja von seiner Marburger Studenten-
zeit und von der Mitarbeit an der "Christlichen Welt" her kennen mußte,
keine Verständigung möglich. Rückblickend wird man sagen müssen, daß

---

58   A. JÜLICHER, Neue Linien (s. Anm. 40) 1-10, Zitate 5f. Vgl. W.G. KÜMMEL, Die
      "konsequente Eschatologie" Albert Schweitzers im Urteil der Zeitgenossen, in:
      Ders., Heilsgeschehen und Geschichte (MThSt 3), Marburg 1965, 328-339.
59   Vgl. A. SCHWEITZER, Leben-Jesu-Forschung (s. Anm. 45) 402-450. Die landläufige
      Meinung, Schweitzer habe die Leben-Jesu-Forschung zu Grabe getragen, ist korrek-
      turbedürftig. Schweitzer wollte vor allem Beachtung für sein Leben Jesu aus konse-
      quent eschatologischer Sicht erzwingen. Die betreffenden Seiten enthalten mehr
      Phantasie als jedes beliebige Leben Jesu der liberalen Epoche. Die Aussendungsrede
      Mt 10, die sich deutlich als sekundäre Komposition zu erkennen gibt, gilt als
      authentisch und wird zum Angelpunkt der ganzen Konstruktion. Haben wir uns an
      dieses überraschende Vertrauen zu den Quellen etwas gewöhnt, werden wir doch
      mit einer weitreichenden Umstellung konfrontiert: Die Verklärung gehört vor das
      Messiasbekenntnis des Petrus. Die Sprünge und Risse in der synoptischen Darstel-
      lung hängen nicht mit der literarischen Schichtung der Texte zusammen. Sie gehen
      auf Jesu eruptive Natur und sein vulkanisches Selbstbewußtsein zurück, die so ihren
      Niederschlag finden. Vgl. R. SLENCZKA, Geschichtlichkeit und Personsein Jesu Chri-
      sti. Studien zur christologischen Problematik der historischen Jesusfrage (FSÖTh
      18), Göttingen 1967, 26-32.
60   A. JÜLICHER, Rez. K. Barth, Der Römerbrief, in: ThLZ 47 (1922) 537-542, Zitat 542.
      Vgl. DERS., Ein moderner Paulus-Ausleger, in: ChW 34 (1920) 453-457.466-469;
      DERS., Selbstdarstellung (s. Anm. 4) 199; W.G. KÜMMEL, Das Neue Testament (s.
      Anm. 7) 468f.473f.
61   Vgl. K. BARTH, Der Römerbrief, München 61929, VIII-XXIV, bes. XIII: "...wie es
      Jülicher mir gegenüber wieder mit der alten unerhörten Sicherheit ausgesprochen
      hat." Auf die Besprechung der ersten Auflage reagierte Barth mit einem vierseitigen
      persönlichen Brief an Jülicher (UB Marburg, Ms 695,20), der bei verbindlichem
      Ton das sachlich Trennende scharf betont. Der Brief ist noch nicht veröffentlicht.
      Textauszüge und Faksimile einer Seite bei H. GRASS, Karl Barth und Marburg (Rede
      zur Eröffnung der Karl-Barth-Ausstellung in der Marburger Universitätsbibliothek
      am 9.1.1971), Marburg 1971, 6 u. 13. Vgl. auch W.G. KÜMMEL, Adolf Jülicher (s.
      Anm. 4) 250f.

manche echten Fragen und Anliegen der liberalen Theologie von der dialektischen Theologie nicht beantwortet, sondern zugedeckt, verdrängt wurden.
Verdrängung führt zur Neurotisierung. Verdrängtes bricht früher oder später wieder auf. Ich nenne zwei Punkte, wo wir das erleben: das Problem der
gesellschaftlichen Dimension des Christlichen ("politische Theologie") und
der Streit um die Bedeutung des historischen Jesus für den christlichen
Glauben.

III. Wirkung

1. Jülichers Gleichnisbuch

Bewußt ausgespart, bzw. nur am Rande erwähnt wurde bislang das
Buch, auf dem Jülichers Bedeutung für die neutestamentliche Wissenschaft
recht eigentlich gründet. Ich meine sein zweibändiges Werk über "Die
Gleichnisreden Jesu"[62]. Es gibt kaum eine exegetische Monographie aus
dem vorigen Jahrhundert, die man bei der konkreten Arbeit am Text heute
noch benutzt. Jülichers Gleichnisbuch ist eine der wenigen Ausnahmen.
Wenn wir im folgenden seiner Wirkungsgeschichte anhand ausgewählter
Beispiele nachgehen, kommt zugleich ein Stück Nachleben der Jesusforschung in den Blick. Denn wer über Gleichnisse handelt, wird früher oder
später auf die historische Jesusfrage zu sprechen kommen.
    Im Zentrum von Jülichers Werk über die Gleichnisse steht das Allego-
rieproblem. Jülichers ganzer Zorn gilt der allegorischen Gleichnisexegese,
die es z.B. ermöglicht, den barmherzigen Samariter aus der gleichnamigen
Erzählung auf Christus zu deuten, das Reittier auf seinen irdischen Leib
und die Herberge auf die Kirche. Mit solchen Auslegungen will Jülicher
endgültig brechen. Zu diesem Zweck weist er nach, daß die Allegorese sich
mit der literarischen Struktur der Gleichnisse nicht verträgt und daß sie der
Intention Jesu direkt zuwiderläuft. Die Ansätze für ein allegorisches
Gleichnisverständnis in den Evangelien führt Jülicher auf die Tätigkeit der
Tradenten und Redaktoren zurück.
    Für die einzelnen Teilmomente dieses Entwurfs gibt es manche Vorbil-
der[63]. Auf Bernhard Weiß haben wir schon hingewiesen[64]. Jülicher selbst

---

62 Vgl. die bibliographischen Angaben in Anm. 12.
63 Gleichnisreden (s. Anm. 12) I, 203-322, gibt Jülicher selbst einen erschöpfenden
    Überblick.
64 Neben den Synoptikerkommentaren (z.B. B. WEISS, Das Markusevangelium und
    seine synoptischen Parallelen, Berlin 1872, 139-146) vgl. B. WEISS, Ueber das Bild-

spendet dem Niederländer van Koetsveld hohes Lob[65]. Die Fabeltheorie
Lessings haben lange vor Jülicher Storr und Unger für die Gleichnisausle-
gung herangezogen[66]. Schon Georg Lorenz Bauer insistiert auf der Wahr-
scheinlichkeit der Erzählung, betont die eine Hauptwahrheit eines jeden
Gleichnisses, d.h. das tertium comparationis, und lehnt die Allegorese ab[67].
Die für Jülicher wichtige Ableitung von Allegorie und Gleichnis aus Metapher und Vergleich bietet erstaunlicherweise auch der allegoriefreundliche,
vielgelesene englische Erzbischof Trench[68]. Doch sind diese Einsichten erst
in der präzisen, durchdachten Form, die Jülicher ihnen gab, wirklich zur
Geltung gelangt.

2. Reaktionen

Von den Rezensenten wird Jülichers Werk als befreiende Tat begeistert
gefeiert. Ich zitiere nur Johannes Weiß: "Wenn ich mit einem Worte die Bedeutung des Buches bezeichnen soll, so kann ich nur sagen: die hier gestell-
te Aufgabe ist gelöst, so erschöpfend, so vollendet, dass wohl sobald kein

---

liche im Neuen Testament, in: DZCW NF (1861) 309-331; DERS., Rez. S. Göbel,
Die Parabeln Jesu, in: ThLZ 5 (1880) 181-184.430-432, bes. 182: "Denn eine Geschichte, die eben nicht aus dem wirklichen oder wahren Leben gegriffen, sondern
erfunden, und nicht mit Bezug auf eine Hauptidee, sondern mit der Absicht erfunden
ist, in all ihren Zügen die Verhältnisse abzuspiegeln, auf die sie gedeutet werden
soll, das ist doch eben die reine Allegorie; und wer von dieser Voraussetzung aus die
Gleichnisse deutet, dem fehlt es an einer sicheren Anschauung von dem eigentlichen
Wesen der Parabelrede."

65 C.E. VAN KOETSVELD, De Gelijkenissen van der Zaligmaker. Bd. 1-2, Schoonhoven
²1896. Der 80jährige van Koetsveld richtet 1886 an Jülicher einen Brief, in dem er
seinen eigenen Standpunkt innerhalb der Orthodoxie bestimmt und von der liberalen
Kritik absetzt (UB Marburg, Ms. 695,13995).

66 G.C. STORR, De parabolis Christi, in: Ders., Opuscula academica ad interpretatio-
nem librorum sacrorum pertinentia. Bd. 1, Tübingen 1796, 89-143, hier 96-111; A.F.
UNGER, De parabolarum Jesu natura, interpretatione, usu, scholae exegeticae rhetori-
cae, Leipzig 1828, 24-30.

67 G.L. BAUER, Sammlung und Erklärung der parabolischen Erzählungen unseres
Herrn, Leipzig 1782, 24-30; vgl. O. MERK, Biblische Theologie des Neuen Testaments in ihrer Anfangszeit. Ihre methodischen Probleme bei Johann Philipp Gabler
und Georg Lorenz Bauer und deren Nachwirkungen (MThSt 9), Marburg 1972, 144-
148.

68 R.C. TRENCH, Notes on the Parables of Our Lord. London ⁸1860, 9: "And thus the
allegory stands to the metaphor, as the more elaborate and long drawn out composi-
tion of the same kind, in the same relation that the parable does to the isolated com-
parison or simile."

Anderer den Mut finden wird, sie noch einmal zu lösen. Sonst pflegt in der Theologie ein Buch nur dazu da zu sein, dass ein Klügerer es sofort durch ein neues übertrumpft. Hier ist nun einmal eine Arbeit ganz und gründlich gethan, so dass für Jahrzehnte höchstens eine Nachlese übrig bleibt."[69] Ähnlich erfreut äußern sich Schürer[70], Horst[71], Holtzmann[72], Clemen[73] und Deißmann[74], der nichts dringender wünscht als eine homiletische Bearbeitung des Stoffes aus der Hand des gleichen Autors. James Moffat räumt Jülicher einen besonderen Platz unter den zehn besten Büchern über die Gleichnisse ein[75]. Etwas reservierter zeigen sich Sanday und Hunkin, die aber nicht an der grundlegenden Bedeutung des Werkes vorbeikönnen[76]. Auch die führenden theologischen Zeitschriften Hollands widmen ihm lange Artikel[77].

Alfred Loisy legt Jülichers Buch seinen Vorlesungen an der Ecole pratique in Paris zugrunde, die er 1902 veröffentlicht, und macht es so im französischen Sprachraum bekannt[78]. Heinrich Weinel schreibt für die Reihe "Aus Natur und Geisteswelt" eine kurze, populäre Darstellung, die ganz in Jülichers Spuren bleibt[79]. Es erscheint in der Folgezeit kein ernstzunehmendes Gleichnisbuch mehr, das nicht auf Jülicher zu sprechen kommt und wenigstens im Vorbeigehen seiner epochemachenden Pioniertat – so die Formulierungen – gedenkt[80]. Ein englischer Autor formuliert es so: "...men

---

[69] J. WEISS, Jülichers "Gleichnisreden Jesu", in: ThR 4 (1901) 1-11, Zitat 1f.

[70] ThLZ 11 (1886) 463-467.

[71] GGA 149 (1887) 34-40; 150 (1888) 663f.

[72] DLZ 8 (1887) 1f; 9 (1888) 1632; ThLZ 24 (1899) 627-632.

[73] LZD 1899, 1346-1349; vgl. noch N.N., in: LZD 1888, 1729-1731; F. STEUDEL, in: PrM 3 (1899) 245-249.

[74] GGA 162 (1900) 913-919.

[75] J. MOFFAT, The Ten Best Books on the Parables of Jesus, in: Exp. 9,3 (1925) 104-114, hier 106f. Ein zustimmendes Referat auch bei G.W. STEWART, Jülicher on the Nature and Purpose of the Parables, in: Exp. 6,1 (1900) 231-240.311-320.461-472.

[76] W. SANDAY, A New Work on the Parables, in: JThS 1 (1900) 161-180; J.W. HUNKIN, The Synoptic Parables, in: JThS 16 (1915) 372-391, hier 372-375.

[77] J.H. DE RIDDER, De gelijkenissen, in: ThT 21 (1887) 534-553; J.M.S. BALJON, Het doel van Jezus' gelijkenissen, in: ThSt(U) 15 (1887) 178-194, bes. 190; C.H. VAN RHIJN, Naar aanleiding van de jongste verklaring van de Gelijkenissen van Jezus, in: ThSt(U) 19 (1901) 145-174.

[78] A. LOISY, Les paraboles de l'Évangile, in: Ders., Études Évangeliques, Paris 1902, 1-121. Im gleichen Sinne J. BREITENSTEIN, Les paraboles de Jésus, in: RThPh 9 (1921) 97-113.

[79] H. WEINEL, Die Gleichnisse Jesu. Zugleich eine Anleitung zu einem quellenmäßigen Verständnis der Evangelien (Aus Natur und Geisteswelt 46) [1905], Leipzig ⁵1929.

[80] Vgl. A.T. CADOUX, The Parables of Jesus. Their Art and Use, London o.J. [1930], 50f; B.T.D. SMITH, The Parables of the Synoptic Gospels. A Critical Study, Cam-

stood spell-bound by the fascination of Jülicher's theory"[81]. Auch die zahlreichen Forschungsberichte, unter denen der von Eberhard Jüngel heraus-
ragt[82], setzen in der Regel mit Jülicher ein[83]. Noch in der Arbeit von
Charles E. Carlston ist Jülicher nach Ausweis des Registers der meistzitier-
te Autor[84]. Nicht unerwähnt darf bleiben, daß Jülicher, der sich für seine
Bearbeitung der Gleichnisse manche literaturwissenschaftliche Einsicht zunutze gemacht hat, seinerseits in mehrere Arbeiten zur Fabeltheorie Eingang fand[85].

Für unsere Zwecke ist von besonderem Interesse, daß Jülicher auch die
Behandlung der Gleichnisse in Predigt und religiöser Unterweisung beein-
flußte. Ich greife einige Belege heraus. Ein Aufsatz in der "Zeitschrift für
praktische Theologie" von 1899 empfiehlt dem Leser, fortan für die Vorbe-
reitung von Gleichnispredigten Jülichers Monographie zugrunde zu legen[86].
Leonhardt Fendt schreibt in seinem homiletischen Lehrbuch ganz im Sinne

---

bridge 1937, 23f; G.V. JONES, The Art and Truth of the Parables. A Study in their
Literary Form and Modern Interpretation, London 1964, 16-20; R.W. FUNK, Lan-
guage, Hermeneutic, and Word of God. The Problem of Language in the New Testa-
ment and Contemporary Theology, New York 1966, 147f; N. PERRIN, Jesus and the
Language of the Kingdom. Symbol and Metaphor in New Testament Interpretation
(NTLi), London 1976, 92f.

[81] L.E. BROWNE, The Parables of the Gospels in the Light of Modern Criticism (Hul-
sean Price Essay), Cambridge 1913, 84.

[82] E. JÜNGEL, Paulus und Jesus (s. Anm. 28) 87-139.

[83] Ich nenne noch B. WIBERG, Jesu lignelser. En gennemgang af lignelsesforskningen
1900-1950 (DTT.TS 14), Kopenhagen 1954; P. BONNARD, Où en est la question des
paraboles évangéliques? De Jülicher (1888) à Jeremias (1947), in: CBFV 5 (1967)
36-49; J. CORELL, La problemática de las parábolas a la luz de la historia de su inter-
pretación, in: EstFr 73 (1972) 5-28; 74 (1973) 5-24.

[84] C.E. CARLSTON, The Parables of the Triple Tradition, Philadelphia 1975, 247. Vgl.
auch T. AURELIO, Disclosures in den Gleichnissen Jesu. Eine Anwendung der disclo-
sure-Theorie von I.T. Ramsey, der modernen Metaphorik und der Theorie der
Sprechakte auf die Gleichnisse Jesu (RSTh 8), Frankfurt a.M. 1977, 76f u.ö. (dazu
H.J. KLAUCK, in: WiWei 41 [1978] 228f), und H. WEDER, Die Gleichnisse Jesu als
Metaphern. Traditions- und redaktionsgeschichtliche Analysen und Interpretationen
(FRLANT 120), Göttingen 1978 u.ö., 11-19 (dazu H.J. KLAUCK, in: ThRv 75 [1979]
198-203).

[85] Vgl. R. DITHMAR, Die Fabel. Geschichte – Struktur – Didaktik (UTB 73), Paderborn
1971, 81-84.93-97.120f; W. GEBHARD, Zum Mißverhältnis zwischen der Fabel und
ihrer Theorie, in: DVfLG 48 (1974) 122-153, hier 123.127; H.L. MARKSCHIES, Art.
Fabel, in: RDL² I, 433-441, hier 433; W. WIENERT, Die Typen der griechisch-römischen Fabel. Mit einer Einleitung über das Wesen der Fabel (FFC 56), Helsinki
1925, 7f.

[86] O. GEHRKE, Zur homiletischen Behandlung der Gleichnisreden Jesu, in: ZPrTh 21
(1899) 1-11.

Jülichers: "Wer nicht in dieser Weise auf das Tertium (sc. comparationis) aus ist, der verschleudert das Gleichnis Jesu, der bringt alles durcheinander, der 'schwätzt'"[87]. 1972 erscheint in den USA ein kleines Buch "Preaching on the Parables". Am Anfang steht eine verhältnismäßig ausführliche, mit sichtlicher Sympathie geschriebene Skizze Jülichers, die ihn ausdrücklich gegen seine Kritiker in Schutz nimmt[88].

Georg Witzmann bietet 1903 in seiner Dissertation über die Behandlung der Gleichnisse Jesu im Unterricht im ersten, grundlegenden Teil zur Hauptsache ein Referat aus Jülicher, mit einigen Einschränkungen und Ergänzungen. Im zweiten Teil versucht er, Jülichers Grundsätze und seine Einzelauslegung für die schulische Situation fruchtbar zu machen[89]. In einer Folge der "Hülfsmittel zum evangelischen Religionsunterricht", die zwischen 1892 und 1927 fünfmal aufgelegt wird, handelt Matthias Evers über die Gleichnisse[90]. Von der zweiten Auflage an bekennt er sich in steigendem Maße als überzeugter Anhänger Jülichers. Noch Ingo Baldermann sieht sich in seiner Biblischen Didaktik zur Auseinandersetzung mit Jülicher gezwungen[91]. Mit gutem Grund bemerkt der Religionspädagoge Martin Stallmann: "Seit A. Jülichers Gleichnisreden fehlt in kaum einem religionspädagogischen Werk ein Abschnitt über die Behandlung der Gleichnisse Jesu, zuerst im engen Anschluß an Jülicher..."[92] Die Scheidung von

---

[87] L. FENDT, Homiletik, Theologie und Technik der Predigt (Stö.H 4), Berlin 1949, 67.

[88] D.M. GRANSKOU, Preaching on the Parables (The Preacher's Paperback Library), Philadelphia 1972, 10-21.

[89] G. WITZMANN, Zur Frage nach der unterrichtlichen Behandlung der Gleichnisse Jesu. Diss. phil., Jena 1903, bes. 20.33f. Ähnlich H. SPANUTH, Die Gleichnisse Jesu für den Unterricht bearbeitet, Osterwieck ²1918. Scharf ablehnend O. EBERHARD, Die Gleichnisfrage. Eine theologische Untersuchung mit pädagogischer Spitze, Wismar 1907.

[90] M. EVERS, Die Gleichnisse Jesu (Hülfsmittel zum evangelischen Religionsunterricht 2/3), 5. Aufl. von H. Marx, Berlin 1927. Ein Hinweis zum Ganzen bei L. FONCK, Die Parabeln des Herrn im Evangelium, Innsbruck ³1909, 18. Ausführlicher H. MATTHES, in: MPTh 11 (1914/15) 208f.

[91] I. BALDERMANN, Biblische Didaktik. Die sprachliche Form als Leitfaden unterrichtlicher Texterschließung am Beispiel synoptischer Erzählungen, Hamburg 1963, 114-119. Vgl. auch K. FRÖR, Wege zur Schriftauslegung. Biblische Hermeneutik für Unterricht und Predigt, Düsseldorf o.J., 300f.

[92] M. STALLMANN, Die biblische Geschichte im Unterricht. Katechetische Beiträge, Göttingen 1963, 117 Anm. 13. Auch das erfolgreiche Gleichnisbuch von E. LINNEMANN, Gleichnisse Jesu. Einführung und Auslegung, Göttingen ⁶1975, war zunächst für die Schule bestimmt. Linnemann folgt Jülicher u.a. in der Bestimmung der Allegorie als einer esoterischen Sprachform. In modischem linguistischem Gewand begegnet Jülichers Theorie bei E. GÜTTGEMANNS, Die linguistisch-didaktische Metho-

Bildhälfte und Sachhälfte, das Mißtrauen gegenüber der allegorischen Auslegung und die Suche nach dem *tertium comparationis* gehören seit Jülicher zum Allgemeingut der Gleichnishermeneutik in Homiletik und Kate-
chetik.

3. Kritik

Gewiß hat Jülichers Werk auch seine Grenzen. Wo sie zu suchen sind,
nämlich in der fehlenden Unterscheidung von Allegorie als textproduzieren-
der, poetisch-rhetorischer Verfahrensweise und Allegorese als textauslegen-
der, exegetisch-hermeneutischer Methode, habe ich andernorts des näheren
ausgeführt[93]. Im Verlauf der Jülicherrezeption ist das gelegentlich richtig
gesehen worden[94]. Andere Kritiken bleiben demgegenüber an der Oberfläche oder im Vorfeld stecken. Jülicher global der Allegoriefeindlichkeit zu
bezichtigen[95], trägt solange nichts ein, als man nicht selbst über ein diffe-
renzierteres Konzept zur Erfassung von Erscheinungsformen des Allegorischen verfügt. Auch der Vorwurf, Jülicher habe durch Zuhilfenahme aristo-
telischer Kategorien die bodenständigen Gleichnisse Jesu überfremdet[96],
leuchtet nicht unbedingt ein. Denn metasprachliche Begriffe, die zur Beschreibung sprachlicher Phänomene dienen – um solche handelt es sich –,
brauchen nach allen Regeln der Linguistik keinesfalls der Objektsprache
entnommen zu sein. Und gerade die mehrfach angefeindete Unterteilung der
Gleichnisgattung in eigentliche Gleichnisse, Parabeln und Beispielerzählun-
gen enthält durchaus brauchbare Gesichtspunkte[97].

Paul Fiebig hat im Untertitel seines Buches eine "Widerlegung der
Gleichnistheorie Jülichers"[98] versprochen. Was dabei herauskommt, ist be-

---

dik der Gleichnisse Jesu, in: Ders., studia linguistica neotestamentica (BEvTh 60),
München 1971, 99-183, hier 104-125.

[93]   H.J. KLAUCK, Allegorie und Allegorese in synoptischen Gleichnistexten (NTA NF
       13), Münster ²1986, 4-12 und passim.

[94]   Vgl. A.M. BROUWER, De Gelijkenissen, Leiden 1946, 27.37-50.

[95]   Vgl. M. MEINERTZ, Die Gleichnisse Jesu, Münster ⁴1948, 23-28.

[96]   A. GEORGE, DBS VI, 1167; E. JÜNGEL, Paulus und Jesus (s. Anm. 28) 92-96.

[97]   Gegen R. KIEFFER, Essais de méthodologie néo-testamentaire (CB.NT 4), Lund
       1972, 72f.

[98]   P. FIEBIG, Die Gleichnisreden Jesu im Lichte der rabbinischen Gleichnisse des neu-
       testamentlichen Zeitalters. Ein Beitrag zum Streit um die "Christusmythe" und eine
       Widerlegung der Gleichnistheorie Jülichers, Tübingen 1912. Ähnliches unternimmt
       aus theologischen Motiven auch J. KÖGEL, Der Zweck der Gleichnisse Jesu im Rah-
       men seiner Verkündigung (BFChTh 19,6), Gütersloh 1915.

achtlich, aber nicht so dramatisch. Fiebig weist am rabbinischen Vergleichsmaterial nach, daß wir auch in Jesusgleichnissen mit dem Vorliegen fester Metaphern zu rechnen haben, obwohl Jülicher sie um seiner Allegorieauffassung willen dort nicht gerne sehen wollte.

Ein anderer Streitpunkt betrifft die Eschatologie. Jülicher läßt keinen Zweifel daran, daß die Basileia im Mittelpunkt der Gleichnisse steht: "... wie Christus das Reich Gottes sich gedacht hat, würden wir aus einer andern Quelle, wenn die Parabeln uns fehlten, nur schlecht ersehen"[99]. Doch kommt es entscheidend auf die inhaltliche Füllung an. Ist das Reich gegenwärtig oder zukünftig, in bedrängender Nähe oder in weite Ferne entrückt? Es stimmt skeptisch, wenn wir Jülicher vom "rein geistige(n), freie(n), hohe(n) Charakter dieses Reiches" sprechen hören, von "einer Gemeinschaft von Brüdern und Schwestern unter dem Schutz eines Vaters, einer Gemeinschaft, die schon gegenwärtig, nicht erst durch lärmende Auftritte ins Werk gesetzt werden muss..., die, so leise wie sie gekommen, sich weiter entwickelt" und dergleichen mehr[100]. Man hört aus manchen Wendungen förmlich Albrecht Ritschl heraus, der einen ethischen Reich-Gottes-Begriff ins Zentrum seiner systematischen Theologie gestellt hat. Doch finden sich namentlich im zweiten Teil auch Aussagen, die diesen Eindruck ein wenig korrigieren. Neben den Gleichnissen, die von der Gegenwart des Reiches sprechen, erkennt Jülicher auch solche an, die futurisch-eschatologisch ausgerichtet sind[101]. Die "modernen Ideen ... von der selbsteignen sittlichen Thätigkeit der Reichsgenossen behufs der Verwirklichung des Reichs" werden in der Einzelexegese ausdrücklich als irrig bezeichnet[102].

Das eschatologische Problem ist sicher nicht in seiner ganzen Tiefe erkannt. Doch sei der Hinweis erlaubt, daß die alternative Deutung der konsequenten Eschatologie[103], die Jesus von glühender Naherwartung beseelt sein läßt, keinesfalls allgemeine Zustimmung gefunden hat. Es scheint vielmehr so, als sei die eigentümliche Verknüpfung von Gegenwart und Zukunft der Basileia Gottes, vermittelt in Jesu Person, das eigentlich Charakteristische an Jesu eigener Eschatologie.

Das eschatologische Warngleichnis vom klugen und vom törichten Bauherrn am Schluß der Bergpredigt (Mt 7,24-27) legt Jülicher so aus: Jesus wollte "an einem drastischen Fall veranschaulichen, wie es immer und

---

99 Gleichnisreden (s. Anm. 12) I, 149.
100 Ebd.
101 Gleichnisreden II, 171.
102 Ebd. 545.569.
103 Vgl. die Kritik an Jülicher bei A. SCHWEITZER, Leben-Jesu-Forschung (s. Anm. 45) 247f, und seine eigene Deutung der Saatgleichnisse ebd. 413-415.

überall, also auch in der Religion, zu einem schlimmen Ende führt, wenn
man nur einen Teil der erforderlichen Pflichten erfüllt"[104]. Mit dem Abbie-
gen der eschatologischen Spitze geht die Tendenz einher, den Skopus des
Gleichnisses auf eine möglichst allgemeine sittliche Wahrheit zu reduzieren.

Auch hierzu lassen sich wieder Aussagen beibringen, die dem genau
entgegenstehen. Im allgemeinen Teil weist Jülicher Fabel und Parabel in
der mündlichen Rede ihren "Sitz im Leben" zu. Sie werden nicht erfunden,
"um eine Weisheitsregel oder einen ethischen Lehrsatz anschaulich vorzutragen, sondern um eine schwierige Situation, in der sich der Redner be-
fand, zu klären"[105]. Zum Gleichnis vom unfruchtbaren Feigenbaum (Lk
13,6-9) vermutet er, "dass Jesus einen konkreteren Sinn" damit verband
"und nicht blos eine allgemeine religiöse Wahrheit" stützen wollte[106].

Dennoch – Jülicher hat diese programmatischen Sätze selbst nicht konsequent befolgt. Unverkennbar neigt er dazu, von der eschatologischen Situation Jesu lieber abzusehen und die Pointe auf dem Gebiet ewiger Wahrheiten und zeitloser sittlicher Lehren zu suchen[107]. Dafür ist er oft getadelt
worden. Manche Kritiker haben sich dabei im Ton vergriffen[108]. Die beigebrachten Argumente überzeugen nur zum Teil. Gewiß wirkt sich Jülichers
liberale Theologie mit ihrer Betonung der sittlichen Persönlichkeit hier aus.
Nicht minder wichtig aber ist ein Moment in Jülichers Allegoriekonzeption.
Wer eine Parabel aus einer konkreten Situation heraus erklärt, wird unvermerkt dazu übergehen, Figuren und Konstellationen der Erzählung mit Gegebenheiten der Sprechsituation in Deckung zu bringen. Diese punktuelle
Identifizierung macht aber aus der Parabel eine Allegorie, was nach Jülicher nicht der Fall sein darf. Als Ausweg bleibt der Rückzug auf allge-

---

[104] Gleichnisreden II, 266.

[105] Gleichnisreden I, 99. Vgl. I, 91f.104.

[106] Gleichnisreden II, 443.

[107] Vgl. Gleichnisreden I, 105; II, 23 ("nur eine Maxime").65 ("die Durchsetzung positiver, ewiger Prinzipien der Sittlichkeit").102.481 ("müssen wir für seine weiteste Anwendung eintreten").

[108] Vgl. z.B. H. RIESENFELD, The Parables in the Synoptic and in the Johannine Traditions, in: Ders., The Gospel Tradition, Oxford 1970, 139-169, hier 141: "In actual
fact these witness not so much to the spirit of the Gospels as to a bourgeois attitude
to life in a German university town at the end of the nineteenth century"; A.M.
HUNTER, Interpreting the Parables, London ²1969, 38f (einseitige, dazu noch ver-
kürzte Auswahl mit irriger Folgerung); ohne Polemik C.H. DODD, The Parables of
the Kingdom [1935] (FB), London 1969, 22.

meine Wahrheiten. Genau der gleichen Problematik sah sich Lessing konfrontiert, als er die äsopischen Fabeln nichtallegorisch erklären wollte[109].

Die schärfsten Kritiker erstehen Jülicher unter konservativen Protestan-
ten und unter katholischen Autoren. Der Norweger Bugge beschuldigt Jülicher, er eliminiere auf kritischem Wege drei Viertel der synoptischen Para-
belüberlieferung – was einfach nicht zutrifft[110]. Als erbitterter Gegner Jülichers tut sich besonders der Innsbrucker Jesuit Leopold Fonck hervor. Er
wird nicht müde, die unabsehbaren Gefahren zu beschwören, die der Kirche
von der kritischen Exegese drohen. In unerleuchteter Apologetik nennt er
Jülicher "einen ungläubigen modernen Kritiker"[111], der "die Grundlagen ...
jeder übernatürlichen Offenbarung ins Wanken"[112] bringe.

Die Adaption von Jülichers Gleichnistheorie durch Alfred Loisy bewirkt, daß sie in den Modernismusstreit hineingezogen wird. So wird Jülicher indirekt einer kirchlichen Verurteilung gewürdigt. Das Dekret "La-
mentabili" vom 3. Juli 1907 verwirft u.a. folgenden Satz: "Die Evangelisten
und Christen der zweiten und dritten Generation haben die evangelischen
Parabeln künstlich umgestaltet, um einen Grund dafür anzugeben, warum
die Predigt Jesu bei den Juden fruchtlos blieb"[113].

4. Das Sachproblem

Worum geht es? Das große Problem ist die Authentizität der synoptischen Gleichnisse. Man fürchtet, die kritische Rückfrage hinter die vorlie-

---

[109] Vgl. G.E. LESSING, Werke. Bd. 15: Zur Geschichte der Fabel, hrsg. von E. Stemp-
linger, Berlin 1925, Repr. Hildesheim 1970, 37-62.

[110] C.A. BUGGE, Die Haupt-Parabeln Jesu, Gießen 1903, 39. Das Buch enthält durchgehend seitenlange Zitate aus Jülicher. Die Briefe Bugges an Jülicher (UB Marburg,
Ms 695, 1366-1368) lassen eine persönliche Verstimmung Jülichers erkennen.

[111] L. FONCK, Evangelium, Evolution und Kirche, in: ZKTh 27 (1903) 491-508.684-701,
hier 503.

[112] L. FONCK, Senfkörnlein, Tollkorn und höhere Parabelkritik, in: ZKTh 26 (1902) 12-
32, hier 32. Vgl. DERS., Zur neuesten Parabelauslegung, in: ZKTh 26 (1902) 280-
298 (Polemik gegen Jülicher); DERS., Streifzüge durch das Gebiet der neuesten katholischen Evangelienforschung, in: ZKTh 28 (1904) 545-570 (gegen zaghafte Versuche französischer katholischer Exegeten, historisch-kritische Einsichten zu übernehmen).

[113] DS 3413: *Parabolas evangelicas ipsimet Evangelistae ac Christiani secundae et ter-
tiae generationis artificiose digesserunt, atque ita rationem dederunt exigui fructus
praedicationis Christi apud Judaeos.* Darauf beruft sich noch I.M. VOSTÉ, Parabolae
Selectae Domini Nostri Iesu Christi (Opuscula Biblica Pontificii Collegii Angelici).
Bd. 1, Rom [2]1933, 8.

genden Texte werde letztlich alles in Frage stellen und die Willkür des Wissenschaftlers an die Stelle gesicherter Lehraussagen setzen[114]. Das Vorliegen von abweichenden Referaten bei den verschiedenen Synoptikern wird dabei meist unzureichend beachtet oder stillschweigend umgangen. Insbesondere verteidigt man gegen Jülicher den jesuanischen Ursprung der Parabeltheorie (Mk 4,11-12 parr), derzufolge Jesus mit seinen Gleichnissen eine verstockende Absicht verbindet[115]. Das führt zu endlosen Debatten über die Frage, ob Jesus seine ungläubigen Hörer damit strafen will oder ob er ihnen voll Barmherzigkeit einen indirekten Zugang zum Gottesreich eröffnet[116].

Diese Polemik gegen Jülicher scheint aus der Zeit heraus in manchem verständlich, aber auch sehr kurzsichtig. Man übersieht ganz, wie sehr Jülicher andererseits dem eigenen Standpunkt entgegenkommt. Jülicher steht beständig in einem Zweifrontenkrieg[117]. Gegen Siegfried Göbel, der kurz zuvor mit einem Gleichnisbuch herausgekommen war[118], stellt er Recht und Pflicht des Historikers zur kritischen Sichtung der Quellen heraus. Blindes Vertrauen in die Überlieferung hat zur Folge, daß nur die Parabeln der Evangelisten ausgelegt werden, nicht aber die Parabeln Jesu, und darauf allein käme es an[119]. Nicht minder energisch verteidigt er gegen den Holländer Loman[120], einen Hauptvertreter der radikalen Leidener Schule, die historische Zuverlässigkeit der synoptischen Gleichnisse: "...fast ohne Ausnahme haben sie einen echten, auf Jesus zurückgehenden Kern"[121]. Sie gehören "zu dem Sichersten und Bestüberlieferten", was wir von Jesus besitzen[122]. Als zu Beginn des Jahrhunderts die Bestreiter der Geschichtlichkeit Jesu seine Gleichnisse aus rabbinischen und buddhistischen Parallelen ableiten wollten, konnte Jülichers Buch im besten Sinn eine apologetische Funktion erfüllen.

---

[114] Vgl. H. LESÊTRE, DB IV, 2114.

[115] Vgl. M. HERMANIUK, La Parabole Évangélique. Enquete exégétique et critique (DGMFT II/38), Louvain 1947, 11-17.302-350. Vgl. ebd. auch 55-61.

[116] D. BUZY, Introduction aux Paraboles évangéliques (EtB), Paris 1912, 233-400.

[117] Vgl. bes. Gleichnisreden (s. Anm. 12) I, 1-24 ("Die Echtheit der Gleichnisreden Jesu").

[118] S. GÖBEL, Die Parabeln Jesu methodisch ausgelegt. Teil 1-3, Gotha 1879/80.

[119] Gleichnisreden (s. Anm. 12) I, 10: "... denn ihren ungeheuren Wert haben diese Parabeln doch nur, insofern sie Zeugnisse aus Jesu Munde sind." Vgl. ebd. 91.144-149.182.

[120] Vgl. u.a. A.D. LOMAN, Bijdragen tot de kritiek der synoptische Evangelien VI: Het mysterie der gelijkenissen..., in: ThT 7 (1885) 175-205.

[121] Gleichnisreden (s. Anm. 12) I, 11.

[122] Ebd. 24. Vgl. 150.

Der Streit um die Christusmythe flaute rasch wieder ab. Viel wichtiger wurde für das weitere Schicksal der Jesusforschung die entschiedene Abwendung der dialektischen Theologie vom historischen Jesus. Noch in seiner Akademieabhandlung von 1960 hält Bultmann unbeirrt daran fest, daß die Person Jesu als solche nicht Gegenstand des Glaubens sein könne[123]. Im gleichen Jahr klagt Barth über jene "maßgebenden Neutestamentler, die sich zu meiner nicht geringen Verblüffung ... mit Schwertern und Stangen bewehrt, auf die Suche nach dem 'historischen Jesus' begeben haben"[124]. Beide Stellungnahmen sind von dem Wissen diktiert, daß ausgerechnet im Kreis der Bultmannschüler die "Neue Frage nach dem historischen Jesus" mit Vehemenz aufgebrochen ist. Der Vortrag, den Ernst Käsemann 1953 auf der Tagung alter Marburger (!) hielt, setzte die Zäsur[125]. Das Beiwort "neu" ist in dem Fall durchaus eingeschränkt zu verstehen. Die Fragen sind teils alt, man fühlt sich nur für ihre Beantwortung besser gerüstet.

Doch blitzen auch in den dunklen Jahren, die diesem Wendepunkt vorausliegen, einige Lichtpunkte auf. Bultmann gesteht in seiner Analyse der synoptischen Tradition, der man konsequente historische Skepsis bescheinigt hat, am ehesten noch die Echtheit von Bildworten und Gleichnissen zu[126]. Ob hier nicht auch der persönliche Einfluß Jülichers eine Rolle spielt?[127]

5. Von Jülicher zu Jeremias

1947 erscheint das im Vergleich zu Jülicher schmale Gleichnisbuch von Joachim Jeremias. Darin wird die Rückfrage nach der ipsissima vox Jesu zum leitenden Prinzip aller exegetischen und theologischen Arbeit erhoben. "Niemand als der Menschensohn selbst und Sein Wort kann unserer Verkündigung Vollmacht geben"[128].

---

[123] R. BULTMANN, Das Verhältnis der urchristlichen Christusbotschaft zum historischen Jesus (SHAW 1960, 3), in: Ders., Exegetica, Tübingen 1967, 445-469.

[124] K. BARTH, How my mind has changed, in: EvTh 20 (1960) 97-106, hier 104.

[125] E. KÄSEMANN, Das Problem des historischen Jesus, in: ZThK 51 (1954) 125-153 = DERS., Exegetische Versuche und Besinnungen I, Göttingen [6]1970, 187-214.

[126] R. BULTMANN, Die Geschichte der synoptischen Tradition [1921] (FRLANT 29), Göttingen [8]1970, 110.222. Vgl. die Verteidigung Jülichers ebd. 214f und im Ergänzungsheft, [4]1971, 74.

[127] Vgl. E. FASCHER, Die formgeschichtliche Methode (s. Anm. 5) 45.

[128] J. JEREMIAS, Die Gleichnisse Jesu, Göttingen [8]1970, V. Die erste Auflage erschien Zürich 1947 als AThANT 11.

Jeremias ist Jülicher sehr viel tiefer verpflichtet, als er selbst zu erkennen gibt[129]. Das ganze Programm: der Rückgriff hinter die Texte, die kritische Rekonstruktion einer jesuanischen Urform, das alleinige Interesse an Jesus und die Geringschätzung der Interpretationsarbeit von Tradenten und Redaktoren – all das ist eine Neuauflage von Jülichers Unternehmen, nur daß es bei Jülicher im Dienst eines kirchen- und dogmenkritischen Impulses steht, bei Jeremias hingegen eine mehr konservative Apologetik unterfängt, die sich der historischen Grundlagen ihres Glaubens zu vergewissern sucht. Das ist die Vertauschung der Fronten in der Jesusfrage, von der Ernst Käsemann spricht[130].

Wir können die Parallelen bis in die Details hinein durchziehen. Wie Jeremias führt schon Jülicher die realistische, lebensnahe Frische der Gleichnisse gegen ihren vermeintlich allegorischen Charakter ins Feld[131]. Wie Jeremias überlegt er, ob Jesus nicht gelegentlich auf konkrete Vorgänge und Ereignisse anspielt[132]. Nach Jeremias dienen Gleichnisse zur Verteidigung, als Apologie, als Streitwaffe im Kampf[133], ebenso nach Jülicher[134], der sie außerdem Beglaubigungsmittel und Beweismittel nennt[135]. Die Gründe, die Jeremias für die allegorisierende Umgestaltung der Gleichnisse in der Tradition namhaft macht, decken sich weitgehend mit den entsprechenden Ausführungen Jülichers[136].

Jeremias erkennt Jülicher das Verdienst zu, mit der Allegorese aufgeräumt zu haben, bemängelt aber sein Ausweichen auf die weiteste Anwendung und auf ethische Maximen. Dem stellt er seinen eigenen Ansatz entgegen, für den er sich Cadoux und Dodd verpflichtet fühlt[137]: Die Gleichnisse Jesu müssen aus ihrer einmaligen, fast biographisch verstandenen Situation

---

[129] Das sieht auch G. Eichholz, Gleichnisse der Evangelien. Form, Überlieferung, Auslegung, Neukirchen-Vluyn 1971, 43-47.

[130] A.a.O. (s. Anm. 125) 189.

[131] Gleichnisreden (s. Anm. 12) II, 274 ("Die Naturwahrheit dieser köstlichen Skizze aus dem Leben kleiner Leute im damaligen Orient").482 ("das Muster einer frisch aus dem Leben geschöpften Parabel").

[132] Ebd. II, 565 ("nicht auf das allgemeingiltige Gesetz der Fischerei beruft sich Jesus, sondern auf einen einmaligen Fischzug, den er wohl kürzlich mit angesehen"). Vgl. J. Jeremias, Gleichnisse (s. Anm. 128) 45f.

[133] Ebd. 17f.125.144.

[134] Gleichnisreden (s. Anm. 12) I, 89.91.

[135] Ebd. 96.105; II, 36.

[136] Vgl. J. Jeremias, Gleichnisse (s. Anm. 128) 9 u. 88, mit A. Jülicher, Gleichnisreden (s. Anm. 12) I, 146-148.188-194; II, 514.

[137] Vgl. aber auch H.W. Robinson, The Parables of Jesus in Relation to His Ministry, Chicago 1928.

im Leben Jesu heraus interpretiert werden. Zunächst ist zu bemerken, daß Jülicher, wie wir sahen, auch für einen Rekurs auf die Sprechsituation manche Anhaltspunkte bietet. Dann sei nicht verschwiegen, daß neuerdings die Auslegung von der historischen Situation her zunehmend Widerspruch erfahren hat. Sie lasse den Text in der Vergangenheit, ohne Bezug zu unseren heutigen Anliegen. An ihre Stelle müsse eine existentiale Interpretation treten, die dem Text die zeitlose Anrede an den jeweiligen Hörer ablauscht[138]. Kritisch wird zu fragen sein, wo in dieser Konzeption Jesus als der erste Autor der Gleichnisse bleibt.

Wir nehmen es nach allem Joachim Jeremias nicht ab, wenn er sagt, Jülicher habe nur die halbe Arbeit getan, ja nur eine Vorarbeit, die Hauptarbeit bliebe noch zu leisten[139]. Wenn wir uns an seinem eigenen Beitrag orientieren, trifft das sicher nicht zu (obwohl Jeremias gewiß manches Neue bietet, so die Berücksichtigung der biblischen Bild- und Symbolsprache und das reiche kulturgeschichtliche Material). Vielmehr hat dieses in sieben Sprachen übersetzte, interkonfessionell weit verbreitete Buch u.a. auch das Verdienst, grundsätzliche Einsichten Jülichers noch stärker im theologischen Allgemeinbewußtsein verankert zu haben, als dies ohnehin schon der Fall war.

In den Jesusartikeln führender Lexika lesen wir heute: "Den gegebenen Ausgangspunkt für die Rekonstruktion bilden die Gleichnisse, da sie einen gesicherten Bestand echter Überlieferung enthalten"[140], oder: "Doch wird allgemein zugestanden, daß sich ... seine Lehre am besten in den Gleichnissen greifen" läßt[141]. Ja, die Gleichnisse werden als positives Echtheitskriterium verwandt, in dem Sinn, daß als authentisch gelten darf, was mit ihrer ursprünglichen Ausrichtung übereinstimmt[142].

Letztlich stehen wir hier vor dem Erbe Adolf Jülichers. Es ist ein Erbe, daß es zu bewahren und gegen anderslautende Stimmen[143] zu verteidigen gilt.

---

138 Vgl. D.O. VIA, Die Gleichnisse Jesu. Ihre literarische und existentiale Dimension (The Parables, Philadelphia 1967, dt. von E. Güttgemanns) (BEvTh 57), München 1970, 28-33; W. HARNISCH, Sprachkraft (s. Anm. 5) 16-20.
139 J. JEREMIAS, Gleichnisse (s. Anm. 128) 15f.
140 H. CONZELMANN, RGG³ III, 643.
141 C. BURCHARD, KP II, 1346.
142 Vgl. J.M. ROBINSON, Kerygma und historischer Jesus, Zürich/Stuttgart ²1967, 219; N. PERRIN, Was lehrte Jesus wirklich? Rekonstruktion und Deutung (Rediscovering the Teaching of Jesus, London 1967, dt. von P.G. Nohl), Göttingen 1972, 16-18.43.
143 Ich denke etwa an K. BERGER, Materialien zu Form und Überlieferungsgeschichte neutestamentlicher Gleichnisse, in: NT 15 (1973) 1-37; L. SCHOTTROFF, Das Gleichnis vom verlorenen Sohn, in: ZThK 68 (1971) 27-52.

Bibliographie[144]

1. Literatur

A. JÜLICHER, [Selbstdarstellung], in: RWGS 4 (1928) 159-200.

H. MULERT, Art. Jülicher, Adolf, in: RGG[1] III, 846.

A. MEYER, Art. Jülicher, Adolf, in: RGG[2] III, 504.

H. LIETZMANN, Notizen, in: ZNW 36 (1937) 293-315, hier 293f [die beiden Hefte des Jahrgangs 1937 erschienen erst 1938/39].

M. RADE, Am Sarge Adolf Jülichers, in: ChW 52 (1938) 625-628.

H. VON SODEN, Akademische Gedächtnisvorlesung für Adolf Jülicher, in: ThBl 18 (1939) 1-12.

N.N., in: JBL 58 (1939) III-IV.

N. VAN BOHEMEN, Art. Jülicher, Adolf, in: DBS IV, 1414-1417.

E. FASCHER, Art. Jülicher, Adolf, in: RGG[3] III, 1008.

J. SCHMID, Art. Jülicher, Adolf, in: LThK[2] V, 1202f.

H. HOHLWEIN, Art. Jülicher, Adolf, in: NDB X, 643.

W.G. KÜMMEL, Adolf Jülicher (1857-1938). Theologe, Neutestamentler und Kirchenhistoriker, in: I. Schnack (Hrsg.), Marburger Gelehrte in der ersten Hälfte des 20. Jahrhunderts (VHKH 35), Marburg 1977, 240-252; auch in: Ders., Heilsgeschehen und Geschichte II. Gesammelte Aufsätze 1965-1977 (MThSt 16), Marburg 1978, 232-244.

H.J. KLAUCK, Art. Jülicher, Adolf, in: BBKL III, 772f.

2. Festschriften

Festgabe für Adolf Jülicher zum 70. Geburtstag 1927. Mit einem Bildnis von Adolf Jülicher und einer Lichtdrucktafel, Tübingen: J.C.B. Mohr (Paul Siebeck) 1927, VIII, 281 S., 8° [Vorwort S. V-VI, unterzeichnet von R. Bultmann und H. von Soden].

E. FASCHER, Adolf Jülicher zum goldenen Doktorjubiläum, in: FuF 6 (1930) 398f.

[H. LIETZMANN], Adresse an Hrn. Adolf Jülicher zum fünfzigjährigen Doktorjubiläum am 25. Oktober 1930, in: SPAW.PH 1930, Nr. 27, 609f.

---

144 Eine ausführliche Bibliographie der Veröffentlichungen Jülichers mit ca. 750 Nummern findet sich in der Originalpublikation dieses Beitrags.

A. FRIDRICHSEN / O. LINTON / H.S. NYBERG / G. RUDBERG, Coniectanea Neotestamentica II. Adolf Jülicher zum achtzigjährigen Geburtstage 26. Januar 1937 (AMNSU 4), Leipzig/Uppsala 1936 [Titelangabe. Auf der Rückseite: Helsingfors 1937], 48 S., 8°.

E. DINKLER, Adolf Jülicher zum 80. Geburtstag, in: Westdeutsche Akademische Rundschau 7 (1937) Nr. 7 [unpaginiert].

3. Briefe / Nachlaß

M. TETZ, Adolf Jülichers Briefwechsel mit Franz Overbeck, in: ZKG 76 (1965) 307-322.

H. GRASS, Karl Barth und Marburg (Rede zur Eröffnung der Karl-Barth-Ausstellung in der Marburger Universitätsbibliothek am 9.1.1971), Marburg 1971, 6. u. 13 (zu einem unveröffentlichten Brief Barths an Jülicher, UB Marburg, Ms 695, 20, mit Textauszügen und Faksimile einer Seite).

K. ALAND (Hrsg.), Glanz und Niedergang der deutschen Universität. 50 Jahre deutscher Wissenschaftsgeschichte in Briefen an und von Hans Lietzmann (1892-1942), Berlin 1979 (s. Register S. 1246).

H. ROLLMANN, Zwei Briefe Hermann Gunkels an Adolf Jülicher zur religionsgeschichtlichen und formgeschichtlichen Methode, in: ZThK 78 (1981) 276-288.

W.M. CALDER III / A. KOSENINA, Ein Heide im Gespräch mit einem Christen. Ulrich von Wilamowitz-Moellendorffs Briefwechsel mit Adolf Jülicher, in: ZKG 100 (1989) 85-100.

In der Universitätsbibliothek Marburg befindet sich unter der Signatur Ms 695 der Nachlaß Adolf Jülichers. Er umfaßt insgesamt 1468 Nummern. Dabei handelt es sich fast ausschließlich um Briefe, die zum überwiegenden Teil an Jülicher gerichtet sind. Mit einer größeren Anzahl von Briefen sind unter den Absendern z.B. vertreten: Baudissin, J. Bauer, Harnack (74 Nummern), Heitmüller, Holl (169 Nummern), H. Holtzmann, Lehmann, Lietzmann, Wellhausen, Wernle, Windisch, Wrede. Von Jülicher stammen etwa 150 Briefe, die an den Historiker K. Müller adressiert sind. Dazu kommt als eigene Gruppe (ab Ms. 695, 1346) Jülichers internationale Korrespondenz mit Gelehrten aus aller Welt (z.B. Loisy, Sabatier, Cadbury, Abbott, Fridrichsen, Asting).

Eine Ausnahme macht die letzte Nummer (Ms. 695, 1468,1-3), unter der Manuskripte mit Vorarbeiten Jülichers zu seinem Gleichnisbuch (Titel: "Jesu Gleichnisse. Ihr ursprünglicher Sinn und ihre Geschichte") zusammengefaßt sind. Weitere Briefe Jülichers finden sich in den Nachlässen von W. Herrmann und M. Rade.

[Die entsprechenden Informationen und das nötige Material stellte freundlicherweise die Universitätsbibliothek Marburg zur Verfügung. Ihren Mitarbeitern (insbesondere Herrn Dr. U. Bredehorn) sei dafür herzlich gedankt.]

10. Neue Zugänge zur Bibel

In Auseinandersetzung mit Eugen Drewermann

I. Annäherung: Bibelverständnis im Wandel der Zeiten

1. Gottes Wort – für die Ewigkeit?

Zwar heißt es im ersten Petrusbrief: "Das Wort des Herrn bleibt in Ewigkeit" (1 Petr 1,25; im Anschluß an Jes 40,8), und der Evangelist Markus läßt Jesus in seiner Endzeitrede sagen: "Himmel und Erde werden vergehen, meine Worte aber werden nicht vergehen" (Mk 13,31 parr). Daran wollen wir auch nicht rütteln. Aber für die Auslegung des Gotteswortes gilt diese Zusage ewigen Bestandes, wenn man sie im Sinne völliger Unveränderlichkeit verstehen wollte, nicht im gleichen Maße. Denn das Bibelverständnis hat sich geändert im Verlauf der Zeiten, es wird sich weiter ändern, und das muß so sein, weil Verstehen es immer auch zu tun hat mit dem Lebenskontext einer bestimmten Epoche, mit dem Erfahrungshorizont, mit der Weltsicht und mit dem Selbstverständnis von Menschen.

2. Ein Beispiel: Schöpfungsglaube

Betrachten wir als kleines, aber bedeutsames Beispiel dafür nur die Schöpfungsgeschichte am Anfang der Bibel. Dort wird erzählt, wie Gott in sieben Tagen Himmel und Erde erschafft, wie er Licht und Finsternis, Wasser und Festland, Tag und Nacht voneinander scheidet, wie er Sonne und Mond als Lampen am Himmelsgewölbe aufhängt. Das alles ist in Anknüpfung und Widerspruch einem bestimmten altorientalischen Weltbild verpflichtet. Es hat seinerseits für lange Zeit das Weltbild geprägt, eigentlich bis zum Ausgang des Mittelalters. Daß die Erde eine Kugel sei und um die Sonne kreise, wollte man kirchlicherseits lange nicht wahrhaben. Es war ein krisenreicher und schmerzlicher Prozeß, bis die Glaubensgemeinschaften die neue naturwissenschaftliche Erklärung der Dinge akzeptierten, und manche fundamentalistische Kreise verschließen sich dem bis heute. Im Glaubensbekenntnis beten wir aber nach wie vor: Ich glaube an Gott, den

Schöpfer des Himmels und der Erde, ohne damit alle erzählerischen Details aus dem biblischen Schöpfungsbericht zum verpflichtenden Glaubensgut zu erklären. Wir beschränken diese Aussage auf eine allgemeine Richtungsangabe: daß Welt und Mensch ihr Dasein im letzten der Liebe Gottes verdanken und auf ihn hingeordnet sind.

3. Das Paradigma: Die historisch-kritische Methode

Wir sehen an diesem Fallbeispiel, wie der Horizont der beginnenden Neuzeit tiefreichende Umwälzungen im Bibelverständnis erzwungen hat. Das sollte so bleiben, vor allem als sich im Gefolge der Aufklärung historisches Problembewußtsein auf allen Gebieten Bahn brach. Hier ist auch der Geburtsort der historisch-kritischen Methode zu lokalisieren, die derzeit als das führende Paradigma einer mit wissenschaftlichem Anspruch betriebenen Bibelerklärung gilt[1]. Sie wird bis heute ständig angefeindet von rechts und links, von konservativen kirchlichen Kreisen und von den Gebildeten unter ihren Verächtern, zu denen auch Eugen Drewermann zählt. Nach dem Motto "Viel Feind, viel Ehr" brauchte das uns Exegeten nicht unbedingt zu betrüben, aber es sind bei dieser Kritik auch manche Mißverständnisse mit im Spiel, und man unterschätzt Vielfalt, Offenheit und Wandlungsfähigkeit dieser Methode.

Was die Mißverständnisse angeht: Man unterstellt der historischen Kritik oft, sie wolle lediglich festlegen, was nun wirklich geschehen sei und was nicht. Aber das ist bestenfalls eines ihrer Ziele, das ihr zudem häufig von Außenstehenden aufgedrängt wird. Ihr eigentliches Anliegen setzt viel umfassender an. Sie möchte dazu anleiten, Texte aus ihrer Geschichte heraus besser zu begreifen. Um das durch einen Analogieschluß zu verdeutlichen: Einen Menschen kann ich nur dann wirklich verstehen, wenn ich seine Lebensgeschichte kenne, wenn ich weiß, wie er zu dem wurde, was er heute ist, welche Dinge ihn von Kindesbeinen an beeinflußt, geprägt und auch verletzt haben. Ähnlich verhält es sich mit Texten, die wir deshalb auf ihre Vorgeschichte hin befragen und aus ihrer Entstehungssituation heraus zu beleuchten versuchen.

---

[1]   Vgl. zuletzt ihre treffende Darstellung durch K. MÜLLER, Art. Exegese/Bibelwissenschaft, in: NHThG I, 332-353.

4. Paradigmenwechsel?

Tatsächlich verbirgt sich im übrigen hinter dem Etikett "historisch-kritische Methode" ein ganzes Bündel unterschiedlicher Arbeitsweisen, die ständig fortgeschrieben und erweitert werden. So zeichnen sich auch in letzter
Zeit wieder unverkennbar neue Schwerpunktsetzungen ab. Ich nenne drei:
1. Verstärkte Aufmerksamkeit gewinnt die *narrative* oder erzähltheoretische Analyse[2]. Sie nimmt die Evangelien als Erzähltexte ernst; sie fragt
nach Erzählerstandpunkt, Erzählperspektive und Erzähltechniken, und sie
scheut nicht davor zurück, Epen, Sagen, Mythen und Märchen zum Vergleich heranzuziehen.
2. Eine *soziologische* oder *sozialgeschichtliche* Fragestellung war in der
historisch-kritischen Exegese durch die Suche nach dem Sitz im Leben
eines Textes immer schon latent vorhanden. Sie wird seit etwa zwei Jahr-
zehnten auch theoretisch reflektiert, methodisch verfeinert und mit Erfolg
auf urchristliche Texte und deren Trägergruppen angewandt[3].
3. Viel von sich reden machte zuletzt die *tiefenpsychologische* Auslegung,
für die Eugen Drewermann als Hauptvertreter steht[4]. Texte werden dar-

---

[2] Aus der Lit. seien, strikt auf unseren Bezugstext, das Markusevangelium, beschränkt,
folgende Titel genannt: D. RHOADS / D. MICHIE, Mark as Story: An Introduction to the
Narrative of a Gospel, Philadelphia 1982; F. HAHN (Hrsg.), Der Erzähler des Evangeliums. Methodische Neuansätze in der Markusforschung (SBS 118/119), Stuttgart
1985; H.J. KLAUCK, Die erzählerische Rolle der Jünger im Markusevangelium. Eine
narrative Analyse, in: Ders., Gemeinde – Amt – Sakrament. Neutestamentliche Perspektiven, Würzburg 1989, 137-159; M.A. TOLBERT, Sowing the Gospel. Mark's
World in Literary-Historical Perspective, Minneapolis 1989; R. ZWICK, Montage im
Markusevangelium. Studien zur narrativen Organisation der ältesten Jesuserzählung
(SBB 18), Stuttgart 1989 (dazu die weiterführende Rez. von D. DORMEYER, in: ThRv
87 [1991] 16-18); R.M. FOWLER, Let the Reader Understand. Reader-Response Criticism and the Gospel of Mark, Minneapolis 1991. Vergleichbare Arbeiten gibt es
auch zu Matthäus, Lukas und Johannes.
[3] Vgl. z.B. G. THEISSEN, Studien zur Soziologie des Urchristentums (WUNT 19), Tübingen [3]1989; M.N. EBERTZ, Das Charisma des Gekreuzigten. Zur Soziologie der Jesusbewegung (WUNT 45), Tübingen 1987; C. MYERS, Binding the Strong Man. A
Political Reading of Mark's Story of Jesus, Maryknoll [2]1990; J.H. NEYREY (Hrsg.),
The Social World of Luke-Acts. Models for Interpretation, Peabody 1991; D.L.
BALCH (Hrsg.), Social History of the Matthean Community. Cross-disciplinary Ap-
proaches, Minneapolis 1991.
[4] Für das Folgende vgl. vor allem E. DREWERMANN, Tiefenpsychologie und Exegese.
Bd. 1-2, Olten 1984/85; DERS., Das Markusevangelium. Bd. 1-2, Olten 1987/88;
DERS., Das Matthäusevangelium. Bd. 1, Olten 1992. Eine Stellungnahme zu Drewer-
manns Markusexegese aus exegetischer Sicht bietet jetzt G. LÜDEMANN, Texte und
Träume. Ein Gang durch das Markusevangelium in Auseinandersetzung mit Eugen

aufhin befragt, was sie über den Menschen sagen und wie sie ihm helfen, seine psychischen Probleme zu bewältigen. Psychologische Aspekte zu integrieren fällt der Exegese prinzipiell nicht sonderlich schwer, und es gibt Beispiele für gelungene Versuche auch vor und neben Drewermann[5]. Drewermann hat es vor allem verstanden, die Dinge auf ein handliches Format zuzuschneiden und eine medienwirksame kirchenpolitische Kontroverse damit anzuheizen.

Demonstrieren und auf ihre Leistungsfähigkeit hin überprüfen lassen sich die Methoden nur im praktischen Vollzug, in der Arbeit an Texten. Nach diesem theoretischen Vorgeplänkel wollen wir uns daher im folgenden drei Abschnitten aus dem Markusevangelium zuwenden: der Taufe Jesu (Mk 1,9-11), der Versuchung Jesu (Mk 1,12f)[6] und der Heilung des besessenen Geraseners (Mk 5,1-20). In strenger Auswahl werden Beobachtungen vorgestellt, die sich aus neueren Zugangsweisen ergeben.

II. Enthüllung des wahren Wesens: Die Taufe Jesu (Mk 1,9-11)

1. Der Aufbau

Anhand dieses kurzen Textes soll die erzähltheoretische Betrachtungsweise näher erläutert werden. Dazu ist es notwendig, daß wir zunächst sehr genau in den Markustext schauen und uns auf das konzentrieren, was dort steht, ohne ein eventuelles Vorwissen einzutragen, das wir aus anderen Quellen mitbringen. Wir lesen bei Markus, in wörtlicher Übersetzung:

9a   Und es geschah in jenen Tagen:
 b   Es kam Jesus von Nazaret in Galiläa
 c   und wurde getauft in den Jordan hinein von Johannes.

Drewermann (BenshH 71), Göttingen 1992; dort in den Anmerkungen auch weitere Sekundärliteratur.

[5] Vgl. G. THEISSEN, Psychologische Aspekte paulinischer Theologie (FRLANT 131), Göttingen 1983; dazu H.J. KLAUCK, Psychologische Paulusexegese, in: WiWei 46 (1983) 224-228; zu frühen Ansätzen H.J. KLAUCK, Exegese und Psychoanalyse. Ein Literaturbericht, in: FS 55 (1973) 375-382.

[6] Vgl. zu beiden Texten den vorzüglichen Aufsatz von M.E. BORING, Mark 1:1-15 and the Beginning of the Gospel, in: D.E. Smith (Hrsg.), How Gospels Begin = Semeia 52 (1991) 43-81, mit weiterer Spezialliteratur; daneben die Lit. in Anm. 2 und durchgehend die Kommentare.

10a	Und sofort, als er heraufstieg aus dem Wasser,
b	sah er,
c	wie die Himmel sich spalteten
d	und der Geist wie eine Taube auf ihn herabstieg.

11a	Und eine Stimme kam aus den Himmeln:
b	"Du bist mein geliebter Sohn,
c	an dir fand ich Gefallen."

In den drei Versen laufen drei Schritte ab:

(1) V. 9 enthält einen Bericht, ein historisches Referat, das die Exegese fast einhellig als tatsächliches Geschehnis bewertet. Das reine Faktum, daß Jesus sich der Bußtaufe des Johannes unterzogen hat, wird als eine der härtesten Daten aus seiner Biographie akzeptiert. Dafür spricht auch, daß die spätere christliche Tradition sichtbare Mühe hat, diesen Vorgang zu erklären. Immerhin wird ja die Johannestaufe in Mk 1,4 als "eine Taufe der Umkehr zur Vergebung der Sünden" charakterisiert.

(2) V. 10 bietet eine Vision. Es wird etwas geschaut: Der Himmel zerreißt und der Geist steigt herab, vergleichbar einer Taube. Dahinter steht das alte biblische Weltbild, nicht das der modernen Naturwissenschaft. Der Himmel ist wie ein Zelt über die Erde gespannt oder wie eine Decke über sie hingebreitet. Er kann geöffnet werden wie ein Vorhang (auch wir sprechen noch vom "Aufreißen einer Wolkendecke"). Aufschlußreich ist auch die gegenläufige Bewegung in diesem Textstück: Jesus steigt aus der Tiefe des Wassers empor nach oben, vom geöffneten Himmel kommt der Geist auf ihn herab. Das will sagen, daß sich in der Person Jesu Himmel und Erde begegnen. Überall, wo Jesus ist, steht der Himmel offen, überall dort hat sich Gott in seinem Sohn der Welt wieder zugewandt. Der Geist ist das Medium dieser Verbindung zwischen Himmel und Erde, und die bekannte Taube, die bei Markus, wohl zu beachten, mit der Vergleichspartikel "wie" eingeführt wird, dient als Kommunikationssymbol für die Verbindung von oben und unten[7].

(3) V. 11 schließlich trägt zur Vision die Audition, das Hörerlebnis, nach. Eine Stimme ertönt aus dem Himmel. Es ist, auch wenn es nicht

---

7   Vgl. dazu mit reichem religionsgeschichtlichem Material den sicher diskussionsbedürftigen, aber auch diskussionswürdigen und zu Unrecht angefeindeten Aufsatz von S. SCHROER, Der Geist, die Weisheit und die Taube. Feministisch-kritische Exegese eines neutestamentlichen Symbols auf dem Hintergrund seiner altorientalischen und hellenistisch-frühjüdischen Traditionsgeschichte, in: FZPhTh 33 (1986) 197-225.

eigens gesagt wird, die Stimme Gottes. Sie deutet die Vision als Zeichen für die Gottessohnschaft Jesu.

Jetzt kommt der Punkt, an dem wir auf den Wortlaut achten müssen. Es heißt im Text: Als *er*, Jesus, aus dem Wasser stieg, sah *er*, daß der Himmel sich öffnete und der Geist auf *ihn* herabstieg. Das werden wir verlängern müssen in den nächsten Vers hinein: *Er*, Jesus, vernimmt die Stimme aus dem Himmel. Das bedeutet mit anderen Worten: Wir haben es in V. 10-11 mit einem visionären Erleben Jesu zu tun. Daß eine Menschenmenge dabeistand und zuschaute, wird bei Markus nicht ausdrücklich gesagt. Und wenn es sie im Sinn des Autors wahrscheinlich auch gab, so hat sie nach ihm nichts anderes gesehen, als daß Jesus ins Wasser stieg und wieder aus dem Wasser heraus kam. Das eigentliche, innere, visionäre Geschehen blieb ihr verschlossen. Jesus selbst kann dieses Erlebnis für sich als Berufung und Beauftragung in Anspruch nehmen. Seine Hörer wissen nichts davon. Sie sind in die Glaubensentscheidung gerufen. Für sie ist Jesu Anspruch durch nichts gerechtfertigt als durch sein eigenes Wort und Beispiel.

2. Die Erzählperspektive

Hier stellt sich nun sofort eine Frage: Wenn nur Jesus selbst das erlebt hat und es unter denen, die da standen, keine Zeugen dafür gibt, woher weiß es dann der Evangelist Markus? Dieses Problem taucht im Markusevangelium sehr viel häufiger auf, als wir vermuten möchten. Wenn man einmal dafür sensibilisiert worden ist, begegnet man ihm auf Schritt und Tritt. Nehmen wir nur die nächste Perikope: Jesus hält sich vierzig Tage lang in der Wüste auf, ganz allein. Wer will eigentlich wissen, was in dieser Zeit geschah? Woher stammt überhaupt die Information, Jesus sei in dieser Zeit vom Satan versucht worden? Oder betrachten wir einen anderen Fall: Jesus am Ölberg (Mk 14,32-42). Jesus nimmt drei Jünger mit in den Garten Getsemani. Diese drei findet er, als er sich ihnen wieder zuwendet, prompt schlafend vor. Sie sind würdige Vertreter der schlafenden Kirche, aber sie sind auch die einzigen Augenzeugen, die in Frage kommen. Wenn sie ausfallen, woher kann Markus dann den Wortlaut des Gebets kennen, das Jesus in Getsemani spricht und das Markus wörtlich zitiert: "Abba, Vater, alles ist dir möglich; laß diesen Kelch an mir vorübergehen; aber nicht, wie ich will, sondern wie du willst" (14,36)? Und wer schließlich soll beim Prozeß vor dem Synhedrium (Mk 14,53-65) und vor Pilatus (15,1-15) die Worte mitstenografiert haben, die gewechselt wurden? Sicher keiner von den Jüngern, die durch Abwesenheit glänzen (Mk 14,50).

In der älteren Exegese sind diese Schwierigkeiten nicht völlig unbemerkt geblieben. Man hat sich auf verschiedene Weise zu helfen versucht. Was Getsemani betrifft, sagte man z.b., Petrus habe im letzten Moment beim Dahindämmern noch ein Gebetswort Jesu aufgeschnappt. Für Taufe und Versuchung steht der Ausweg offen, daß Jesus selbst hinterher seinen Jüngern darüber berichtet habe. Im Extremfall flüchtet man sich zu der Annahme, erst der auferstandene Herr habe es nach Ostern den Jüngern anvertraut oder es sei dem Evangelisten direkt durch Inspiration in die Feder diktiert worden. Immerhin ist das Problembewußtsein bemerkenswert, auch wenn die Lösungsversuche heute nicht mehr befriedigen.

Für die moderne Erzähltextanalyse stellt sich der Sachverhalt eigentlich recht einfach dar: Der Verfasser des Markusevangeliums hat für sein Erzählwerk die Perspektive eines auktorialen oder allwissenden Erzählers gewählt[8]. Darunter versteht die Literaturwissenschaft eine Erzählerrolle, die man beim Lesen im Text gar nicht wahrnimmt, weil der Autor selbst im Text nicht direkt vorkommt. Er ist mit keiner der agierenden Figuren identisch, im Unterschied etwa zu einer Ich-Erzählung. Dennoch ist er überall gegenwärtig und zieht im Hintergrund die Fäden. Er vermag souverän über Zeit und Ort zu disponieren. Er verweist in Form von Ausblicken auf Ereignisse, die auf der Erzählebene nicht mehr eingeholt werden (man vergleiche Mk 16,7, wo der Jüngling den Frauen im leeren Grab sagt, der Auferstandene werde den Jüngern vorausgehen nach Galiläa, dort würden sie ihn sehen; Ostererscheinungen werden aber im Markusevangelium, das im nächsten Vers mit 16,8 endet, nirgends erzählt). Der Erzähler kennt auch innerste Gefühle und geheime Gedanken seiner Erzählfiguren, Ärger, Erstaunen, Erschrecken, Verhärtung. Er kommentiert das Erzählgeschehen und spricht beiseite zum Leser (besonders schön in Mk 13,14: "Wer es liest, begreife wohl", wohlgemerkt mitten in einer Jesusrede).

Im Vergleich zu einem allwissenden Erzähler bleibt die Perspektive eines Ich-Erzählers, der als Augenzeuge bei den Geschehnissen dabei war, beschränkt. Er blickt nur von außen auf die Charaktere und schaut nicht in ihr Herz hinein. Er kann nur berichten, was er selbst miterlebte, nicht aber das, wofür es per definitionem keine Augenzeugen gab. Die Pose der Allwissenheit nimmt man ihm in der Regel nicht so leicht ab, weil er in die Geschehnisse selbst verstrickt und in seiner Perspektive dadurch eingeengt ist.

---

8 Zum Begriff vgl. F.K. STANZEL, Theorie des Erzählens (UTB 904), Stuttgart 1979, 169f u.ö.; aus der ausufernden erzähltheoretischen Literatur sei nur noch ein Klassiker erwähnt: E. LÄMMERT, Bauformen des Erzählens, Stuttgart [7]1980; umfassende Angaben z.B. bei Zwick (s. Anm. 2).

Der Status eines Augenzeugen, zu dem man in der kirchlichen Tradition dem Markusevangelisten auf dem Umweg über Petrus immer wieder verhelfen wollte, wäre im Grunde für den Erzähler des Evangeliums viel zu wenig. Er will mehr, er will Vordergrund und Hintergrund, Außensicht und Innensicht zugleich erfassen und zur Darstellung bringen. Ein Element des Fiktiven, der erzählerischen Fiktion, kommt dadurch unzweifelhaft mit herein. Das bedeutet nicht, daß wir bei der historischen Rückfrage nach dem, was wirklich geschah und was Jesus selbst sagte, völlig verzweifeln müßten. Nur dürfen wir diese Frage nicht an das gesamte Erzählwerk richten, sondern lediglich an die einzelnen Traditionen, an die Vorlagen, die Markus darin verarbeitet hat.

Den Zweck des Unternehmens können wir uns an unserem Textbeispiel noch einmal vergegenwärtigen. Wir sagten, es gibt für das innere Geschehen keine Zeugen, kein Publikum. Das stimmt nicht ganz. Zeuge ist jeder Hörer oder Leser dieser Geschichte, Zeugen sind wir selbst. Markus läßt uns einen Blick hinter die Kulissen tun. Er läßt uns dabei zuschauen, wie der Vorhang sich öffnet. Er gestattet uns, mitzuerleben, was Jesus erlebt hat. Wir wissen dadurch von Anfang an mehr als die Figuren der erzählten Welt bei Markus, mehr als die Volksmenge, mehr als die Gegner Jesu, mehr selbst als die Jünger. Wir erleben das Drama, das sich im folgenden abspielt, dadurch umso intensiver mit. Wir fragen uns: Warum versteht es denn niemand? Warum dauert es so lange, bis selbst Jünger zu der Erkenntnis durchstoßen, wer dieser Jesus ist? Und wir atmen befreit auf, wenn am Schluß in Mk 15,39 mit dem heidnischen Hauptmann unter dem Kreuz zum ersten Mal ein Mensch die Himmelsstimme aus der Anfangsszene aufnimmt und bekennt: Wahrlich, dieser Jesus war Gottes Sohn. Auf diese Steigerung und diesen Spannungsbogen hin ist das Evangelium angelegt. Wir werden als Leser dadurch selbst in Frage gestellt: Machen wir etwas aus unserem Wissensvorsprung? Nutzen wir ihn aus? Oder verfallen wir in dieselben Fehler wie die Menge, wie die Gegner, wie die Jünger?

3. Intertextualität

Eine letzte Beobachtung dazu. In den sprach- und literaturwissenschaftlich inspirierten Fächern spielt derzeit der Begriff der Intertextualität eine wichtige Rolle[9]. Gemeint ist damit, daß Texte letztlich immer auf anderen,

---

[9]   Vgl. S. DRAISMA (Hrsg.), Intertextuality in Biblical Writings (FS B. van Iersel), Kampen 1989, sowie als Fallbeispiel (mit Diskussion der grundlegenden Literatur) I.R.

älteren Texten aufruhen, auf sie anspielen, Motive übernehmen, kunstvoll neu variieren, des öfteren auch direkt zitieren, kurz in einem übergreifenden Kontinuum stehen, und dies in einem viel höheren Ausmaß, als es die Konzentrierung auf die Originalität des je einmaligen Schaffensaktes vermuten läßt. Die Exegese hat damit einen neuen, klärenden Terminus gefunden für ein Phänomen, das als solches längt bekannt war. Auf unseren Text bezogen: Die Himmelsstimme in V. 10 ist nicht sonderlich originell, denn sie zitiert und kombiniert lediglich zwei Stellen aus dem Alten Testament, wobei sie mit beiden Vorlagen freizügig verfährt. Etwas zugespitzt können wir sagen: Auch Gott zitiert, er zitiert aus dem Alten Testament, im Grunde zitiert er sich selbst.

Im ersten Teil greift die Himmelsstimme in V. 11 auf Ps 2,7 zurück: "Er [Gott] sprach zu mir [dem König]: 'Mein Sohn bist du, heute habe ich dich gezeugt'." Bei Ps 2 handelt es sich der Gattung nach um einen Königspsalm. Sein Sitz im Leben ist die Inthronisierung des neuen Königs, dem bei dieser Gelegenheit zugesichert wurde, vom Priester oder vom Propheten, daß Gott ihn an Sohnes Statt annimmt. "Heute habe ich dich gezeugt" bedeutet, daß der König durch Adoption zu diesem Zeitpunkt Sohn Gottes wird. Das richtet sich gegen die orientalische, vor allem gegen die ägyptische Herrscherideologie, wo Könige und Pharaonen im physischen Sinn von Gottheiten abstammen. Bei Markus wird, um die Einzigartigkeit des Sohnes zu unterstreichen, noch "geliebter" hinzugefügt, und es fehlt die zweite Hälfte des Psalmverses mit der zeitlichen Fixierung "heute habe ich dich gezeugt". Das müssen wir für die Auswertung im Auge behalten.

Der Ausspruch der Himmelsstimme schließt mit einer Anspielung auf Jes 42,1: "Siehe: Mein Knecht, an dem ich festhalte, mein Erwählter, *an dem ich Wohlgefallen habe.* Ich lege meinen Geist auf ihn, damit er die Wahrheit unter die Völker hinaustrage." Das Zwischenstück "an ihm habe ich mein Wohlgefallen" wird bei Markus in direkte Anrede umgesetzt, nicht mehr als Proklamation nach außen hin: Seht alle her, dieser ist es, sondern nur für Jesus bestimmt, in Einklang mit der visionären Rahmung: Du bist es, an dir habe ich mein Wohlgefallen. Bei Jesaja bezieht sich diese Aussage auf den geheimnisvollen, viel umrätselten Gottesknecht, den Gott mit Geist ausstattet für die Erfüllung der Aufgaben, die er ihm überträgt. Bei gleicher Gesamtkonstellation – Übertragung des Geistes auf Jesus – wurde im neuen Kontext aus dem Gottesknecht der Gottessohn. Das ist ein Effekt

---

KITZBERGER, "Wasser und Bäume des Lebens" – eine feministisch-intertextuelle Interpretation von Apk 21/22, in: H.J. Klauck (Hrsg.), Weltgericht und Weltvollendung. Zukunftsbilder im Neuen Testament (QD 150), Freiburg i.Br. 1994, 206-224.

der Zitatenkombination, die außerdem zeigen soll, wie verschiedene Heils-
erwartungen des Alten Testaments in Jesus von Nazaret zur Erfüllung
kommen.

Wir wollen von dieser Perikope nicht Abschied nehmen, ohne ein theolo-
gisches Problem, das damit in Zusammenhang steht, wenigstens anzuspre-
chen. In den christologischen Kontroversen der frühen Kirche hat man die
Taufe Jesu bei Markus in manchen Kreisen, die von der großkirchlichen
Dogmenentwicklung später ins häretische Abseits verdrängt wurden, adop-
tianisch verstanden. Man ging vom Modell der Adoption des Königs als
Sohn Gottes in den Psalmen des Alten Testaments aus und übertrug das auf
Jesus. Erst in diesem Moment, aus Anlaß der Taufe, habe Gott ihn zu seinem Sohn erklärt, durch einen vollgültigen Rechtsakt zwar, aber ohne einen
besonderen Status dieses Menschen Jesus von Nazaret vor diesem Zeitpunkt vorauszusetzen. Das konnte man gerade mit dem Markusevangelium
insofern auch leichter tun, als mit dieser Taufperikope das Evangelium
praktisch erst beginnt. Voraus geht in 1,1-8 lediglich das Auftreten des
Täufers in der Wüste. Es fehlen anders als bei Matthäus und Lukas Kind-
heits- und Geburtsgeschichten, es fehlt ein Prolog wie der im Johannesevangelium, der ganz weit vorne ansetzt: Im Anfang war das Wort.

Was soll man davon halten? Hier erkennen wir erneut, wie wichtig es
ist, ganz genau in die Texte hineinzuschauen und sie präzise miteinander zu
vergleichen. Es gibt einen kleinen Hinweis bei Markus, der zeigt, daß er
trotz allem schon weiterdenkt und die Christologie auf eine umfassendere
Linie hin öffnet. Es scheint so, als sei die Terminierung aus Ps 2,7 "Heute
habe ich dich gezeugt" bei Markus bewußt weggelassen worden, in der Absicht, über dieses reine Adoptionsmodell hinaus zu gelangen (ohne daß deshalb für Markus schon eine ausgeführte Präexistenzchristologie zu postulieren wäre)[10]. Jetzt kann man die Sohnschaft auch als etwas bereits Vor-
handenes verstehen, das nicht in diesem Augenblick erst neu geschaffen
und begründet wird. Sie war, auch so kann man den Text lesen, bereits vorgegeben (seit wann, bleibt offen), wurde aber Jesus selbst in diesem Mo-

---

[10] Für eine "adoptianische" Deutung der markinischen Christologie spricht sich aus mit
Argumenten, die so leicht nicht von der Hand zu weisen sind, M. THEOBALD, Gottessohn und Menschensohn. Zur polaren Struktur der Christologie im Markusevangelium, in: StNTU 13 (1988) 37-79; gut bemerkt aber auch M.E. BORING, Beginning (s.
Anm. 6) 64: "This means it says too little about Mark's Christology to call him adop-
tionist, just as it says too much to say he has a doctrine of preexistence. Mark identi-
fies Jesus in a way that transcends history without being any more explicit"; anders,
aber m.E. nicht überzeugend die präexistenzchristologische Interpretation bei L.
SCHENKE, Das Markusevangelium (UB 405), Stuttgart 1988, 113-115.

ment erst enthüllt. Sein eigenes Wesen wurde ihm gedeutet. Dazu paßt auch die dominierende Gattungsbestimmung dieses Textstücks in der Forschung als Deutevision. Die weitere Enthüllung der Gottessohnschaft vor den Jüngern, vor dem Volk, vor den Menschen wird ein Hauptthema des Markusevangeliums sein. Vergessen wir über allem nicht: Wir als Leser sind bereits vorinformiert, wir wissen es von Anfang an besser.

Da ich zur Taufe Jesu trotz eifrigen Suchens bei Drewermann keine neuen oder originellen Einsichten entdecken konnte – bemerkenswert erscheint höchstens, daß er von dieser soeben skizzierten Entwicklung in der neueren Exegese keinerlei Notiz nimmt –, werden wir die Beschäftigung mit der tiefenpsychologischen Auslegung auf die folgenden beiden Texte verschieben, denen wir uns jetzt zuwenden.

III. Bewährung und Integration: Die Versuchung Jesu (Mk 1,12-13)

1. Zur Traditionsgeschichte

Wir haben eine äußerst kurze Erzähleinheit vor uns, die nur zwei Verse oder, wenn wir V. 12 als erzählerische Überleitung ansehen, nur einen einzigen Vers umfaßt:

12	Und sofort treibt der Geist ihn hinaus in die Wüste.
13a	Und er war in der Wüste vierzig Tage lang,
b	versucht vom Satan,
c	und er war mit den Tieren,
d	und die Engel dienten ihm.

Diese Kürze fällt besonders auf, wenn wir die sehr viel längere Version der Versuchung Jesu vergleichen, die wir bei Matthäus und Lukas antreffen (Mt 4,1-11 par Lk 4,1-13) und die wir vermutlich besser im Ohr haben. Matthäus und Lukas folgen an der Stelle der Logienquelle Q. Nur sie bietet die drei Gesprächsgänge zwischen Jesus und dem Satan. Beachten wir aber: Das Gespräch besteht fast nur aus Schriftstellen. Dreimal antwortet Jesus mit einem Zitat aus dem Buch Deuteronomium. Der Satan, klug, wie er ist, nimmt diesen Hinweis auf und zitiert einmal selbst aus Ps 91,11f: "Es steht doch geschrieben: 'Seinen Engeln wird er gebieten deinetwegen, dich zu bewachen. Auf Händen werden sie dich tragen, damit dein Fuß nicht stößt an einen Stein'" (Mt 4,6 par Lk 4,10f), dies als Anreiz für Jesus, sich doch von der Zinne des Tempels herabzustürzen.

Es liegt auf der Hand, was sich als erste Aufgabe stellt: das Verhältnis zwischen der Kurzfassung bei Markus und der Langfassung in der Logienquelle zu bestimmen. Dafür gibt es naturgemäß mehrere Möglichkeiten. Man könnte z.B. annehmen, und das wird der fachfremde Leser auch als erstes vermuten, daß Markus lediglich ein Exzerpt aus der Logienquelle bietet, daß er also die Langfassung verkürzt hat. Aber die einhellige Auskunft der Forschung geht genau in die Gegenrichtung. Alles sprich für eine sekundäre Erweiterung der knappen Markusversion durch judenchristlich geprägte Schriftreflexion, wie sie im palästinensischen Raum, wo die Logienquelle entstand, beheimatet war[11].

Daraus folgt aber zugleich, daß wir die historische Rückfrage nur an die Markusfassung stellen können. Daß es wieder aus inneren Gründen keine Augenzeugen dafür geben kann, wollen wir nur im Vorbeigehen erwähnen und nicht erneut ausbreiten. Man wird sich mit den folgenden Koordinaten begnügen müssen: Der Annahme, daß Jesus sich irgendwann einmal in die Wüste zurückgezogen hat, steht nichts im Wege. Das könnte zusammenfallen mit einer Art Vorbereitungsphase, in deren Verlauf sich Jesus von Johannes dem Täufer ablöste und seinen eigenen Weg immer deutlicher vor Augen sah. Er muß sich auch über seine Rolle klar werden und sie gegenüber fragwürdigen Heils- und Messiaserwartungen absichern. Dieser Prozeß wird symbolisch verschlüsselt dargestellt in der Erzählung von der Versuchung Jesu.

Dabei könnten zwei wohl authentische Jesusworte eine weitere Basis geboten haben für die Entstehung der Versuchungsgeschichte, einmal Lk 10,18, das Resümee einer visionären Erfahrung Jesu: "Ich sah den Satan wie einen Blitz vom Himmel fallen", zum andern ein kleines Gleichnis in Mk 3,27: "Niemand kann in das Haus des Starken hineingehen und ihm den Hausrat rauben, wenn er nicht zuvor den Starken bindet. Erst dann wird er sein Haus ausrauben." Der Starke in diesem Gleichnis ist der Satan; derjenige, der den Starken bindet und die vom Satan Besessenen befreit, ist Jesus selbst. Eine Voraussetzung für sein ganzen Wirken ist diese Glaubensgewißheit: Der Satan wurde bereits besiegt, das Böse grundsätzlich überwunden. Deshalb kann Gottesherrschaft hier und jetzt Ereignis werden. Die Überwindung des Starken und der Sturz des Satans aus diesen beiden

---

11 Eine – recht einsame – Gegenstimme, nämlich S. SCHULZ, Q. Die Spruchquelle der Evangelisten, Zürich 1972, kann an diesem Urteil nichts ändern; vgl. zur Diskussion der Q-Fassung zuletzt nur A.D. JACOBSON, The First Gospel: An Introduction to Q, Sonoma, Ca. 1992, 86-95 (mit Lit.).

Jesusworten werden hineinverlegt in die Versuchungsgeschichte. Das ist der Moment in der Vergangenheit, wo Jesus den Widersacher besiegt hat.

2. Zur Erklärung

Einige Anmerkungen nur zur Erklärung der leitenden Begriffe in unserem Kurztext. Wir behandeln der Reihe nach: die Wüste, die vierzig Tage, den Satan als Versucher, die Gemeinschaft mit den Tieren und den Dienst der Engel.

Die *Wüste* hat als geographische Angabe zugleich auch einen hohen symbolischen Stellenwert: Sie ist der Ort des Todes, wo die Natur stirbt und das menschliche Leben sich in Gefahr befindet, weil es bedroht wird von wilden Tieren und bösen Geistern. Aber die Wüste gilt nach biblischer Tradition (Exodusüberlieferung) auch als Ort der Bewährung. Es gehört zur Heilserfahrung Israels, daß aus der Wüste auch neues Leben hervorgehen kann. Der mit dieser Wertung versehenen Wüste zu Beginn des Markusevangeliums korrespondiert in den Schlußperikopen Mk 15,42 - 16,8 das Grab: An sich ein Inbegriff des Todes, setzt es doch im Fall Jesu neues Leben frei.

Zeitangaben mit der Zahl *40* begegnen im Alten Testament immer wieder: 40 Jahre was das Volk Israel in der Wüste (!) unterwegs. 40 Tage hielt sich Mose auf dem Gottesberg Sinai auf. 40 Tage verbrachte der Prophet Elija in der Wüste. Noch 40 Tage, so droht der Prophet Jona der heidnischen Stadt an, und Ninive wird zerstört. 40 Tage dauert bei Lukas auch die Zeit zwischen Ostern und Himmelfahrt. Wir verstehen, weswegen auch der Wüstenaufenthalt Jesu mit 40 Tagen angesetzt wird, nicht mehr und nicht weniger.

Die Gestalt *Satans*[12] fehlt in den älteren Überlieferungen Israels. Zum ersten Mal taucht sein Name ausführlicher in den Rahmenerzählungen des Hiobbuches auf, wo Satan noch die relativ freundliche Rolle eines Staatsanwalts am himmlischen Gerichtshof innehat, dem Gott experimentell einmal freie Hand läßt. In der frühjüdischen Apokalyptik wird er dann wechselweise mit anderen Figuren (Beliar, Mastema, Beelzebul) zur Personifikation des Bösen und zum Oberbefehlshaber über das dämonische Reich. Dieses dualistisch und dämonologisch eingefärbte Weltbild hat Je-

---

12 Besonders erhellend dazu jetzt N. FORSYTH, The Old Enemy. Satan and the Combat Myth, Princeton 1987.

sus nicht problematisiert, es bildet im Gegenteil die Voraussetzung für sein exorzistisches Wirken (s.u. bei IV/1).

"Er war *mit den* [wilden] *Tieren*" ist nicht als zusätzliche Gefährdung zu verstehen. Dagegen spricht der Wortlaut, dagegen spricht auch das Motivfeld, das wir in der jüdischen Tradition antreffen. Die Wildheit der Tiere, ihr Kampf aller gegen alle und gegen den Menschen, hat nach dieser Überlieferung erst mit dem Sündenfall eingesetzt. Vorher lebten die Tiere friedlich mit Adam zusammen im Paradies. Dem korrespondiert die Erwartung des endzeitlichen Tierfriedens, wie ihn u.a. Jes 11,6-8 schildert: "Dann wird der Wolf zu Gast sein bei dem Lamme und der Panther sich bei dem Böcklein lagern ... Der Löwe wird Stroh fressen wie das Rind. Der Säugling wird spielen an dem Loch der Otter, und nach der Höhle der Natter streckt das kleine Kind die Hand aus."

Zum *Dienst der Engel* ist zu beachten, daß das Wort διακονεῖν von seinem Wortfeld her vor allem die Bedeutung hat: "Aufwarten bei Tisch; Tischdienste verrichten"[13]. Die Engel versorgen Jesus also mit himmlischer Speise, er braucht in der Wüste nicht zu hungern, zumindest nicht die ganze Zeit. Von einem Fasten in der Wüste spricht wieder nur die Version der Logienquelle, nicht Markus. Im Alten Testament findet sich jenes Motiv etwa in 1 Kön 19, wo Elija vom Engel des Herrn in der Wüste gespeist wird. Es gibt auch frühjüdische Erzählungen, die davon sprechen, daß Adam im Paradies von Engeln bedient wurde.

Zusammenfassend können wir zur Versuchung Jesu bei Markus festhalten: Jesus tritt auf in der Rolle des neuen Adam. Der alte Adam ist schuld daran, daß die paradiesischen Zustände zu Ende gingen, weil er der Versuchung Satans nachgegeben hat. Jesus hält der Versuchung stand und führt im Vorgriff das neue Paradies herbei, zunächst nur episodal, punktuell, was ihn in dieser Situation betrifft. Die Endzeit, die mit Jesus anbricht, lenkt zu den paradiesischen Ursprüngen zurück, zur Schöpfung in ihrer vollendeten Gestalt.

Versuchung bedeutet in diesem Bezugsrahmen so viel wie Erprobung, Probezeit des Erwählten. Er wird dem Test unterzogen, ob er geeignet ist für sein Amt, das ihm die Himmelsstimme soeben aus Anlaß der Taufe zusprach. Wir kennen diesen Topos als Standardthema aus der Biographie großer religiöser Persönlichkeiten. Das aber leitet bereits zur psychologischen Betrachtung über.

---

13 Vgl. A. WEISER, EWNT I, 726f.

3. Zur tiefenpsychologischen Auslegung

An sich sollte man meinen, daß sich die längere und farbigere Versuchungserzählung der Logienquelle besser für eine tiefenpsychologische Auslegung eignet. Mit den drei Durchgängen kann man ohne weiteres archetypische Gefährdungen der menschlichen Psyche verbinden[14]. In der ersten Versuchung, Steine in Brot zu verwandeln, spiegelt sich der fundamentale Nahrungstrieb des Menschen, der sich bei einer Fixierung auf die orale Phase in Phantasien vom Schlaraffenland ergeht. Die zweite Versuchung, bei der der Verführer Jesus alle Reiche der Welt geben will, wenn er ihn anbetet, thematisiert mit Friedrich Nietzsche den Willen zur Macht, den Wunsch, herrschen zu können, und sei es nur über einen einzigen anderen Menschen. Die dritte Versuchung, Gott durch den Sturz von der Tempelzinne zum rettenden Eingreifen zu zwingen, deutet auf die Gefahr einer Perversion der religiösen Grundbefindlichkeit des Menschen hin, durch Magie, Manipulation und Zauberei, mit deren Hilfe man die Macht der Gottheit den eigenen Zwecken dienstbar machen will.

Drewermann hat in seinem Markuskommentar den tiefenpsychologischen Ansatz aber auch an der markinischen Kurzfassung erprobt[15]. Er deutet das, was hier berichtet wird, als ein innerpsychisches Geschehen, das sich in jedem Menschen abspielt. Die Figuren, die auftreten, werden als abgespaltene Bestandteile des eigenen Inneren aufgefaßt. Das entspricht einem Prinzip aus der psychoanalytischen Traumdeutung. Sie arbeitet vielfach mit der Voraussetzung: Personen, die in Träumen auftreten, repräsentieren in gewisser Weise immer auch den Träumer selbst oder etwas an seiner Person, das im Wachzustand außerhalb der Schwelle seines Bewußt-

---

14 Vgl. bereits H. HARSCH, Psychologische Interpretation biblischer Texte?, in: Y. Spiegel (Hrsg.), Psychoanalytische Interpretationen biblischer Texte, München 1972, 49-59 (mit Mt 4,1-11 als Beispielstext); in seinem neuen, der "klassischen" Methodik verpflichteten Kommentar bemerkt auch J. GNILKA, Das Matthäusevangelium. I. Teil (HThK I/1), Freiburg i.Br. 1986, 91: "Die Versuchungen Jesu sind das Grundmuster menschlichen Versuchtwerdens, insofern dieses letztlich den Menschen, und zwar den mit Gott verbundenen Menschen, von Gott abziehen will. Jegliche Interpretation, die diese Tiefendimension der Versuchung übersieht, bleibt oberflächlich und harmlos..."

15 Vgl. E. DREWERMANN, Mk (s. Anm. 4) I, 142-161; interessant in diesem Zusammenhang auch schon die Notiz bei J. ERNST, Das Evangelium nach Markus (RNT), Regensburg 1981, 46: "Die kurze Szene hat über den christologischen Verkündigungsgehalt hinaus auch eine archetypische Ausrichtung: Wer mit Gott eins ist und sich vom Geist Gottes treiben läßt, lebt trotz vielfältiger Erprobungen im messianischen Frieden."

seins bleibt. Träume versuchen auf diese Weise, eine Integrationsleistung
zu erbringen.

Im einzelnen sieht das für Mk 1,12f folgendermaßen aus: Der Gang in
die Wüste bedeutet Akzeptanz der Einsamkeit, Verzicht darauf, vor sich
selbst davon zu laufen. Alle fremden Stimmen werden zum Schweigen gebracht, damit das eigene Innere unverstellt zu Wort kommen kann.

Dann werden sich oft als erstes die wilden Tiere zu Wort melden, das
Tierische in uns selbst, Haß, Aggressionen, Mordgelüste, triebhafte Wünsche, die wir sonst nur mühsam unterdrücken und bändigen. Wir sollten
uns nach Drewermann aber davor hüten, das einfach mit dem Satan zu
identifizieren, weil es zum Menschen selbst gehört und von ihm bewältigt
werden muß. Als Illustration zieht Drewermann zusätzlich Märchen herbei,
wo der Held des öfteren gegen Drachen und andere Untiere kämpft, wo es
aber auch hilfreiche Tiere gibt, die bei der Lösung einer schwierigen Aufgabe mit Rat und Tat zur Seite stehen. Die Forderung geht insgesamt also
dahin, das Tierische in der eigenen Natur wahrzunehmen, es aber nicht mit
Brachialgewalt zu bekämpfen, sondern es zu akzeptieren, ein Bündnis damit einzugehen, es freundlich zu stimmen und damit letztlich nutzbar zu
machen. Das Ergebnis wäre eine gelungene Sublimation.

Zu den Engeln bemerkt Drewermann, ein Engel sein zu müssen, würde
den Menschen hoffnungslos überfordern und ihn in einen Teufelskreis des
Versagens einsperren. Vor dem Ideal eines engelgleichen Lebens sollten wir
uns also hüten. Andererseits können die dienenden Engel in unserem Text
aber auch verstanden werden als Symbol für die besseren Möglichkeiten im
Menschen selbst. Es käme also darauf an, Tier und Engel in sich selbst zu
entdecken und miteinander zu versöhnen. Dann könnte eine integrierte Ge-
samtpersönlichkeit entstehen. Ihre idealtypische Verkörperung, ein Beispiel
dafür, wo das gelungen ist, stellt für Drewermann der Mensch Jesus dar,
der deshalb die Titel Menschensohn und Gottessohn trägt.

Während der Satan bei Drewermann mehr oder weniger außen vor-
bleibt, gibt er eine Deutung für die Versuchung selbst. Er versteht sie als
Test oder Erprobung auf dem Weg der Persönlichkeitsentwicklung. Im
Kampf zwischen Tier und Engel, das heißt zwischen Es und Über-Ich, wird
die reife und heile Persönlichkeit entstehen, die ohne Zwang zu einem gelin-
genden Selbstentwurf findet. Die Bibel bietet dafür insofern eine Hilfe, als
sie mit Jesus Christus ein messianisches Leitbild vor Augen stellt.

Drewermann beschließt seine Auslegung mit einer Bildbetrachtung zu
dem Kupferstich von Albrecht Dürer aus dem Jahre 1514, der den Kirchen-
vater Hieronymus bei der Arbeit zeigt. Ich zitiere: "Am Eingang des wohl-

geordneten Raumes lagern ein Löwe und ein Hund, beide lang ausgestreckt, der Löwe schläfrig mit halbgeschlossenen Augen, der Hund in sich gerollt, weitab jeder Gefahr. Auf einer Fensterbank gemahnt ein Totenschädel an die Vergänglichkeit der Zeit und an die Gewißheit des Todes; aber die Sitzbank unterhalb der Fensternische ist mit Polstern und mit Büchern belegt, die ebenso wie eine Truhe und ein Paar Holzpantinen am Fenster den Eindruck einer tiefen Unbedrohtheit und gelassenen Stille erwecken. Das Haupt des Heiligen umgibt ein Strahlenkranz; doch auch wenn dieses Symbol der Heiligkeit nicht wäre, so wüßte man, daß diese Klause des Hieronymus ein Ort sein muß, der in sich eine heil gewordene Welt darstellt, ganz wie die Wüste, in der Jesus 'Tierisches' und 'Engelhaftes' einte. Und so wie Christus aus der Wahrheit dieser Einheit wirkte, so scheint der Heilige, indem er Jesu Worte in der Einsamkeit betrachtet, hinauszuwirken in die Zeit. Er hat in Gottes Schweigen die Einheit mit sich selbst gefunden. Durch die zwei hohen Seitenfenster des still gewordenen, bescheidenen Innenraumes fällt ein helles Licht herein; es wirft ein malerisches Schattenspiel auf Seitenwand und Boden und kündet in der Freundlichkeit der ganzen Stube von der gnädigen Nähe Gottes zu all seinen friedfertigen, in ihm zufriedenen und mit sich einigen Geschöpfen"[16].

Die abschließende Bildbetrachtung finde ich sehr gelungen und schön. Zur Auslegung selbst zunächst nur so viel: Manches wirkt sicher sehr ungewohnt und etwas gewagt. Die methodischen Prämissen mit dem Ansatz bei der Traumdeutung wären noch genauer zu hinterfragen. Ganz von der Hand weisen kann man sie nicht, weil auch wir von einem anderen, mehr fachspezifischen Horizont aus bereits des öfteren mit dem Begriff der Vision gearbeitet haben, um unsere Texte zu charakterisieren. Träume und Visionen aber sind von Form und Erlebniswert her miteinander verwandt. Vieles, was auch noch zu erörtern wäre und was wir zuvor angedeutet haben, bleibt bei diesem Zugang ausgespart. Insofern kann er immer nur eine Möglichkeit neben anderen und unter anderen sein[17]. Ganz sicher falsch wird er in dem Moment, wo man ihn absolut setzt und zur einzig möglichen Auslegungsweise erklärt. Leider begeht Drewermann diesen Fehler immer

---

[16] Mk (s. Anm. 4) I, 160f.
[17] Erheblich kritischer urteilt G. LÜDEMANN, Texte (s. Anm. 4) 65: "eine phantastische Allegorisierung des Textes"; er fährt dann aber fort: "Freilich ist es denkbar, daß wie etwa in der christlichen Mystik aller Schattierungen die Versuchungsgeschichte als eigene Geschichte nacherlebt wird."

wieder. Damit steht er seinem Anliegen selbst am meisten im Wege[18]. Wir kommen im Anschluß an die nächste Texteinheit darauf zurück.

IV. Heil für die Heiden: Der besessene Gerasener (Mk 5,1-20)[19]

Mit der Erzählung von der Heilung des besessenen Geraseners stoßen wir auf eine der längsten und zugleich anstößigsten Wundererzählungen des Neuen Testaments. Was hat eine Herde von ca. 2000 Schweinen im Evangelium zu suchen? Und warum müssen die armen Tiere untergehen? Sie können doch nun wirklich nichts dafür. Wir gehen diese Geschichte in zwei Schritten an: In einem ersten Durchgang tragen wir einige sozialgeschichtliche Aspekte zur Erhellung des Sitzes im Leben zusammen, um uns dann in einem zweiten Abschnitt der tiefenpsychologischen Deutung zuzuwenden.

1. Sozialgeschichtliche Aspekte, Sitz im Leben

Wir beginnen mit einem unscheinbaren, aber folgenreichen Ortsproblem. Jesus begegnet dem Besessenen in der Nähe der Stadt Gerasa. Dorthin fliehen in V. 14 die Hirten und melden, was geschehen ist, und von dort kommen in V. 15 die Leute, um sich das anzuschauen. Gerasa heißt heute Jerasch. Es ist eine Stadt in Jordanien mit gut erhaltenen Ruinen aus römischer Zeit. Leider liegt sie 50-60 km vom See Genesaret entfernt, und es gibt auch keinen anderen brauchbaren See in der Nähe. 50 km Anlauf wäre aber entschieden zuviel für die Schweineherde, die in V. 13 den Abhang

---

18 Als selbst Betroffener sei mir die folgende Bemerkung gestattet: Die Art und Weise, wie Drewermann in seinem Markuskommentar mit meiner Monographie zur Judasfrage umgeht (vgl. H.J. KLAUCK, Judas – ein Jünger des Herrn [QD 111], Freiburg i.Br. 1987), empfinde ich als höchst unfair; sie verletzt die Grundregeln des wissenschaftlichen Diskurses. Meinungen, die ich nur referiere oder kritisiere, werden mir als eigene unterstellt. Sollte Drewermann antworten, ich hätte mich eben mißverständlich ausgedrückt, würde ich dem allerdings den harten Vorwurf entgegensetzen, daß er anscheinend nicht richtig lesen kann – oder will.

19 Der Zwischentitel nach F. ANNEN, Heil für die Heiden. Zur Bedeutung und Geschichte der Tradition vom besessenen Gerasener (FThSt 20), Frankfurt 1976, immer noch die gründlichste Arbeit zu diesem Text; noch nicht zugänglich war mir bei der Niederschrift dieser Zeilen der Aufsatz von H. MERKLEIN, Die Heilung des Besessenen von Gerasa (Mk 5,1-20). Ein Fallbeispiel für die tiefenpsychologische Deutung E. Drewermanns und die historisch-kritische Exegese, in: The Four Gospels (FS F. Neirynck) (BEThL 100), Löwen 1992, 1017-1037.

hinab in den See purzelt. Was ist hier geschehen? Entweder hat erst ein späterer, ortsunkundiger Erzähler die Stadt Gerasa eingetragen, um die Beziehung dieser Episode zu rein heidnischem Gebiet zu verstärken, oder die enge Bindung an den See, die vor allem durch die Schweineherde und daneben durch V. 2 verursacht wird, kam erst nachträglich zustande. Wir können daraus auf jeden Fall schließen, daß wir keinen Text aus einem Guß vor uns haben. Die Erzählung ist vielmehr sukzessive gewachsen und angereichert worden. Den Kernbestand dürfte ein Exorzismus bilden, den Jesus, und das ist das Besondere in diesem Fall, entgegen seiner sonstigen Konzentrierung auf Israel in heidnischem Land vollzieht.

Damit ist ein Schlüsselbegriff für das Verständnis des Ganzen gefallen. Es geht um das Heidentum, das in jüdisch-judenchristlicher Sicht und Wertung präsentiert wird. Als eine einheitliche Sinnebene hält sich im Text die Bestimmung "unrein" im kultisch-rituellen Sinn durch. Wir haben in V. 2 und V. 13 unreine Geister, nämlich Dämonen. Die Grüfte und Grabstätten aus V. 2-5 sind unreine Orte, Schweine sind unreine Tiere, Heiden sind unreine Menschen. Das erinnert wohl bewußt an die Beschreibung des Götzendienstes in Jes 65,3-5: "Die in den Gärten opfern und räuchern auf den Ziegelsteinen, die in Gräbern hocken und in Höhlen übernachten, die das Fleisch von Schweinen essen und Brühe von Unreinem haben in ihren Töpfen, die sagen: 'Bleib, wo du bist! Komm mir nicht zu nahe, sonst mache ich dich unrein'."

Es lohnt sich, von hier aus noch mal auf die Kontexteinbindung bei Markus zurückzublicken. In Kapitel 4 war Jesus noch auf dem jüdischen Ufer des Sees und lehrte dort seine eigenen Landsleute in Gleichnissen. In 5,1 kommt Jesus auf der gegenüberliegenden Seite des Sees an und betritt heidnisches Land. Dazwischen liegt in Mk 4,35-41 die Stillung des Seesturms. Dieses erzählerische Arrangement gibt uns zu verstehen: Selbst die Natur empört sich gegen das Vorhaben Jesu, ins heidnische Gebiet zu fahren und dort zu wirken. Sie will mit Wind und Wellen Jesus massiv daran hindern, das jüdische Gebiet zu verlassen. Aber Jesus besiegt diesen Widerstand und führt seinen einmal gefaßten Plan aus. Das wiederum ist eine symbolische Transformation der großen Widerstände, die sich der Heidenmission anfänglich in den Weg stellten und die sie bei Judenchristen überwinden mußte[20].

---

20 Das hat besonders klar C. MYERS, Binding (s. Anm. 3) 194-197, herausgearbeitet.

Hier ordnet sich auch der Name des Dämon ein, den er in V. 9 Jesus verraten muß[21]. Als erstes zeigt sich: Es handelt sich gar nicht um einen einzelnen, sondern um ein ganzes Heer, um die 2000 an Zahl. Das kann man aus der 2000köpfigen Schweineherde in V. 13 erschließen. Die Vorstellung dabei ist die: pro Dämon ein Schwein, jeder unreine Geist besetzt ein unreines Tier. Aufhorchen läßt sodann der Name Legion. Eine römische Legion umfaßte 4000 bis 6000 Mann. Doch so genau hat man nicht immer gezählt. Auch 2000 würde genügen, um den Begriff Legion mit Inhalt zu füllen. Damit kommt noch einmal eine neue Qualität in die Erzählung hinein. Nun wird das Heidentum vertreten durch die römische Besatzungsmacht. Das politische Faktum, daß ihre Legionen im Land standen, erfährt an dieser Stelle eine dämonologische Interpretation: Die römische Militärmacht liegt wie ein böser Geist über dem Land. Tatsächlich sollte man die Römer eigentlich aus dem Land vertreiben, sie in die See, das heißt ins Mittelmeer werfen, wo sie hergekommen sind. Ihnen sollte es ergehen wie der Schweineherde in der Erzählung. Als Heiden halten die römischen Truppen sich nicht án die jüdischen Speisetabus und essen Schweinefleisch. Eine besondere Ironie hat sich die Geschichte in dieser Hinsicht noch aufgespart. In Palästina und Judäa stand zur Zeit des Erzählers wohl schon die römische Legio X. Fretensis. Sie aber führte in ihrem Feldzeichen einen Eber, ausgerechnet das den Juden so verhaßte Tier. Die militärische Ohnmacht, daß man gegen die Römer nichts ausrichten konnte, verschafft sich hier Luft in einer burlesken, fast schon satirischen Schilderung.

Werfen wir schließlich noch einen Blick auf das weitere Schicksal des ehemals besessenen, jetzt geheilten Geraseners. In V. 18 bittet er Jesus, mit ihm sein zu dürfen, er bitten ihn mit anderen Worten um Aufnahme in die Jüngerschaft. Aber das lehnt Jesus in V. 19 ab. Warum? Der Evangelist reflektiert an dieser Stelle den historischen Abstand zwischen dem irdischen Wirken Jesu und der nachösterlichen Mission. Unter den Jüngern Jesu gab es faktisch keinen Heiden, und man konnte und wollte auch keinen einschmuggeln. Der Gerasener wird dafür bei Markus zum Prototyp eines christlichen Missionars in heidnischem Land, zum Vorläufer der nachösterlichen Boten Jesu. Er beginnt nach V. 20 überall in der Dekapolis, im Zehnstädteland östlich des Jordans, zu verkünden, was ihm widerfahren ist. Er treibt Propaganda für den Wundertäter Jesus. Beachten wir dazu auch, daß Jesus ihm in V. 19 etwas anderes aufgetragen hat: "Geh heim zu den

---

[21] Zum Folgenden G. THEISSEN, Urchristliche Wundergeschichten. Ein Beitrag zur formgeschichtlichen Erforschung der synoptischen Evangelien (StNT 8), Gütersloh 1974, 252f.

Deinen und melde ihnen, was der Herr [nämlich Gott] dir getan hat." Der
Geheilte aber begnügt sich nicht mit seiner Familie als Adressat, sondern
wendet sich an die Öffentlichkeit, und er spricht nicht primär von Gott,
sondern von Jesus.

Fassen wir zusammen: "In der nachösterlichen Situation wurde der Bericht von einem Exorzismus Jesu im heidnischen Gebiet (Gerasa) oder an
einem Heiden (Gerasener) ausgearbeitet zu einem Bild des Heils, das Jesus
den Heiden bringt. Mit den Farben der jüdischen Anschauungen über Heidentum und Götzendienst wird der Besessene gemalt als Heide, den Jesus
von seinen Götzen, die ihn in einen menschenunwürdigen Zustand gebracht
haben, befreit und reinigt. Es wurde vermutet, daß diese Neuinterpretation
im Kreise der hellenistischen Judenchristen entstand, welche die Heidenmission vorantrieben und dafür eine Basis im Wirken Jesu selber deutlich machen wollten"[22].

Fügen wir noch ein Wort an über das Phänomen von Besessenheit und
Exorzismus allgemein, dem man sich ein Stück weit sozialgeschichtlich nähern kann[23]. Eine Quelle des Dämonenglaubens war die Überzeugung von
der Existenz von Totengeistern, die sich in der Nähe von Grabstätten aufhalten und dort ein ruheloses Dasein führen (vgl. in unserer Erzählung die
Eingangsverse). Man muß hier auch die Bindung der gesamten urchristlichen Tradition einschließlich Jesu selber an das frühjüdische und gemein-
antike Weltbild bedenken, das geradezu charakterisiert ist durch eine immer
stärkere Entfaltung und Ausdifferenzierung der Geisterwelt, wie sie in den
frühen Traditionen des Alten Testaments noch nicht vorliegt. Was wir heute als psychiatrische Fälle klassifizieren: Schizophrenie, manische Depres-
sivität, Persönlichkeitsspaltung und anderes mehr, hat man in der Antike
als dämonisch verursacht angesehen, weil man keine andere Möglichkeit
sah, mit diesem Phänomen fertig zu werden. Es gilt dann aber auch umgekehrt: Wenn einmal in einer Gesellschaft solche akzeptierten Krankheitsbil-
der bestehen, dann werden sie auch ausgefüllt. Dies ist sozusagen ein soziales Rollenangebot, in das Menschen unter schwerem Druck, den sie nicht
verarbeiten können, gern ausweichen. Die Überzeugung, daß es dämonische
Besessenheit gibt, provoziert Fälle solcher Besessenheit. Exorzisten traten
vor, neben und nach Jesus auch im Judentum und Heidentum auf (vgl. nur
Apg 19,13-17). Wir verfügen über eine ganze Sammlung einschlägiger
Zeugnisse. Das Besondere bei Jesus besteht darin, daß er seine Exorzismen

---

22 F. ANNEN, Heil (s. Anm. 19) 199.
23 Vgl. dazu demnächst eine in Würzburg erstellte Dissertation von Dieter Trunk.

in den Kontext seiner Botschaft von der Gottesherrschaft stellte, als Zeichen für ihren Anbruch und für die damit verbundene Besiegung des Bösen.

Man kann durchaus sagen, daß Jesus die damalige Welt ent-dämonisieren wollte. Das gehört eng zusammen mit seiner therapeutischen Tätigkeit
als Wunderheiler. Daran historisch zu zweifeln, macht keinen Sinn. Wie
man das in unsere Gegenwart übersetzen soll, ist noch einmal eine ganz andere Frage. Das wird man nicht einfach durch Reproduzieren von Exorzismen tun können, was uns in unerwünschte Konkurrenz zu esoterischen,
magischen und abergläubischen Strömungen bringen würde, an denen kein
Mangel herrscht. Aber die existentielle Bedrängnis von Menschen, die auf
solche Angebote hereinfallen, müssen wir sehr ernstnehmen und nach Möglichkeiten suchen zu helfen. Der christliche Glaube muß eine heilende, helfende, im besten Sinn therapeutische Lebenspraxis entfalten, mit dieser
Forderung hat Drewermann völlig Recht.

2. Tiefenpsychologische Deutung

Eugen Drewermann hat der Erzählung vom besessenen Gerasener im
zweiten Band seines Werks *Tiefenpsychologie und Exegese* eine dreißigseitige Auslegung gewidmet, die ich hier verkürzt auf ihre elementaren
Grundzüge wiedergebe[24]. Darauf beziehen sich auch die Zwischentitel in
der Textwiedergabe, die ich teils übernommen, teils neu formuliert habe.

a) Wenn das Leben zum Grab wird (V.1-3)

Das ist die Bestimmung der Ausgangslage. Der Gerasener hält sich in
Grabstätten auf. Er lebt dort, wo es per definitionem kein Leben gibt. Er
hat sein Zuhause bei den Toten, weil er anscheinend unter den Lebenden
keine Heimat mehr findet. In symbolgeladener Sprache gibt die Erzählung
zu verstehen: Für diesen Menschen ist das Leben zum Grab geworden.

b) Die bedrohte und bedrohliche Freiheit (V. 4-5)

Der Besessene erfährt die anderen Menschen nur als solche, die seine
Freiheit bedrohen. Alle kommen sie bloß zu ihm mit Ketten und Fesseln,

---

[24] Tiefenpsychologie (s. Anm. 4) II, 247-277; vgl. auch das Resümee bei G. LÜDEMANN,
Texte (s. Anm. 4) 116-125.

wollen ihn einengen und in Beschlag nehmen. Aber er wehrt sich, seine Freiheit will er sich um keinen Preis rauben lassen. Glücklich wird er damit jedoch nicht, insofern hat seine Freiheit auch etwas für ihn selbst Bedrohliches an sich. Sein Schreien in den Bergen kann man durchaus als Schrei nach Hilfe interpretieren. Es möge doch endlich ein vertrauenswürdiger Mensch kommen, ein Helfer und Retter. Wenn sich der Besessene selbst mit Steinen schlägt, so deutet das auf einen tief verwurzelten Selbsthaß hin, auf aggressive und destruktive Impulse, die er tendenziell gegen sich selbst wendet.

c) Die Qual der Heilung (V. 6-8)

Warum aber lehnt er in seiner verzweifelten Lage den einzigen Retter ab? Warum sagt er zu Jesus: Was willst du? Bleib mir vom Leib!? Nun, jede seelische Erkrankung kann für den Kranken auch einen Krankheitsgewinn mit sich bringen. Die Krankheit bewahrt ihn z.B. davor, einem ungeliebten, verhaßten Beruf weiter nachzugehen oder sich einer unerträglich gewordenen Familiensituation weiter aussetzen zu müssen. Deshalb gibt es erhebliche Widerstände gegen den Versuch einer Heilung, zumal solche Heilungsprozesse oft sehr schmerzhaft verlaufen.

d) Das fragmentierte Ich (V. 9-10)

Jesus stellt dem Besessenen die Frage nach seinem Namen. Die überraschende Antwort kennen wir: Legion heiße ich, denn viele sind wir. Es gibt kein einheitliches Ich, das antworten könnte: Ich heiße XY. Das Ich des Besessenen ist fragmentiert, zersplittert, deshalb der Plural Wir. Das Ich ist nicht mehr Herr im eigenen Haus, deshalb der Vergleich mit den Besatzungstruppen, mit den Legionen, die in der Seele herummarschieren und widersprüchliche Kommandos brüllen. Der Mensch wird von einem fremden Willen gesteuert, nicht von seinem eigenen.

e) Durcharbeiten und Ausagieren (V. 11-13)

Der befremdlichste Zug in der Erzählung ist sicher die Schweineherde, in welche die Dämonen einfahren, worauf sich die ganze Gesellschaft ins Wasser stürzt. Man kann das verstehen als Darstellungen eines psychologischen Prozesses, der im Zwischentitel mit Durcharbeiten und Ausagieren angezeigt ist. Verdrängte Regungen melden sich im Verlauf einer Psychotherapie zurück. Sie können nicht länger mit hohem psychischen Energieaufwand unter der Oberfläche gehalten werden. Der Versuch, das über lange Jahre hinweg zu tun, war ja oft der Grund für die seelische Erkrankung. Jetzt bleibt nur noch das Aufarbeiten im therapeutischen Gespräch, und wo das nicht genügt, das Umsetzen in körperbetonte Handlungen.

f) Der Widerstand (V. 14-17)

Widerstände gibt es zunächst im Innern eines Patienten selbst. Aber je mehr er sich in einer Therapie ändert, für ihn gesehen zum Besseren, umso mehr können die Widerstände auswandern und sich in seiner Umgebung festsetzen. Die Familie will auf einmal gar nicht mehr, daß sich ein Problemkind ändert. Der Depressive gab sich früher viel handlicher, man kam viel besser mit ihm zurecht. So ähnlich geht es hier in der Erzählung zu. Widerstand leistet gegen Ende hin nicht mehr der Geheilte, Widerstand leisten die Menschen in seiner engeren Umgebung, die Hirten, die Bewohner der Heimatstadt, und dieser Widerstand manifestiert sich in der Ablehnung des Heilers. Solche Persönlichkeitsumwandlungen haben Folgen, und die zu tragen ist man, das heißt die Stadtgesellschaft, nicht bereit.

g) Ablösung und Heimkehr (V. 18-20)

Es liegt auf der Hand, daß sich am Ende eines mühsamen Heilungsprozesses ein tiefes Gefühl der Dankbarkeit und Anhänglichkeit des Geheilten an seinen Heiler einstellen kann. Das ist der innere Grund für den Wunsch des Geraseners, doch bei Jesus bleiben zu dürfen. Jesus läßt das nicht zu. In diesem Fall ist eine Ablösung notwendig. Der Geheilte muß versuchen, wieder auf eigenen Füßen zu stehen. Aber eins kann und will Jesus ihm nicht verwehren: von dem zu erzählen, was ihm widerfahren ist. Die Reintegrierung des früheren Besessenen und Außenseiters in die Gesellschaft scheint zu gelingen, aber er begnügt sich nicht mit einem Untertauchen im grauen Durchschnitt. Er will zumindest darüber sprechen, wie man aus einem Leben, das zum Grab geworden ist, wieder herausfinden kann, nicht von allein, aber mit kompetenter Hilfe.

So weit diese Variationen zu unserem Text und seinen Themen. Man muß hinzufügen, daß dies ein Glanzstück in Drewermanns Repertoire darstellt. Selten einmal gelingt der tiefenpsychologische Zugriff so gut wie hier. Und man muß hinzufügen, daß vieles fehlt. Von der Christologie z.B. war nicht die Rede. Sie haben wir zugegebenermaßen auch bei unserer sozialgeschichtlichen Betrachtung vernachlässigt. Man müßte sie, soll eine umfassende theologische Auslegung gelingen, unbedingt noch berücksichtigen. Auch die Einbettung der Erzählung in die damalige Zeit und Gesellschaft, die doch nicht nur von historischem Interesse ist, kommt bei Drewermann nicht vor. Wir müssen es wiederholen: Jedem Absolutheitsanspruch, den Drewermann für die psychologische Methode erhebt, ist energisch zu widersprechen. Andererseits ist der Erkenntnisgewinn, der auf diesem Wege erreicht wird, recht erheblich. Eine schwierige und sperrige Erzählung wird in einer Weise aufgeschlüsselt, die einen unmittelbaren und existentiellen Verstehenszugang ermöglicht. Daß ein solcher Text etwas mit dem eigenen Leben zu tun haben könnte, wird dem heutigen Hörer oder Leser, der ihm zum ersten Mal begegnet, als nahezu ausgeschlossen erscheinen. Hat er aber gelernt, das Ganze durch die psychologische Brille zu lesen, sieht die Sache auf einmal völlig anders aus. Er braucht dafür nicht unbedingt selbst in einer pathologischen Situation zu stecken oder gerade eine schwere Neurose hinter sich gebracht zu haben. Auch im Normalfall wird er sich an Lebenssituationen und Lebenserfahrungen erinnert fühlen.

Die polemisch zugespitzte, kontroverse Situation, die durch kräftiges Zutun von verschiedenen Seiten her um diesen Auslegungstyp entstanden ist, können wir nur bedauern. Mit der nötigen Behutsamkeit und mit Augenmaß eingesetzt, kann er in das exegetische Instrumentarium eingebunden werden und es in einem wesentlichen Punkt bereichern, weil er mehr Aktualität und mehr Gegenwartsnähe ermöglicht[25].

Staunen kann man nur, das sei abschließend gesagt, über die Vitalität und Dynamik der biblischen Erzählungen selbst. Inzwischen schon 2000 Jahre alt, ständig hin und her gewendet, bis aufs letzte Komma hin abgehorcht, mit allen nur denkbaren Methoden traktiert, ist ihr Sinnpotential trotzdem noch immer nicht erschöpft, haben sie sich, wenn man sie richtig und neu zu lesen versteht, noch etwas von der Frische des ersten Tages bewahrt. Im Anfang war das Wort, und es wird auch am Ende stehen, und wir dürfen in der Zwischenzeit daraus leben.

---

25 Vgl. an weiterführenden, auch kritisch reflektierenden Arbeiten A.A. BUCHER, Bibel-Psychologie. Psychologische Zugänge zu biblischen Texten, Stuttgart 1992; C. MORGENTHALER, Der religiöse Traum. Erfahrung und Deutung, Stuttgart 1992; H. RAGUSE, Psychoanalyse und biblische Interpretation. Eine Auseinandersetzung mit Eugen Drewermanns Auslegung der Johannes-Apokalypse, Stuttgart 1993.

11. Θυσιαστήριον – eine Berichtigung

Das Ziel der folgenden Zeilen ist es, kleinere Verbesserungen bzw. Ergänzungen sowie eine nicht ganz unwichtige Korrektur am Artikel θυσιαστήριον von J. Behm im ThWNT III, 182f, vorzunehmen. Die Vokabel θυσιαστήριον kommt im NT 23mal vor, durchweg in alttestamentlich gefärbten Zusammenhängen, mit Schwerpunkten bei Matthäus (6 Belege) und in der Apokalypse (8 Belege). Im Worthäufigkeitsindex nimmt sie eine Position um 570 ein[1], womit sie noch knapp zu den 10% der am häufigsten gebrauchten Wörter gehören dürfte. In der LXX-Konkordanz füllt θυσιαστήριον etwas mehr als 5 Spalten (Hatch-Redpath 666-668), stellt also für diesen Bereich ein ausgesprochenes Vorzugswort dar. Die Bedeutungsbreite reicht vom Altar schlechthin (Altar des Noe in Gen 8,20 z.B.) über den tragbaren Altar des Bundeszeltes (Ex 27,7) hin zum Brandopferaltar (2 Kön 16,10-15) und zum Räucheraltar (1 Chr 6,49) im Jerusalemer Tempel, umgreift aber auch den verbotenen Altar zu Bethel (1 Kön 13,1-5), die Altäre der Höhenheiligtümer (2 Kön 18,22), "fremde" Altäre (2 Chr 14,3), Götzenaltäre (Hos 4,19) und den Altar des Baal (1 Kön 16,32; 18,26; 2 Chr 23,17 u.ö.). Daraus folgt sogleich, daß es nicht richtig sein kann, wenn J. Behm, a.a.O. Anm. 8, schreibt: "Für Altäre fremder Götter in LXX und NT stets βωμός (charakteristische Gegenüberstellung von θυσιαστήριον u βωμός 1 Makk 1,59 vgl. 54)." Das trifft für die letztgenannte Stelle zu, keinesfalls aber für die LXX generell. Und auch die sich anschließende Bemerkung: "Bei Philo und Josephus fällt die solange einigermaßen folgerichtig aufrechterhaltene terminologische Unterscheidung und wird auch für den Altar des at.lich–jüd Kultus in der Regel βωμός, seltener θυσιαστήριον gebraucht", bedarf der Einschränkung, insofern in Num 3,10 LXX und in Sir 50,12.14 βωμός eindeutig für den jüdischen Kult steht.

Die Nachgeschichte des Wortes spielt sich fast ausschließlich in der jüdisch-christlichen Literatur ab. Aus den Apokryphen und Pseudepigraphen seien folgende Stellen genannt: Arist 87; ApkMos 33; ApkEsr 31,20; ParJer 2,10 u.ö.; PsSal 2,2 u. 8,12; TestHi 15,9 u.ö.[2] Josephus benutzt das

---

[1] Vgl. K. ALAND, Vollständige Konkordanz zum griechischen Neuen Testament. Bd. 2. Spezialübersichten (ANTT IV/2), Berlin 1978, 411.

[2] τὰ θυσιαστήρια in TestLev 16,1, auf das Bauer WB 724 verweist, ist bei M. DE JONGE, The Testaments of the Twelve Patriarchs. A Critical Edition of the Greek Text (PVTG I/2), Leiden 1978, 43, in den Apparat verwiesen.

Wort 24mal, und zwar, wenn ich richtig sehe, nur für den jüdischen Kult[3].
Von den 19 Belegen bei Philo[4], die z.T. in alttestamentlichen Zitaten stehen
(so All 1,48; Ebr 127.138; Conf 160; Her 182.251; Fug 53; Mut 234; Som
2,71) sei der Versuch einer etymologischen Namenserklärung erwähnt: τὸν
δ᾽ ἐν ὑπαίθρῳ βωμὸν εἴωθε καλεῖν θυσιαστήριον (Colson: "sacrifice-
keeper"), ὡσανεὶ τηρητικὸν καὶ φυλακτικὸν ὄντα θυσιῶν τὸν ἀν-
αλωτικὸν τούτων (Vit Mos 2,106; vgl. Spec Leg 1,290). Unter den frühchristlichen Autoren[5] ist – neben den alttestamentlichen Reminiszenzen in 1
Clem 32,2; 41,2 und Barn 7,3.9 – Ignatius von Antiochien von besonderem
Interesse, weil er sich von der biblischen Vorgabe löst und θυσιαστήριον
(darin der notorisch schwierigen und strittigen Stelle Hebr 13,10 vergleichbar) übertragen auf die christliche Gemeinde anwendet, so in Eph 5,2: "Befindet sich jemand nicht innerhalb des Altarraums, so geht er des Brotes
Gottes verlustig" (ähnlicher Gebrauch von ἐντὸς θυσιαστηρίου in Trall
7,2), oder anderweitig bildlich auswertet, vgl. Magn 7,2: "Strömt alle zusammen zu *einem* Jesus Christus, wie zu *einem* Tempel Gottes, wie zu
einem Opferaltar" (ἐν θυσιαστήριον auch Phld 4,1), und (vom eigenen
Martyrium) Röm 2,2: "Gewährt mir nicht mehr als Gott geopfert zu werden, solange noch ein Altar bereitsteht."[6]
Die scheinbaren Ausnahmen lassen sich an einer Hand abzählen. J.
Behm meint a.a.O. Anm. 7: "Das Subst τὸ θυσιαστήριον ... findet sich
vor dem Codex Justinianus I 12,3,1ff. (p 97f Krueger) nur in jüd u chr
Lit". Dazu ist zu bemerken, daß der Codex Justinianus natürlich christlichen Sprachgebrauch widerspiegelt. Die Vokabel steht mehrfach in einem
Abschnitt, wo es um die Übertragung des Asylrechts im Heiligtum auf die
Kirchen geht[7]. Bauer WB 725 verweist auf Prokop und Sextus. Bei Pro-
kop., Aedific I 1,65, heißt es: ὁ γὰρ τοῦ ἱεροῦ τὰ μάλιστα χῶρος ἀβέ-
βηλος καὶ μόνοις ἱερεῦσι βατός, ὅνπερ καλοῦσι θυσιαστήριον,

---

3   Vgl. K.H. RENGSTORF, A Complete Concordance to Flavius Josephus. Bd. 2, Leiden
    1975, 361. U.a. Ant 8,230-233.242-244.
4   Vgl. G. MAYER, Index Philoneus, Berlin 1974, 145.
5   Vgl. H. KRAFT / U. FRÜCHTEL, Clavis Patrum Apostolicorum, Darmstadt 1963, 218.
6   Zu Ignatius ausführlicher H.J. KLAUCK, Thysiasterion in Hebr 13,10 und bei Ignatius
    von Antiochien, in: Ders., Gemeinde – Amt – Sakrament. Neutestamentliche Per-
    spektiven, Würzburg 1989, 359-372. Vgl. noch Polykarp, Phil 4,3: Witwen als Altar
    Gottes; Herm 42,2-3; 68,5; Justin, Dial 39,1; 58,8 (in Zitaten); 118,2 (typologisch);
    MartAndr 2,11 (II/1,64,8 Bonnet). Zahlreiche Väterbelege bei G.W.H. LAMPE, A
    Patristic Greek Lexicon, Oxford 1961, Repr. 1968, 660.
7   Es war nicht auszumachen, welche Ausgabe J. Behm zugrundelegte. Bei P. KRÜGER,
    Corpus Iuris Civilis. Bd. 2: Codex Iustinianus, Berlin ⁷1900 (unverändert nachge-
    druckt), steht das entsprechende griechische Textstück auf S. 65.

λιτρῶν ἀργύρου μυριάδας ἐπιφέρεται τέτταρας. Es schließt sich unmittelbar an: τὰ μὲν οὖν τῆς Κωνσταντινουπόλεως ἐκκλησίας...[8]
Prokop beschreibt im christlichen Konstantinopel des 6. Jh. n. Chr.
im Auftrag Justinians die Bauten und Kirchen des Kaisers, hängt also vom christlichen Sprachgebrauch ab. Von den Sentenzen des Sextus lautet die Nr.
46b: ἄριστον θυσιαστήριον θεῷ καρδία καθαρὰ καὶ ἀναμάρτη-
τος[9]. Hier ist sicher der christliche Überarbeiter am Werk. In der vergleich-
baren pythagoreischen Gnome Nr. 119: ψυχᾶς καθαρᾶς τόπον οἰκει-
ότερον θεὸς ἐπὶ γῆς οὐκ ἔχει[10], fehlt erwartungsgemäß θυσιαστήριον.

In den Papyri kommt die Vokabel nicht vor (Moulton-Milligan und
Preisigke, Wört, haben keinen Eintrag). Für die Inschriften verweisen Bauer WB 725 und Liddell-Scott Suppl. 72 lediglich auf: Archaiologikon Del-
tion 12 (1927) 69. Zunächst muß es 1929 heißen (Ausgabedatum: Athen
1932), nicht 1927. In 12 (1929) 1-72 steht ein Aufsatz von A. K. Ὀρλάν-
δος, Παλαιοχριστιανικαὶ βασιλικαὶ τῆς Λέσβου. Auf S. 69 ist folgende Inschrift wiedergegeben, die in einer dieser christlichen Basiliken gefunden wurde und die der Verfasser frühestens gegen Ende des 5. Jh. n.
Chr. datiert: Ὀνήσιμος παλατεῖνος κὲ ἀπ᾽ ἐγδίκων τὸ θυσιαστήριον
κὲ τὸ ἐν βασιλικόν.

Es gäbe nun, und damit kommen wir zum eigentlichen Kontroverspunkt,
eine wirkliche Ausnahme, wenn nämlich zuträfe, was J. Behm, a.a.O. Anm.
7, angibt: "Adj θυσιαστήριος sc ὕμνος einmal bei Timaeus (FHG I 232:
fr 153)." Der Historiker Timaios von Tauromenion, um dessen Geschichtswerk es geht, gehört ins 4./3. Jh. v. Chr.[11], bezeugt also noch klassische
Grazität. Auch der Weg vom Adjektiv zum Substantiv wäre unschwer er-
klärbar: "das Neutrum von Adjektiven auf -τήριος wird substantivisch gebraucht" (Mayser I/3, 73). Schlägt man im ersten Band der Müller'schen
Fragmentensammlung (Paris 1874), auf die Behm sich bezieht, nach, entdeckt man zunächst ein Versehen. Gemeint ist nicht das Fragment 153,
sondern das Fragment 154. Dort steht unter der Angabe Schol. Pind. Pyth.
II, Inscr. u.a. zu lesen: Τίμαιος δὲ θυσιαστήριον, mit Verweis auf

---

[8]   J. HAURY / G. WIRTH, Procopii Caesariensis Opera Omnia (BiTeu). Bd. 4, Leipzig
      1964, 15, Z. 14-17. Geschrieben wurden die 6 Bücher περὶ κτισμάτων 553-555 n.
      Chr., vgl. M. FOLKERTS, KP IV, 1168.
[9]   Bei A. ELTER, Sexti Pythagorici Sententiae cum appendicibus, Universitätsprogramm,
      Bonn 1891/92, VII. Vgl. jetzt auch H. CHADWICK, The Sentences of Sextus. A Contri-
      bution to the History of Early Christian Ethics (TaS NS 5), Cambridge 1959.
[10] Bei H. CHADWICK, a.a.O. 94. Vgl. die Anm. ebd. 166 und T. WOLBERGS, KP V, 158.
[11] Vgl. H.R. BREITENBACH, KP V, 835-837.

Boeckh. Wir greifen also zu dessen alter Pindarausgabe[12]. In den Scholien zur zweiten pythischen Ode wird einleitend die (bis heute) strittige Gattungsbestimmung dieses Textes diskutiert, es werden verschiedene Vorschläge prominenter Autoren eingebracht, darunter auch der von Timaios: καὶ οὗτος ὁ ἐπίνικος γέγραπται μὲν Ἱέρωνι νικήσαντι ἅρματι, ἄδηλον δὲ εἰς ποῖον ἀγῶνα· διεστασίασται γὰρ οὐ μετρίως τοῖς πρὸ ἡμῶν. οἱ μὲν γὰρ οὐδὲ ὅλως ἐπίνικον εἶναί φασι, Τίμαιος δὲ θυσιατήριον (sic!), Καλλίμαχος δὲ Νεμεακόν etc. In der Anmerkung verzeichnet der Hrsg. für das sinnlose θυσιατήριον als Konjekturen θυσιαστήριον (jetzt bevorzugt) und χαριστήριον (eigener älterer Lösungsversuch). Die Angaben sind unverändert in den Thesaurus eingegangen (Thes Steph IV, 466f: "Θυσιαστήριος ὕμνος ap. schol. Pind. p. 312 Boeckh." etc.) sowie in die führenden Lexika, vgl. Passow I/2, 1444: "Θυσιαστήριον ... Eig. Neutr. zu θυσιαστήριος, α, ον, zum Opfern gehörig, ὕμνος, Timae. b. Schol. Pind. p. 312 Boeckh.", und Liddell-Scott 812: "Timae. 154".

Erst ein Blick in Jacobys Neuausgabe der Historikerfragmente verändert das Bild. Dort steht das Fragment als Timaios FGH 566 F 141, und die entscheidende Stelle lautet: Τίμαιος δὲ θυσιαστικήν. Jacoby hat offensichtlich die verbesserte Edition der Pindarscholien durch A.B. Drachmann um die Jahrhundertwende benutzt. Bei Drachmann findet sich Jacobys Text[13], und im Apparat gibt er an, daß θυσιαστικήν in den Codices DEFGQ stehe, θυσιαστήριον in den Codices CP, und das θυσιατήριον nur aus G schlecht gelesen ("ex G male lecto") sei[14]. θυσιαστικήν hat also die bessere Bezeugung für sich, es ist ein Hapaxlegomenon totius Graecitatis und somit die schwierigste Lesart, θυσιαστήριον erklärt sich unschwer als Erleichterung durch christliche Schreiber.

Die Wortbildung erfolgte in beiden Fällen durchaus regelmäßig. Mit Hilfe von –τήριος und –τικός werden Verbaladjektive gebildet, in unserem Fall über das Verb θυσιάζω[15], die Intensivform von θύω. Nach Schwyzer I, 467 wird –τήριος "besonders religiös und poetisch für prosaisch –τικός" gebraucht. –τήριος gibt den Ort oder das Werkzeug für etwas an (ebd., 470), während –ικός "zur Bezeichnung der Zugehörigkeit oder Be-

---

12 A. BOECK(hius), Pindari Opera quae supersunt. Bd. 2, Leipzig 1819, 312.
13 A.B. DRACHMANN, Scholia Vetera in Pindari Carmina. Bd. 2: Scholia in Pythionicas, Leipzig 1910, 31, Z. 10f.
14 Zu den Handschriften vgl. den Index ebd. XV und die Praefatio.
15 In der LXX über 40mal, vgl. Hatch-Redpath 666. Zu außerjüdischen Belegen u.a. Thes Steph IV, 446; Preisigke Wört III, 373.

ziehung, auch Eignung, Empfänglichkeit" dient (ebd. 497)[16]. Auch von daher ist θυσιαστικός im Pindarscholion sinnvoller, weil es die betreffende
Ode als einen zur Opferfeier gehörigen Gesang kennzeichnet, eine Nuance,
die θυσιαστήριος nur schwer abzugewinnen ist. Bei θυσιαστήριον in
der LXX liegt der Fall klar. Es ist der Ort zum Opfern, der Altar.

Zu fragen bleibt, ob für das Zustandekommen von θυσιαστήριον die
allgemeine Kenntnis der Wortbildungsregeln genügt oder ob es eines spe-
ziellen Vorbildes bedarf. In Frage käme θυμιατήριον, das auch klassisch
gut belegt ist und das einerseits das Werkzeug zum Räuchern, das Rauchfaß also, andererseits den Ort zum Räuchern, den Räucheraltar (dafür in
der LXX θυσιαστήριον) bezeichnen kann. Die beiden Bedeutungen sind
nicht immer klar zu scheiden (vgl. Moulton-Milligan 294). Ein Rauchfaß
ist mit ziemlicher Sicherheit gemeint bei Hdt. IV 162,3 (dort die ionische
Form θυμιητήριον), bei Thuk. VI 46,3, bei Andoc., Or 4,29[17], und bei
Athen. 5,27 (197E) = Kallixeinos von Rhodos FGH 627 F 2. Hierher gehören auch die drei Belege aus der LXX (2 Chr 26,19; Ez 8,11; 4 Makk
7,11), ferner ApkMos 33.38; TestHi 32,8; 52,4; von den Papyri POxy III
521,19, von den Inschriften u.a. SIG³ 1106,124 (Testament des Diomedon,
Kos, 300 v. Chr.) und SIG³ 1170,19 (Asklepiostempel in Epidauros)[18]. Die
Bedeutung Räucheraltar könnte bei Ael., Var Hist 12,51, vorliegen: καὶ
κατακλιθέντι θυμιατήριον παρέθεκε, καὶ ἐθυμιᾶτο αὐτῷ[19], ebenso
in SIG³ 996,12 (Smyrna, 1. Jh. n. Chr.). Bei Philo ist sie immer in An-
schlag zu bringen (Her 226f; Vit Mos 2,94.101.105.146; Spec Leg 1,231),
bei Josephus in einigen Fällen (z.B. Bell 5,218; Ant 3,198). Sie dürfte auch
für den einzigen neutestamentlichen Beleg Hebr 9,4 zutreffen.

Eine Nähe von θυσιαστήριον und θυμιατήριον ist auch dadurch gegeben, daß nach H. Frisk θύω und θῦμα bzw. θυμίαμα wurzelverwandt
sind. Frisk konstatiert für θύω "zahlreiche Ableitungen, die z.T. auf die älteren Bedeutung 'rauchen, räuchern' zurückgehen", und setzt θῦμα = Opfer
an die Spitze[20]. Es sei somit die Hypothese formuliert, daß θυσιαστήριον

16 Vgl. zur Wortbildung noch Kühner/Blass I/2, 281.287; Mayser I/3, 73f.105-111; Bl-
   Debr § 109,8; J.H. MOULTON / W.F. HOWARD, A Grammar of the New Testament
   Greek. Bd. II/3, Edinburgh 1929, 336.342f.379f.
17 G. DALMEYDA, Andocide: Discours (CUFr), Paris ³1966, 123, Z. 6.
18 Eine weitere epidaurische Inschrift mit θυμιατήριον bei F. SOKOLOWSKI, Lois
   sacrées des cités grecques. Supplément (École française d'Athènes. Travaux et mémoires des anciens membres étrangers de l'école et de divers savants 11), Paris 1962,
   Nr. 25 A, 3.13.
19 M.R. DILTS, Claudii Aeliani Varia Historia (BiTeu), Leipzig 1974, 146, Z. 21.
20 H. FRISK, Griechisches etymologisches Wörterbuch. Bd. 1, Heidelberg ²1973, 698.

nach dem Vorbild von θυμιατήριον gebildet wurde. Doch werden von dieser zusätzlichen Vermutung, falls sie sich nicht bewährt, die oben vorgetragenen Korrekturen nicht berührt.

Halten wir die Resultate fest. (1) θυσιαστήριον ist eine Vokabel der jüdisch-christlichen Sondersprache. (2) Der einzige klassische Beleg für das Adjektiv θυσιαστήριος entfällt. (3) Als Vorlage für θυσιαστήριον hat vielleicht θυμιατήριον gedient.

12. Κυρία ἐκκλησία in Bauers Wörterbuch und die Exegese des zweiten Johannesbriefs

Die folgenden Zeilen sind aus der Sorge heraus entstanden, daß ein Eintrag in W. Bauers Wörterbuch die Auslegung von 2Joh 1 in die Irre zu führen vermag und dies im Einzelfall, wie gleich zu zeigen sein wird, auch schon getan hat. Es geht um die Adressierung des kleinen Schreibens an eine "auserwählte Herrin" (ἐκλεκτῇ κυρίᾳ) samt "ihren Kindern". Daß darunter nicht eine Frau im Kreis ihrer Familie zu verstehen ist, heiße sie nun Electa oder Kyria oder wie auch immer[1], sondern die angeschriebene Ortsgemeinde, darf als Gemeingut der neueren Exegese vorausgesetzt werden[2]. Außer Frage dürfte auch stehen, daß diesem metaphorischen Sprachstil die Darstellung des Gottesvolkes Israel oder der heiligen Stadt als Frauengestalt, als Braut Jahwes, als "Jungfrau Israel" (Jer 31,21), als "Tochter Zion" (Jer 4,31) oder als "Tochter Jerusalem" (Zef 3,14) und als Mutter von Kindern (Bar 4,32; 5,5; 4Esra 10,40-49) im alttestamentlich-jüdischen Schrifttum, insbesondere in der prophetischen und apokalyptischen Literatur, kräftig vorgearbeitet hat[3]. Auch aus dem Neuen Testament und seinem urchristlichen Umfeld liegen Beispiele in hinreichender Zahl vor[4].

---

[1]   Beispielshalber sei für diese Position aus der älteren Literatur nur H. POGGEL, Der zweite und dritte Brief des Apostels Johannes geprüft auf ihren kanonischen Charakter, übersetzt und erklärt, Paderborn 1896, 127-132, angeführt, sowie als Kuriosum A.W. KNAUER, Ueber die Ἐκλεκτὴ Κυρία, an welche der zweite Brief Johannis gerichtet ist, in: ThStKr 6 (1833) 452-458: Adressatin sei Maria, die Mutter des Herrn, die dem Apostel und Lieblingsjünger Johannes zur Obhut anvertraut war und an die er deshalb aus der Ferne schreibt.

[2]   Vgl. nur von den neueren Kommentaren R. BULTMANN, Die drei Johannesbriefe (KEK 14), Göttingen 8 1969, 103; K. WENGST, Der erste, zweite und dritte Brief des Johannes (ÖTBK 16), Gütersloh/Würzburg 1978, 236; P. BONNARD, Les Épîtres johanniques (CNT[N] 13c), Neuchâtel 1983, 120; K. GRAYSTON, The Johannine Epistles (NCeB), London 1984, 152; R. SCHNACKENBURG, Die Johannesbriefe (HThK XIII/3), Freiburg i.Br. 7 1984, 306; S.S. SMALLEY, 1, 2, 3 John (Word Biblical Commentary 51), Waco 1984, 318, sowie J. LIEU, The Second and Third Epistles of John (Studies of the New Testament and Its World), Edinburgh 1986, 65-67.

[3]   Materialdarbietung bei H.J. GIBBINS, The Second Epistle of St. John, in: Exp. 6/6 (1902) 228-236; DERS., The Problem of the Second Epistle of St. John, in: Exp. 6/12 (1905) 412-424.

[4]   Offb 12,17; 19,7; 21,2.9; 2Kor 11,2; Gal 4,25f; Eph 5,22-27; 1Petr 5,13.

Natürlich wäre es schön, wenn sich diese Bildersprache auch noch aus dem nichtjüdischen und nichtchristlichen hellenistischen Raum belegen ließe. Hier schlägt nun vermeintlich die Stunde des Lexikons, steht doch bei W. Bauer in der 5. Auflage *sub voce* κυρία 2 der folgende Eintrag zu lesen, der übrigens unverändert, Wort für Wort und Silbe für Silbe, in die neue Bearbeitung durch K. und B. Aland übernommen wurde: Wahrscheinlich sei, daß κυρία in 2Joh 1 "übertr. gebraucht wird u. auf eine Gemeinde (Demetr. v. Phal. [ca. 300 v] sagt in d. Schrift περὶ τῆς ᾿Αθηναίων νομοθεσίας [228 fgm. 4 Jac]: κυρία ἡ ἐκκλησία. Leges Graecorum sacrae II [ed. LZiehen '06] 37,5 [III v] ἐκκλησία κυρία. Aristoph., Acharn. 19 κυρία ἐκκλησία. Das ist die regelmäßige Ekklesia [= Versammlung], und sie kann auch einfach ἡ κυρία heißen [Lex. Cantabr. ed. Nauck-Dobree p. 347]) zu deuten ist"[5]. Die Angaben sind nicht falsch, wenn man sie richtig zu lesen versteht. Daß dies aber nicht unbedingt immer der Fall ist, zeigt ein so renommierter Exeget und Johannesforscher wie R. Brown, wenn er aus den genannten Angaben den Schluß zieht: "evidence from the third century B.C. is given by BAG 459 (BAGD 458) for the figurative use of *kyria hē ekklēsia*, 'the lady congregation'"[6]. In der Tat, "die Herrin Gemeinde", "the lady congregation", das wäre es, was man brauchte, um die betreffende Wendung für 2Joh 1 fruchtbar machen zu können. Aber genau dies bedeutet κυρία ἐκκλησία an den zitierten Stellen nicht. Schauen wir sie uns im einzelnen an:

1. In den Acharnern des Aristophanes, seiner ersten uns erhaltenen Komödie, aufgeführt 425 v. Chr., beklagt sich der Protagonist Dikaiopolis im Eingangsmonolog darüber, daß die Pnyx, d.h. die Versammlungsstätte, leer ist, obwohl der Morgen anbricht und eine κυρία ἐκκλησία stattfinden soll: ὁπότ᾿ οὔσης κυρίας ἐκκλησίας ἑωθινῆς ἔρημος ἡ πνὺξ αὐτηί (Ach 19f). Die Loeb-Ausgabe übersetzt: "when here's the fixed Assembly

---

5   W. BAUER, Griechisch-deutsches Wörterbuch zu den Schriften des Neuen Testaments und der übrigen urchristlichen Literatur, fünfte Auflage (Nachdruck), Berlin 1971, 906 = 6., völlig neu bearbeitete Auflage, hrsg. K. u. B. Aland, Berlin 1988, 931 (mit "der frühchristlichen Literatur" statt "der übrigen urchristlichen Literatur" im Titel). Vgl. zur Neubearbeitung die berechtigten Anfragen in den Rezensionen von R. BORGER, in: GGA 241 (1989) 103-146, und M. REISER, in ThQ 169 (1989) 141-143.

6   R. BROWN, The Epistles of John (AncB 30), Garden City, N.Y. 1982, 654. Mit BAG und BAGD bezieht er sich auf die englische Ausgabe von Bauers Wörterbuch in der Bearbeitung von W.F. ARNDT, F.W. GINGRICH und (für die neue Auflage) F.W. DANKER, Chicago 1957 bzw. ²1979. Der Eintrag bei Bauer wird zu 2Joh 1 teilweise reproduziert von G. STRECKER, Die Johannesbriefe (KEK 14), Göttingen 1989, 317.

Day, and morning come, and no one in the Pnyx"[7]. Weniger glücklich heißt es in der deutschen Übersetzung: "...am Morgen, wo das souveräne Volk Versammlung hat, so leer den Platz zu sehen"[8].

2. Demetrius von Phaleron, geb. vor 344 v. Chr., Aristotelesschüler, Philosoph und Staatsmann, verfaßte u.a. Schriften über die athenische Staatsform und über seine eigene Staatsführung in den Jahren 317-307 v. Chr. Erhalten sind nur wenige Fragmente. Es lohnt sich, die verwickelte Überlieferungslage genauer in Augenschein zu nehmen, weil wir dadurch auf eine weitere Eigenheit in dem Lemma bei W. Bauer stoßen. Das Exzerpt FGH 228 F 4, das W. Bauer aus F. Jacobys Sammlung zitiert, entstammt einem byzantinischen Lexikon, dem sogenannten Lexicon Rhetoricum Cantabrigiense. F. Jacoby führt es an mit: "Lex Cantabr. p. 672,3"[9]. Das ist identisch mit der Angabe in der älteren Fragmentensammlung von C. Müller: "Lex. Rhet. ad calcem Photii p. 672,3"[10]. Beide zitieren aus der Erstausgabe des Lexikons durch P.P. Dobree, London 1822 bzw. Leipzig ²1823, als Anhang zu einer Ausgabe des Photius. F. Jacoby hat im Apparat auch die Edition von M.H.E. Meier, Halle 1843, berücksichtigt. Eine erneute Wiedergabe des Textes bietet A. Nauck im Anhang zu seinem Lexicon Vindobonense[11]. Das gleiche Textstück findet sich dort S. 347f. Dem Werk Naucks folgt z.B. F. Wehrli in seiner Spezialsammlung zu Demetrius von Phaleron[12]. Was W. Bauer am Schluß seiner Ausführungen als Beleg für einfaches ἡ κυρία zitiert ("Lex. Cantabr. ed. Nauck-Dobree p. 347"), ist somit textidentisch mit dem zuerst genannten Fragment aus Demetrius von Phaleron. Seine Anfangsworte lauten: κυρία ἡ ἐκκλησία Δημήτριος ὁ Φαληρεὺς ἐν τῶι δευτέρωι Περὶ τῆς Ἀθηναίων νομοθεσίας. Es folgen erläuternde Ausführungen, in denen κυρία verschiedentlich wiederkehrt. Im Kommentar von F. Jacoby heißt es dazu, daß die genauen Worte

7   B.B. ROGERS, Aristophanes I (LCL 178), Repr. Cambridge, Ma./London 1978, 9.
8   H.J. NEWIGER (Hrsg.), Antike Komödien: Aristophanes (Neubearbeitung der Übers. von L. Seeger), München 1968, 9.
9   F. JACOBY, Die Fragmente der griechischen Historiker II/B (Text), Repr. Leiden 1962, 961.
10 C. MÜLLER, Fragmenta Historicorum Graecorum II, Paris 1848, 362 (als Frag. 4).
11 A. NAUCK, Lexicon Vindobonense, Petersburg 1867, Repr. Hildesheim 1965, 328-358: Lexicon Rhetoricum Cantabrigiense a P.P. Dobraeo editum. – Vgl. außerdem noch E.O. HOUTSMA, Lexicon Rhetoricum Cantabrigiense, Diss. Leiden 1870, in: K. Latte / H. Erbse (Hrsg.), Lexica graeca minora, Hildesheim 1965, 61-139, zu κυρία ἐκκλησία 79f (Text) und 119f (Kommentar).
12 F. WEHRLI, Die Schule des Aristoteles. Texte und Kommentare IV: Demetrios von Phaleron, Basel 1949, 31f (als Frag. 140).

des Demetrius "nicht wieder herzustellen" sind[13]; F. Wehrli hält den Text für "unheilbar"[14].

3. Schließlich führt W. Bauer noch einen inschriftlichen Beleg an, nach der alten Ausgabe von L. Ziehen[15], was als erstes umzustellen wäre auf die neuere Edition von F. Sokolowski[16]. Es handelt sich um eine athenische Vorschrift, den Kult des Asklepios und der Hygieia betreffend, aus dem 3. Jh. v. Chr., die nach Z. 5 der Inschrift festgesetzt wurde von der ἐκκλησία κυρία. Das ist nun beileibe nicht die einzige inschriftliche Bezeugung dieses Ausdrucks. Schon in der Sammlung von F. Sokolowski, der sich auf kultisch-sakrale Texte beschränkt und die noch wichtigeren und ergiebigeren staatsrechtlichen Texte beiseite läßt, finden sich weitere Beispiele[17].

Wichtiger als das Anhäufen von Belegen wäre es für uns, zu wissen, was die Wendung eigentlich besagt. Es fällt auf, daß die zitierten Stellen in das Athen der klassischen und nachklassischen Zeit gehören. Der wichtigste Quellentext für unsere Zwecke steht denn auch in der Schrift des Aristoteles über die athenische Verfassung[18]. Daneben gibt die altphilologische Sekundärliteratur verschiedentlich Auskunft. So widmet "Pauly-Wissowas Real-Encyclopädie der classischen Alterthumswissenschaft" dem Stichwort Κυρία ἐκκλησία einen eigenen dreispaltigen Artikel[19]. Daraus geht nun unzweideutig folgendes hervor: In jeder der 10 (später 12) Prytanien eines Kalenderjahres wurden vier ordentliche Volksversammlungen abgehalten. Eine davon war die κυρία, d.h. eine hervorgehobene und besonders wichti-

---

[13] F. JACOBY, Die Fragmente der griechischen Historiker II/B (Kommentar), Repr. Leiden 1962, 647.

[14] F. WEHRLI, Schule (s. Anm. 12) 75.

[15] (J. DE PROTT) / L. ZIEHEN, Leges graecorum sacrae e titulis collectae II/1: Leges graeciae et insularum, Leipzig 1906, 108 (Nr. 37).

[16] F. SOKOLOWSKI, Lois sacrées des cités grecques (École Française d'Athènes. Travaux et mémoires des anciens membres étrangers de l'école et des divers savants 18), Paris 1969. Die von W. Bauer verwendete Inschrift findet sich 74f als Nr. 40 (= IG II², 722).

[17] A.a.O., Nr. 41, Z. 10f (Athen, 221/20 v. Chr. [= IG II², 839]); Nr. 103B, Z. 36 (= SIG³, 1047).

[18] Aristoteles, Athen Pol 43,4: προγράφουσι δὲ καὶ τὰς ἐκκλησίας οὗτοι·μίαν μὲν κυρίαν, ἐν ᾗ δεῖ τὰς ἀρχὰς ἐπιχειροτονεῖν εἰ δοκοῦσι καλῶς ἄρχειν, καὶ περὶ σίτου καὶ περὶ φυλακῆς τῆς χώρας χρηματίζειν ...

[19] H. SWOBODA, Art. Κυρία ἐκκλησία, in: PRE XII, 171-173; außerdem G. BUSOLT, Griechische Staatskunde. Erste Hälfte: Allgemeine Darstellung des griechischen Staates. Zweite Hälfte: Darstellung einzelner Staaten und der zwischenstaatlichen Beziehungen (HAW IV/1,1-2), München 1920/26, hier I, 447; II, 987-992; K.W. WELWEI, Die griechische Polis. Verfassung und Gesellschaft in archaischer und klassischer Zeit, Stuttgart 1983, 199f.

ge Versammlung mit festen Tagesordnungspunkten. So wurde u.a. über die Geschäftsführung der Beamten abgestimmt, und es wurden Fragen der Nahrungsversorgung und der Sicherheit des Landes erörtert, daneben auch Vermögens- und Erbschaftsangelegenheiten. Κυρία ἐκκλησία meint also schlicht die etwa monatliche "Hauptversammlung"; κύριος wird hier in seiner ganz normalen adjektivischen Bedeutung gebraucht[20]. Das signalisiert W. Bauer zwar ("das ist die regelmäßige Ekklesia" etc.), aber vielleicht doch nicht unmißverständlich genug. Eine metaphorische Konnotation im Sinne von "lady congregation" gibt der Terminus in seiner festgelegten kontextuellen Verwendung einfach nicht frei.

An sich wäre eine derartige Personifikation, wie sie im AT eindeutig vorliegt, auch für die griechisch-römische Welt nichts besonders Auffallendes. Die *fictio personae* kommt vor, insbesondere im Fall von "Kollektiven (Vaterland, Städte usw.)"[21]. Die Möglichkeit, daß sich evtl. bessere, überzeugendere Beispiele finden lassen[22], soll deshalb durch diese Zeilen nicht ausgeschlossen werden. Auf κυρία ἐκκλησία müssen wir dafür aber verzichten, und aus W. Bauers Wörterbuch sollte der hier im einzelnen diskutierte Klammerzusatz am besten gestrichen werden. Im konkreten Fall, wo – auch bei W. Bauer – die Auslegung von 2Joh 1 zur Diskussion steht, hat er keinerlei Funktion. Er kann im Gegenteil auch künftige Benutzer zu falschen Schlußfolgerungen verleiten.

---

[20] Vgl. H.G. LIDDELL / R. SCOTT, A Greek-English Lexicon, Repr. Oxford 1973, 1013 s. v. κύριος I.5: "at Athens, κ. ἐκκλησία a *sovereign* or *principal* assembly".

[21] H. LAUSBERG, Handbuch der literarischen Rhetorik. Eine Grundlegung der Literaturwissenschaft, Stuttgart ³1990, 412.

[22] Vgl. die Hinweise bei F.J. DÖLGER, *Domina Mater Ecclesia* und die "Herrin" im zweiten Johannesbrief, in: AuC 5 (1936) 211-217, hier 214f; N. HYLDAHL, A Supposed Synagogue Inscription, in: NTS 25 (1978/79) 396-398.

13. "Christus, Gottes Kraft und Gottes Weisheit" (1 Kor 1,24)

Jüdische Weisheitsüberlieferungen im Neuen Testament

"Im Anfang war die Weisheit, und die Weisheit war bei Gott, und von göttlicher Wesensart war die Weisheit. Diese war im Anfang bei Gott. Alles ist durch sie geworden, und ohne sie wurde nicht eines. Was geworden ist, war in ihr Leben, und das Leben war das Licht der Menschen" – inzwischen müßte sich ein gewisser Verfremdungseffekt eingestellt haben, denn wir kennen diesen Text, den Anfang des Johannesevangeliums, in anderer Fassung: "Im Anfang war das Wort, und das Wort war bei Gott..." (Joh 1,1). Das Wort, im Griechischen der Logos, ein Maskulinum, dafür haben wir in unserer Paraphrase die Weisheit, auch im Griechischen die Sophia, ein Femininum, eingesetzt, mit welchem Recht? Eigentlich machen wir damit nur den Prozeß rückgängig, der zur Entstehung des berühmten Logoshymnus im Johannesprolog geführt hat, denn daß dieser sich in massiver Weise jüdischer Weisheitsüberlieferung bedient, steht außer Frage[1]. Das gilt z.B. für das anfängliche Sein bei Gott, für das Mitwirken bei der Schöpfung, für die Nähe zu Licht und Leben. Wir können diese weisheitliche Linie sogar noch weiter verfolgen, im Anschluß an Sir 24. Dort sucht die Weisheit nach einer Wohnstatt bei den Menschen und findet sie schließlich im Volk Israel. In einer negativen Variante bleibt ihre Suche ergebnislos, sie kehrt in den Himmel zurück (äthHen 42,1f). Im weiteren Verlauf des Johannesprologs hören wir, daß der Logos in das Seine kam, aber nicht aufgenommen wurde (Joh 1,11). Demgegenüber hält V. 14 fest: "Und das Wort ist Fleisch geworden und hat [wörtlich] unter uns sein Zelt aufgeschlagen." Während sich die Fleischwerdung des Logos nicht aus weisheitlichen Texten illustrieren läßt, hat neben der Gesamtbewegung auch das

---

[1] Vgl. dazu und zu Fragen der Prologexegese insgesamt M. THEOBALD, Im Anfang war das Wort. Textlinguistische Studie zum Johannesprolog (SBS 106), Stuttgart 1983, hier bes. 98-109; DERS., Die Fleischwerdung des Logos. Studien zum Verhältnis des Johannesprologs zum Corpus des Evangeliums und zu 1 Joh (NTA NF 20), Münster 1988, hier bes. 396-398; J. HABERMANN, Präexistenzaussagen im Neuen Testament (EHS.T 362), Frankfurt a.M. 1990, 317-414.

Zelten dort seine Parallelen (vgl. Sir 24,8, wo Gott der Weisheit aufträgt: "In Jakob schlage dein Zelt auf").

Die Sophia der jüdischen Weisheitstradition wurde also in Joh 1,1-18 durch den Logos ersetzt, wofür es Ansatzpunkte auch in jüdischen Schriften und bei jüdischen Autoren gibt[2]. Daß das christliche Evangelium den Logos bevorzugt, ist verständlich, brauchte man doch angesichts des Sohnes Gottes Jesus Christus, über den letztlich gesprochen werden soll, ein männliches Attribut. Außerdem kann man mit dem Wort besser das Wort Gottes und das Wort der Evangeliumsverkündigung assoziieren. Wenn wir bedenken, daß der Johannesprolog zu einem klassischen Bezugstext für die Entwicklung der altkirchlichen Christologie wurde, beginnen wir zu ahnen, welche Spuren auf Umwegen jüdische Weisheit in christlicher Theologie hinterlassen hat.

Das eigentliche Problem im Umgang mit der Weisheit besteht auch neutestamentlich gesehen in ihrer enormen Spannbreite. Weisheitlich sind einfache Sätze, die alltägliche Erfahrungen komprimieren und Handlungsanweisungen geben, Sprichwörter also, wie wir sie nicht nur im Buch der Sprüche im Alten Testament antreffen, sondern auch in der Jesusüberlieferung. Weisheitlich ist aber auch die komplexe mythische Gestalt der himmlischen Sophia, mit der wir uns soeben beschäftigt haben. Was hat das überhaupt miteinander zu tun? Gibt es Wege von hier nach dort und umgekehrt? Und was soll man bevorzugt behandeln, wenn man im Blick auf das Neue Testament von Weisheit spricht[3]? Wir können angesichts der Überfülle des Stoffes nur exemplarisch vorgehen. Wir konzentrieren uns deshalb auf ein Spezifikum des Neuen Testaments, auf die Person Jesu Christi, und behandeln der Reihe nach: Jesus als Weisheitslehrer, Jesus als Bote der Weisheit, Jesus als Weisheit Gottes[4].

---

[2]   Schon im Titel angezeigt bei B.L. MACK, Logos und Sophia. Untersuchungen zur Weisheitstheologie im hellenistischen Judentum (StUNT 10), Göttingen 1973; vgl. dort vor allem den Teil zu Philo (108-184).

[3]   Umfassender Überblick bei H. VON LIPS, Weisheitliche Traditionen im Neuen Testament (WMANT 64), Neukirchen-Vluyn 1990. Vgl. jetzt auch die Problemstudie von S. VOLLENWEIDER, Christus als Weisheit. Gedanken zu einer bedeutsamen Weichenstellung in der frühchristlichen Theologiegeschichte, in: EvTh 53 (1993) 290-310.

[4]   Nicht berücksichtigt wird also u.a. der ganze Bereich der Paränese, s. dazu H. VON LIPS, ebd. 356-438; keine Berücksichtigung findet ferner ein Text wie der Jakobusbrief, vgl. H. FRANKEMÖLLE, Der Jakobusbrief als Weisheitsschrift im Kontext frühjüdischer Weisheit, in: rhs 33 (1990) 305-313.

I. Jesus als Weisheitslehrer

1. Der weisheitliche Ansatz: Das Sprichwort

Wir setzen mit drei bekannten Sprichwörtern ein: "Wer andern eine Grube gräbt, fällt selbst hinein"; "Hochmut kommt vor dem Fall"; "Der Mensch denkt, Gott lenkt". Was hier behauptet wird, trifft zwar nicht immer und überall zu, aber doch oft genug, um als Alltagsweisheit zu gelten. So entspricht es dem *common sense*, dem gesunden Menschenverstand. Mit solchen Sentenzen versuchen wir, Erfahrungswirklichkeit zu strukturieren und einfache Mittel zur Lebensbewältigung an die Hand zu geben. Sprichwörter enthalten die praktische Philosophie des kleinen Mannes, dieses Urteil ist keineswegs despektierlich gemeint. Das Besondere in unserem Fall besteht nun darin, daß alle drei Beispiele, auch wenn es den wenigsten bewußt ist, aus dem Buch der Sprüche im Alten Testament stammen, vgl. Spr 26,27: "Wer eine Grube gräbt, fällt hinein, und wer einen Stein wälzt, auf den rollt er zurück"; 16,18: "Hochmut kommt vor dem Verderben, und hoffärtiger Sinn vor dem Fall"; 16,9: "Des Menschen Herz denkt sich einen Weg aus, aber der Herr lenkt seinen Schritt." Ob das Buch der Sprüche seinerseits für diese Sätze den Ursprungsort darstellt, ist noch einmal eine Frage für sich. Auch die frühe Weisheit ist kein spezifisch israelitisches Phänomen, sondern ein allgemein altorientalisches, sie ist durch Internationalität gekennzeichnet. So hat man nachweisen können, daß die Kapitel 22-24 im Buch der Sprüche in großer Nähe zur ägyptischen Weisheitslehre des Amenemope stehen[5]. Das kann angesichts des einfachen, aber grundlegenden und dadurch völker- und zeitübergreifenden humanen Ethos dieser Aussprüche nicht sonderlich verwundern.

Was wir soeben zu unseren heutigen Sprichwörtern andeuteten, gilt erst recht für ihre biblischen Vorbilder. Eine wichtige Wurzel, wenn nicht die entscheidende Wurzel für die ganze Weisheitstradition überhaupt, ist der sinnstiftende Umgang mit der Welt und mit der erfahrenen Realität in Natur und Gesellschaft. Wahrnehmungen und Ereignisse werden verarbeitet. Die Ordnung, die sich darin zeigt, wird herauspräpariert und in Regeln gefaßt. Diese Regeln kann man wiederum als Leitlinien benutzen für die Gestaltung eines Lebens, das gelingen soll. Die geeignete Art und Weise für

---

[5]   S. nur O. PLÖGER, Sprüche Salomos (Proverbia) (BK 17), Neukirchen-Vluyn 1984, 265; D. RÖMHELD, Wege der Weisheit. Die Lehren Amenemopes und Proverbien 22,17-24,22 (BZAW 184), Berlin 1989.

den Transport solcher Lebensweisheiten ist der Spruch, das Sprichwort, die Sentenz, die Gnome. Gerhard von Rad spricht von einer "gnomischen Apperzeption" der Wirklichkeit, um diesen besonderen Erkenntnisvorgang zu charakterisieren[6]. Das will sagen: eine Aneignung der Wirklichkeit, ein Sich-Vertrautmachen mit ihr in der Form des kurzen Spruchs. Allerdings setzt dieser Zugang letzten Endes ein Grundvertrauen in die Gesetzmäßigkeit und Sinnhaftigkeit alles Geschehens voraus, was den Boden bereitet für die weiterführende Überlegung, inwieweit nicht Gott selbst der eigentliche Garant dafür sein muß. Nicht verschwiegen sei auch, daß diese weisheitliche Betrachtungsweise am besten in kleinen, überschaubaren Lebenswelten funktioniert, mit denen wir es im Alltag glücklicherweise meist zu tun haben. Auf größere Systeme projiziert, gerät sie leicht in die Krise (Krisen lassen sich auch in der biblischen Weisheitsüberlieferung beobachten, erinnert sei an Ijob und Kohelet). Das unterscheidet die Alltagsweisheit auch von der Philosophie, die zwar dem Wortsinn nach nichts anderes sein will als Liebe zur Weisheit, aber in der Regel großräumiger ansetzt, systematischer, prinzipieller und abstrakter.

2. Beispiele aus der Jesusüberlieferung

Was hat das alles aber mit Jesus zu tun? Eine kleine Sammlung von Jesusworten mag eine erste Auskunft geben. Manche dieser Logien wurden aus erzählerischen Kontexten herausgelöst, mit denen sie inhaltlich verwoben sind, andere stehen von Haus aus isolierter in lockeren Sammlungen. Teils handelt es sich dabei um einfache Sentenzen in Aussage- und Frageform; anderes ist der Gattung des weisheitlichen Mahnspruchs zuzuordnen[7].

---

[6] G. VON RAD, Weisheit in Israel, Neukirchen-Vluyn ²1982, 46; aus der weiteren Lit. zur Weisheit im AT seien lediglich genannt: G.T. SHEPPARD, Wisdom as a Hermeneutical Construct. A Study in the Sapientializing of the Old Testament (BZAW 151), Berlin 1980; H.D. PREUSS, Einführung in die alttestamentliche Weisheitsliteratur (UB 383), Stuttgart 1987; zu den nachbiblischen Schriften vor allem M. KÜCHLER, Frühjüdische Weisheitstraditionen. Zum Fortgang weisheitlichen Denkens im Bereich des frühjüdischen Jahweglaubens (OBO 26), Freiburg i.Ue./Göttingen 1979; allgemein (auch zum NT) die Lexika und die Kommentare, die im folgenden vorausgesetzt, aber nur in Ausnahmefällen zitiert werden.

[7] Dazu D. ZELLER, Die weisheitlichen Mahnsprüche bei den Synoptikern (FzB 17), Würzburg 1977.

(1) Mk 2,17b: "Nicht die Gesunden brauchen den Arzt, sondern die Kranken." Ein einleuchtender Grundsatz, zu dem erwartungsgemäß eine ganze Reihe von antiken Parallelen vorliegt. Im Kontext dient er dazu, die Hinwendung Jesu zu den Sündern zu begründen, was gleichfalls seine Analogie in der hellenistischen Popularphilosophie hat[8].

(2) Mk 2,19bc: "Können denn die Hochzeitsgäste fasten, solange der Bräutigam bei ihnen ist?" Eine Frage, auf die es als Antwort nur ein emphatisches Nein geben kann. Der Zusammenhang erst stellt den christologischen Bezug her: Verdeckt verweist der Bräutigam auf Jesus selbst[9].

(3) Mk 2,21: "Niemand näht einen Flickens ungewalkten Stoffes auf ein altes Gewand. Wenn aber doch, reißt das Füllstück von ihm ab..., und der Riß wird schlimmer sein." Vorausgesetzt ist als kulturelles Wissen, daß ein ungewalkter Flicken sich, wenn er naß wird, zusammenzieht und den alten, brüchigen Stoff zerreißen kann. In diesem Erfahrungshorizont stellt das Wort, für sich betrachtet, eine schlichte Schneiderregel dar, wie ein Kommentator treffend bemerkte, und das anschließende Bildwort vom neuen Wein und den alten Schläuchen eine Küfer- oder Winzerregel[10]. Da die jetzige Zusammenstellung mit der Fastenfrage sicher sekundär vorgenommen wurde, liegt auch die Pointe der isolierten Sätze keineswegs auf der Hand. Es könnte ja z.B. auch Schonung des Alten anempfohlen werden. Erst übergreifende Überlegungen zur Gesamtzielrichtung der Verkündigung Jesu erlauben es, die Dynamik der neu angebrochenen Gottesherrschaft aus den Bildern herauszulesen.

(4) Mk 3,24: "Wenn ein Königreich in sich gespalten ist, kann jenes Königreich keinen Bestand haben. Und wenn ein Haus in sich gespalten ist, kann jenes Haus keinen Bestand haben." Man wird nicht fehl gehen, wenn man beim ersten Hören an den Grundsatz "Einigkeit macht stark" denkt. In diesem Sinn verwenden außerbiblische Schriften ähnliche Vergleiche[11]. Innerhalb der Beelzebulkontroverse, aus der wir den Vers entnommen haben, soll damit die Widersinnigkeit des Vor-

---

[8] Einzelnachweise bei H.J. KLAUCK, Allegorie und Allegorese in synoptischen Gleichnistexten (NTA NF 13), Münster ²1986, 153f.
[9] S. ebd. 160-169.
[10] E. LOHMEYER, Das Evangelium des Markus (KEK I/2), Göttingen ¹⁶1963, 61.
[11] Näheres bei H.J. KLAUCK, Allegorie (s. Anm. 8) 177; zum folgenden Bildwort ebd. 180.

wurfs, Jesus treibe mit Hilfe Satans die Dämonen aus, erwiesen werden.

(5)   Mk 3,27: "Niemand kann ins Haus des Starken eindringen und seine Beute rauben, wenn er nicht zuerst den Starken bindet..." Hierzu müssen wir auf Jes 49,24 zurückgreifen, wo eine skeptische Einrede des Volkes im Exil zitiert wird: "Kann man denn einem Starken den Raub entreißen, oder entrinnen die Gefangenen eines Mächtigen?" Die skeptische Frage basiert auf Erfahrungsweisheit und hat sprichwörtlichen Klang[12]. Angewandt werden kann sie wie alle Sprichwörter in unterschiedlichen Situationen, auf die babylonische Gefangenschaft Israels bei Jesaja oder im markinischen Kontext auf das exorzistische Wirken Jesu, der den Starken – Satan – überwunden hat.

(6)   Mk 4,22a: "Denn nichts ist verborgen, ohne daß es offenbar werden wird" dürfte ursprünglich davor gewarnt haben, anderen leichtfertig seine Geheimnisse anzuvertrauen, oder will im Sinne von "Es ist nichts so fein gesponnen, es kommt doch ans Licht der Sonnen" verstanden werden, während Mk 4,25: "Denn wer hat, dem wird gegeben werden, und wer nicht hat, dem wird auch noch das genommen, was er hat" den wenig erfreulichen Sachverhalt thematisiert, daß Reiche immer reicher und Arme immer ärmer werden, daß mit anderen Worten Geld immer auf den großen Haufen fällt[13].

(7)   Lk 6,39b (par Mt 15,14c): "Kann denn ein Blinder einen Blinden führen?" und Lk 6,44b par Mt 7,16b: "Erntet man etwa von Dornen Feigen oder vom Dornbusch eine Traube?" (vgl. Jak 3,12) provozieren als Antwort wiederum: "Natürlich nicht." Daß es im ersten Fall zu einem Desaster kommen muß, weiß man auch ohne den Zusatz "Sie werden beide in eine Grube fallen", und daß jedes Gewächs, wenn überhaupt, nur die ihm eigenen Früchte hervorbringt, ist ein Naturgesetz.

(8)   Lk 11,10bc par Mt 7,8bc: "Wer sucht, der findet, und wer anklopft, dem wird aufgetan." In Spr 8,17b sagt die Weisheit von sich: "Die mich suchen, werden mich finden", und in Sir 51,26b wird von der Weisheit gesagt: "Nahe ist sie denen, die sie suchen, und wer sich ihr hingibt, den wird sie finden" (vgl. noch Spr 2,4f; Sir 6,27; Weish 6,12). Die allgemein menschliche Erfahrung, daß intensives Suchen

---

[12]   E. KLOSTERMANN, Das Markusevangelium (HNT 3), Tübingen ⁵1971, 37.
[13]   H.J. KLAUCK, Allegorie (s. Anm. 8) 235.239f.

und energisches Sich-Bemerkbarmachen doch des öfteren zum Erfolg
führt, dem Verzicht auf Suchaktionen und Störmanöver jedenfalls
vorzuziehen ist, wurde in einer ersten Abstraktion bereits auf das
Weisheitsstreben übertragen. Innerhalb der programmatischen Rede
Jesu dienen diese Worte jetzt als Begründung eines weisheitlichen
Mahnspruchs, der zum rechten Bittgebet anhalten will (aber auch das
Bitten muß nicht unbedingt schon von Anfang an das Beten intendiert
haben)[14].

(9) Lk 12,34 par Mt 6,21: "Wo dein Schatz ist, da wird auch dein Herz
sein." Die selbständige Gnome betont, "daß ein Mensch, der einen
Schatz hat, dadurch in seinem Denken und Streben in Beschlag genommen ist"; an himmlische Schätze ist dabei zunächst gar nicht gedacht, vielmehr wurde der Vers "als vorgeprägter Erfahrungssatz" an
die voranstehenden Mahnworte über den Schatz im Himmel angehängt, "wohl nicht bei ihrer ersten Formulierung"[15].

(10) Lk 12,22-31 par Mt 6,25-33: Auch die verhältnismäßig lange Perikope vom Sorgen gehört zu den weisheitlichen Mahnsprüchen[16]. Die
einleitende Warnung vor übergroßer Ängstlichkeit in Bezug auf Leib
und Leben, auf Kleidung und Nahrung, wird mit verschiedenen erfah-
rungsbezogenen Begründungen versehen, darunter die bekannten Ana-
logieschlüsse aus der Natur: die Vögel des Himmels, die nicht säen
noch ernten und doch ihre Nahrung finden; die Lilien des Feldes, die
sich nicht abmühen und nicht spinnen und doch prächtiger gekleidet
sind als der weise König Salomo (vgl. in Mt 6,34c [S] auch das lapi-
dare Diktum: "Jeder Tag hat genug an seiner Plage"). Erst der Schlußsatz: "Sucht zuerst das Reich Gottes...", dessen Zugehörigkeit zur ursprünglichen Komposition durchaus fraglich scheint, rückt das Ganze
in ein eschatologisches Bezugsfeld. Die Ambivalenz weisheitlicher
Wertungen erkennt man, wenn man dem oft angestellten Querver-
gleich mit Spr 6,6-8 nachgeht. Auch dort soll der Mensch aus para-
doxen Gegebenheiten der Natur lernen, diesmal nicht von den Vögeln
oder den Lilien, sondern von der Ameise. Aber eingeschärft wird ein

---

14 Vgl. D. ZELLER, Mahnsprüche (s. Anm. 7) 127-131; R.A. PIPER, Wisdom in the Q-
   tradition. The Aphoristic Teaching of Jesus (MSSNTS 61), Cambridge 1989, 15-24.
15 So D. ZELLER, ebd. 78, dem ich mich anschließen kann; ähnlich R.A. PIPER, ebd. 103.
16 Vgl. D. ZELLER, ebd. 82-93 (zur Komposition 92: "Verschiedene Äußerungen Jesu
   zum selben Thema dürften erst von der Überlieferung in diese Form gebracht worden
   sein"); R.A. PIPER, ebd. 24-35.

genau gegensätzliches Verhalten, nämlich die zeitige und fleißige Vorsorge[17].

Das sind nur wenige Beispiele aus einer weitaus größeren Fülle von Material. "Niemand kann zwei Herren dienen" (Lk 16,13a par Mt 6,24a), "Der Jünger steht nicht über seinem Meister" (Lk 6,40a par Mt 10,24), "Wo das Aas ist, da sammeln sich die Geier" (Lk 17,37cd par Mt 24,28), "Denn aus dem Überfluß des Herzens redet der Mund" (Lk 6,45c par Mt 12,34b) – wir spüren, daß wir unsere Aufzählung fast beliebig fortsetzen könnten. Listen mit weisheitlichen Worten Jesu, die in der Forschung kompiliert wurden[18], erreichten Zahlen von weit über hundert. Ein Großteil davon findet sich, was aus unserer Zusammenstellung mit ihrer anfänglichen Orientierung an Markus noch nicht so recht hervorgeht, in der Quelle Q[19], die nicht umsonst auch Spruch- oder Logienquelle heißt.

3. Die Schwierigkeiten einer Integration

Damit aber stoßen wir bereits auf ein erstes Dilemma, das die gegenwärtige Forschungssituation bestimmt: Ist die Logienquelle aufgrund ihres hohen weisheitlichen Anteils der Gattung nach als Weisheitsschrift einzustufen oder wegen ihres zumindest gleichwertigen Bestandes an prophetisch-apokalyptischen Worten nicht doch eher als Prophetenbuch[20]? Wir wollen uns dabei aber gar nicht weiter aufhalten, weil sich das Problem

---

17 Richtig H. VON LIPS, Traditionen (s. Anm. 3) 217.
18 S. z.B. M. KÜCHLER, Weisheitstraditionen (s. Anm. 6) 587-592; H. VON LIPS, Traditionen (s. Anm. 3) 205-214.228-232. Eine monographische Behandlung der Sprichwörter in der Jesusüberlieferung mit Diskussion der bisherigen Sekundärliteratur bietet A.P. WINTON, The Proverbs of Jesus. Issues of History and Rhetoric (JSNT.S 35), Sheffield 1990; doch bleibt die Studie trotz mancher guten Anstöße u.a. im Bereich der Methodenfragen zu sehr im Programmatischen stecken.
19 Vgl. W. GRUNDMANN, Weisheit im Horizont des Reiches Gottes. Eine Studie zur Verkündigung Jesu nach der Spruchüberlieferung Q, in: Die Kirche des Anfangs (FS H. Schürmann), Freiburg i. Br. 1978, 175-199; R.A. PIPER, Wisdom (s. Anm. 14), mit Lit., und die nächste Anm.
20 Ersteres wird in Fortführung von J.M. ROBINSON, LOGOI SOPHON – Zur Gattung der Spruchquelle Q, in: Ders./H. Köster, Entwicklungslinien durch die Welt des frühen Christentums, Tübingen 1971, 67-106, vertreten von J.S. KLOPPENBORG, The Formation of Q. Trajectories in Ancient Wisdom Collections (Studies in Antiquity and Christianity), Philadelphia 1987, letzteres mit beachtlichen Gründen von M. SATO, Q und Prophetie. Studien zur Gattungs- und Traditionsgeschichte der Quelle Q (WUNT II/29), Tübingen 1988.

konsequenterweise noch einen Schritt weiter zurückverlagern läßt: Was
war Jesus selbst, oder besser gesagt, wem ähnelte Jesus mehr, einem Weisheitslehrer[21] oder einem Endzeitpropheten? Das ist eine Frage, die dem
sprichwörtlichen Stich ins Wespennest gleichkommt.

In seinem Standardwerk *Die Geschichte der synoptischen Tradition*
von 1921 ordnet Rudolf Bultmann die Worte Jesu in drei Gruppen ein: 1.
Logien; 2. prophetisch-apokalyptische Worte; 3. Gesetzesworte und Ge-
meinderegeln. Zu dem Zwischentitel "Logien" beim ersten Abschnitt fügt er
fast verschämt in Klammern hinzu: "(Jesus als Weisheitslehrer)"[22]. Was die
Klammer soll, wird klar, wenn man das dazugehörige Kapitel durchliest.
All diese Worte sind nach Bultmann "wenig oder gar nicht charakteristisch
für eine neue und individuelle Frömmigkeit, die über das Judentum hinaus-
wächst, sondern sind Lebensbeobachtungen, Regeln der Klugheit und
Volksmoral, gelegentlich von Humor oder Skepsis getragen, erfüllt bald
von einer nüchternen, volkstümlichen Moral, bald von einem naiven Egois-
mus"[23]. Sie stammen in ihrer Mehrzahl aus der jüdischen oder allgemeiner
aus volkstümlicher Weisheit und sind von der späteren Gemeinde Jesus erst
in den Mund gelegt worden[24]. Aussicht auf Authentizität haben nur solche
Logien, "die aus dem Hochgefühl der eschatologischen Stimmung gesprochen sind", die "die neue Gesinnung fordern", die "etwas Charakteristi-
sches, Neues" enthalten, "was über Volksweisheit und Volksfrömmigkeit
hinausgeht und doch ebensowenig spezifisch schriftgelehrt-rabbinisch oder
jüdisch-apokalyptisch ist"[25].

Zwei Faktoren spielen in dieses Votum Bultmanns hinein. Zum einen
hatte die liberale Theologie des 19. Jahrhunderts Jesus vorzugsweise als
Verkünder zeitloser sittlicher Wahrheiten betrachtet. Im Gegenzug wurde

---

[21] Vgl. die Titelformulierung bei M. HENGEL, Jesus als messianischer Lehrer der Weisheit und die Anfänge der Christologie, in: E. Jacob (Hrsg.), Sagesse et Religion:
Colloque de Strasbourg, Octobre 1976 (Bibliothèque des Centres d'Études Supérieu-
res Spécialisés), Paris 1979, 147-188; R. RIESNER, Jesus als Lehrer. Eine Untersuchung zum Ursprung der Evangelien-Überlieferung (WUNT II/7), Tübingen [3]1988.

[22] R. BULTMANN, Die Geschichte der synoptischen Tradition (FRLANT 29), Göttingen
[8]1970, 73; beachtenswert ist die Absicherung dieser Klassifizierung mit Jer 18,18:
Vom Weisen erwartet man Rat, vom Propheten ein Wort, vom Priester Weisung (ebd.
Anm. 1). Der ganze Abschnitt über die Weisheitsworte reicht bis 113.

[23] Ebd. 108.

[24] Ebd. 105f.109f.112f.

[25] Ebd. 110; vgl. 106: "...je individueller ihr Gehalt ist, je charakteristischer für Jesus
als den Prediger der Buße und der kommenden Gottesherrschaft..."; eine existentiale
Lösung der Grundlagenproblematik bietet R. BULTMANN, Allgemeine Wahrheiten
und christliche Verkündigung, in: GuV III, 166-177.

um die Jahrhundertwende von Johannes Weiß und Albert Schweitzer Jesus neu entdeckt in seiner ganzen Fremdheit als apokalyptisch gestimmter Prediger des unmittelbar bevorstehenden Endes[26]. Letztere Position bildet für Bultmann die selbstverständliche Prämisse seines Denkens. Zum andern klingt bei ihm etwas an, was später als Kriterium der Unähnlichkeit genauer definiert werden sollte und bis zur Stunde große Akzeptanz findet: Jesuanisch sind vor allem solche Worte, die kein Vorbild im Judentum haben und die sich auch nicht aus der frühchristlichen Gemeinde herleiten lassen, sich also durch besondere Originalität auszeichnen[27]. Das ist ein sehr scharfes kritisches Seziermesser, von dem bei aller Brauchbarkeit auch das Sprichwort gilt: "Allzu scharf macht schartig." Es läßt, überspitzt gesagt, Jesus den Juden fast völlig verschwinden hinter dem Begründer der christlichen Reformbewegung.

Bei Anwendung des ersten Maßstabs – Jesus als Künder der nahen Gottesherrschaft – treten die weisheitlichen Stoffe notwendigerweise zurück. Warum noch weisheitliche Mahnungen, die zu richtiger Lebensgestaltung in der Welt anhalten wollen (und von denen nur manche, längst nicht alle im heutigen Kontext eschatologischen Anliegen dienstbar gemacht werden, dies z.T. wohl sekundär), wenn Welt und Leben sich morgen schon dem radikalen Umbruch ausgesetzt sehen? Bei Anwendung des zweiten Maßstabs – Unähnlichkeit – fallen Weisheitsworte fast notwendig unter den Tisch, denn wenn sich irgendwo Lawinen von Parallelen lostreten lassen, dann im Bereich der Spruchweisheit. Die Zeiten, in denen der bedeutende schwäbische Pietist Friedrich Christoph Oettinger (1702-1782) noch schreiben konnte, Jesus habe "in seinen Jünglingsjahren" fleißig "in den Sprüchen Salomos studiert"[28], scheinen längst vorbei zu sein.

4. Konturen des Jesusbildes

Es gehört zur Eigenart der Forschung, daß sie sich auch mit gesicherten Zwischenergebnissen nie sonderlich lange zufrieden gibt. Neuerdings setzt

---

[26] S. nur B. LANNERT, Die Wiederentdeckung der neutestamentlichen Eschatologie durch Johannes Weiß (TANZ 2), Tübingen 1989.

[27] Die Definition wird Ernst Käsemann zugeschrieben, vgl. zur Kriteriologie F. HAHN, Methodologische Überlegungen zur Rückfrage nach Jesus, in: K. Kertelge (Hrsg.), Rückfrage nach Jesus. Zur Methodik und Bedeutung der Frage nach dem historischen Jesus (QD 63), Freiburg i.Br. 1974, 11-77, hier bes. 33 mit Anm. 54.

[28] Zitiert nach B. LANG, Weisheit als Ethos. "Common sense" und einfache Sittlichkeit im Buch der Sprichwörter, in: rhs 33 (1990) 281-288, hier 285.

sich wieder mehr und mehr die Einsicht durch, daß die weisheitlichen Elemente ihren genuinen Ort in der Verkündigung des irdischen Jesus haben. Zu breit fällt ihre Bezeugung durch die Logienquelle, durch Markus und durch das Sondergut bei Matthäus und Lukas aus. Global gesehen muß das einen Anhalt bei Jesus selbst haben, auch wenn für jedes einzelne Logion die mühsame Arbeit der Rückfrage gesondert anzugehen ist und letzte Sicherheit nur selten erreicht werden kann. Unsere Sorgen sind damit aber noch längst nicht alle aus der Welt geschafft, denn jetzt stellt sich neu die Aufgabe, die beiden unterschiedlichen Linien, die apokalyptische und die weisheitliche, in die richtige Relation zu bringen. In der exegetischen Literatur wird diese Fragestellung seit längerem verhandelt unter dem nicht völlig identischen, aber doch verwandten Thema der Verhältnisbestimmung von Eschatologie und Ethik in der Verkündigung Jesu[29]. Manchmal sieht man die beiden Größen in der Sache als unvereinbar an und sucht ihren gemeinsamen Fluchtpunkt nur im Gottesgedanken oder in der Person Jesu. Eine andere Möglichkeit: Man läßt die weisheitlichen Motive lediglich als geschickte didaktische Illustration für die dominierende Botschaft von der Gottesherrschaft gelten, wozu man verstärkend die Tatsache heranziehen kann, daß auch die jüdische Apokalyptik in nicht unbeträchtlichem Umfang weisheitliche Materialien integriert hat (und weisheitliche Schriften in geringerem Maß hin und wieder apokalyptische Passagen aufweisen, vgl. z.B. Weish 5,17-23).

Vor dem Versuch einer Antwort wären als weitere Textgruppe neben den Weisheitsworten noch die Gleichnisse Jesu zu behandeln. Nach fast allgemeiner Übereinkunft sprechen sie von der Gottesherrschaft, aber sie tun das auf eine analogische und damit typisch weisheitliche Weise. Sie nehmen Begebenheiten aus Natur, Schöpfung und menschlichem Zusammenleben auf, teils in positiver Entsprechung, teils überbietend, steigernd und kontrastierend. Sicher wird der rein weisheitliche Horizont hier wie dort, in den Gleichnissen wie in den Weisheitslogien, oft genug radikalisiert und zerbrochen, aber wichtiger dürfte es im Moment einmal sein, die andere, oft vernachlässigte Seite zu betonen: daß es überhaupt positive Anknüpfungsmöglichkeiten und Elemente einer Kontinuität gibt. Wir werden auf Dauer nicht daran vorbeikommen, dem weisheitlichen Anteil im Profil des irdi-

---

29 Diskussionsüberblicke mit eigenen Lösungsvorschlägen bei D. ZELLER, Mahnsprüche (s. Anm. 7) 163-184; W. GRUNDMANN, Weisheit (s. Anm. 19); H. MERKLEIN, Die Gottesherrschaft als Handlungsprinzip. Untersuchung zur Ethik Jesu (FzB 34), Würzburg ³1984, 36-45; W. SCHRAGE, Ethik des Neuen Testaments (GNT 4), Göttingen ⁴/¹1982, 21-43; H. VON LIPS, Traditionen (s. Anm. 3) 240-257; A.P. WINTON, Proverbs (s. Anm. 18) 141-167.191-193.

schen Jesus einen größeren, selbständigeren Stellenwert einzuräumen und das auch theologisch einzuholen. Das bringt manche Vorteile mit sich und wirkt in mancher Hinsicht entlastend:

- Ein rein apokalyptisches Jesusbild läuft Gefahr, Jesus als Weltuntergangspropheten zu zeichnen, der sich "im Feuerschein und Brandgeruch der hereinbrechenden kosmischen Katastrophe" bewegt und seine von Schwärmerei nicht freien Weisungen "an Symptomen des Funkenflugs oder des Verfalls der Welt orientiert"[30]. Jesus, der Weisheitslehrer, bietet dazu das notwendige Korrektiv.

- Entkrampft werden kann ein Stück weit auch der Streit um die Gesetzeskritik Jesu. Manche von den Äußerungen, die man gesetzeskritisch interpretiert, gehören in den Bereich der weisheitlichen Mahnungen, die gegenüber der Geltung der Tora zunächst ganz indifferent sind[31].

- Die Weisheit orientiert sich grundsätzlich am Menschen, an seiner Lebenswelt, und sorgt sich um sein Wohlergehen. Wenn Jesus sich weisheitlicher Redeformen bedient, zeigt er damit an, daß er den Menschen und seine Lebenserfahrungen ernstnimmt. Er appelliert an seine Einsicht, Klugheit und Vernunft. Er wirbt um Zustimmung und will argumentativ überzeugen. Weisheitlich bedeutet zugleich menschenfreundlich.

- Nicht zuletzt erleichtert die Herausarbeitung weisheitlicher Denkfiguren in der Verkündigung Jesu "dem Exegeten auch das Gespräch mit heutigen theologischen Ethikern, denen an der Rationalität des christlichen Ethos liegt"[32].

Wenn es im übrigen in einem Wort aus der Logienquelle heißt: Die Königin des Südens "kam von den Enden der Erde, um die Weisheit Salomos zu hören, und siehe, hier ist mehr als Salomo", und die Männer von Ninive "bekehrten sich auf die Predigt des Jona hin, und siehe, hier ist mehr als Jona" (Lk 11,31-32 par Mt 12,41-42), so ist das für uns in mehrfacher Hinsicht relevant. Gesagt wird damit auch, daß man an Jesus Kategorien

---

[30] Formulierungen von W. SCHRAGE, Ethik (s. die vorige Anm.) 34.
[31] Vgl. G. DAUTZENBERG, Gesetzeskritik und Gesetzesgehorsam in der Jesustradition, in: K. Kertelge (Hrsg.), Das Gesetz im Neuen Testament (QD 108), Freiburg i.Br. 1986, 46-70, hier 67f.
[32] So R. SCHNACKENBURG, Die sittliche Botschaft des Neuen Testaments. Bd. 1: Von Jesus zur Urkirche (HThK.S 1), Freiburg i.Br. 1986, 88.

des Prophetischen – dafür steht Jona – und des Weisheitlichen – dafür steht Salomo – anlegen kann; nur unter dieser Voraussetzung macht der steigernde Vergleich überhaupt Sinn. Im gleichen Atemzug betont die nachösterliche Gemeinde der Logienquelle, daß Jesus mehr war als ein Prophet und mehr als ein Weisheitslehrer. Die Titel Prophet und Weisheitslehrer allein genügen noch nicht, weil sie das Endgültige und Letztverbindliche, das seinem Auftreten im Rückblick eignete, nicht hinreichend einfangen. Zumindest muß man sagen, daß er der letzte Prophet vor dem Ende war, der Endzeitprophet, und der letzte Bote der göttlichen Weisheit. In dieser Richtung werden wir unsere Suche nun fortsetzen müssen.

II. Jesus als Bote der Weisheit

1. Weisheitsworte anderen Typs

Wir kommen zu einem anderen Typ von Weisheitsworten aus der Logienquelle, in denen die Weisheit selbst in einer schwer zu bestimmenden Weise als Person auftritt oder im Hintergrund aufscheint.

(1) Lk 7,35 (par Mt 11,19d): "Und doch wird die Weisheit gerechtfertigt von allen ihren Kindern"[33]. Vorauf geht das Gleichnis von den spielenden Kindern, die sich nicht einigen können, ob sie lieber einen Tanz oder eine Beerdigung aufführen sollen, sowie seine Anwendung auf Johannes den Täufer, der mit seiner Askese, und auf Jesus, der durch Essen und Trinken Anstoß bei den Zeitgenossen erregt. Die Kinder der göttlichen Weisheit, die ihr gehorchen, sie dadurch anerkennen und trotz aller von den Menschen sonst erfahrenen Ablehnung ins Recht setzen, könnten Johannes und Jesus sein. Wahrscheinlicher aber sind damit die Christen nach Ostern gemeint, die Johannes und Jesus als Boten der Weisheit (vgl. Spr 9,3; Weish 7,27) akzeptieren und damit der Weisheit Gottes in dieser Welt wieder Raum geben.

---

[33] So Lk; stattdessen hat Mt "aufgrund ihrer Werke", doch ist für Q mit den meisten Autoren Lk (ohne "alle") der Vorzug zu geben, vgl. nur A. POLAG, Fragmenta Q. Textheft zur Logienquelle, Neukirchen-Vluyn 1979, 42; zur Besprechung des ganzen Textstücks Lk 7,31-35 par Mt 11,16-19 F. CHRIST, Jesus Sophia. Die Sophia-Christologie bei den Synoptikern (AThANT 57), Zürich 1970, 63-80; P. HOFFMANN, Studien zur Theologie der Logienquelle (NTA NF 8), Münster ³1982, 196-198.224-231; die neueren Stellungnahmen bei R.A. PIPER, Wisdom (s. Anm. 14), in den Anm. zu 124-126.

(2) Lk 11,49 (par Mt 23,34): "Deshalb sagt auch die Weisheit Gottes[34]: 'Ich werde ihnen Propheten und Apostel senden, einige von ihnen werden sie töten und verfolgen'." In der Einleitung spricht und handelt die Weisheit selbst; sie sendet ihre Boten aus. Deren gefahrvolles Schicksal, das die weiteren Verse Lk 11,50-51 par Mt 23,35-36 ausmalen, verweist in den Bereich der deuteronomistischen Prophetenmordtradition[35], anscheinend also weg von der Weisheit. Doch sollte man dabei den leidenden Gerechten, der sich Anfeindungen und Verfolgungen ausgesetzt sieht, aus Weish 2,12-20; 5,1-5 nicht übersehen. Die Sprecherperspektive dürfte in der Logienquelle eine Differenzierung zwischen Jesus und der Weisheit intendieren[36]: Jesus zitiert die Weisheit, die treffend auch sein eigenes Leidensschicksal voraussagt.

Wir übergehen das Klagewort über Jerusalem Lk 13,34-35 par Mt 23,37-39, das weisheitliche Motive aufweist, ohne daß ganz klar wäre, ob in Q die Weisheit selbst oder ob Jesus als Sprecher zu denken ist[37]; wir übergehen auch den synoptischen Jubelruf Lk 10,21-22 par Mt 11,25-27, in dem sich apokalyptisches und weisheitliches Gut in kaum noch auseinander zu dividierender Mischung überlagert[38], und wenden uns nur noch dessen wohl nicht mehr der Logienquelle, sondern dem Matthäus-Sondergut angehörenden Fortsetzung zu[39]:

(3) Mt 11,28-30: "Kommt alle zu mir, die ihr euch abmüht und belastet seid, ich will euch Ruhe geben. Nehmt mein Joch auf euch und lernt von mir ... Denn mein Joch ist mild, und meine Last leicht." Dieses Wort könnte ohne Übertreibung ebensogut von der Sophia gesprochen sein, die potentielle Schüler zu sich einlädt und ihnen Erquickung verheißt. Die meisten Einzelmotive lassen sich traditionsgeschichtlich in weisheitlichen Kontext zurückverfolgen, ebenso die Redestruktur. An zusammenhängenden Textstücken sind vor allem Sir 51,23-30 und Sir 6,24-28 zu vergleichen. Celia Deutsch kommt zu dem kaum zu wider-

---

[34] Mt hat als Einleitung: "Deshalb siehe, ich (Jesus) werde euch senden..."; in Q stand die Lk-Fassung, vgl. A. POLAG, Fragmenta (s. die vorige Anm.) 56.

[35] Das Standardwerk hierzu ist O.H. STECK, Israel und das gewaltsame Geschick der Propheten. Untersuchungen zur Überlieferung des deuteronomistischen Geschichtsbildes im Alten Testament, Spätjudentum und Urchristentum (WMANT 23), Neukirchen-Vluyn 1967.

[36] Anders, aber m.E. nicht zu Recht, etwa F. CHRIST, Jesus Sophia (s. Anm. 33) 130f.

[37] Argumente für und wider bei P. HOFFMANN, Studien (s. Anm. 33) 173f.

[38] Ebd. 102-142.

[39] Ausführliche Behandlung: C. DEUTSCH, Hidden Wisdom and the Easy Yoke. Wisdom, Torah and Discipleship in Matthew 11.25-30 (JSNT.S 18), Sheffield 1987.

legenden Schluß, daß diese Verse Jesus zugleich "as both Wisdom incarnate and Teacher of Wisdom" präsentieren[40]. Aber das darf aus dem evangeliaren Sondergut nicht ohne weiteres in die Logienquelle übertragen werden.

Wir stehen vor einer doppelten Aufgabe, nämlich (a) in der gebotenen Kürze der Gestalt der Weisheit nachzugehen, die uns hier so unvermittelt vor Augen tritt, und (b) das Verhältnis, in dem Jesus zu ihr steht, näher zu beleuchten.

2. Sophia als Personifikation und Hypostase

Die wichtigsten alttestamentlich-jüdischen Texte, in denen die Weisheit als redende und handelnde Person auftritt, sind bekannt und schon des öfteren ausführlich besprochen worden: Hi 28; Spr 8-9; Sir 24; Bar 3-4; Weish 6-9[41]; äthHen 42; 4 Esra 5. "Jahwe hat mich hervorgebracht als Erstling seiner Wege", so die Selbstvorstellung der Weisheit in Spr 8,22, und: "Als er die Grundfesten der Erde festlegte, da war ich bei ihm als sein Liebling..., war spielend vor ihm tätig zu jeder Zeit" (Spr 8,29f). Daß die Anwesenheit bei der Schöpfung zu ihren Wesensmerkmalen zählt, können wir diesen Versen schon entnehmen. Nach Weish 10 ist sie auch in der biblischen Heilsgeschichte, beim Exodus z.B., ständig am Werk. Sir 24,23 nimmt eine Identifizierung von Weisheit und Gesetz vor. In der Tora hat die Weisheit ihr Heimatrecht im Volk Israel gefunden.

Fraglich ist nicht die Beschreibung des Befundes, fraglich ist, wie es dazu kam, was es zu bedeuten hat und wie man es begrifflich erfassen soll. Man kann sich die Entwicklung, vereinfacht ausgedrückt, folgendermaßen vorstellen: Schon in der anspruchslosen weisheitlichen Belehrung wird davon geredet, daß man die Weisheit suchen muß und daß man sie finden

---

[40] Ebd. 131; s. auch F. CHRIST, Jesus Sophia (s. Anm. 33) 116f; M.J. SUGGS, Wisdom, Christology, and Law in Matthew's Gospel, Cambridge, Ma. 1970, 96.

[41] Vgl. J. HABERMANN, Präexistenzaussagen (s. Anm. 1) 88f: "Von großem Gewicht ist die Zeichnung der Sophia in *Sap 6-9* ... Insgesamt gesehen ... *die* Quelle urchristlicher Präexistenz- und Schöpfungsmittlerschaftchristologie"; aus der Lit. noch G. SCHIMANOWSKI, Weisheit und Messias. Die jüdischen Voraussetzungen der urchristlichen Präexistenzchristologie (WUNT II/17), Tübingen 1985; H. VON LIPS, Christus als Sophia? Weisheitliche Traditionen in der urchristlichen Christologie, in: Anfänge der Christologie (FS F. Hahn), Göttingen 1991, 75-95; auch für die Exegese hilfreich ist ferner die Zusammenfassung der Daten bei K.J. KUSCHEL, Geboren vor aller Zeit? Der Streit um Christi Ursprung, München 1990, 223-511.

kann, daß man sie lieben soll, daß man sie begehrt und nach ihr strebt. Diese Redeweise bahnt bereits den Weg zu einer poetischen Personifikation, wie sie die antike Rhetorik auch theoretisch reflektiert hat. Man läßt z.b. die Tugend oder die Gerechtigkeit selbständig handelnd auftreten, dem grammatischen Genus entsprechend als Frauengestalt, weiß aber zugleich, daß es sich dabei um einen effektvollen Kunstgriff handelt. Im Fall der Weisheit soll damit die Attraktivität der weisheitlichen Belehrung erhöht werden. Didaktisch geschickt wird das Bemühen um Weisheit schmackhaft gemacht. Die Weisheit in Person wäre in dieser Sicht der Inbegriff der weisheitlichen Lehre und der Weisheitsschule[42].

Das Alte Testament spricht vom Wort Gottes, vom Geist Gottes und von der Weisheit Gottes. Es sind Sphären seines Handelns: Gott wird tätig durch sein Wort, sein Geist ergreift die Aktivität, er schafft in seiner Weisheit die Welt. Diese Größen sind nicht klar von Gott geschieden. Man kann sie definieren als die dem Menschen zugewandte Seite Gottes. Die Ebene einer Hypostasierung ist noch nicht erreicht, wenn man mit der Religionswissenschaft unter Hypostase eine Eigenschaft Gottes versteht, die sich verselbständigt hat und als handelnde Person auftritt. Aber der Weg dahin ist nicht mehr weit, und er wurde in der Weisheitsliteratur beschritten. Erwägenswert erscheint in dem Zusammenhang ein neuerlicher Vorschlag zur Begriffsklärung, nämlich von einer Personifizierung der Weisheit nur dann zu sprechen, wenn es um die menschliche Eigenschaft geht, die zur Person emporstilisiert wurde, Hypostase aber für die göttliche Weisheit als Mittlergestalt zu reservieren[43]. Die Weisheit nun, die Gott selbst der Schöpfung eingestiftet hat und die vermittelnd zwischen ihm und den Menschen steht, ist jene Grundordnung der Welt, die seinem Willen entspricht und den Menschen zu einem Grundvertrauen ins Dasein befähigt. Ohne ein solches Grundvertrauen wäre, das haben wir schon gesagt, eine weisheitliche Lebenshaltung kaum möglich.

---

[42] Das ist der Erklärungsansatz von B. LANG, Frau Weisheit. Deutung einer biblischen Gestalt (ppb), Düsseldorf 1975, der aber den mythischen Aspekten zu wenig gerecht wird. Nur konsequent ist die Weiterführung durch Exegetinnen, die die *Lehrer* in diesem Entwurf durch *Lehrerinnen* ersetzen, s. S. SCHROER, Weise Frauen und Ratgeberinnen in Israel – Vorbilder der personifizierten Chokmah, in: V. Wodtke (Hrsg.), Auf den Spuren der Weisheit. Sophia – Wegweiserin für ein weibliches Gottesbild, Freiburg i.Br. 1991, 9-23; C. CAMP, Wisdom and the Feminine in the Book of Proverbs (BiLiSe 14), Sheffield 1985. Doch hat Lang seine Überlegungen in der englischen Neufassung seines Buches erheblich modifiziert, in Richtung auf eine verstärkt mythische Deutung hin, s. B. LANG, Wisdom and the Book of Proverbs. An Israelite [so Außentitel, Innentitel: Hebrew] Goddess Redefined, New York 1986.

[43] H. VON LIPS, Traditionen (s. Anm. 3) 154f.

Von beiden Seiten her laufen Linien auf die Weisheitsfigur in Spr 8 etc.
zu. Insofern hat die relativ spät faßbare Rede von der Frau Weisheit ihre
biblischen Wurzeln. Aber sie allein reichen nicht aus, um das, was wir dort
vorfinden, zu erklären. Zur Entstehung der Frau Weisheit haben auch
außerisraelitische Mythen und heidnische Göttinnen ihren Beitrag geleistet.
Nur über Umfang und Stellenwert solcher Anleihen wird ernsthaft gestrit-
ten, nicht über die Tatsache an sich. Aus dem breiten Panorama, das die religionsgeschichtliche Exegese abgeschritten hat, ragt die zuletzt auch in
Griechenland und Rom populäre ägyptische Göttin Isis hervor. Man hat
u.a. fünfzig Attribute ausgemacht, die Isis mit der Weisheit gemeinsam
hat[44].

Wie soll man diesen Rezeptionsvorgang bewerten? Es stehen naturgemäß unterschiedliche Optionen offen, von einer rein apologetischen, die am
liebsten nichts wahrhaben möchte, bis zu einer religionskritischen, die Israels Monotheismus als erledigt ansieht. Wir können zunächst davon ausgehen, daß die Autoren der jeweiligen Schriften keinen Widerspruch gesehen haben. Sie alle wollten, das geht aus ihren Werken deutlich hervor, auf
dem Boden des jüdischen Glaubens und des biblischen Gottesbildes bleiben. Auch die Glaubensgemeinschaft, in der sie standen, scheint keine unüberwindlichen Widerstände entwickelt zu haben. Das hätte, wenn dem so
wäre, mehr Spuren hinterlassen müssen. Im einzelnen sind auch eine Reihe
von Sicherungen eingebracht worden. So insistiert man darauf, daß die
Weisheit geschaffen wurde, zwar am Anfang, aber doch als Geschöpf und
damit dem Schöpfergott unterstellt. Das Buch der Weisheit, das im Detail
die kühnsten Attribute enthält, schaltet dort, wo es um die genaue Verhältnisbestimmung geht, zwischen der Weisheit und Gott noch etwas ein, einen
ganzen Prozeß: Die Weisheit ist Spiegelbild, Abbild, Widerschein, Ausfluß,
Fluidum von etwas an Gott, von seinem als Kraft und Doxa und Energie
und Licht und Güte erfahrenen Wesen (Weish 7,25f). Bemerkenswert bleibt
auch, daß man um die Weisheit zu Gott beten muß (Weish 9,1-18) und
nicht etwa zur Weisheit betet, das kommt nie vor.

Am ehesten sollte man das, was hier abläuft, als Beweis für eine sicher
ganz erstaunliche kulturelle Adaptionsfähigkeit und Wandlungsfähigkeit
des israelitischen Jahweglaubens lesen, der angesichts der Herausforderung
durch fremde Kulturen ein beträchtliches Stück Inkulturationsarbeit zu leisten bereit war. Manches kann man dann immer noch unterschiedlich werten und wird damit vorhandene Einzelaspekte treffen. So läßt sich nicht

---

44 Überzeugend dargestellt bei J.S. KLOPPENBORG, Isis and Sophia in the Book of Wisdom, in: HThR 75 (1982) 57-84.

leugnen, daß wir es ein Stück weit auch, psychodynamisch gesprochen, mit der Wiederkehr des Verdrängten zu tun haben. Verdrängt wurde in früh-israelitischer Zeit alles, was mit Fruchtbarkeitskulten und Fruchtbarkeits-göttinnen zusammenhing. Zur Verteidigung eines reines Jahweglaubens wurde kämpferisch alles Weibliche aus dem Götterhimmel verbannt. Das Verdrängte kehrt in einer neuen geschichtlichen Stunde partiell zurück. Da-mit kommt die Weisheitsliteratur bestimmten psychischen Bedürfnissen entgegen, die nach einer weiblichen Identifikations- und Integrationsfigur verlangten. Man durfte diese Bedürfnisse nicht länger vernachlässigen, wenn sie sich nicht destruktiv auswirken sollten, empfand sie im Kreis der Tradenten und der Verfasser wahrscheinlich auch selbst. Die Adaptation der fremden Stoffe hatte letztlich weniger eine Überfremdung der Jahwe-religion zur Folge, als vielmehr eine Domestizierung dieser Stoffe selbst. Indem man sie teilweise zum Zug kommen ließ und ihnen einen bestimmten Stellenwert einräumte, hat man sie gleichzeitig in ihrer Brisanz entschärft. Man hat auf diese Weise auch zu einem Preis, der noch akzeptabel schien, das Judentum angesichts des Propagandafeldzuges der Isis-Religion z.B. konkurrenzfähig gehalten. Zumindest gegenüber gefährdeten Mitgliedern der eigenen Gemeinde konnte diese Taktik aufgehen.

3. Jesus und die Weisheit

In welcher Relation steht nun in den verhältnismäßig wenigen einschlä-gigen synoptischen Logien, die wir oben in II/1 haben Revue passieren las-sen, Jesus zu dieser als Person gedachten Weisheit? Ist Jesus, direkt ge-fragt, selbst die Sophia, oder war er es wenigstens in einem früheren Stra-tum, oder wird er es noch[45]? Daß eine klare Auskunft schwer fällt, hängt auch mit der besonderen Sichtweise dieser Texte zusammen: Es sind in rudimentäre erzählerische Rahmungen eingebaute Worte, die Jesus selbst spricht oder zitiert, nicht Bekenntnisse, Formeln und Hymnen, die aus der Außenperspektive etwas über ihn sagen und unmißverständlicher formulie-ren können. Dieser Unsicherheitsfaktor führt zu einer großen Bandbreite an

---

[45] Für feministisches Interesse ist damit verständlicherweise ein sehr sensibler Punkt erreicht, vgl. E. SCHÜSSLER-FIORENZA, Zu ihrem Gedächtnis... Eine feministisch-theo-logische Rekonstruktion der christlichen Ursprünge, München/Mainz 1988, bes. 177-189; S. SCHROER, Jesus Sophia. Beiträge der feministischen Forschung zu einer früh-christlichen Deutung der Praxis und des Schicksals Jesu von Nazaret, in: D. Strahm / R. Strobel (Hrsg.), Vom Verlangen nach Heilwerden. Christologie in feministisch-theologischer Sicht, Freiburg i.Ue./Luzern 1991, 112-128.

Stellungnahmen in der Exegese. Sie reicht von einer völligen Identifizierung Jesu mit der Weisheit schon in der Logienquelle und der (nur z.t. gezogenen) Folgerung, auch Q kenne Präexistenzchristologie, bis zur glatten Negierung dieser Position[46]. Tatsächlich dürfte sich für Q eine gewisse Zurückhaltung empfehlen, zumal die besagten Weisheitstexte eher auf einer späteren Stufe der Entstehung der Sammlung hinzugetreten sind[47] und schon aus diesem Grund schwerlich ihren anfänglichen christologischen Impuls abgeben werden. Nach Weish 7,27 siedelt die Weisheit "in jeder Generation in fromme Seelen um, rüstet so Freunde Gottes zu und Propheten"; sie inspiriert Jakob, den ägyptischen Josef und Moses bei ihrem Tun (Weish 10,10-16). Es wird für Q genügen, Jesus in diesem Sinn als den – von Menschen abgelehnten – letzten Boten und Träger der Weisheit zu sehen, von ihr noch unterscheidbar und doch in engster Beziehung zu ihr stehend, so daß die fragmentarische Konstruktion für eine entschiedenere Identifizierung beiden Größen nach vorn hin offen bleibt. Daß Jesus in der gleichen Quelle durch seine zahlreichen weisheitlichen Worte auch als Weisheitslehrer charakterisiert wird, braucht angesichts der enormen Weite der Weisheitsüberlieferungen, die den Tradenten zugänglich waren, zunächst noch nicht in einem ursächlichen Zusammenhang mit seiner Annäherung an die personifizierte und hypostasierte Sophia zu stehen, aber es hat diesem Prozeß andererseits sicher nicht geschadet, sondern ihn vielmehr erleichtert und befördert[48].

Einen Schritt weiter geht offensichtlich Matthäus. Daß er mindestens "funktional" Jesus mit der Weisheit in eins setzen will[49], deutet er auf verschiedene Weise an: durch die redaktionelle Überarbeitung der Q-Vorlage in Mt 11,19, wo er die Kinder der Weisheit durch die Werke der Weisheit ersetzt und so den Anschluß an die Werke des Christus in Mt 11,2 herstellt, und in Mt 23,34, wo er anstelle der Weisheit Jesus in der Ich-Form sprechen läßt[50], vor allem aber, wie oben schon gezeigt, durch das einladende

---

[46] Guter Überblick mit Belegen bei H. MERKLEIN, Zur Entstehung der urchristlichen Aussage vom präexistenten Sohn Gottes, in: Ders., Studien zu Jesus und Paulus (WUNT 43), Tübingen 1987, 247-276, hier 249-251; bes. weit geht auch für Q F. CHRIST, Jesus Sophia (s. Anm. 33) 154.
[47] Vgl. z.B. J.S. KLOPPENBORG, Formation (s. Anm. 20) 112.147.
[48] Weitere Konvergenzpunkte zwischen beiden Traditionssträngen arbeitet R.A. PIPER, Wisdom (s. Anm. 14) 173-192, heraus.
[49] So U. LUZ, Das Evangelium nach Matthäus. 2. Teilband: Mt 8-17 (EKK I/2), Zürich/Neukirchen-Vluyn 1990, 218; vgl. generell M.J. SUGGS, Wisdom (s. Anm. 40), und C. DEUTSCH, Wisdom (s. Anm. 39), sowie H. VON LIPS, Traditionen (s. Anm. 3) 280-290.
[50] S.o. Anm. 33f.

und verheißende Wort der Weisheit im Sondergut Mt 11,28-30, das Jesus in der Rolle der Sophia an die Menschen richtet. Dennoch bildet diese für Erzählstoffe erstaunlich weit vorangetriebene Identifizierung nicht das Herzstück der matthäischen Christologie. Fast gewinnt man den Eindruck, als seien Matthäus die christologischen Konsequenzen, die andernorts daraus gezogen werden konnten, gar nicht recht bewußt gewesen[51]. Das könnte auch mit dem Theologumenon von der jungfräulichen Empfängnis in Mt 1 zusammenhängen, das einer weisheitlichen Präexistenzchristologie nicht unbedingt entgegenkommt.

III. Jesus als Weisheit Gottes

1. Weisheit Gottes und Weisheit der Welt (1 Kor 1-3)

Wenn wir nach einer direkten begrifflichen Annäherung von Jesus und der Weisheit suchen, müssen wir die Synoptiker verlassen und uns Paulus zuwenden, der in den ersten Kapiteln des ersten Korintherbriefs (1 Kor 1-3) in sonst nicht mehr erreichter Dichte weisheitliches Vokabular verwendet[52]. "Wir aber verkünden Christus als Gekreuzigten, Juden ein Skandalon, Griechen eine Torheit, den Berufenen aber, Juden wie Griechen, Christus, Gottes Kraft und Gottes Weisheit", schreibt der Apostel in 1 Kor 1,23f. Aber eine einfache Gleichsetzung der hypostasierten, personale Züge tragenden himmlischen Sophia mit Jesus Christus findet auch hier nicht statt. Dagegen spricht, daß Paulus als Vergleichspunkt ausgerechnet den gekreuzigten Christus wählt, nicht den präexistenten in seinem vorzeitlichen Sein bei Gott, wie es im Rahmen weisheitlicher Christologie zu erwarten stünde (s.u.). Dagegen spricht auch, daß auf der anderen Seite Kraft und Weisheit nebeneinander stehen und beide betont Gott zugeordnet sind (durch die Voranstellung des Genitivs und die Wiederholung). Sie werden folglich als Eigenschaften Gottes noch nicht von ihm abgelöst, wohl aber auf Jesus Christus übertragen analog zu jüdischen Messiaskonzeptionen, die von

---

[51] Vgl. das diesbezügliche Urteil bei U. Luz, a.a.O. 189.

[52] Vgl. zusammenfassend H. von Lips, Traditionen (s. Anm. 3) 318-350, sowie zuletzt bes. J. Theis, Paulus als Weisheitslehrer. Der Gekreuzigte und die Weisheit Gottes in 1 Kor 1-4 (BU 22), Regensburg 1991; von den zahlreichen Einzelarbeiten K. Müller, 1 Kor 1,18-25. Die eschatologisch-kritische Funktion der Verkündigung des Kreuzes, in: BZ NF 10 (1966) 246-272; G. Sellin, Das "Geheimnis" der Weisheit und das Rätsel der "Christuspartei" (zu 1 Kor 1-4), in: ZNW 72 (1982) 69-96.

einer Ausstattung des Gesandten Gottes mit Weisheit und Kraft wissen (verständlicherweise aber die bei Paulus angezielte Paradoxie des gekreuzigten Christus nicht kennen)[53]. Diese zurückhaltende Sicht wird im wesentlichen bestätigt durch das Nebeneinander von vier Abstraktbegriffen, wenn auch mit der Weisheit in führender Position, in 1,30: Jesus Christus "ist für uns *geworden* zur Weisheit von Gott her, zur Gerechtigkeit, Heiligung und Erlösung".

Müssen wir aber von 1 Kor 1-3 her nicht doch unsere bisherigen Überlegungen zur Rezeption jüdischer Weisheit im Neuen Testament völlig neu justieren? Denn Weisheit gibt es in diesem Text offenbar in doppelter Ausführung, als Weisheit auf Seiten Gottes und als Weisheit der Welt, und beide scheinen einander auszuschließen: Weisheit des Wortes droht das Kreuz Christi zu entleeren (1,17), auf dem Weg der Weisheit konnte die Welt Gott nicht erkennen (1,21), der Glaube beruht allein auf der Kraft Gottes und nicht auf der Weisheit von Menschen (2,5), die christliche Weisheit für Vollkommene bleibt dieser Welt verborgen (2,6f), die Weisheit dieser Welt ist Torheit bei Gott (3,19). Andererseits fällt aber auf, daß Paulus auch hier rhetorische Mittel und weisheitliche Redeformen einsetzt, in dieser Hinsicht "weltliche" Vernunft also nicht a priori verschmäht: "Selbst bei einer Darlegung der Kreuzesbotschaft bedient er sich nicht zufällig eines argumentativen, an das Verständnis appellierenden Stils"[54].

Um den Anliegen des Paulus wirklich gerecht zu werden, sollten wir genauer wissen, mit welcher Form von Weisheit auf Seiten seiner korinthischen Adressaten er sich auseinandersetzte. Er dürfte bei ihnen die Gefahr einer Hypertrophierung bzw. einer hellenistischen, "philosophischen" Überfremdung jüdischer Weisheitsüberlieferungen verspürt haben, die zur Loslösung von der geschichtlichen Fundierung der Christusbotschaft in der Person des Gekreuzigten, damit verbunden zu einer Vernachlässigung der irdisch-leiblichen Koordinaten christlicher Glaubensexistenz führen konnte. Es ist Paulus, der, wenn man so will, für mehr Erdennähe plädiert. Was die Gegenseite angeht, darf man, auch wenn man für Korinth selbst noch nicht

---

[53] Vgl. W. SCHRAGE, Der erste Brief an die Korinther. 1. Teilband: 1 Kor 1,1-6,11 (EKK VII/1), Zürich/Neukirchen-Vluyn 1991, 188: "Nichts aber berechtigt dazu, alle Konnotationen der jüdischen Weisheitsgestalt auf Christus zu übertragen. Pointe ist die geradezu revolutionäre und die meisten dieser Konnotationen ausschließende Konzentration auf den Gekreuzigten, nicht aber die Identität mit einer fest umrissenen präexistenten Weisheitsgestalt."

[54] Ebd. 158; vgl. 192.

mit dem Vorliegen gnostischen Gedankenguts rechnet[55], doch an die prominente Stellung der himmlischen Sophia in den späteren gnostischen Systemen erinnern[56]. Als entweltlichte, von allen Erdenresten befreite Erlöserin ist sie das Ergebnis einer konsequent zu Ende getriebenen Entfaltung von Tendenzen, die in einer bestimmten dualistischen Spielart der frühjüdisch-frühchristlichen Weisheitsspekulation anzutreffen sind.

2. Weisheit und Präexistenzchristologie

Weiter noch als 1 Kor 1,24-30 führen innerhalb des Neuen Testaments Texte, in denen der Terminus "Weisheit" zwar nicht vorkommt, wo aber mehr oder minder große Segmente aus dem Rollenrepertoire der hypostasierten Sophia Christus zugeschrieben werden. Das markiert zugleich, wie allgemein zugestanden, den religionsgeschichtlichen Wurzelgrund für die Entfaltung der Präexistenzchristologie[57]. Die Denkbewegung setzt dazu bei der österlichen Erhöhung Jesu Christi ein und verlängert die Bedeutsamkeit dieses Geschehens nach vorne hin, in zeitlicher Staffelung. Am weitesten greift der Logoshymnus im Johannesprolog aus: "Im Anfang war das Wort..." Er zielt einen absoluten Anfang jenseits von Zeit und Welt an, über den hinaus kein weiterer Anfang mehr gedacht werden kann. Von der Schöpfungsmittlerschaft Christi analog zum Dabeisein der Weisheit bei der Schöpfung sprechen die hymnischen Stücke in Hebr 1,2f ("durch ihn hat er auch die Welten geschaffen...") und Kol 1,15-20 (beginnend mit: "Er ist das Bild des unsichtbaren Gottes, der Erstgeborene aller Schöpfung; denn in ihm wurde alles geschaffen..."). Der Eingang des berühmten Christushymnus aus dem Philipperbrief (Phil 2,6-11): "Er war wie Gott, hielt aber nicht daran fest, Gott gleich zu sein, sondern entäußerte sich..." setzt wohl irgendeine Form von Präexistenz voraus, macht aber keine präzisen Angaben über die Zeitfrage, über alles, was dem Zeitpunkt der Entäußerung und Erniedrigung vorausliegt. 1 Kor 10,4: "Denn sie tranken alle aus einem geistlichen Felsen, der nachfolgte, der Fels aber war Christus" stellt im

---

[55] Anders als W. SCHMITHALS, Die Gnosis in Korinth. Eine Untersuchung zu den Korintherbriefen (FRLANT 66), Göttingen ³1969.

[56] Vgl. G.W. MACRAE, The Jewish Background of the Gnostic Sophia Myth, in: NT 12 (1970) 86-101.

[57] Vgl. die Lit. in Anm. 1 und 41 (bes. Habermann; Kuschel); ferner (aber mit zu weitem Ansatz) P.G. HAMERTON-KELLY, Pre-existence, Wisdom, and the Son of Man. A Study of the Idea of Pre-existence in the New Testament (MSSNTS 21), Cambridge 1973.

Rahmen eines Midrasch zu Exodusstoffen fest, daß Christus in geheimnisvoller, pneumatischer und nicht zuletzt heilsstiftender Weise bereits bei den
Ereignissen des Wüstenzugs dabei war, wie die Sophia in Weish 10-19.
Es wären neben anderem noch die kontrovers diskutierten Sendungsfor-
meln (Gal 4,4; Röm 8,3) und das Bekenntnis in 1 Kor 8,6 mit knappstmög-
lichem Hinweis auf Schöpfungsmittlerschaft ("...ein Herr Jesus Christus,
durch den das alles [geschaffen wurde]...") zu besprechen. Insgesamt gesehen, das sollte jetzt schon deutlich sein, muß das theologische Kunstwort
"Präexistenz" in sich differenzierte Sachverhalte im Neuen Testament ab-
decken. Daß die exegetische Basis gerade bei den Hymnen am gesichertsten
erscheint, ist keineswegs belanglos. Auch die wichtigsten Texte über die
präexistente Weisheit im Alten Testament tragen poetisch-hymnisches Ge-
präge. Die Sprache des Lobens und des Betens eilt der begrifflichen Reflexion um einiges voraus.
Christologische Systembildung braucht einen Denkrahmen als Bezugs-
punkt. Als solcher diente zur Zeit der altkirchlichen Konzilien die Philosophie, die Kategorien wie Person, Natur und Wesen bereitstellte. Auch die
urchristlichen Tradenten und Theologen waren auf bereitliegende Artikula-
tionsmöglichkeiten angewiesen. Dazu bot sich an prominenter Stelle die
Weisheitstradition des Judentums an. Es kann nicht überraschen, wenn sie
zur Explikation des Christusgeschehens und des Osterereignisses verstärkt
Anwendung findet. Sie hat einiges zu bieten.

-   Weisheit beruht auf einem Grundvertrauen in Schöpfungs- und Welt-
    wirklichkeit. Die Weisheit als Person, die mit der ganzen Schöpfung von
    Anfang an intim vertraut ist, will nichts anderes als dieses Grundver-
    trauen ermöglichen und bestärken. An ihre Stelle tritt in den schöp-
    fungstheologischen Aussagen der Hymnen Christus.

-   Die Weisheit erscheint in den zentralen Passagen der späten Weisheitsli-
    teratur als Mittlergestalt zwischen dem fernen Gott und den Menschen
    auf Erden. Sie bringt Gott den Menschen nahe. Diese Mittlerrolle hat in
    unnachahmlicher Weise Jesus Christus übernommen.

-   Weisheitsüberlieferung bedeutet vor allem im Buch der Weisheit zu-
    gleich auch Inkulturationsarbeit, Einpflanzen jüdischen Gottesglaubens
    in eine fremde Denk- und Geisteswelt. Weisheitschristologie konnte die-
    se Inkulturationsaufgabe fortsetzen, insofern sich in ihr die Christologie
    bereits öffnet auf das Denken und auf die Philosophie hin.

Man mag das begrüßen oder bejammern, zu umgehen war es auf keinen
Fall. Sicher hat Präexistenzchristologie auch ihre Grenzen. Eine Gefahr,

die nicht immer vermieden wurde, besteht darin, daß unter dem Aspekt der Präexistenz aus dem Menschen Jesus von Nazaret ein reines Himmelswesen wird, ein Besucher aus dem All, der zeitweilig als Gast auf Erden weilt. Wo Präexistenzchristologie aufgrund ihres mythischen Potentials derart zum Absehen vom Menschen Jesus verleitet, muß sie neu überdacht und vorsichtig umformuliert werden[58]. Auch das geht im übrigen vom weisheitlichen Wurzelgrund her, weil die Weisheitstradition trotz aller ans Mythische gemahnenden Ausfaltungen dank ihrer ursprünglichen Herkunft aus der schlichten Beobachtung des Alltags immer einen Zug ins Konkrete, in die einfache Lebenswirklichkeit, in ihrem vielfältigen Erbgut mitträgt. Nicht übersehen werden sollte ferner, daß auch der Mythos als "Ursprungsgeschichte" (so seine kürzeste Definition) einen Beitrag zur Erhellung der conditio humana leisten will. Die Verwendung mythischer Sprache in der Christologie bedeutet allein noch kein Unglück, solange nicht die Bindung an die geschichtliche Person Jesu verlorengeht. Dieser Fall trat in der gnostischen Christologie und Sophialogie ein.

*

Mit der Erforschung biblischer Weisheitstraditionen ist es, so Dieter Georgi, der Exegese ergangen wie Kolumbus mit der Entdeckung Amerikas: "Man vermutete ein Randphänomen und entdeckte einen Kontinent."[59] Das trifft die Sachlage im Alten wie im Neuen Testament, nicht zu vergessen das ganze Feld der außerbiblischen jüdischen Weisheitsliteratur. Wir haben mit unseren Ausführungen bestenfalls den Fuß ans Ufer gesetzt und einige Streifzüge in Küstennähe unternommen. Die Forschung ist schon viel weiter ins Landesinnere vorgedrungen, aber auch ihrerseits immer noch mit

---

[58] Vgl. bei K. RAHNER / W. THÜSING, Christologie – systematisch und exegetisch. Arbeitsgrundlagen für eine interdisziplinäre Vorlesung (QD 55), Freiburg i.Br. 1972, 249f, die exegetisch präzise Auskunft von Thüsing: "Präexistenz bedeutet: Gott ist von vornherein so, daß er Selbstmitteilung in diesem intensivsten Sinn der Jesusoffenbarung wollen kann: Er ist 'Jahwe' – in dem Sinn, wie dieser Name von der Selbstmitteilung in Jesus her verstanden werden kann. Wenn man von paulinischer Theologie aus konsequent weiterdenkt, wäre Präexistenz Jesu in Wirklichkeit die des Pneuma (als der auf Selbstmitteilung drängenden Kraft Gottes), da der Pneumabesitz die Singularität Jesu konstituiert. Die johanneische Logos- (= Offenbarer-)Christologie dürfte eine Parallele hierzu sein" (im Orig. kursiv). Rahner hat sich seinerzeit auf die ansprechende These leider nicht eingelassen.

[59] D. GEORGI, Frau Weisheit oder das Recht auf Freiheit als schöpferische Kraft, in: L. Siegele-Wenschkewitz (Hrsg.), Verdrängte Vergangenheit, die uns bedrängt. Feministische Theologie in der Verantwortung für die Geschichte (KT 29), München 1988, 243-276, hier 243.

Kartographierungsaufgaben beschäftigt[60]. Sie orientiert sich dabei, um im Bild zu bleiben, vorzugsweise an den Gipfelpunkten, im Klartext: Die himmlische Sophia und die Präexistenzchristologie absorbieren einen beträchtlichen Teil der Energien. Ein weniger spektakuläres, aber ebenso dankbares wie nützliches Unternehmen wäre die Erschließung der unendlichen Ebenen und Niederungen, in denen die Menschen leben. Für dieses Vorhaben gibt es keine bessere Hilfe als die ständige Beschäftigung mit der unprätentiösen Spruchweisheit der Bibel, die Lebenswissen für den Alltag bereitstellt. Beherzigenswert bleibt daher nach wie vor die Aufforderung, die Martin Luther in seiner Vorrede dem Buch der Sprüche Salomos mit auf den Weg gegeben hat: "Daß billig ein jeglicher Mensch, so fromm zu werden gedenkt, solch Buch wohl möcht für sein täglich Handbuch oder Betbuch halten und oft drinnen lesen und sein Leben drinnen ansehen."[61]

---

[60] Wichtige Landvermessungen in von uns nicht berührten Bereichen nimmt vor: K.G. SANDELIN, Die Auseinandersetzung mit der Weisheit in 1. Korinter 15 (Meddelanden från Stiftelsens för Abo Akademi Forskningsinstitut 12), Abo 1976; DERS., Wisdom as Nourisher. A Study of an Old Testament Theme, Its Development within Early Judaism and Its Impact on Early Christianity (AAAbo.H 64/3), Abo 1986.

[61] Zitat aus: D. MARTIN LUTHER, Die gantze Heilige Schrifft Deudsch, Wittenberg 1545, Neuausgabe München 1972, Bd. I, 1093, in modernisierter Orthographie.

14. Volk Gottes und Leib Christi, oder: Von der kommunikativen Kraft der Bilder

Neutestamentliche Vorgaben für die Kirche von heute

I. Annäherung: Die Dynamik der Botschaft

1. Ein Zauberwort und zwei Thesen

Jede Zeit hat ihre Zauberworte, mit denen sie Dinge einzufangen versucht, die ihr besonders wichtig oder auch problematisch erscheinen. Zu den Zauberworten unserer Tage gehört der Begriff der Kommunikation. Er taucht in den unterschiedlichsten Zusammenhängen immer wieder auf: bei der Diskussion um die Medienvielfalt zum Beispiel, aber auch als Leitbegriff einer einflußreichen Richtung heutiger Philosophie[1] oder zuletzt zunehmend als theologische Kategorie, die zur Beschreibung von Wesen und Wirklichkeit der Kirche[2] und ihrer Sakramente[3] dient. Vor diesem Hintergrund seien einleitend zwei Thesen besprochen, die der Arbeit von Reinhold Reck über Kommunikation und Gemeindeaufbau bei Paulus entstammen[4]. Die erste These lautet: Das Evangelium ist seinem Wesen nach kommunikativ, und die zweite, eng daran angelehnt: Das Evangelium wirkt initiativ kommunikativ[5].

---

[1] Grundlegend: J. HABERMAS, Theorie des kommunikativen Handelns. Bd. 1: Handlungsrationalität und gesellschaftliche Rationalisierung; Bd. 2: Zur Kritik der funktionalistischen Vernunft, Frankfurt a.M. 1981; bes. instruktiv m.E. auch DERS. / N. LUHMANN, Theorie der Gesellschaft oder Sozialtechnologie – Was leistet die Systemforschung? (Theorie - Diskussion), Frankfurt a.M. 1971.

[2] Vgl. nur H.J. HÖHN, Kirche und kommunikatives Handeln. Studien zur Theologie und Praxis der Kirche in der Auseinandersetzung mit den Sozialtheorien Niklas Luhmanns und Jürgen Habermas' (FThS 32), Frankfurt a.M. 1985; M. KEHL, Die Kirche. Eine katholische Ekklesiologie, Würzburg 1992, 138-159 (Lit.).

[3] Vgl. A. GANOCZY, Einführung in die katholische Sakramentenlehre (Die Theologie), Darmstadt 1979, 106-135.

[4] R. RECK, Kommunikation und Gemeindeaufbau. Eine Studie zu Entstehung, Leben und Wachstum paulinischer Gemeinden in den Kommunikationsstrukturen der Antike (SBB 22), Stuttgart 1991 (zuvor: Diss. theol. Würzburg 1990).

[5] Ebd. 162-164.

Zur ersten These: Das Evangelium besitzt schon seiner Wortbedeutung nach "die Grundstruktur der Botschaft"[6], besagt es doch ursprünglich nichts anderes als gute Nachricht oder – in der profanen Sprache der Antike – Meldung vom endlich errungenen Sieg. Ein solcher Inhalt ist zwingend auf Weitergabe hin angelegt, er will verkündet, mitgeteilt, kommuniziert werden. Erst recht gilt das, wenn es sich, wie bei Jesus, um die Ansage des endgültigen Beginns der Königsherrschaft Gottes handelt oder, wie in der nachösterlichen Missionspredigt, um die Proklamation von Gottes Handeln in Tod und Auferstehung seines Sohnes.

Zur zweiten These: Schon die profane Siegesmeldung "entwickelt naturgemäß eine ungeheure kommunikative Eigendynamik", weil sie wegen ihres "sensationellen Inhalts dem allgemeinen Mitteilungsbedürfnis einen dankbaren Stoff liefert" und weil sie "fast jeden irgendwie betrifft oder betreffen könnte"[7]. Ganz ähnlich wirkt die erstmalige Verkündigung des Evangeliums. Als Initialzündung setzt sie eine Kettenreaktion frei. Die Hörer sind angesprochen, müssen reagieren, lösen durch ihre Reaktion weitere Kommunikationsprozesse aus. So entstehen neue Beziehungen, so bildet sich als Antwort auf die Botschaft des Evangeliums die Gemeinschaft der Glaubenden heraus.

2. Konturen der Communio

Zusammenfassend gesagt: Das Evangelium ist auf Vermittlung und Rezeption hin angelegt, es stiftet Gemeinschaft dank einer ihm innewohnenden Kraft, in der Gott selbst mit der schöpferischen Macht seines Wortes zum Zuge kommt. Illustrieren wir diese weitreichende Behauptung nur mit einer einzigen neutestamentlichen Stelle[8]. Im Prolog des ersten Johannesbriefs steht zu lesen: "Was wir gesehen haben und gehört haben, verkünden wir auch euch, damit auch ihr Gemeinschaft habt mit uns. Und unsere Gemeinschaft ist Gemeinschaft mit dem Vater und mit seinem Sohn Jesus Christus" (1 Joh 1,3). Das Wort, das wir mit Gemeinschaft übersetzt haben, lautet im Griechischen κοινωνία[9], im Lateinischen *communio*. Es handelt sich also um den Begriff, von dem Kommunion ebenso abzuleiten ist wie

---

6 Ebd. 162.
7 Ebd. 163.
8 Zum folgenden H.J. KLAUCK, Der erste Johannesbrief (EKK XXIII/1), Zürich/Neukirchen-Vluyn 1991, 53-78.
9 Zu diesem Begriff J. HAINZ, Koinonia. "Kirche" als Gemeinschaft bei Paulus (BU 16), Regensburg 1982; DERS., Art. κοινωνία κτλ., in: EWNT II, 749-755.

Kommunikation. Das ideale Wir der ersten Zeugen und Traditionsträger blickt zurück auf das, was damals geschah mit dem göttlichen Wort, auf seine Inkarnation in Jesus von Nazaret, auf dessen Leben und Sterben, auf seine Auferstehung, auf alles, was Eingang gefunden hat in die frohe Botschaft. Ihre gläubige Entgegennahme stellt für die, die hier sprechen, Gemeinschaft her mit Gott, dem Vater, und mit Jesus Christus, seinem Sohn. Ihre Weiterverkündigung bezieht auch die Adressaten in die Gemeinschaft mit ein, zunächst auf der horizontalen Ebene: Gemeinschaft zwischen euch, den Angesprochenen, und uns, den Sprechern, auf diesem Wege aber auch Gemeinschaft mit Gott. Es werden Konturen von etwas sichtbar, das wir Kirche nennen, auch wenn das Wort im ersten Johannesbrief sowenig fällt wie im Johannesevangelium. Die Sache selbst muß umschrieben werden. Gemeinschaft der Gotteskinder wäre zum Beispiel eine gut johanneische Bezeichnung für das, was sich hier abzeichnet[10].

3. Das Programm

Was bedeuten nun diese Eingangsüberlegungen für unser Thema? Nur zwei Dinge seien zunächst festgehalten:

- Zum einen begründen sie, warum wir überhaupt auf das Neue Testament zurückgreifen und uns davon etwas für unsere Gegenwart versprechen. Das Neue Testament ist Urkunde des Glaubens, Ur-kunde hier durchaus wörtlich genommen, als Kunde vom Ursprung, als anfängliches Wort, das jenen Prozeß auslöste, der bis ins Heute reicht. Im Neuen Testament wurde das Evangelium im umfassenden Sinn festgeschrieben. Als ursprüngliche Kunde kann es niemals überholt werden, sondern entfaltet, recht zu Gehör gebracht, in jeder Zeit aufs neue seine gemeinschaftsstiftende Kraft.

- Zum anderen deutete sich bereits an, daß im Neuen Testament für Kirche und für Gemeinde noch keine einheitliche Begrifflichkeit anzutreffen ist. Wir finden verschiedene Bezeichnungen vor, die durchweg noch mehr oder weniger deutlich bildhafte Komponenten enthalten. Das gilt selbst für abgeblaßte und gängige Termini, wie wir noch sehen werden. In die Sprache der Bilder haben die kommunikativen Prozesse, die sich

---

10 Vgl. H. KLEIN, Die Gemeinschaft der Gotteskinder. Zur Ekklesiologie der johanneischen Schriften, in: Kirchengemeinschaft – Anspruch und Wirklichkeit (FS G. Kretschmar), Stuttgart 1986, 59-67.

in der sozialen Realität der entstehenden jungen Christengemeinschaft abspielten, ebenso Eingang gefunden wie deren theologische Überhöhung und Interpretation[11].

Meist liest man die neutestamentliche Begrifflichkeit normativ, als zwingende Vorschrift, oder allenfalls appellativ, als Ruf zur Ordnung. Es wäre den Versuch wert, sich statt dessen einmal einzulassen auf die produktive und kommunikative Kraft der Bilder, mit denen der gelebte Glaube eingefangen und gedeutet wird. Auf diesen Weg wollen wir uns im folgenden begeben[12]. Mit der Orientierung an den Bildern nehmen wir auch die Tatsa-

---

[11] Leider bin ich bei der Suche nach handlichen soziologischen Modellen, die zur Erhellung dieses Vorgangs der Transformierung sozialer Wirklichkeit in symbolische Bilder beitragen könnten, noch nicht recht fündig geworden, was vermutlich an meiner mangelhaften Kenntnis dieses Feldes liegt; vgl. immerhin H.J. HELLE, Soziologie und Symbol. Verstehende Theorie der Werte in Kultur und Gesellschaft (SAGG 5), Berlin [2]1980; A.P. COHEN, The Symbolic Construction of Community (Key Ideas), Chichester/London 1985. Zur exegetischen Fragestellung u.a. P.S. MINEAR, Bilder der Gemeinde. Eine Studie über das Selbstverständnis der Gemeinde anhand von 96 Bildbegriffen des Neuen Testaments, Kassel 1964; J. ROLOFF, Bilder der Kirche im Neuen Testament. Ein Synodalvortrag, in: Ders., Exegetische Verantwortung in der Kirche. Aufsätze, Göttingen 1990, 221-230; zu den beiden Eckdaten im Haupttitel des vorliegenden Beitrags vgl. A. OEPKE, Leib Christi oder Volk Gottes bei Paulus, in: ThLZ 79 (1954) 363-368; H.F. WEISS, "Volk Gottes" und "Leib Christi", in: ThLZ 102 (1977) 411-420; J. HAINZ, Vom "Volk Gottes" zum "Leib Christi". Biblisch-theologische Perspektiven paulinischer Ekklesiologie, in: JBTh 7 (1992) 145-164.

[12] An hilfreichen Beiträgen zur Ekklesiologie des Neuen Testaments allgemein seien in Auswahl (und in chronologischer Folge) genannt: E. VON DOBSCHÜTZ, Die urchristlichen Gemeinden. Sittengeschichtliche Bilder, Leipzig 1902; J. HAINZ, Ekklesia. Strukturen paulinischer Gemeinde-Theologie und Gemeinde-Ordnung (BU 9), Regensburg 1972; W. KLAIBER, Rechtfertigung und Gemeinde. Eine Untersuchung zum paulinischen Kirchenverständnis (FRLANT 127), Göttingen 1982; G. LOHFINK, Wie hat Jesus Gemeinde gewollt? Zur gesellschaftlichen Dimension des christlichen Glaubens, Freiburg i.Br. 1982 u.ö.; W.A. MEEKS, The First Urban Christians. The Social World of the Apostle Paul, New Haven 1983; W. POPKES, Gemeinde – Raum des Vertrauens. Neutestamentliche Beobachtungen und freikirchliche Perspektiven, Wuppertal/Kassel 1984; A. WEISER, Miteinander Gemeinde werden. Sachbuch zum Neuen Testament und zum kirchlichen Leben, Stuttgart 1987; A. VÖGTLE, Die Dynamik des Anfangs. Leben und Fragen der jungen Kirche, Freiburg i.Br. 1988; M.Y. MACDONALD, The Pauline Churches. A Socio-Historical Study of Institutionalisation in the Pauline and Deutero-Pauline Writings (MSSNTS 60), Cambridge 1988; K. SCHÄFER, Gemeinde als "Bruderschaft". Ein Beitrag zum Kirchenverständnis des Paulus (EHS.T 333), Frankfurt a.M. 1989; W. KIRCHSCHLÄGER, Die Anfänge der Kirche. Eine biblische Rückbesinnung, Graz 1990; W. REBELL, Zu neuem Leben berufen. Kommunikative Gemeindepraxis im frühen Christentum (KT 88), München 1990; H.J. VENETZ, So fing es mit der Kirche an. Ein Blick in das Neue Testament, Zürich [4]1990; JBTh 7 (1992): Volk Gottes, Gemeinde und Gesellschaft; mit sehr viel Litera-

che ernst, daß wir immer in symbolischen Konstruktionen von gesellschaftlicher Wirklichkeit leben[13] und daß Kommunikation symbolisch vermittelt
geschieht[14].

II. Gemeinde und Kirche im Bild

1. Das Haus

Gemeindeaufbau ist nicht nur – auf Paulus beschränkt – das Thema der
eingangs zitierten Monographie von Reinhold Reck, sondern darüber hinaus ein immer drängender empfundenes Anliegen heutiger Pastoraltheologie[15]. Wir beginnen deshalb mit dem Bildfeld von Bauwerk, Haus und
Tempel Gottes, in dessen Umkreis die Rede vom Aufbau einer Gemeinde
neutestamentlich gesehen gehört.

Ausdrücklich als Haus Gottes bezeichnet und mit einer Hausgemein-
schaft verglichen wird die christliche Gemeinde in den späten, nachpaulinischen Pastoralbriefen[16]. Ihr Autor schreibt in 1 Tim 3,15 innerhalb seiner
literarischen Fiktion an den Apostelschüler Timotheus: "...damit du weißt,
wie man im Hause Gottes wandeln soll, welches die Kirche des lebendigen
Gottes ist, Pfeiler und Fundament der Wahrheit". Die soziale Einbettung
des Bildes vom Hause Gottes (vgl. auch 2 Tim 2,20) erkennt man im Bi-
schofsspiegel aus 1 Tim 3,4f: Ein Bischof soll "seinem eigenen Hause in
guter Weise vorstehen, seine Kinder soll er in Zucht halten mit aller Ehr-

---

tur, leider nur mit englischsprachiger, S.C. BARTON, The Communal Dimension of
Earliest Christianity: A Critical Survey of the Field, in: JThS NS 43 (1992) 399-427.
Die vorzügliche Gesamtdarstellung von J. ROLOFF, Die Kirche im Neuen Testament
(GNT 10), Göttingen 1993, wurde mir erst nach Abschluß meines Manuskripts zu-
gänglich; auf sie sei mit Nachdruck hingewiesen.

13 Vgl. den Klassiker von P.L. BERGER / T. LUCKMANN, Die gesellschaftliche Konstruktion der Wirklichkeit. Eine Theorie der Wissenssoziologie (Conditio humana), Frankfurt a.M. ⁴1974, bes. 98-138: Ursprünge symbolischer Sinnwelten; s.o. Anm. 11.

14 Vgl. nur R. RECK, Kommunikation (s. Anm. 4) 44f; vgl. auch ebd. 22f die Unterscheidung von digitaler Kommunikation (bestimmte Inhalte sind nur zufällig oder
willkürlich mit bestimmten Zeichen verbunden) und analoger Kommunikation (es besteht eine Ähnlichkeitsrelation zwischen dem Zeichen und dem Bezeichneten).

15 S. nur C. MÖLLER, Lehre vom Gemeindeaufbau. Bd. 1: Konzepte – Programme – Wege, Göttingen ²1987; Bd. 2: Durchblicke – Einblicke – Ausblicke, Göttingen 1990.

16 Zum folgenden J. ROLOFF, Der erste Brief an Timotheus (EKK XV), Zürich/
Neukirchen-Vluyn 1988, 177-201; D.C. VERNER, The Household of God. The Social
World of the Pastoral Epistles (SBLDS 71), Chico, Ca. 1981.

barkeit; denn wer seinem eigenen Hause nicht vorzustehen vermag, wie soll der für die Kirche Gottes sorgen?" Das geordnete Hauswesen mit dem Hausvater an der Spitze gibt das Vorbild dafür ab, wie es in der Gemeinde zugehen soll.

Wenn wir von hier aus zurückblicken auf Paulus selbst, stellen wir als erstes fest, daß wir bei ihm das Bild von der Gemeinde als Haus Gottes so direkt nicht antreffen. Dafür stoßen wir aber auf andere, verwandte und nicht minder aussagekräftige Umschreibungen. "Gottes Ackerfeld, Gottes Bauwerk seid ihr", ruft Paulus in 1 Kor 3,9 den Korinthern zu, und wenig später fragt er sie: "Wißt ihr nicht, daß ihr der Tempel Gottes seid?" (1 Kor 3,16). Paulus selbst hat zu diesem Bauwerk "wie ein weiser Architekt das Fundament gelegt" (1 Kor 3,10), das in der Predigt vom gekreuzigten Christus besteht (1 Kor 3,11). Viele andere Hände bauen daran weiter, bauen mit. Hier also hat die Kategorie des Gemeindeaufbaus, die bei Paulus in 1 Kor 14 zum großen Thema wird, ihren eigentlichen Ort.

Was wir in den authentischen Paulusbriefen überdies noch entdecken können, sind die realen Gegebenheiten, die der Bildersprache erst das packende Profil verleihen. Für Paulus war es noch eine Selbstverständlichkeit, daß sich seine Gemeinden in einem Privathaus trafen. Andere Versammlungsstätten standen ihnen kaum zur Verfügung. Einige Male spricht er direkt von einer Hausgemeinde[17], wo ein Wohnhaus mit einer Familie als hartem Kern zum Zentrum der Gemeindebildung wird. Wir kennen aus seinen Briefen das Ehepaar Aquila und Priska "samt der Gemeinde in ihrem Haus", die aus Ephesus nach Korinth Grüße bestellen läßt (1 Kor 16,19) und die zu grüßen Paulus im Brief nach Rom, wohin sie in der Zwischenzeit wieder umgesiedelt sind, den Adressaten des Römerbriefes aufträgt (Röm 16,3-5).

Wie die Bilder fortgeschrieben werden und wie sich darin Wandlungen des Verständnisses von Kirche äußern, läßt sich in diesem Fall sehr schön

---

17 Dazu neben H.J. KLAUCK, Hausgemeinde und Hauskirche im frühen Christentum (SBS 103), Stuttgart 1981, mit den Literaturnachträgen in: Ders., Gemeinde – Amt – Sakrament. Neutestamentliche Perspektiven, Würzburg 1989, 28, und in: Ders., Art. Hausgemeinde, in: NBL II, 57f, zuletzt L.M. WHITE, The Christian Domus Ecclesiae and Its Environment: A Collection of Texts and Monuments (HThS 36), Minneapolis 1990; DERS., Building God's House in the Roman World: Architectural Adaptation among Pagans, Jews, and Christians (The ASOR Library of Biblical and Near Eastern Archaeology), Baltimore 1990; B.D. BLUE, In Public and in Private: The Role of the House Church in Early Christianity, Ph.D., Aberdeen 1990; A. NOORDEGRAAF, Familia Dei. De functie en de betekenis van de huisgemeente in het Nieuwe Testament, in: ThRef 35 (1992) 183-204.

am Epheserbrief ablesen, der etwa auf der halben Wegstrecke zwischen
Paulus und den späten Pastoralbriefen anzusiedeln ist und aus der Paulusschule stammt: "Ihr seid Mitbürger der Heiligen und Hausgenossen Gottes,
auferbaut auf dem Fundament der Apostel und Propheten, wobei Christus
Jesus selbst der Schlußstein ist. In ihm zusammengefügt wächst das ganze
Bauwerk empor zu einem heiligen Tempel im Herrn. In ihm werdet auch
ihr mitauferbaut zu einer Wohnung Gottes im Geist" (Eph 2,19-22)[18]. In
das Fundament, das in 1 Kor 3,11 noch Jesus Christus vorbehalten war,
sind nun in größerem zeitlichen Abstand die Apostel und Propheten der
Gründergeneration eingerückt. Zu Christus als Schlußstein wächst der ganze Bau empor. Die bei Paulus noch getrennten Bildkreise vom Bauwerk
und vom Tempel werden jetzt kurzgeschlossen. Gott nimmt durch seinen
Geist Wohnung in diesem entstehenden Gebäude, das aus gläubigen Menschen als "lebendigen Steinen" (1 Petr 2,5) zusammengefügt wird. Die Annäherung von Haus und Tempel besagt darüber hinaus: Gott wohnt nicht
mehr im unzugänglichen Innern des fernen Tempels in Jerusalem, das kaum
eines Menschen Fuß je betrat, sondern er sucht sich eine neue Wohnstatt
mitten unter den Menschen.

Die Bindung der Gemeinde an das Haus, in der Realität und im Bild,
bietet unschätzbare Vorteile: Der Glaube findet so eine echte Heimat. Er
konkretisiert sich in einem überschaubaren Raum, und er geht eine unmittelbare Verbindung mit den täglichen Lebensvollzügen ein. Ohne großen
Aufwand, ohne institutionellen Ballast kann so Gemeinde an der Basis entstehen. Die Hausmetaphorik hält etwas von dieser Verheißung einer ber-
genden und schützenden Heimstätte wach. Zugleich lädt sie dazu ein, mit-
zubauen, mitzutun. Konstruktive Mitwirkung ist gefragt, damit Gottes
Haus entstehen kann in einer oft gleichgültigen oder feindseligen Welt. Gerade wenn der Wind der Christenheit ins Gesicht bläst, kann sich die haus-
gestützte Gemeinde als feste Bastion erweisen, die Bestand hat, wenn andere Sozialgestalten des Glaubens zerbrechen.

Fairerweise müssen wir immer auch die Grenzen all unserer Modelle im
Auge behalten. Das Haus wäre mißverstanden, wenn man es nur als Ort
der Geborgenheit sehen wollte, der die ersehnte Nestwärme vermittelt und
in dem man sich wohnlich einrichtet, ohne sich um das zu kümmern, was
draußen vorgeht. Das Haus darf, anders gesagt, nicht zum Ghetto werden,

---

18 Vgl. R. SCHNACKENBURG, Der Brief an die Epheser (EKK X), Zürich/Neukirchen-
Vluyn 1982, 103f.120-126. Ein anderes Beispiel für die schöpferische Weiterent-
wicklung der bereitliegenden metaphorischen Möglichkeiten wäre 1 Petr 2,3-6, vgl.
die Kommentare und s.u. Anm. 41.

in das sich Gemeinde zurückzieht, um die Welt sich selbst zu überlassen. Außerdem tendiert im Unterschied zur Dynamik des Aufbaus bei Paulus das Hausmodell in den Pastoralbriefen doch schon zu einer gewissen Statik. Eine vorgegebene Gesellschaftsordnung mehr patriarchalen Zuschnitts wird innerhalb der christlichen Gemeinde reproduziert, was einen kräftigen Impuls für die Stabilisierung der kirchlichen Ämter zur Folge hat (der Bischof als Übervater in der Gemeinde als seinem Hauswesen). Grundsätzlich gilt, auch für das, was noch folgt: Solchen Begrenzungen kann man nicht entkommen, indem man sie leugnet. Man muß sie aufarbeiten und überwinden, was nicht zuletzt durch die Korrelation mit anderen Bildern, die im Neuen Testament vorliegen, gelingen kann. Erst in ihrem Zusammenspiel erfassen sie die ganze Fülle dessen, was Gemeinschaft der Glaubenden ausmacht.

2. Die Familie

Mit dem Hauswesen hängt nahezu untrennbar der Gedanke an die Familie zusammen. Zwar kommt Familie Gottes als Bezeichnung für die Kirche[19] im Neuen Testament so nicht vor, falls man nicht οἶκος an einigen Stellen statt mit "Haus" lieber mit "Familie" übersetzt. Aber es gibt doch eine Reihe von Konzepten, mit denen wir oft allzu selbstverständlich umgehen, die in den Bereich familiärer Sprache gehören. Nichts anderes als die Konstituierung der neuen Familie Gottes bedeutet es, wenn Jesus in Mk 3,31-35, daraufhin angesprochen, daß seine Mutter und seine Brüder draußen stehen, die im Kreise um ihn Sitzenden anblickt und zu ihnen sagt: "Siehe, meine Mutter und meine Brüder; denn wer immer den Willen Gottes tut, der ist mir Bruder und Schwester und Mutter." Wo bleibt der Vater, könnten wir unwillkürlich einwenden, wenn die Antwort nicht so offensichtlich auf der Hand läge: Vater ist Gott selbst. Es gilt das Wort aus Mt 23,9: "Und ihr sollt niemanden auf Erden euren Vater nennen, denn nur einer ist euer Vater, der im Himmel." Auf diese neue Familie bezieht sich die Verheißung in dem Jesuswort, das als Ausgleich für das Verlassen der eigenen häuslichen Umwelt hundertfältigen Lohn in Aussicht stellt, und zwar bemerkenswerterweise schon "jetzt, in dieser gegenwärtigen Zeit, Häuser und Brüder und Schwestern und Mütter und Kinder" (Mk 10,30).

---

[19] Vgl. den Buchtitel bei D. VON ALLMEN, La Famille de Dieu. La symbolique familiale dans le Paulinisme (OBO 41), Freiburg i.Ue./Göttingen 1981; dort auch zum folgenden.

Die neuen Häuser, das sind die christlichen Hausgemeinden, und die neuen Verwandten sind alle, die in ihnen den heimatlosen Wandermissionaren gastfreundliche Aufnahme gewähren. Von der hierher gehörenden Titulierung der Glaubenden als Kinder Gottes (Röm 8,16f u.ö.), als seine Söhne (Röm 8,14) und Töchter (explizit selten, vgl. etwa Apg 2,17), nehmen wir nur im Vorbeigehen Notiz. Wichtig ist am Familienparadigma noch etwas anderes. Als *der* Name für die Mitglaubenden in der christlichen Gemeinde schlechthin dient in der neutestamentlichen Briefliteratur "Bruder" oder, sehr viel seltener, aber doch einige Male belegt, "Schwester" (Röm 16,1 z.b.)[20]. Die Sprache der Geschwisterlichkeit hat ihren Wurzelgrund allgemein im antiken Familienethos, näherhin in der deuteronomischen Überlieferung des Alten Testaments, wo sich in einer ersten Ableitung das durch Bande des Blutes verbundene Volk Israel als Gemeinschaft von Schwestern und Brüdern versteht[21]. Wenn wir davon ausgehen, daß diese Anredeform ernstgemeint ist und nicht, wie heute allzu oft, bloß Floskel bleibt, besagt ihre Übernahme ins Urchristentum sehr viel. Aus dem Modell der Familie mit ihren verschiedenen Beziehungsebenen werden für die innergemeindliche Standortbestimmung nicht die komplementären herausgegriffen, die es mit Über- und Unterordnung zu tun haben, sondern die egalitären. Unter Geschwistern zumindest sollte auch nach antiker Sozialphilosophie wie unter Freunden Gleichheit herrschen. Außerdem wird die menschliche Nähe und Wärme mit herübergenommen, das Gefühl der Zusammengehörigkeit. Mehr als manches andere lädt die Sprache der Geschwisterlichkeit dazu ein, sich doch selbst einzugliedern als Bruder und als Schwester in diese große Familie Gottes.

Die Grenzen sind ähnlich zu bestimmen wie beim Haus. Es besteht kein Anlaß, die vorfindlichen Familien zu idealisieren, damals so wenig wie heute. Nichts kann bekanntlich so erbittert und so heftig sein wie ein Streit unter Brüdern. Umgekehrt birgt die viel beschworene Bruderliebe, der in der Antike ganze Traktate sozialethischen Inhalts gewidmet wurden[22], die Gefahr in sich, Außenstehende von dieser Liebe auszuschließen. Das Ideal der

---

20 Dazu knappe Informationen H.J. KLAUCK, Gemeinde zwischen Haus und Stadt. Kirche bei Paulus, Freiburg i.Br. 1992, 114-123; DERS., 1 Joh (s. Anm. 8) 277-280.285f; ausführlich K. SCHÄFER, Gemeinde als "Bruderschaft" (s. Anm. 12); ein Überblick bei K.H. SCHELKLE, Art. Bruder, in: RAC II, 631-640.

21 Vgl. L. PERLITT, "Ein einzig Volk von Brüdern". Zur deuteronomischen Herkunft der biblischen Bezeichnung "Bruder", in: Kirche (FS G. Bornkamm), Tübingen 1980, 27-52.

22 Vgl. H.J. KLAUCK, Brotherly Love in Plutarch and in 4 Maccabees, in: Greek, Romans and Christians (FS A.J. Malherbe), Philadelphia 1990, 144-156 (s.o. als Nr. 4).

Feindesliebe aus der Jesusüberlieferung muß korrigierend mit hinzugezogen werden, wo geschwisterliche Liebe sich auf den Innenraum der Gemeinde beschränken will. Für Haus und Familie gilt: Gemeinde entsteht nicht einfach durch Übernahme von familiären Strukturen, aber sie sucht sich das Beste daraus aus und macht es sich, gleichsam in getaufter und von Erdenresten befreiter Form, zu eigen.

3. Das Volk

Durch das Zweite Vatikanische Konzil wurde die Kategorie des Volkes Gottes wieder in den Mittelpunkt der Aufmerksamkeit gerückt. Das zweite Kapitel der Kirchenkonstitution *Lumen gentium* ist überschrieben mit *De populo Dei*, "Über das Volk Gottes" (LG 9-17). Wenn wir uns mit diesem Wissen im Neuen Testament auf die Suche begeben, erleben wir zunächst eine gewisse Enttäuschung. "Volk Gottes" als direkter Titel für die christliche Gemeinde kommt zwar vor[23], aber nicht so häufig, wie wir das erwarten würden. Lukas läßt aus Anlaß der Jerusalemer Heidenmissionssynode in Apg 15,14 den Jakobus sagen: "Gott hat dafür gesorgt, daß er aus den Heiden ein Volk für seinen Namen gewinnt", und in 1 Petr 2,9 heißt die Gemeinde u.a. "ein auserwähltes Geschlecht, eine königliche Priesterschaft, ein heiliger Stamm, ein Volk, das sein besonderes Eigentum wurde". Aber Paulus zum Beispiel scheint den Begriff in seiner christlichen Neufassung fast bewußt zu meiden, trotz der Zitation der alttestamentlichen Bundesformel an der in ihrer Authentizität allerdings umstrittenen Stelle 2 Kor 6,16: "Ich werde ihr Gott sein, und sie werden mein Volk sein." Paulus verwendet "Volk Gottes" nur in alttestamentlichen Zitaten, wo es von Hause aus das Bundesvolk Israel meint.

Genau an dieser Stelle dürfte auch ein Grund für die auffällige Zurückhaltung liegen: Volk Gottes war schon besetzt als Ehrentitel für das Volk Israel, das Volk des ersten Bundes, für Gottes "erste Liebe", für die das Prophetenwort in Kraft bleibt: "Kann man denn die Frau verstoßen, die man in der Jugend geliebt hat?" (Jes 54,6). Wenn sich die Kirche als Volk Gottes versteht, muß sie immer auch ihr Verhältnis zum Bundesvolk Israel mitbedenken, und das ist keine einfache Aufgabe. Schon innerhalb des

---

23 Pionierarbeit leistete N.A. DAHL, Das Volk Gottes. Eine Untersuchung zum Kirchenbewußtsein des Urchristentums, Darmstadt ²1963; vgl. auch G. LOHFINK, Gemeinde (s. Anm. 12) 89-96: "Die Kirche als Volk Gottes"; W. KLAIBER, Rechtfertigung und Gemeinde (s. Anm. 12) 27-35; s. in Anm. 11 die Aufsätze von Oepke, Weiß und Hainz.

Neuen Testaments wurde sie nicht immer zufriedenstellend gelöst. Eine schlichte Substitutionstheorie, derzufolge die Kirche als das neue und wahre Israel das alte Israel abgelöst hätte und es fortan neben der Kirche nur noch ein Volk der ungläubigen Juden gäbe, läßt sich theologisch nicht halten und hat sich historisch unheilvoll ausgewirkt als verstärkender Faktor von Antijudaismus und Antisemitismus. Auf den Spuren dessen, was Paulus in Röm 9-11 über das Geheimnis Israels sagt, bleibt hier viel Arbeit zu leisten, um zu einem befriedigenden Miteinander von Kirche und Israel zu gelangen. Die Kirche muß das auch um ihrer selbst willen tun, denn gerade als Gottesvolk bleibt sie ständig zurückgebunden an ihre Herkunft aus dem Volk Israel, das seinerseits als Gottesvolk nach wie vor besteht. Streng genommen kann es nur ein einziges Volk Gottes geben, weil Gott ein Einziger ist[24]. Das heißt mit anderen Worten, daß Israel und die Kirche geschichtliche Realisierungsweisen darstellen, die hinter der ganzen Realität des Volkes Gottes ein Stück weit zurückbleiben und gemeinsam unterwegs sind zu seiner endgültigen Realisierung am Ende der Zeit.

Innerhalb dieser Rahmenbedingungen kann man mit Recht herausarbeiten, daß die direkte Übertragung zwar selten vorkommt, dennoch aber zahlreiche andere Ehrentitel Israels für die christliche Gemeinde verwendet werden und daß die Gottesvolkkonzeption einen unverzichtbaren heilsgeschichtlichen Hintergrund für sie abgibt. Jesus selbst kam, um das Volk Israel im Angesicht des nahen Endes für die anbrechende Herrschaft Gottes zu sammeln. Er hat den Zwölferkreis zusammengerufen, um in einem symbolischen Akt das erneuerte Israel der Zukunft in der Vollzahl seiner zwölf Stämme, vertreten durch ihre Stammväter, darzustellen. Mit Söhnen Gottes und Kindern Gottes, gängigen christlichen Selbstbezeichnungen, meint das AlteTestament Angehörige Israels. Paulus nimmt den Patriarchen Abraham als Vater aller Glaubenden in Anspruch und bezeichnet sie als Nachkommen Abrahams (Röm 3; Gal 3). Er prägt vermutlich selbst das Wort vom neuen Bund (2 Kor 3,6), und das "Israel Gottes" in Gal 6,16 zielt für ihn wahrscheinlich auf die, die an Christus glauben. Der Jakobusbrief ist adressiert "an die zwölf Stämme in der Zerstreuung" (Jak 1,1) und versteht darunter seine christlichen Leser. Schließlich hat es auch der Ekklesiabegriff, dem wir uns im nächsten Punkt zuwenden, in einer Hinsicht mit Israel zu tun.

Was Volk Gottes als theologische Grundmetapher auszusagen vermag, hat die Kirchenkonstitution der Zweiten Vatikanums gut erfaßt und aktuali-

---

[24] Vgl. H. FRANKEMÖLLE, Art. λαός, in: EWNT II, 837-848, hier 847f.

siert[25]. Von einer zentralen Gegebenheit, die auch das Zweite Vatikanum sieht, nämlich der Kontinuität mit und dem Spannungsverhältnis zu Israel, haben wir schon gehandelt. Festgehalten wird mit dem Volksbegriff ferner, daß sich dieses Gebilde auch eine sichtbare Sozialgestalt geben muß, aber als Volk *Gottes* eine solche, die das Nationalbewußtsein der Völker der Welt und erst recht jede nationalistische Engführung übersteigt (LG 13: "In allen Völkern der Erde wohnt also dieses eine Gottesvolk"). Es ist weltumspannend, missionarisch, integrativ. Der Grad der Identifikation mit diesem Volk kann abgestuft gedacht werden, was in LG 16 sogar Platz für Nichtgetaufte läßt (und in LG 15 für Nichtkatholiken, aber das sollte eigentlich eine Selbstverständlichkeit sein). In Analogie zur Wüstengeneration Israels und in Anlehnung an einschlägige Passagen im Hebräerbrief (Hebr 3,7 - 4,13) befindet sich das Volk Gottes unterwegs, auf irdischer Wanderschaft. In den Volksgedanken, der die Weggemeinschaft beinhaltet, läßt sich auch das Fußvolk, läßt sich die Basis besser integrieren. Es ist kein Zufall, daß gerade "Volk Gottes" für die Basisgemeinden Lateinamerikas und für die Befreiungstheologie zu einem zentralen Begriff des Kirchenverständnisses wurde[26]. Nicht zuletzt stellt die Rede vom Volk Gottes auch eine fundamentale Gemeinsamkeit aller, die ihm angehören, vor jeder Binnendifferenzierung heraus: "Das Volk Gottes ist dem Aufbau der Kirche – ihrer Hierarchie – ebenso wie ihren Ständen – den Priestern, Laien und Ordensleuten – über- und vorgeordnet"[27].

Letzteres ist ein sehr folgenreicher Gedanke, denn: Volk heißt im Griechischen λαός. Leider nicht unmittelbar, sondern nur sehr mittelbar ist davon der Laie abzuleiten, der Nichtfachmann, in kirchlichem Kontext der Nichtkleriker. Die tief in unsere Denkgewohnheiten eingegangene Unterscheidung von Klerus und Laien hat keine Anhaltspunkte im Neuen Testament. Streng genommen müßten wir sagen, daß es im Volk Gottes überhaupt nur Laien gibt, nur Mitglieder dieses einen Volkes, und daß alles Weitere erst aus dieser Grundgegebenheit folgt. In letzter Zeit artikuliert sich ein zunehmendes Unbehagen an dem Gegenüber von Klerikern und Laien. Es wird ernsthaft vorgeschlagen, auf das Wort Laien zu verzichten und es zum Beispiel durch Getaufte oder Gläubige zu ersetzen[28]. Vom

---

25 Vgl. M. KEHL, Die Kirche (s. Anm. 2) 92f; s. auch E. KLINGER, Das Volk Gottes auf dem Zweiten Vatikanum. Die Revolution in der Kirche, in: JBTh 7 (1992) 305-319.

26 Vgl. E. KLINGER, a.a.O. 316.

27 Ebd. 309.

28 Vgl. die hilfreichen Überlegungen von A. WEISER, "Laien" in der Kirche? Neutestamentliche Aspekte / "Laien"-Christen in Kirche und Gesellschaft. Zum nachsynodalen Schreiben von Papst Johannes Paul II., in: Ders., Studien zu Christsein und

Neuen Testament aus beurteilt, können solche Bestrebungen nur nachdrücklich unterstützt werden.

Das Volk Gottes, daran kann es gar keinen Zweifel geben, ist handelndes Subjekt der Kirche, nicht Objekt kirchlicher Betreuung. "Wir sind das Volk", so lautete ein Slogan der Leipziger Montagsdemonstrationen vor der Wende. Es wäre eigentlich nur zu wünschen, daß sich alle in der Kirche diesen Wahlspruch mehr und mehr zu eigen machen, damit aus dem Kirchenvolk endlich wieder Volk Gottes wird.

4. Die Bürgerversammlung

In Anlehnung an das Volk Gottes im vorigen Paragraphen hätte der neue Zwischentitel auch "Die Volksversammlung" lauten können. Die – hoffentlich – etwas befremdlichere Bürgerversammlung wurde gewählt, um von vornherein auf die beiden Horizonte hinzulenken, innerhalb derer wir den neutestamentlichen Begriff anzusiedeln haben, den wir je nachdem mit Kirche oder mit Gemeinde übersetzen. Er lautet im Griechischen ἐκκλησία und kommt im Neuen Testament 114mal vor[29], relativ am häufigsten bei Paulus, der aber in diesem Fall nicht der Schöpfer war. Schon die Jerusalemer Urgemeinde hat sich, sofern sie wie die Hellenisten aus Apg 6,1-6 griechisch sprach, diesen Namen beigelegt. Sie griff dafür auf eine alttestamentlich-jüdische Traditionslinie zurück. In Dtn 23,2-9 wird die Sinaigemeinde mehrmals "Versammlung des Herrn" genannt, was die griechische Übersetzung an der Stelle mit ἐκκλησία κυρίου wiedergibt. Im Judentum wurde dieser Terminus verschiedentlich reaktiviert. Philo von Alexandrien versteht darunter die zum Gottesdienst versammelte jüdische Gemeinde. In der endzeitlich gestimmten Kriegsrolle von Qumran (1QM 4,10, mit dem hebräischen Äquivalent) bedeutet Versammlung Gottes soviel wie Gottes letztes Aufgebot, Kerntruppe des neuen Gottesvolkes. Der Begriff gewinnt

---

Kirche (SBAB 9), Stuttgart 1990, 321-351/353-368, der auch die gesamte Diskussion gut resümiert.

[29] Besonders anregend sind aus der reichen Lit. W. SCHRAGE, "Ekklesia" und "Synagoge". Zum Usprung des urchristlichen Kirchenbegriffs, in: ZThK 60 (1963) 178-202; K. BERGER, Volksversammlung und Gemeinde Gottes. Zu den Anfängen der christlichen Verwendung von ἐκκλησία, in: ZThK 73 (1976) 167-207; H. MERKLEIN, Die Ekklesia Gottes. Der Kirchenbegriff bei Paulus und in Jerusalem, in: Ders., Studien zu Jesus und Paulus (WUNT 43), Tübingen 1987, 296-318; vgl. J. ROLOFF, Art. ἐκκλησία, in: EWNT I, 998-1011; von den Monographien aus Anm. 12 J. HAINZ, Ekklesia; W. KLAIBER, Rechtfertigung und Gemeinde 11-21.

durch die Parallelführung mit den "Heiligen seines Volkes" (1QM 6,6) fast den Sinn der neueren Sektenbezeichnung "Heilige der letzten Tage". So ähnlich hat sich augenscheinlich auch die Urgemeinde verstanden und dies durch die Wahl von "Versammlung Gottes" als Eigenbezeichnung nach außen hin an den Tag gelegt.

Ein Perspektivenwechsel mußte erfolgen mit dem Übergang in griechisches Kulturgebiet. In einer Stadt wie Korinth fühlten sich die neu gewonnenen Christen, wenn sie ἐκκλησία hörten, an ihr politisches Erbe erinnert, denn für sie bedeutete ἐκκλησία zunächst die Versammlung der freien, stimmberechtigten Bürger eines Gemeinwesens. Das Wort selbst ist abzuleiten von ἐκ-καλέω, herausrufen, zusammenrufen. Ein Herold tritt auf, ruft mit lauter Stimme die Leute aus ihren Häusern, aus ihren Alltagsbeschäftigungen heraus und fordert sie auf, zur Versammlungsstätte zu gehen. Die Versammlung, die sich dort konstituiert, fungiert als höchstes Organ der Volkssouveränität. Sie verfügt über Legislativ- und Exekutivgewalt und bildet zugleich auch den obersten Gerichtshof, wo Urteile über Leben und Tod, über Verbannung und Strafzahlungen mit Mehrheitsentscheid fallen. Allerdings steckt in der dürren Angabe: "die freien, stimmberechtigten Bürger einer Stadt" schon eine beträchtliche Einschränkung. De facto werden davon etwa 10-15% der Stadtbevölkerung erfaßt. Nicht stimmberechtigt sind Frauen, Sklaven und Zugewanderte.

Den ersten Korintherbrief adressiert Paulus "an die Ekklesia Gottes, die sich in Korinth befindet, an die Geheiligten in Christus Jesus, an die berufenen Heiligen, mit allen, die den Namen unseres Herrn Jesus Christus anrufen an jeglichem Ort, ihrem und unserem" (1 Kor 1,2). Hier wird ein Dilemma offensichtlich, das unsere bisherigen Ausführungen unterschwellig durchzogen hat: Wie sollen wir ἐκκλησία übersetzen? Sollen wir sagen: an die *Kirche* Gottes in Korinth, oder: an die *Gemeinde* Gottes in Korinth? Dieses Dilemma hat seinen Grund darin, daß Paulus noch nicht unterscheidet. Eher im Gegenteil, bei ihm verwirklicht sich Kirche primär vor Ort oder sogar im Haus. Bestimmte übergreifende Linien werden zwar nicht völlig ausgeblendet. Paulus weiß sehr wohl, daß es eine Vielzahl von Gemeinden an verschiedenen Orten gibt, daß unter ihnen ein reger Austausch durch Reisen, durch Briefe und Boten herrscht, daß sie geeint sind in einem gemeinsamen Bekenntnis zu Jesus Christus als ihrem Herrn (vgl. die Fortsetzung in 1 Kor 1,2). Aber dennoch sieht er die Einzelgemeinde nicht als Partikel oder Baustein einer universalen Kirche an, sondern sie repräsentiert an ihrem jeweiligen Ort Gottes endzeitliches Aufgebot, sie ist dort Kirche in einem ganzheitlichen Sinn. Als solche tritt sie bevorzugt in Erscheinung, wenn sie – wie es die Grundbedeutung des Wortes nahelegt – auch wirklich zusammenkommt, das heißt im Zustand der Versammlung (vgl. die schöne, kaum zu übersetzende, außerordentlich aussagekräftige Stelle 1 Kor 11,18: "Wenn ihr ἐν ἐκκλησίᾳ zusammenkommt"). Erst die nachpaulinische Tradition weitet im Kolosser- und Epheserbrief den Ekklesiabegriff so aus, daß eine weltumspannende Größe "Kirche" zustandekommt, die in den zahlreichen Einzelgemeinden sichtbare Gestalt gewinnt.

In diesem Selbstverständnis der Gemeinde als Volksversammlung Gottes, als Versammlung seiner Bürger und – das ist selbstverständlich immer miteingeschlossen – Bürgerinnen in einer Stadt, ist sehr viel mehr an Zusage und Einladung enthalten, als die farblosen Übersetzungen verraten. Mit diesem politisch besetzten Terminus gibt die Gemeinde, die zahlenmäßig anfangs nur eine winzige Splittergruppe darstellte, zu erkennen, daß sie sich nicht in eine selbstgewählte Randexistenz zurückzieht, sondern Gehör in der ganzen Stadt einfordert. Zugleich stellt sie ihr ein Modell gesellschaftlicher Integration vor Augen, denn in ihren Reihen haben auch Zugereiste, auch sozial Deklassierte, auch Angehörige des benachteiligten Geschlechts Sitz und Stimme. Anders als in der griechischen Ekklesia nehmen an ihren Versammlungen als gleichberechtigte Mitglieder auch Frauen, Sklaven und Fremde teil, gemäß dem Programmsatz aus Gal 3,28: Juden und Griechen, Sklaven und Freie, Männer und Frauen sind eins in Christus (s.u.). Im Umgang mit der Stadt kann sie sich an das halten, was der Prophet Jeremia von Jerusalem aus an die Verbannten in Babylon schrieb: "Sucht das Wohlergehen (den *schalom*) der Stadt, in die ich euch verbannt habe" (Jer 29,7). Die Kraft zu diesem Leben zwischen Proexistenz und Kontrastverhalten[30], das heißt zwischen dem Dasein für die Menschen in einer oft feindlichen Umgebung und der entschiedenen Distanzierung von gottlosen, ungerechten Zuständen in ihrer Umwelt, schöpft die Gemeinde aus ihrem sakramentalen und gottesdienstlichen Leben, dessen genuinen Ort wiederum die Versammlung darstellt.

Daß die Beobachtungen dieses letzten Abschnitts ein hohes Maß an Aktualisierungsmöglichkeiten steckt, liegt auf der Hand. Wir brauchen das, nicht nur aus Zeit- und Raumgründen, für unsere Zwecke nicht weiter zu entfalten.

---

[30] Vgl. W. KLAIBER, Proexistenz und Kontrastverhalten. Beobachtungen zu einer Grundstruktur neutestamentlicher Ekklesiologie, in: JBTh 7 (1992) 125-144.

5. Der Leib

Haus Gottes, Familie Gottes, Volk Gottes, Bürgerversammlung Gottes, das waren unsere bisherigen Themen. Immer tritt uns Gott entgegen als letzte Autorität und als Urheber dessen, was Kirche heißt. Sicher werden wir bei näherer Betrachtung unter Einbeziehung der jeweiligen Kontexte auch christologische Momente entdecken. Paulus spricht an einer einzigen Stelle von den Gemeinden Christi (Röm 16,16: "Es grüßen euch alle Gemeinden Christi"). Die Gemeinde als Tempel Gottes in 1 Kor 3,16 dient zugleich als Wohnstätte des Geistes Gottes, so daß auch die pneumatologische Dimension nicht fehlt und wir eine trinitarische Fundierung von Kirche zu erahnen beginnen. Aber es bleibt doch die starke Zentrierung auf Gott hin bei den wesentlichen Leitbegriffen sehr zu beachten. Das spricht wiederum für eine Hervorhebung des Volkgottesgedankens – trotz spärlicher Belege – als Zentrum der Begriffswelt.

Aber wir haben damit die Galerie der Bilder noch längst nicht abgeschritten. Die theozentrische Ausrichtung ändert sich schon bei unserem neuen Thema, dem Leib Christi[31]. "Ihr aber seid der Leib Christi, und jeder einzelne ist ein Glied an ihm", schreibt Paulus in 1 Kor 12,27. Das Zusammenspiel der vielen Glieder – Fuß, Hand, Auge, Ohr usw. – in dem einen Organismus des Leibes, der mehr darstellt als nur die Summe seiner Teile, war Paulus aus der antiken Fabeltradition vertraut. In 1 Kor 12 (und in Röm 12) setzt er das Motiv zur Ortsbestimmung der unterschiedlichen Gnadengaben in der einen Ortsgemeinde ein, und er untermauert es, indem er es christologisch und sakramental einbindet. Die christologische Verankerung ist schon durch die Verwendung des Christustitels gegeben. Leib Christi meint ja zunächst den irdischen Leib des Herrn, dahingegeben in den Tod am Kreuz, auferweckt und erhöht zu neuem Leben bei Gott. Die Gegenwart des Herrn bei der Feier des Herrenmahls in den Elementen von Brot und Wein ermöglicht die Gedankenverbindung, die in 1 Kor 10,16f vorliegt: Teilhabe am gebrochenen Brot der Eucharistiefeier stellt Gemeinschaft her mit dem Leib Christi. Das eine Brot, von dem alle essen, vereinigt die vielen zu dem einen Leib. Aber dieser Leib entsteht nicht einfach

---

31 Aus der überreichen Literatur nenne ich hier nur H. MERKLEIN, Entstehung und Gehalt des paulinischen Leib-Christi-Gedankens, in: Ders., Studien (s. Anm. 29) 319-344 (dort in Anm. 1 weitere Arbeiten), sowie zuletzt T. SÖDING, "Ihr aber seid der Leib Christi" (1 Kor 12,27). Exegetische Beobachtungen an einem zentralen Motiv paulinischer Ekklesiologie, in: Cath(M) 45 (1991) 135-162; vgl. im übrigen die Lexika und die Kommentare; s. auch die Aufsätze von Oepke, Weiß und Hainz in Anm. 11.

additiv durch das Zusammenwirken der Teilnehmer am Gemeinschafts-
mahl, er ist in gewisser Weise vorgegeben, da nach 1 Kor 12,13 "wir alle in
den einen Leib hineingetauft wurden". Der Leib war als Leib Christi offensichtlich früher da, und die Taufe gliedert uns in diesen Leib ein, und zwar
uns alle, ob Juden oder Griechen, ob Sklaven oder Freie, wie es im gleichen
Vers heißt. Daraus geht zugleich hervor, daß wir auch eine berühmte Stelle
aus dem Galaterbrief, die noch ein weiteres Doppelglied enthält, von der
Leibmetaphorik her verstehen müssen: "Denn ihr alle, die ihr auf Christus
getauft worden seid, habt Christus angezogen. Da gibt es nicht Jude noch
Grieche, nicht Sklave noch Freier, nicht männlich noch weiblich, den ihr
alle seid einer in Christus Jesus" (Gal 3,27f)[32].

Die Auswertung des Bildes im ersten Korintherbrief verläuft in doppelter Richtung. Paulus betont nämlich gleichzeitig die Einheit und die Vielfalt. Gegen eine Gruppe in der Gemeinde insistiert er auf der prinzipiellen
Gleichrangigkeit aller Gnadengaben. Er verlangt, auf die vermeintlich
schwächer Begabten nicht verächtlich herabzusehen, sondern ihre Integrie-
rung als vordringliche Aufgabe zu betrachten (im Bild V. 22-25: "Gerade
die schwächer scheinenden Glieder des Leibes sind unentbehrlich ... Gott
hat den Leib so zusammengefügt, daß er dem Geringgeachteten mehr Ehre
zukommen ließ, damit im Leib keine Spaltung entstehe, sondern die Glieder
einträchtig füreinander sorgen"). Er plädiert damit aber auch gegen eine
Einschränkung des Wirkens des Geistes in nur eine bestimmte Richtung. Er
setzt sich gegen eine uniforme Sicht dessen, was Charisma heißt, zur Wehr
und wird dadurch zum Anwalt eines befreienden Pluralismus.

Noch einen Schritt weiter geht Paulus im Galaterbrief. Die Eingliede-
rung der unterschiedlichen Gruppen – Juden und Griechen, Sklaven und
Freie, Männer und Frauen – in den einen Christus, in seinen Erlöserleib, erinnert an die kosmologische Ausdeutung der Leibmetaphorik in der stoischen Philosophie (das ganze Weltall als makrokosmischer Leib) und an
die Verkörperung des ganzen Volkes Israel, in das die einzelnen aufgenommen werden, durch den Stammvater im Alten Testament. Brisant ist diese
Stelle Gal 3,28 vor allem wegen ihrer sozialen Implikationen. Während die
berühmte und oft zitierte Fabel des Menenius Agrippa[33] vom verheerenden
Streit der Körperteile um die Vorherrschaft im Leib eindeutig eine politisch

---

[32] Dazu G. DAUTZENBERG, "Da ist nicht männlich und weiblich". Zur Interpretation von
Gal 3,28, in: Kairos 24 (1982) 181-206.
[33] Vgl. D. PEIL, Der Streit der Glieder mit dem Magen. Studien zur Überlieferungs- und
Deutungsgeschichte der Fabel des Menenius Agrippa von der Antike bis ins 20. Jahrhundert (Mikrokosmos 16), Frankfurt a.M. 1985.

konservierende Absicht vertritt – die Vorherrschaft der Patrizier soll unangetastet bleiben –, sind hier im Christusleib die faktischen Klassengegensätze der antiken Gesellschaft im Prinzip überwunden. Das heißt nicht, daß soziale Wirklichkeit illusionär überspielt werden soll. Der Gegensatz von männlich und weiblich bleibt als irdische Realität sowieso unaufhebbar. Aber was daraus für das tägliche Leben und für den Umgang miteinander folgt, kann sehr wohl ganz unterschiedlich gestaltet werden. Die Gemeinde ist aufgerufen, in ihren eigenen Reihen soziale Diskriminierungen aufgrund der vorgegebenen Herkunft so weit wie irgend möglich zu überwinden, zum Beispiel dadurch, daß Juden und Heiden beim Herrenmahl endlich an einem Tisch sitzen und miteinander essen, daß ein Sklave in der Gemeindeversammlung auf gleicher Ebene mit seinem Herrn reden und ihm geistliche Weisung geben kann, daß die Bevormundung von Frauen durch ihre Männer im Binnenraum der Gemeinde zu enden hat.

Eine Fortentwicklung der Leibmetaphorik, um das nur noch anzudeuten, leisten einige Zeit später die beiden Briefe an die Kolosser und an die Epheser aus der Paulusschule. Nicht mehr die einzelne Ortsgemeinde wie im ersten Korintherbrief, sondern die weltumspannende Kirche erscheint als Leib, dem jetzt Christus als sein Haupt zugeordnet wird (z.B. Kol 1,18-20; Eph 1,22f). Pate stand die mythische Vorstellung von der Welt als riesigem Leib einer allumfassenden Gottheit. Die christliche Rezeption geschieht dadurch, daß jetzt gesagt wird: Christus hält seinen Herrschaftsanspruch auf die ganze Welt aufrecht und verwirklicht ihn durch die Kirche, die mittels ihrer missionarischen Verkündigung die ganze Menschheit gewinnen und in sich eingliedern soll, damit so der Leib Christi zur ersehnten Vollständigkeit und Fülle findet.

Wir leben in einem technischen Zeitalter, zu dessen Merkmalen die Maschine und der Computer zählen. Ein Organismusmodell erscheint romantisch, rückwärts gewandt, wenig aktuell. Eingestandenermaßen kann auch das Bild vom Leib unerwünschte Nebeneffekte produzieren. In der Enzyklika *Mystici corporis* von Pius XII. aus dem Jahre 1943[34] wurde ihm eine an der hierarchischen Struktur der Kirche orientierte Form gegeben, die sich nur noch schwer mit den biblischen Daten vermitteln läßt. Aber es dürfte andererseits auch heute nicht leicht fallen, ein Bild zu finden, das so anschaulich die stets prekäre Vereinbarkeit der beiden Pole Einheit und Vielfalt vor Augen führt. Die Kirche nimmt uns auf, umfängt uns und birgt

---

[34] Vgl. DS 3800-3822; NR 398; dazu die kritische Wertung bei P. HOFFMANN, Das Erbe Jesu und die Macht in der Kirche. Rückbesinnung auf das Neue Testament (TTB 213), Mainz 1991, 72f.

uns. Zugleich realisieren wir erst Kirche als Gemeinde durch unseren Einsatz, durch unser Tätigwerden, im Zusammenspiel aller Kräfte. Niemand
soll zurückstehen. Die Einbindung der Marginalisierten, derer also, die sich
im Schatten oder am Rande befinden, ist sogar oberste Pflicht. Gesellschaftliche Unterschiede, die es immer geben wird, dürfen in diesem Sozial-
gebilde nicht einfach reproduziert werden. Es muß vielmehr ein Weg gefunden werden, sie im Gemeindeleben zu überwinden. Mit dem Leib schließlich, ein letzter Gedanke, sind wir als Menschen hineinverflochten in diese
Welt, begegnen wir anderen, treten wir in Kontakt und tauschen wir uns
aus. Analog dazu ist Christus mit seinem Leib, der Kirche, leibhaftig und
sichtbar in der Welt anwesend. Durch diesen Leib kommuniziert er mit uns
Menschen[35].

6. Was es sonst noch gibt ...

Wir können unseren Durchgang an dieser Stelle eigentlich noch nicht
beenden, aber wir müssen ihn abbrechen. Es fehlt viel, allzuviel, von dem
einiges – immer noch nicht alles[36] – mehr summarisch erwähnt sei. Wir haben nicht gesprochen von der Kirche als Braut Christi in der Johannesoffenbarung (Offb 19,7 etc.), aber auch bei Paulus (in 2 Kor 11,2f), was
nicht nur die enge personale Beziehung zwischen den beiden "Partnern",
wenn das Wort erlaubt ist, zum Ausdruck bringt, sondern ebenso auch die
Unterscheidbarkeit der Kirche von Christus, die in manchen allzu vollmun-
digen neuzeitlichen Verlautbarungen unterzugehen scheint. Übergangen haben wir auch die Sicht der Kirche als neue Stadt und als himmlisches Jerusalem (Offb 21,2; Gal 4,26), die wir mit der oben angesprochenen Thematik von Haus, Bauwerk und Tempel zusammenbringen können. Zu erwägen
wäre auch, was es bedeutet, wenn Paulus die Gemeindemitglieder allen
Ernstes als "berufene Heilige" (1 Kor 1,2) anredet[37], zumal sich in den
Briefen doch zeigt, wieviel Unheiliges es unter ihnen gibt, so daß man in

---

[35] Vgl. M. KEHL, Die Kirche (s. Anm. 2) 89: "Leib Christi' ist die Kirche insofern, als
   durch sie in engster, untrennbarer Einheit mit ihm der 'leibhaftige', in die gesellschaftliche Wirklichkeit ausgeweitete und vielfältig differenzierte Lebensraum des
   erhöhten Herrn mitten unter uns" dargestellt wird.

[36] P.S. MINEAR, Bilder (s. Anm. 11), bringt es, wie erinnerlich, auf 96 Bildbegriffe, allerdings wäre seine Liste doch kritisch zu sichten.

[37] Was traditionsgeschichtlich in den Bereich der biblisch-jüdischen Konnotationen des
   Ekklesiabegriffs gehört, vgl. nur W. KLAIBER, Rechtfertigung und Gemeinde (s. Anm.
   12) 21-25.

den Ruf einstimmen möchte: "Schöne Heilige sind mir das." Die sich auch
darin zeigende Spannung von Zusage einerseits und defizienter Wirklichkeit andererseits vermag christliches Leben in Bewegung zu setzen und in
Bewegung zu halten. Die "neue Schöpfung" aus 2 Kor 5,17 (vgl. Gal 6,15)
wäre auf ihre ekklesiologische Komponente hin zu befragen. Alternativ zu
den Brüdern und Schwestern sollte man auch der zugegeben sehr seltenen
Selbstbezeichnung als Freunde nachgehen[38] und dabei zugleich die urchristliche Praxis der Gastfreundschaft in ihrer ekklesiologischen Relevanz
würdigen[39].

In der Apostelgeschichte des Lukas wird das Christentum einfach "der
Weg" genannt[40]. Paulus geht als Christenverfolger nach Damaskus, um zu
sehen, "ob er dort welche fände, die zu dem Weg gehörten" (Apg 9,2; vgl.
24,14.22). Das ist eine zu Unrecht fast vergessene Umschreibung, die einiges hergibt. Hier wird den Menschen ein neuer Weg angeboten, auf dem sie
ins wahre Leben gehen können. Unterwegs sein auf ein Ziel hin wird zum
Signum christlicher Existenz. Eine Querverbindugn zum pilgernden Gottesvolk auf seiner irdischen Wanderschaft drängt sich förmlich auf.

Wenig verankert ist im Bewußtsein auch die Tatsache, daß der uns so
selbstverständlich scheinende Terminus "Christ", "christlich" den neutsta-
mentlichen Autoren mehrheitlich noch gar nicht zur Verfügung stand. Sein
Aufkommen hält Apg 11,26 präzise fest: "In Antiochien wurden Jünger
zum ersten Mal Christianer (χριστιανούς) genannt" (vgl. Apg 26,28).
"Wahrscheinlich ist die Benennung den Christen von außen beigelegt worden...", als sie sich, nicht zuletzt in Folge der Heidenmission, von den Syna-
gogengemeinden zu lösen begannen und als eigene Gruppe erkennbar wurden"[41]. Ihr Identifikationsmerkmal war, das dokumentiert sich in dieser
Fremdbezeichnung, ihre offen zur Schau getragene Zugehörigkeit zu Christus.

---

[38] Vgl. H.J. KLAUCK, Kirche als Freundesgemeinschaft? Auf Spurensuche im Neuen
Testament, in: Ders., Gemeinde zwischen Haus und Stadt (s. Anm. 20) 95-123.

[39] Dazu J. KOENIG, New Testament Hospitality. Partnership with Strangers as Promise
and Mission (Overtures to Biblical Theology 17), Philadelphia 1985; R. ZERFASS,
Seelsorge als Gastfreundschaft, in: Ders., Menschliche Seelsorge. Für eine Spirituali-
tät von Priestern und Laien im Gemeindedienst, Freiburg i.Br. ³1986, 11-32; H.J.
KLAUCK, Der zweite und dritte Johannesbrief (EKK XXIII/2), Zürich/Neukirchen-
Vluyn 1992, 95f (Lit.).

[40] E. REPO, Der "Weg" als Selbstbezeichnung des Urchristentums. Eine traditionsgeschichtliche und semasiologische Untersuchung (AASF 132,2), Helsinki 1964.

[41] G. SCHNEIDER, EWNT III, 1146; aus der Lit. bleibt bemerkenswert E. PETERSON,
Christianus [1946], in: Ders., Frühkirche, Judentum und Gnosis. Studien und Untersuchungen, Freiburg i.Br. 1959, 64-87.

Nur an einer einzigen Stelle außerhalb der Apostelgeschichte wird "Christianer" als Selbstbezeichnung adoptiert, nämlich in 1 Petr 4,16: "Wer immer leidet, weil er Christusanhänger (χριστιανός) ist, soll sich nicht schämen, sondern Gott verherrlichen, indem er sich zu diesem Namen bekennt." Das gibt uns Gelegenheit, in einer Momentaufnahme die Verortung christlicher Existenz im ersten Petrusbrief festzuhalten. Dieses Schreiben sieht die Christen als "Beisassen und Fremde" (1 Petr 2,11)[42]. Die im Deutschen ungewöhnliche Vokabel "Beisasse", πάροικος im Griechischen, meint solche, die in einer griechischen Stadt wohnen, ohne festes Bürgerrecht zu besitzen, gibt also der anderen Qualifizierung als Fremde, Fremdlinge (im Griechischen das seltenere Wort, vgl. aber Hebr 11,13) ein politisch-rechtliches Gewand. Christen leben als Fremdlinge in der Diaspora (1 Petr 1,1), das verbietet ihnen, sich endgültig in der Welt einzurichten und sich mit dem Vorfindlichen zu begnügen. Die Konsequenz heißt nicht Rückzug ins selbstgewählte Ghetto, sondern kritische Begleitung der Welt aus einer gewissen Distanz, aber auch aus einem umso tieferen Verantwortungsgefühl heraus. Von Christen wäre demnach auch zu erwarten, daß sie sehr gut nachempfinden können, was es bedeutet, sich mitten in einer pulsierenden Gesellschaft als Fremder zu fühlen, schutzlos, ausgesetzt, allein.

7. Der Beitrag des Johannes

Ein wenig weiter ausholen wollen wir lediglich noch zum johanneischen Schrifttum, dem wir schon die eingangs zitierte κοινωνία-Stelle – auch dieser Begriff bedürfte im übrigen noch der Vertiefung[43] – entnommen haben.

Wer von Paulus und den Synoptikern zu Johannes kommt, hat in manchem das Gefühl, als betrete er eine andere Welt. Das läßt sich auch an der

---

42 Es liegen dazu sehr instruktive, unterschiedlich akzentuierende Arbeiten vor: J.H. EL-LIOTT, A Home for the Homeless. A Sociological Exegesis of 1 Peter, Its Situation and Strategy, Philadelphia 1981; R. FELDMEIER, Die Christen als Fremde. Die Metapher der Fremde in der antiken Welt, im Urchristentum und im 1. Petrusbrief (WUNT 64), Tübingen 1992; vgl. bei Feldmeier u.a. 188 Anm. 74 mit der Auflistung weiterer gemeindebezogener Metaphern in 1 Petr: Gottes Haus (2,5; 4,17), Priesterschaft (2,5.9), erwähltes Geschlecht (2,9), heiliger Stamm (2,9), Eigentumsvolk (2,9f), Herde (5,2), Bruderschaft (ἀδελφότης im NT nur in 1 Petr 2,17 und 5,9).

43 Vgl. als Hinführung H.J. KLAUCK, Eucharistie und Kirchengemeinschaft bei Paulus, in: Ders., Gemeinde – Amt – Sakrament (s. Anm. 17) 331-347; zu Joh DERS., Gemeinde ohne Amt? Erfahrungen mit der Kirche im johanneischen Schrifttum, ebd. 195-222, jeweils mit weiterführender Lit.

Bildersprache festmachen. Die Bildrede von Jesus Christus als dem wahren Weinstock mit den Glaubenden als Rebzweigen an ihm in Joh 15,1-8 stellt ein Äquivalent zum paulinischen Modell von dem einen Leib mit seinen vielen Gliedern dar und hat doch seine Besonderheiten[44]. Während die Glieder des Leibes untereinander verbunden sind und differenziert werden in Organe mit verschiedenen Funktionen, fehlt bei Johannes die unmittelbare horizontale Verbindung, und es fehlt die Differenzierung. Alle sind Rebzweige, und jeder Rebzweig wächst direkt aus dem Christusweinstock hervor. Auch die Bildrede vom guten Hirten und seiner Herde in Joh 10, die man eher in kollektivem Sinn zu deuten sich geneigt fühlen könnte, weist eine ähnliche Eigenart auf. Eine ihrer Pointen besteht darin, daß der Hirt die Schafe, die ihm gehören, *einzeln* beim Namen ruft und daß sie ihm folgen, weil sie ihn am Klang seiner Stimme erkennen (Joh 10,3f). Ein unverkennbarer Trend zur Individualisierung zeichnet sich ab, der sich auch in den Einzelbegegnungen durchhält und in den Einzelgesprächen, die Jesus in Joh 3 mit Nikodemus und in Joh 4 mit der samaritanischen Frau führt. Symptomatisch ist dafür auch der Lieblingsjünger, der die ideale Gestalt gläubiger Existenz verkörpert, mit seiner besonderen, unüberbietbaren Christusbeziehung.

Damit soll nicht behauptet werden, daß das johanneische Schrifttum die Gemeinschaft der Glaubenden völlig unterschlage, wohl aber, daß hier ein anderer notwendiger Aspekt das ihm gebührende Gewicht erhält: die Freiheit und Würde jedes einzelnen, der glaubt; die Unmittelbarkeit und Direktheit seiner Christusbeziehung; seine relative Unabhängigkeit von kirchlichen Leitungsinstanzen. Die Gefahr eines falschen Kollektivismus, der das Individuum aus den Augen verliert, es notfalls sogar für höhere Zwecke zu opfern bereit ist, besteht auch in der Kirche. Dagegen geben uns die johanneischen Schriften ein willkommenes Heilmittel an die Hand.

---

[44] So zu Recht E. Schweizer, Der Kirchenbegriff im Evangelium und den Briefen des Johannes, in: Ders., Neotestamentica. Deutsche und englische Aufsätze 1951-1963, Zürich 1963, 254-271, hier 262f; s. auch R. Borig, Der wahre Weinstock. Untersuchungen zu Jo 15,1-10 (StANT 16), München 1967, 250-252.

III. Offene Fragen und Perspektiven

1. Stiftung der Kirche durch Jesus?

Nach diesem Überblick greifen wir noch einige Gesichtspunkte auf, die unbeachtet geblieben sind, und stellen damit auch den Anschluß an unsere Eingangsüberlegungen wieder her. Vom irdischen Jesus war in unseren Ausführungen nur wenig die Rede, auffällig wenig sogar, und wer aufmerksam hinhört, kann darin bereits eine Problematik entdecken, die sich auf die Frage hin zuspitzt: Hat Jesus, der irdische Jesus, selbst die Kirche gestiftet? Hat er das überhaupt tun wollen? Um ein aktuelles Beispiel zu wählen: Verschärft hat diese Aporie zuletzt Eugen Drewermann, der in seinem Matthäuskommentar jedes Bemühen um die konkrete Sozialgestalt christlichen Glaubens als kirchlichen Kollektivismus denunziert. Er vermag anscheinend nur von der therapeutischen Zweierbeziehung her zu denken und vernachlässigt darüber die gesellschaftliche und geschichtliche Konstituierung menschlicher Individualität. Die Naturnotwendigkeit hierarchischer Ordnung begründet er ganz modisch aus Evolutionstheorie, Systemtheorie und Genetik, wertet das aber nur negativ aus: Die Ordnung der Kirche sei nicht auf Jesus zurückzuführen und von ihm so nicht gewollt[45].

In der Tat kann man die Frage, ob Jesus die Kirche gegründet habe[46], mit ja oder – auch wenn es sich schockierend anhört – mit nein beantworten, man muß nur genau angeben, was man im einzelnen damit meint. Einen einmaligen Stiftungsakt für die konkrete Gestalt der Kirche, die sich im 2. Jahrhundert n.Chr. herausgebildet hat und die in ihrer Struktur der unsrigen ähnelt, hat es im Wirken Jesu nicht gegeben. Er kam mit der Botschaft von der anbrechenden Gottesherrschaft. Er wollte das Volk Israel sammeln angesichts des nahen Endes. Er hat die Zwölf bestimmt als symbolischen Vorentwurf des erneuerten Gottesvolkes. Er hat Jünger zu sich gerufen, die ihm nachfolgten auf seinen Wegen und die er als Multiplikatoren brauchte. Er hat die Predigt des Evangeliums grundgelegt, in die er

---

[45] E. Drewermann, Das Matthäusevangelium. Erster Teil: Mt 1,1 - 7,29. Bilder der Erfüllung, Olten 1992, bes. 19-43.

[46] Vgl. zum folgenden die umsichtigen Erwägungen von G. Lohfink, Jesus und Kirche, in: HFTh III, 49-96; mit erstaunlicher Zuversicht führt die Gründung der Kirche – allerdings in einem sehr allgemeinen Sinn – auf den historischen Jesus zurück H. Thyen, Zur Problematik einer neutestamentlichen Ekklesiologie, in: G. Liedke (Hrsg.), Frieden – Bibel – Kirche (SFF 9), Stuttgart/München 1972, 96-173, hier 126-130.

selbst nach Ostern als wesentlicher Inhalt einging. Aber mit all dem befinden wir uns doch unverkennbar schon auf dem Weg zu einer Größe, die wir Kirche nennen. Das Evangelium, erinnern wir uns an unsere Eingangsthesen zurück, ist seinem Wesen nach kommunikativ, und es entwickelt selbst die Initiative bei der Stiftung von neuer Kommunikation. Es drängt hin zur Realisierung von gemeinschaftlichen Lebensformen. Mehr können wir und mehr brauchen wir theologisch gesehen auch gar nicht zu verlangen, um die Kirche in ihrer vielfach gebrochenen, unvollkommenen Realgestalt mit Jesu Wirken und Wollen zusammenzudenken. Daß sich die Sammelbezeichnung Kirche dabei nicht auf einen monolithischen Block bezieht, beweisen die unterschiedlichen nachösterlichen Realisierungsversuche, die wir in der Fülle der Bilder ausmachen konnten.

2. Brauchen wir das Amt?

Auch ein anderes heißes Eisen haben wir bisher nicht angepackt. Ich meine damit das Amt in der Kirche, seine Notwendigkeit, seine theologische Legitimation, seine Ausgestaltung. Leitend war bei dieser Unterlassungssünde nicht die Angst, sich anders die Finger zu verbrennen, sondern die Überzeugung, daß die Suche nach dem Kirchenbild im Neuen Testament und darüber hinaus fundamental falsch angesetzt wird, wenn sie von der Vorstellung bestimmter kirchlicher Ämter ausgeht und diese begründen oder auch widerlegen will. Gewiß muß auch diese Aufgabe getan werden, und zwar mit aller Sorgfalt, aber sie darf nicht am Anfang stehen. Kirche definiert sich biblisch gesehen nun einmal nicht vom Amt her, sondern vom Evangelium her. Seiner Verkündigung, seiner Weitergabe, seiner Umsetzung in Lebenspraxis hat das Amt zu dienen, nur daraus gewinnt es seine Existenzberechtigung. In dem übergreifenden Kommunikationsprozeß, der mit dem Evangelium freigesetzt wird, finden auch Amtsträger als mediale Vermittler ihren genuinen Ort. Das beste Mittel gegen überzogene Ansprüche eines kirchlichen Leitungsamtes dürfte die biblische Rückbesinnung sein: johanneisch gesprochen die Rückbesinnung auf die unverwechselbare Würde jedes einzelnen Glaubenden, paulinisch gesprochen die Rückbesinnung auf die Kompetenz jeder einzelnen christlichen Gemeinde in ihrem konkreten Lebenszusammenhang vor Ort. Dazu können uns die biblischen Bilder mit ihrer produktiven und kommunikativen Kraft anleiten.

3. Entlastung durch Vorgegebenes

Nach neutestamentlichen Vorgaben für die Kirche von heute haben wir dem Untertitel zufolge gesucht. Mit Bedacht wurde das Wort Vorgaben gewählt. Vorgaben sind keine Vorschriften. Wörtlich verstanden sind sie sogar etwas, was uns gegeben, geschenkt wird, was als Gabe unseren eigenen Bemühungen und Leistungen immer schon vorausliegt. Urchristliche Zustände lassen sich nicht einfach unverändert in der Gegenwart reproduzieren, dazu ist der zeitliche Abstand, der auch theologisches Gewicht hat, zu groß. Wir würden es auf diesem Weg im schlimmsten Fall zu einer Art Museumsdorf bringen, wo Menschen aus historischem Interesse eine Zeit lang in längst veraltete Kleider schlüpfen und mit vorindustriellem Werkzeug herumhantieren. Aber wir können als Gabe und Geschenk entgegennehmen, was aus den urchristlichen Erfahrungen in die Bilder eingegangen ist, die immer lebendig bleiben und uns in Bewegung halten. Wir dürfen aus Vorgegebenem leben, das wir nicht mehr selbst mühsam herzustellen brauchen. Das entlastet uns, das schafft ein Gegengewicht zu allem kirchlichen Aktivismus, der doch oft so erfolglos bleibt[47]. Das Gefühl, das um uns herum so viel in Trümmer zu sinken droht, ist vielleicht nur die Kehrseite unseres Machbarkeitswahns. Ich will nicht die Nationalhymne eines untergegangenen Sozialgebildes bemühen – "Auferstanden aus Ruinen" –, möchte aber plädieren für mehr Gelassenheit und mehr Vertrauen, die wir aus der Einsicht schöpfen können: Gott selbst baut weiter an seinem Haus, sorgt für seine Familie, geleitet sein Volk auch durch alle Wüstenstrecken. Der auferstandene Christus ist auf Dauer lebendig in seinem Leib. Die Botschaft von ihm vermag zu jeder Zeit aufs neue Menschen aus dem Alltag herauszurufen und zu vereinigen zur Bürgerversammlung Gottes.

---

[47] Vgl. zum Ganzen R. RECK, Kommunikation (s. Anm. 4) 323: "*Gemeindebildung geschieht dann als Frucht der Evangelisierung.* Könnte diese Erkenntnis sich durchsetzen, hätte sie eine enorme Entlastungsfunktion für haupt- und ehrenamtliche Mitarbeiter in vielen Gemeinde, die aus der trügerischen Hoffnung heraus, mit einer Vielfalt von Angeboten und Aktionen den Bedürfnissen der Menschen entgegenzukommen und so Gemeinde zu bauen, ein oft zermürbendes und letztlich erfolglos bleibendes Programm absolvieren" (Hervorh. im Orig.).

Nachweis der Erstveröffentlichungen

1. "Der Gott in dir" (Ep 41,1). Autonomie des Gewissens bei Seneca und Paulus, in: C. MAYER / K. MÜLLER / G. SCHMALENBERG (Hrsg.), Fragen nach den Ursprüngen (FS G. Dautzenberg), Gießen 1994.

2. Ein Richter im eigenen Innern. Das Gewissen bei Philo von Alexandrien (unveröffentlicht)

3. Mittelplatonismus und Neues Testament. Plutarch von Chaironea über Aberglaube, Dämonenfurcht und göttliche Vergeltung (unveröffentlicht)

4. Die Bruderliebe bei Plutarch und im vierten Makkabäerbuch; deutsche Fassung von: Brotherly Love in Plutarch and in 4 Maccabees, in: D.L. BALCH / E. FERGUSON / W.A. MEEKS (Hrsg.), Greeks, Romans, and Christians (FS A.J. Malherbe), Philadelphia 1990, 144-156 (reprinted by permission; copyright © 1990 Augsburg Fortress Press).

5. Hellenistische Rhetorik im Diasporajudentum. Das Exordium des vierten Makkabäerbuchs (4 Makk 1.1-12), in: NTS 35 (1989) 451-465 (mit Erlaubnis der Cambridge University Press, Cambridge).

6. Das Sendschreiben nach Pergamon und der Kaiserkult in der Johannesoffenbarung, in: Bib. 73 (1992) 153-182.

7. Die dreifache Maria. Zur Rezeption von Joh 19,25 in EvPhil 32, in: F. VAN SEGBROECK / C.M. TUCKETT / G. VAN BELLE / J. VERHEYDEN (Hrsg.), The Four Gospels 1992 (FS F. Neirynck) (BEThL 100), Löwen: University Press / Peeters 1992, 2343-2358.

8. Gnosis als Weltanschauung in der Antike, in: WiWei 56 (1993) 3-15.

9. Adolf Jülicher - Leben, Werk und Wirkung, in: G. SCHWAIGER (Hrsg.), Historische Kritik in der Theologie. Beiträge zu ihrer Geschichte (SThGG 32), Göttingen: Vandenhoeck & Ruprecht 1980, 99-150.

10. Neue Zugänge zur Bibel. In Auseinandersetzung mit Eugen Drewermann, in: H.J. FABRY u.a., Bibel und Bibelauslegung. Das immer neue Bemühen um die Botschaft Gottes, Regensburg: Friedrich Pustet Verlag 1993, 89-116.

11. Θυσιαστήριον – eine Berichtigung, in: ZNW 71 (1980) 274-277.

12. Κυρία ἐκκλησία in Bauers Wörterbuch und die Exegese des zweiten Johannesbriefs, in: ZNW 81 (1990) 135-138.

13. "Christus, Gottes Kraft und Gottes Weisheit" (1 Kor 1,24). Jüdische Weisheitsüberlieferungen im Neuen Testament, in: WiWei 55 (1992) 1-22.

14.   Volk Gottes und Leib Christi, oder: Von der kommunikativen Kraft der Bilder. Neutestamentliche Vorgaben für die Kirche von heute, in: G. KOCH / J. PRET-SCHER (Hrsg.), Wozu Kirche? Wozu Gemeinde? Kirchenvisionen (Würzburger Domschulreihe 3), Würzburg: Echter Verlag 1994, 9-39.

Autorenregister

Abel, K. 15
Aland, B. 163, 246
Aland, K. 136f, 186, 211, 239, 246
Alexander, L. 112
Alexander, N. 84
Allmen, D. von 284
Almqvist, H. 61
Anderson, H. 101
Annen, F. 230, 233
Arndt, W.F. 246
Aune, D.E. 118, 133, 140f
Aurelio, T. 200

Babut, D. 60, 77, 80
Balch, D.L. 215
Baldermann, I. 201
Baljon, J.M.S. 199
Barc, B. 161
Barnett, P. 133
Barrett, C.K. 151
Barth, K. 196, 207
Barton, S.C. 281
Bauckham, R. 143, 146, 154-156
Bauer, G.L. 198
Bauer, W. 148, 151, 186, 239-241, 245-249
Baumgarten, O. 194
Beagley, A.J. 125
Beaujeu, J. 18, 60
Becker, J. 153
Behm, J. 239-241
Bekker, I. 102, 110
Bell, A.A. 116, 125
Berardi, E. 65
Berchman, R.M. 59
Berger, K. 61, 209, 289
Berger, P.L. 281
Bergh van Eysinga, G.A. van den 130, 138, 187

Bernhard, J.B. 153
Betz, H.D. 61, 66, 84f, 88, 90
Betz, O. 163
Beutler, J. 83
Beyer, H.W. 181
Bickermann, E.J. 97, 100
Blinzler, J. 148, 153f
Bloch, E. 164, 178f
Blue, B.D. 282
Blühdorn, J. 14, 33
Böcher, O. 118
Boeckh, A. 242
Böhlig, H. 12, 15f, 41
Boer, W. den 121
Boesak, A. 115
Bohemen, N. van 210
Bolkestein, H. 62
Bonhöffer, A. 13
Bonnard, P. 200, 245
Borgeaud, P. 78
Borger, R. 246
Borig, R. 298
Boring, M.E. 216, 222
Boughton, J.S. 34, 49
Bousset, W. 116, 130, 178
Bovon, F. 132, 138
Braun, H. 61
Brehier, E. 12, 33, 37
Breitenbach, H.R. 241
Breitenstein, J. 199
Breitenstein, U. 92, 95, 97, 101f, 106, 108, 110f
Brenk, F.E. 61, 66, 75, 77, 81
Brouwer, A.M. 202
Brown, R.E. 84, 151, 246
Browne, L.E. 200
Brox, N. 130, 163, 174f

Bucher, A.A. 237
Buchheit, V. 103
Buckley, J.J. 146, 161, 177
Büchli, J. 174
Büchsel, F. 54
Bugge, C.A. 205
Bultmann, R. 151, 181, 188f, 207, 210, 245, 259f
Burchard, C. 209
Busolt, G. 248
Buzy, D. 206

Cadoux, A.T. 199, 208
Calder III, W.M. 211
Callan, T. 112
Cameron, A. 121
Camp, C. 266
Campbell, D.A. 97
Cancik-Lindemaier, H. 15, 21
Cancrini, A. 13, 15
Carlston, C.E. 200
Catanzaro, C.J. de 146, 159
Chadwick, H. 18, 241
Charles, R.H. 137
Christ, F. 263-265, 269
Christ, K. 117
Class, M. 13, 18, 34, 52, 56
Clemen, C. 199
Cohen, A.P. 280
Cohn, L. 36
Collins, A.Y. 117, 123, 132, 134-136, 139
Collins, J.J. 101
Colpe, C. 61, 163
Colson, F.H. 35f, 38, 240
Conrad, H. 84

Stellenregister

(in Auswahl)

Altes Testament

Gen
11,4: 46
16,7-13: 45
19,12f: 139
37,15f: 41f

Lev
5,21-26: 47f
14,36: 44

Num
31,16: 126

Dtn
23,2-9: 126, 289

1 Kön
17,18: 44
19,2: 128

Ps
2,7: 221f
91,11f: 44, 223

Spr
3,11f: 54
6,6-8: 257f
8,17: 256
8,22-30: 265

Jes
11,6-8: 226
42,11: 221
49,24: 256
65,3-5: 231

Jer
29,7: 291

Dan
7,1-8: 132

Sir
24,23: 265
51,26: 256

Weish
7,25f: 267
7,27: 264, 269
17,11: 30, 53f

Neues Testament

Mt
4,1-11: 223
6,34: 257
11,19: 263f, 270
11,28-30: 264f, 270
23,9: 284
27,56: 153f, 157f

Mk
1,9-11: 216-223
1,12f: 223-229
2,17: 255
2,19: 255
2,21: 255
3,24: 255
3,27: 224, 256
3,31-35: 284
4,22: 256
4,25: 256
4,35-41: 231
5,1-20: 230-237
10,30: 284f
13,14: 219
15,39: 220
15,40f: 146, 152f, 157f
16,1: 152
16,7f: 219

Lk
1,1-4: 112
4,1-13: 223
6,39: 256
6,44: 256
7,35: 263f
10,18: 224
11,10: 256f
11,49: 264
12,22-31: 257
12,34: 257
20,20: 113
23,49: 152

Joh
1,1-18: 251f, 272
8,9: 35
10,3f: 298
11,5: 158
15,1-8: 298
19,25: 145-154, 157-161

Apg
6,5: 131
9,2: 296
11,26: 296
15,28f: 128
17,28: 17

Röm
2,14f: 26-28, 57

1 Kor
1,2: 290, 295
1,23f: 270f
1,24-30: 271f
3,9-16: 282f, 292
4,4f: 27-29, 35, 57
5,9f: 142
8,6: 273
8,11: 29

Ignatius von
Antiochien
Eph 5,2: 240
Magn 7,2: 240

Nag Hammadi

EvPhil NHC II/3
13: 161
32: 145-147, 154-161
55: 158, 161

2 LogSeth NHC VII/2
55,18 - 56,20: 175

ApcPt NHC VII/3
81,15-23: 175

AJ
BG 8502/2: 167-172

Corpus Hermeticum

CH 7,1-3: 173

Zum vorliegenden Buch

Der Schwerpunkt der 14 Studien des Bandes, von denen zwei bislang unveröffent-licht waren und alle überarbeitet worden sind, liegt innerhalb des Programms der gesamten Reihe: Sie verbinden neutestamentliche Exegese mit griechisch-römischer und hellenistisch-jüdischer Religionsgeschichte, unter Einschluss der Gnosis und der unentbehrlichen Philologie. Hinzu treten Reflexionen zur Forschungsgeschichte, zur Methodik und zur Theologie. An einzelnen Themen seien hervogehoben: das Gewissen bei Seneca, Philo und Paulus; der Aberglaube bei Plutarch; der Herrscher-und Kaiserkult; die Rezeption der Rhetorik; jüdische Weisheit und die Christologie; die kommunikative Kraft von Bildern für die Gemeinde.

ISBN 3-7278-0946-9 (Universitätsverlag)
ISBN 3-525-53931-2 (Vandenhoeck & Ruprecht)

Bd. 1   MAX KÜCHLER, *Schweigen, Schmuck und Schleier*. Drei neutestamentliche
         Vorschriften zur Verdrängung der Frauen auf dem Hintergrund einer frauen-
         feindlichen Exegese des Alten Testaments im antiken Judentum. XXII + 542
         Seiten, 1 Abb. 1986. [vergriffen]

Bd. 2   MOSHE WEINFELD, *The Organizational Pattern and the Penal Code of the
         Qumran Sect*. A Comparison with Guilds and Religious Associations of the
         Hellenistic-Roman Period. 104 Seiten. 1986.

Bd. 3   ROBERT WENNING, *Die Nabatäer – Denkmäler und Geschichte*. Eine Bestan-
         desaufnahme des archäologischen Befundes. 360 Seiten, 50 Abb., 19 Karten.
         1986. [vergriffen]

Bd. 4   RITA EGGER, *Josephus Flavius und die Samaritaner*. Eine terminologische
         Untersuchung zur Identitätsklärung der Samaritaner. 4 + 416 Seiten. 1986.

Bd. 5   EUGEN RUCKSTUHL, *Die literarische Einheit des Johannesevangeliums*. Der
         gegenwärtige Stand der einschlägigen Forschungen. Mit einem Vorwort von
         Martin Hengel. XXX + 334 Seiten. 1987.

Bd. 6   MAX KÜCHLER/CHRISTOPH UEHLINGER (Hrsg.), *Jerusalem. Texte – Bilder –
         Steine*. Im Namen von Mitgliedern und Freunden des Biblischen Instituts der
         Universität Freiburg Schweiz herausgegeben ... zum 100. Geburtstag von Hildi
         + Othmar Keel-Leu. 238 S.; 62 Abb.; 4 Taf.; 2 Farbbilder. 1987.

Bd. 7   DIETER ZELLER (Hrsg.), *Menschwerdung Gottes – Vergöttlichung von Men-
         schen*. 8 + 228 Seiten, 9 Abb., 1988.

Bd. 8   GERD THEISSEN, *Lokalkolorit und Zeitgeschichte in den Evangelien*. Ein
         Beitrag zur Geschichte der synoptischen Tradition. 10 + 338 Seiten. 1989.

Bd. 9   TAKASHI ONUKI, *Gnosis und Stoa*. Eine Untersuchung zum Apokryphon des
         Johannes. X + 198 Seiten. 1989.

Bd. 10   DAVID TROBISCH, *Die Entstehung der Paulusbriefsammlung*. Studien zu den
         Anfängen christlicher Publizistik. 10 + 166 Seiten. 1989.

Bd. 11   HELMUT SCHWIER, *Tempel und Tempelzerstörung*. Untersuchungen zu den
         theologischen und ideologischen Faktoren im ersten jüdisch-römischen Krieg
         (66–74 n. Chr.). XII + 432 Seiten. 1989.

Bd. 12   DANIEL KOSCH, *Die eschatologische Tora des Menschensohnes*. Untersuchungen zur Rezeption der Stellung Jesu zur Tora in Q. 514 Seiten. 1989.

Bd. 13   JEROME MURPHY-O'CONNOR, O.P., *The Ecole Biblique and the New Testament: A Century of Scholarship (1890-1990)*. With a Contribution by Justin Taylor, S.M. VIII+210 Seiten. 1990.

Bd. 14   PIETER W. VAN DER HORST, *Essays on the Jewish World of Early Christianity*. 260 Seiten. 1990.

Bd. 15   CATHERINE HEZSER, *Lohnmetaphorik und Arbeitswelt in Mt 20, 1-16*. Das Gleichnis von den Arbeitern im Weinberg im Rahmen rabbinischer Lohngleichnisse. 346 Seiten. 1990.

Bd. 16   IRENE TAATZ, *Frühjüdische Briefe*. Die paulinischen Briefe im Rahmen der offiziellen religiösen Briefe des Frühjudentums. 132 Seiten. 1991.

Bd. 17   EUGEN RUCKSTUHL/PETER DSCHULNIGG, *Stilkritik und Verfasserfrage im Johannesevangelium*. Die johanneischen Sprachmerkmale auf dem Hintergrund des Neuen Testaments und des zeitgenössischen hellenistischen Schrifttums. 284 Seiten. 1991.

Bd. 18   PETRA VON GEMÜNDEN, *Vegetationsmetaphorik im Neuen Testament und seiner Umwelt*. Eine Bildfelduntersuchung. 558 Seiten. 1993.

Bd. 19   MICHAEL LATTKE, *Hymnus*. Materialien zu einer Geschichte der antiken Hymnologie. XIV + 510 Seiten. 1991.

Bd. 20   MAJELLA FRANZMANN, *The Odes of Solomon*. An Analysis of the Poetical Structure and Form. XXVIII + 460 Seiten. 1991.

Bd. 21   LARRY P. HOGAN, *Healing in the Second Temple Period*. 356 Seiten. 1992.

Bd. 22   KUN-CHUN WONG, *Interkulturelle Theologie und multikulturelle Gemeinde im Matthäusevangelium*. Zum Verhältnis von Juden- und Heidenchristen im ersten Evangelium. 236 Seiten. 1992.

Bd. 23   JOHANNES THOMAS, *Der jüdische Phokylides*. Formgeschichtliche Zugänge zu Pseudo-Phokylides und Vergleich mit der neutestamentlichen Paränese. XVIII + 538 Seiten. 1992.

Bd. 24   EBERHARD FAUST, *Pax Christi et Pax Caesaris*. Religionsgeschichtliche, traditionsgeschichtliche und sozialgeschichtliche Studien zum Epheserbrief. 536 Seiten. 1993.

Bd. 25   ANDREAS FELDTKELLER, *Identitätssuche des syrischen Urchristentums*. Mission, Inkulturation und Pluralität im ältesten Heidenchristentum. 284 Seiten. 1993.

Bd. 26   THEA VOGT, *Angst und Identität im Markusevangelium.* Ein textpsychologischer und sozialgeschichtlicher Beitrag. 288 Seiten. 1993.

Bd. 27   ANDREAS KESSLER / THOMAS RICKLIN / GREGOR WURST (Hrsg.), *Peregrina Curiositas.* Eine Reise durch den orbis antiquus. Zu Ehren von Dirk Van Damme. X + 322 Seiten. 1994.

Bd. 28   HELMUT MÖDRITZER, *Stigma und Charisma im Neuen Testament und seiner Umwelt.* Zur Soziologie des Urchristentums. 344 Seiten. 1994.

Bd. 29   HANS-JOSEF KLAUCK, *Alte Welt und neuer Glaube.* Beiträge zur Religionsgeschichte, Forschungsgeschichte und Theologie des Neuen Testaments. 320 Seiten. 1994.

UNIVERSITÄTSVERLAG FREIBURG SCHWEIZ
VANDENHOECK & RUPRECHT GÖTTINGEN

ORBIS BIBLICUS ET ORIENTALIS (Eine Auswahl)

UNIVERSITÄTSVERLAG FREIBURG SCHWEIZ
VANDENHOECK & RUPRECHT GÖTTINGEN